Gordon MacDonald · Tiefgänger

Gordon MacDonald

Tiefgänger

Eine Geschichte über Menschen mit Potenzial, Leiter mit dem richtigen Blick und das Glück, diese Welt zu verändern

SCM R.Brockhaus

SCM

Stiftung Christliche Medien

FSC www.fsc.org MIX Papier aus verantwortungsvollen Quellen FSC® C006701

SCM R.Brockhaus im SCM-Verlag GmbH & Co. KG · Bodenborn 43 · 58452 Witten
Internet: www.scm-brockhaus.de; E-Mail: info@scm-brockhaus.de

Deutsch von Anja Schäfer

Umschlaggestaltung: Dietmar Reichert, Dormagen
Satz: typoscript GmbH, Walddorfhäslach
Druck und Bindung: CPI – Ebner & Spiegel, Ulm
Gedruckt in Deutschland
ISBN 978-3-417-26464-7
Bestell-Nr. 226464

»Was wir heute am nötigsten brauchen,
sind nicht mehr intelligente und begabte Leute,
sondern *Tiefgänger.*«

Richard Foster

Mitarbeiter [*Tiefgänger*] sind keine angefertigte Großhandelsware.
Sie entstehen einzeln, weil sich einer die Mühe gemacht hat,
einen jüngeren zur Disziplin zu führen,
zu unterweisen und aufzuklären, zu nähren und auszubilden.[1]

Oswald Sanders

VORWORT

Vor vielen Jahren war ich eingeladen, in der Cadet Chapel zu predigen. Sie gehört zur Militärakademie in West Point, New York. Ich habe keine Ahnung, ob mein Besuch an jenem Wochenende bei irgendjemandem etwas bewegt hat. Mein Leben jedenfalls hat er ungeheuer verändert.

Ich traf dort junge Frauen und Männer, die sich mit Würde und Professionalität zu präsentieren wussten. Offiziere in spe, die wissbegierig, nachdenklich und hochkonzentriert waren. Als angehende Führungskräfte wurden sie darauf vorbereitet, in der ganzen Welt eingesetzt zu werden. Sie sollten ihre Umgebung positiv beeinflussen.

Der Leitsatz der Militärakademie lautet: »Unser Ziel ist es, den Kadettenkorps so auszubilden, zu lehren und zu inspirieren, dass jeder Absolvent sich als integrer Leiter den Werten Pflicht, Ehre und Vaterland verschreibt und auf eine Karriere als Offizier in der Armee der Vereinigten Staaten vorbereitet wird, die von Professionalität, Exzellenz und Einsatz für das Land gekennzeichnet ist.«

Mein Besuch in West Point weckte in mir eine drängende Frage: Was wäre, wenn die Gemeinde, in der ich angestellt bin, ein von diesem Auftrag inspiriertes Leiterschaftstraining zu ihrer Priorität machte?

Einige theologische Seminare, Colleges und auch manche Gemeinden haben genau diese Absicht. Das rechne ich ihnen hoch an. Nichtsdestotrotz scheinen Christen im Allgemeinen – zumindest auf Gemeindeebene – Mühe damit zu haben, Männer und Frauen so zu fördern, dass sie dem biblischen Standard *geistlicher Reife* entsprechen und die dann noch andere inspirieren, Jesus treu nachzufolgen.

Auf der ganzen Welt verändert sich die christliche Bewegung momentan so sehr, dass man diese Veränderungen möglicherweise eines Tages mit denen zu Martin Luthers oder John und Charles Wesleys Zeiten vergleichen wird. Ich glaube, es ist nicht übertrieben zu behaupten, dass wir heute noch kaum erahnen können, wie die Kirche in zwanzig Jahren ihren Auftrag umsetzen wird, weil es so ganz anders sein wird als unsere heutigen Vorstellungen.

Höchstwahrscheinlich müssen wir Christen uns – zumindest im Westen – in den nächsten zwei Jahrzehnten auf Zeiten einstellen, die wir vorher so noch nie erlebt haben: Es kann zu Verfolgung, öffentlichem Widerstand gegen Glaubensüberzeugungen und Druck durch staatliche Regulierung kommen.

Wir ahnen, wie die Technik die Art und Weise verändert, wie jüngere Generationen denken und Beziehungen pflegen. Wir können nur spekulieren, welchen Effekt die Globalisierung und der verstärkte Einfluss von Ländern wie China, Indien und anderen haben wird. Wir leben schon jetzt in den Turbulenzen einer Welt, die mit scheinbar unüberwindbaren Problemen zu kämpfen hat: Staatsschulden, Klimawandel, Energiewende und einer jungen, arbeitslosen, sehr wütenden Bevölkerung, die sich bemerkbar macht.

Falls ich hier zu düster klinge, möchte ich kurz an die Unterrichtsstunde erinnern, die Jesus vor seinen Jüngern hielt, kurz bevor er ans Kreuz ging. Er zeichnete eine Welt, die, unserer nicht unähnlich, dabei war, auseinanderzufallen. Und er schien sagen zu wollen: »Die gute Nachricht ist, Leute, dass ihr mitten in diesem Chaos eine neue Bewegung starten werdet. Also seid weise, wachsam, voller Glauben und legt los.«

Mit Blick auf die kommenden stürmischen Zeiten verbrachte Jesus die meiste Zeit damit, ein kleine Gruppe von Männern zu fördern, deren Botschaft an die Welt sich wie ein Virus verbreiten sollte. Hätte Jesus die heute übliche Gemeindestrategie verfolgt, hätte er die ganze Zeit gepredigt. Aber abgesehen von einigen öffentlichen Auftritten hier und da entschied sich Jesus, einzelne Leute auszubilden. Zunächst schien er mit seinen handverlesenen Männern nichts zu erreichen. Und dann schoss ihr Reifegrad eines Tages nach oben.

Die Moral von der Geschichte? Gute Ausbildung führt zu exponentiellen Ergebnissen. Viele, viele Monate beobachteten die Jünger ihren Herrn, hörten ihm zu, eiferten ihm nach – mit wenig Erfolg. Dann, über Nacht, schien es Klick zu machen. Die Botschaft, das Evangelium, die zentralen Aussagen von Jesus, die Kraft des Heiligen Geistes, all das erreichte ihre Seele schließlich, und sie verwandelten sich in kraftvolle Apostel.

In diesem Buch will ich den Gedanken erläutern, dass es bei Leiterschaft (ein Wort, das uns alle bezaubert), zuerst um Charakter geht und dann um eine disziplinierte Ausstrahlung und um Kompetenz. Mit anderen Worten: Es geht darum, die geistlichen Teile einer Persönlichkeit so neu zu formen, wie Jesus es tat, damit sich von innen heraus eine wirkungsvolle, aber demütige Art von Leiterschaft entwickelt.

So scheint es beispielsweise auch bei Mose gewesen zu sein. Wenn Leidenschaft, Ausbildung und ein gutes Netzwerk alles wären, was eine Führungsperson braucht, dann hätte Mose mit vierzig Jahren alles vorzuweisen gehabt. Doch bei der ersten Herausforderung versagte er kläglich.

Erst vierzig Jahre später, nach Jahren der Charakterbildung in der Wüste, war Mose ein neuer Mann. Er führte jetzt weniger durch seine Kompetenz, sondern mehr mit seinem Charakter. Wir können zusehen, wie er den ägyptischen Pharao in die Knie zwang, eine Meute ehemaliger Sklaven aus Ägypten führte und sie mit dem Gott Abrahams bekannt machte. Das war ein anderer Mann als der mit vierzig.

Inwiefern ist der achtzigjährige Mose anders? Er ist nun ein *Tiefgänger*. Gott hat ihn durch direkte Begegnungen, durch schwierige Umstände (Demütigung, Versagen) und durch kluge Mentoren bewusst *herangezogen*. Zwei wichtige Begriffe habe ich gerade benutzt: *Tiefgänger* und *herangezogen*. In diesem Buch werden sie wieder und wieder auftauchen. Um sie dreht sich dieses Buch.

Zugegeben, es ist ein großer Schritt von Mose in unsere heutige Zeit. Aber man kann sich die Frage stellen, ob die gegenwärtige christliche Bewegung, wie wir sie kennen, Führungspersönlichkeiten vom Kaliber eines Mose hervorbringen kann.

Wir glauben zu wissen, wie wir entkirchlichte Menschen in unsere Gebäude holen können und ihnen mit unseren Veranstaltungen eine Freude machen. Vielleicht wissen wir sogar, wie wir Leute vom Glauben überzeugen können. Aber manche befürchten, dass wir keine Ahnung haben, wie wir sie in die Tiefe führen sollen. Keinesfalls ziehen wir so viele Tiefgänger heran, wie für die Herausforderungen unserer Zeit gebraucht würden. Das Ergebnis: Geistliche Leiterschaft wird immer seltener. Ohne eine große Anzahl von Tiefgängern – geistlichen Leitern – wird sich die Kirche von Morgen aber in Belanglosigkeit verlieren.

Darum will ich diese Frage aufwerfen: Was wäre, wenn eine Gemeinde die Entwicklung von Tiefgängern zu ihrer höchsten Priorität machte? Und ich will noch einen Schritt weitergehen: *Was wäre, wenn eine Gemeinde sich entscheidet, dass die wichtigste Aufgabe ihres Pastors darin besteht, für einen stetigen Nachschub an Tiefgängern zu sorgen?* Wenn Sie dieses Buch nicht nur grob überfliegen, sollten Sie an dieser Stelle nicht weiterlesen, bevor Sie nicht über die Bedeutung dieser zwei Fragen nachgedacht haben.

Bei Tiefgängern denke ich übrigens nicht an bezahlte Mitarbeiter oder diejenigen Mitglieder des Leitungsgremiums, die nur ihres Geldes wegen gewählt werden oder weil sie erfolgreiche Geschäftsleute sind. Ich rede hier von einer größeren Gruppe von Menschen: von denjenigen, die das Herz einer Gemeinde bilden; den geistlich reifen Personen, deren Einfluss in Summe die Kultur einer Gemeinde bestimmt.

Wie könnten die Tiefgänger einer Gemeinde im einundzwanzigsten Jahrhundert aussehen? Hier ein paar Beispiele:

- Manche leben ein ruhiges, aber bemerkenswertes Leben voller Hingabe an Jesus. Man ist gerne mit ihnen zusammen, weil sie Eigenschaften wie Gnade, Friede, Freude, Weisheit, Ermutigung und bedingungslose Liebe ausstrahlen. Sie motivieren andere, stärker aus dem Glauben heraus zu leben.
- Manche können Menschen zusammenbringen und mit ihnen ungewöhnliche Visionen in Gottes Sinne verfolgen.
- Manche haben die Gabe zu beten, sich um andere zu kümmern und sie bei Problemen zu unterstützen.
- Manche sind begabte Mentoren und führen andere – von Kindern bis Senioren – zur geistlichen Reife.
- Manche Tiefgänger haben möglicherweise eine apostolische (missionale) Berufung und helfen der Gemeinde, ihre evangelistischen und diakonischen Aufgaben in ihrer Umgebung oder auch in anderen Teilen der Welt umzusetzen.
- Und manche helfen einfach liebend gern anderen Menschen.

Bestünde eine Gemeinde aus einer ansehnlichen Anzahl von Menschen mit diesen Stärken, hätte sie mit Sicherheit eine große Ausstrahlung.

Um zu zeigen, wie eine Gemeinde Tiefgänger heranziehen kann, will ich die Geschichte einer Gemeinde in Neuengland weiterführen, die ich in meinem Buch »Ich will meine Gemeinde zurück« erzählt habe.

Im ersten Buch waren die generationenübergreifenden Unterschiede das Schlüsselthema. Meine Rolle in dieser Geschichte bestand darin, als

Pastor Menschen, die keinerlei Berührungspunkte haben, zusammenzubringen, damit sie gemeinsam Jesus dienen.

In diesem Nachfolgeband geht es um eine andere Herausforderung: Wie wir neue Generationen tiefgehender Menschen hervorbringen, die einflussreiche Positionen in ihrer Gemeinde und darüber hinaus so ausfüllen, dass sie den veränderten Realitäten unserer Zeit gerecht werden.

Wie schon im ersten Band gibt es nur zwei Charaktere, die wirklich existieren. Der erste bin ich, der leitende Pastor dieser erfundenen Gemeinde. Ihre Mitglieder nennen mich Pastor MacDonald oder Pastor Mac oder GMAC (wie ich üblicherweise meine Korrespondenz unterzeichne) oder einfach Gordon (was ich bevorzuge).

Die zweite wirkliche Person ist Gail, mit der ich seit fünfzig Jahren verheiratet bin. Die meisten nennen sie Mrs. Mac oder einfach Gail. Wenn wir allein sind (im echten Leben oder im Buch), nenne ich sie Baby oder gebe ihr andere Kosenamen, die sie zwar mag, aber lieber nicht preisgeben möchte. Ich finde es aus mehreren Gründen schön, dass es Gail in dieser erfundenen Gemeinde gibt. Einer ist, dass ich ihr als Autor Worte in den Mund legen darf. Aber es sind immer Worte, die typisch sind für diese Frau, die ich kenne, zutiefst wertschätze und seit all diesen Jahren liebe.

Wie wir in diesem Buch reden und zusammenarbeiten, spiegelt die Art und Weise wider, wie wir es seit vielen Jahrzehnten tun. Wer sich je gefragt hat, wie das Privatleben eines Pastors und seiner Frau aussieht, bekommt hier ebenfalls kleine Einblicke. Wir sind ziemlich normal.

Alle anderen Charaktere in diesem Buch sind, wie auch die Gemeinde, frei erfunden. Es war eine eigenartige Erfahrung, Charaktere zu erdenken und dann zu erleben, wie sie in meinem Kopf ein Eigenleben führen. Beim Schreiben kam es mir manchmal so vor, als sei ich nur der Stenograf dieser Gruppe, der notiert, was sie sagen, und interpretiert, was es bedeutet.

Ich will meine Gemeinde zurück war die Geschichte einiger Menschen, die eine so genannte Entdeckergruppe gründeten. Ihr Ziel war, den Veränderungen in der Welt und der Gemeinde zu begegnen. In *Tiefgänger* tauchen einige der Mitglieder dieser Entdeckergruppe wieder auf und man erfährt, wie ihre Geschichte weitergeht.

Ein Autor kann seine bisherigen Lebenserfahrungen natürlich nicht ausblenden und einige Eigenheiten von Menschen, die ich kenne, fließen in diese Geschichte ein. Aber es sei hier gesagt: Der Leser verschwendet seine Zeit, wenn er versucht, in den Charakteren dieses Buches reale Menschen zu entdecken, die ich kenne.

Wichtig ist mir jedoch: Die Gemeinde aus dieser Geschichte, die Stadt, in der sie spielt, und die Menschen, aus der die Gemeinde besteht, finden sich nahezu überall. Und was sie sich entscheiden zu tun, lässt sich überall umsetzen.

Noch ein Hinweis: Am Anfang jedes Kapitels steht ein Datum und eine Jahreszeit. Diese Geschichte umfasst einen Zeitraum von zwei Jahren.

Und nun die Einladung, mitzukommen und diesen Menschen in Neuengland zuzusehen, wie die *große Idee* in ihren Herzen wurzelt, wie sie sich ihr verschreiben und schließlich umsetzen.

6. JULI

Der erste Sommer

An: Hank Soriano
Von: GMAC
Betreff: Re: Baseball

Hallo Hank,
Gail und ich hatten gestern viel Spaß beim Spiel. Vor allem habe ich die Zeit mit dir und Cynthia genossen. Vielen Dank für das Essen, das Spiel und unsere Gespräche. Ich habe über deine Frage nachgedacht. Hier ist ein erster Entwurf meiner Antwort. In zwölf Etagen müsste man sie gelesen haben.

DIE IDEE ENTSTAND AM ABEND DES 6. JULI BEI EINEM BASEBALLSPIEL im Fenway Park-Stadion in Boston. Unsere Nachbarn Hank und Cynthia Soriano hatten Gail und mich eingeladen. Hanks Firma – er ist leitender Projektmanager – hat Dauerkarten, direkt hinter der Spielerbank der Red Sox, und an diesem Abend waren wir in den Genuss der Großzügigkeit seines Chefs gekommen. Das Spiel war zu zwei Dritteln vorbei und die Frauen unterhielten sich. Hank und ich hatten (typisch Mann) ein paar Minuten lang schweigend das Spiel verfolgt. Da stellte er plötzlich diese Frage: »Gordon, wie lautet eigentlich die Fahrstuhlstory deiner Gemeinde?«

Ich sollte erwähnen, dass Hank Soriano seit seiner Kindheit nicht mehr in der Kirche war, mal abgesehen von Hochzeiten und Beerdigungen. Cynthia hatte gelegentlich den Gottesdienst besucht, war aber nicht mehr gekommen, seit sie vor sechs Jahren Hank geheiratet hatte. Für beide ist es die zweite Ehe.

Wenn Hank und Cynthia das sind, was man »entkirchlicht« nennt, dann sind Gail und ich das genaue Gegenteil: »gekirchlicht« vom Scheitel bis zur Sohle. Ich war 44 Jahre lang Pastor und davor Pastorensohn. Trotz des gegensätzlichen Gemeindeengagements sind die Sorianos und die MacDonalds gute Freunde. Beweis gefällig? Um einen Vers aus der Bibel abzuwandeln: Niemand hat größere Liebe als der, der seinen Freunden Karten für ein Spiel der Red Sox besorgt. Hank und Cynthia kennen eine Menge Leute, aber wenn es um ein Spiel im Fenway Park-Stadion geht, sind wir die Glücklichen.

Keinen Bezug zur Gemeinde zu haben, hat Hank Soriano nie davon abgehalten, nach meiner Arbeit zu fragen. Er ist immer daran interessiert, wie verschiedene Organisationen funktionieren, und dazu gehören auch Kirchen. Mehr noch möchte er wissen, wie sie geführt werden. Wenn wir zusammen sind, ist es also nicht ungewöhnlich, dass er mir eine unorthodoxe Frage zu meinen aktuellen Projekten stellt. Ich sollte noch anmerken, dass er Antworten im Geschäftsjargon bevorzugt.

Im Grunde bin ich für meinen Nachbarn Hank kein Pastor oder Priester, sondern eher so etwas wie ein Geschäftsführer. Eines Tages fragte er zum Beispiel, wie mein Vergütungspaket angelegt sei. Beinhaltete mein Arbeitsvertrag (er setzte voraus, dass ich einen hatte) den Anspruch auf einen bestimmten Prozentsatz der Kollekte? Hank hielt das nicht für undenkbar. »Ich hab gehört«, sagte er, »die Gemeinde wächst unter deiner Führung. Der Umsatz muss demnach auch wachsen – du hättest doch Anrecht auf ein größeres Stück vom Kuchen. Verstehst du, was ich meine?« Als ich in der nächsten Sitzung des Aufsichtsrates (wir nennen ihn bei uns Ältestenkreis) von Hanks Bemerkung erzählte, fanden sie sie lustig – und gingen sofort zu einem anderen Thema über.

Im Stadion traf mich also eine weitere von Hanks schrägen Fragen. Diesmal ging es um die Fahrstuhlstory meiner Gemeinde. Ehrlich gesagt hatte ich bislang keinen Schimmer gehabt, dass es so etwas gibt.

Ich war kurz still und gestand Hank dann verlegen, dass ich ihm unsere Fahrstuhlstory nicht erzählen konnte, weil ich offen gestanden nicht einmal wisse, was eine Fahrstuhlstory sei.

Das ließ Hank Soriano zu Höchstformen auflaufen. Baseball war in dieser Sekunde vergessen.

»Du hast wirklich keine Ahnung, was eine Fahrstuhl …« Weiter kam Hank nicht. Er stockte und begann von vorn. Er ergriff die Gelegenheit zu einer kurzen Unterrichtsstunde, wenn sie sich ihm bot.

»Sagen wir, du und noch jemand, ihr steigt im Erdgeschoss in den Aufzug im ›Pru‹.« Hank meinte das Prudential Center in Boston, ein paar Blocks entfernt. »Ihr wollt beide in den dreißigsten Stock. Alles klar so weit?«

Ich nickte. So weit.

»Während sich die Türen schließen, bemerkt der andere den Firmenanstecker an deinem Revers und fragt: ›Was macht denn Ihre Firma?‹ Verstehst du?«

Ich nickte erneut zustimmend. Manchmal beansprucht Hank die Geduld seiner Zuhörer mit Füllphrasen wie »Alles klar?« oder »Verstehst du, was ich meine?« Es ist eine verbale Marotte, Teil seines Bostoner Akzents, die einen wahnsinnig macht, wenn man ungeduldig veranlagt ist.

Hank fuhr fort: »Und hier kommt die Fahrstuhlstory ins Spiel. Du hast bis zur dreißigsten Etage Zeit, diesem Typen genau zu erklären, was deine Firma macht.« Und unter breitem Soriano-Grinsen fügte er mit einem Anflug dramatischer Spannung hinzu: »Angenommen, nur mal *angenommen,* deine Geschichte ist begeisternd genug, dann zieht dieser Typ seine Karte aus der Tasche und schlägt vor, sich zusammenzusetzen und über einen Zwanzig-Millionen-Dollar-Deal zu reden. Zwanzig *Millionen* Dollar! Verstehst du?«

Ich versicherte Hank, dass ich verstanden hatte.

»Also dann.« Hank lehnte sich zurück und verschränkte die Arme, als wäre er zufrieden, mich ausgiebig instruiert zu haben. »Was ist die Story deiner Gemeinde? Begeistere mich in dreißig Etagen. Stell dir vor, es geht um zwanzig Mille.«

Man muss sich einmal in meine Lage versetzen. Ich sitze im ausverkauften Fenway Park-Stadion. Es ist Gleichstand. Die Red Sox sind am Schlag, und die Fanchöre grölen im Stadion als allabendliches Ritual »Sweet Caroline (oh, oh, oh)«. Und aus heiterem Himmel will mein Nachbar, der mich mit zum Spiel genommen hat, von der Fahrstuhlstory meiner Gemeinde begeistert werden. Dabei darf ich kurz daran erinnern, dass ich noch eine Minute zuvor keinen blassen Schimmer hatte, was eine Fahrstuhlstory überhaupt ist. *Verstehen Sie, was ich meine?*

Als Erstes schoss mir eine dogmatische Abhandlung über das Wesen der Kirche durch den Kopf, die ich vor Jahren einmal für einen Kurs am Seminar geschrieben hatte. Aber es ist wohl kaum ein begeisterndes Werk, besonders nicht für jemand Entkirchlichten wie Hank. Außerdem wären mindestens sechshundert Etagen nötig, um es runterzurasseln, aber Hanks Aufzug fuhr nur dreißig Stockwerke nach oben. Mir kam auch der Leitsatz unserer Gemeinde in den Sinn, der aus vierzehn Worten besteht: »Menschen auf Jesus Christus und seine Einladung zu einem erfüllten und sinnvollen Leben hinweisen«. Aber Hank hätte auch das wohl kaum vom Hocker gerissen.

Seine eigentliche Frage war: *Was ist an deiner Gemeinde für irgendjemanden (vielleicht sogar deinen Nachbarn Hank Soriano) anziehend?*

Ich wich der Frage schließlich aus und bat um ein oder zwei Tage Aufschub. Dieser Abend im Stadion war nicht gerade meine Glanzstunde als »Geschäftsführer« unserer Gemeinde.

6.–8. JULI

Der erste Sommer

An: Tom O'Donnell
Von: GMAC
Betreff: Fahrstuhlstory

Hallo Tom,
ich habe eine kurze Frage. Was ist eine Fahrstuhlstory?

An: GMAC
Von: Tom O'Donnell
Betreff: Re: Fahrstuhlstory

Hallo Pastor Mac,
wo hast du das denn in der Bibel gefunden? Ich dachte Fahrstuhlstorys wären nur was für Businesstypen. Eine Fahrstuhlstory nennt man die kurze Beschreibung einer Organisation, ihrer Produkte oder Dienstleistungen und ihrer Strategien. Manche Unternehmen machen sich verrückt damit, eine zu formulieren, der alle zustimmen können.

In den nächsten Tagen dachte ich darüber nach, wie die Fahrstuhlstory unserer Gemeinde klingen könnte. Mehrmals setzte ich mich mit meinem Laptop hin und versuchte, eine zu formulieren. Aber wenn ich Gail meine Entwürfe vorlas, reagierte sie entschieden *unbegeistert.* Ich musste feststellen, dass Tom O'Donnell recht hatte: Fahrstuhlstorys für dreißig Etagen sind kein Pappenstiel.

Wild entschlossen, diese Geschichte zu Ende zu bringen, und sei es aus keinem besseren Grund, als mich vor Hank Soriano reinzuwaschen, erzwang ich eine Story, der Gail zögerlich zustimmte. Ich erinnere mich, wie sie so etwas sagte wie: »Die ist vermutlich okay. Aber gib die zwanzig Millionen nicht aus, bis du sie bar auf der Hand hast.«

Die Fahrstuhlstory unserer Gemeinde

Unsere 175 Jahre alte Gemeinde besteht aus Menschen, die sich seit Generationen gemeinsam für Jesus Christus einsetzen. Nach seinem Vorbild beten wir Gott regelmäßig an. Wir studieren sein Leben und das Leben

> derer, die ihm nachgefolgt sind. So gut wir können, wollen wir in unserer Stadt seiner Art zu leben nacheifern. Wir glauben, dass Gottes zentrale Botschaft Liebe ist, und wir bemühen uns, dass unsere Beziehungen (Gott, Ehe, Familie, Freundschaften, Fremde, sogar Feinde) das widerspiegeln, was er lehrte und tat. Und schlussendlich nehmen wir uns ein Beispiel an seiner tiefen Barmherzigkeit, die er Menschen entgegenbrachte, die geistlich und körperlich am Ende waren, und bemühen uns, seinen Auftrag weiterzuführen, indem wir weltweit anderen dienen, wenn wir von ihren Nöten erfahren.

Als meine letzte Version fertig war, kam meine Fantasie in Gang. Was, wenn meine Fahrstuhlstory uns trotz Gails fehlender Zuversicht irgendeine Art von Zwanzig-Millionen-Scheck einbrachte? Wie sähe dieser Scheck aus? In diesem Fall war die Antwort klar: Hank und Cynthia Soriano würden unsere Gemeinde besuchen, sich entscheiden, Jesus nachzufolgen und dazuzugehören. Kein Zweifel, das wäre die genaue Entsprechung des Zwanzig-Millionen-Dollar-Deals.

Schließlich hängte ich meine Fahrstuhlstory an die E-Mail an, die ich geschrieben hatte, um Hank und Cynthia zu danken, dass sie Gail und mich zum Spiel mitgenommen hatten, und wartete auf Antwort.

Ich gebe zu, dass der Träumer in mir eine nahezu sofortige Nachricht erhoffte, die ungefähr so lauten würde: *Hi GMAC, habe deine FS gelesen. Wusste gar nicht, dass Gemeinde so spannend klingen kann. Bin begeistert. Wie schnell können Cynthia und ich beitreten?*

Diese Nachricht blieb aus.

Aber es passierte etwas, das ich nie erwartet hätte. Es geschah am nächsten Tag bei einem Gespräch, das Hank und ich führten, als wir uns unerwartet am Briefkasten trafen, wo wir unsere Zeitungen holen wollten.

»Hi Gordon, ich habe deine Fahrstuhlstory ein paar Mal gelesen«, sagte Hank. »Nicht schlecht. Hab nie eine vergleichbare gesehen, ziemlich religiös. Aber vermutlich brauchen wir Organisationen wie eure, die in der Welt Gutes tun. Aber ich sag dir, sie ist so was von anders als mein Laden.«

Aus Gründen, die ich nie verstehe, nennt Hank seine Firma gern »Laden«.

»Also gut«, sagte ich, »jetzt weißt du also ein bisschen mehr von dem, was ich so treibe.«

»Ja, wohl wahr. Ich verstehe, warum du deinen Job magst.«

»Wie meinst du das denn?«

Und dann sagte Hank Soriano etwas, das – aus heutiger Perspektive – die letzten Jahre meines Pastorendienstes nachhaltig geprägt hat.

»Mac, ich bin im Marketing und Vertrieb. Meine wichtigste Aufgabe ist, Leute auszubilden, was ich absolut gerne mache. Ich hab deine Story gelesen und mir gesagt: *Was er da schreibt, kann nie passieren, wenn nicht jemand unablässig Leute dafür ausbildet.* Wenn du deine Story ernst meinst, muss deine wichtigste Aufgabe sein: ausbilden, ausbilden, ausbilden. Verstehst du, was ich meine?

Du magst der Präsident deines Ladens sein, aber du musst auch der Ausbildungsleiter werden. Und diese Kombination kommt dem besten Job der Welt ziemlich nahe: herausfinden, wer Potenzial hat, und diese Leute dafür ausbilden, deine Fahrstuhlstory umzusetzen. Verstehst du?« Hier wurde Hank fast sentimental. »Ein Job wie deiner würde mir auch Spaß machen.«

9. JULI

Der erste Sommer

Aus meinem Tagebuch:

> Spannendes Gespräch mit Soriano heute Morgen. Ihm gefiel meine Fahrstuhlstory tatsächlich. Zumindest hat er sie nicht auseinandergenommen. Und er hatte den Weitblick zu erkennen, dass der Schlüssel für eine Gemeinde darin liegt, Leiter auszubilden. Er sagte etwas, das mich fasziniert hat: »Ausbilden, ausbilden, ausbilden – nur das bringt deine Story zum Erfolg.« Heute Morgen frage ich mich, was Hank wohl denken würde, wenn ich ihm erzählen würde, wie schlecht wir darin sind, Leiter auszubilden. Die Wahrheit ist, dass wir zwar hier und da Seminare anbieten, aber nur als freiwilliges Angebot. Wir nehmen sie nicht besonders ernst. Soriano hat mich ins Nachdenken gebracht. Stimmt unsere Fahrstuhlstory? Was bedeutet »ausbilden, ausbilden, ausbilden, ausbilden«?

Die Fahrstuhlstory für Hank zu schreiben, hat mich schließlich selbst mehr begeistert als ihn. Sie hat mich – und später auch andere – auf die Suche nach der »großen Idee« gebracht.

Ich will erklären, was ich meine.

In den Stunden, die ich in das Schreiben meiner Fahrstuhlstory investierte, habe ich mein Bestes gegeben, um jemandem ohne die leiseste Ahnung von Kirche zu erklären, was wir tun. Die Herausforderung bestand darin, eine Beschreibung zu finden, die der heiligen Natur dessen gerecht wurde, was wir manchmal den *Leib Christi* nennen – und das verständlich für jemanden, der nur im Geschäftsjargon dachte.

Bevor ich mich an den allerersten Entwurf setzte, versuchte ich die Vorstellung von Kirche auf den kleinsten Nenner herunterzubrechen. Was sagt die Bibel dazu? Ich glaube, ich wurde bei den Worten Jesu fündig: »Wo zwei oder drei in meinem Namen versammelt sind, da bin ich mitten unter ihnen.«

Ich folgerte, dass diese Worte so etwas wie die DNA einer Gemeinde sind, das Fundament. Was es braucht, sind nur zwei oder mehr Leute, die sich in gemeinsamer Loyalität Jesus, dem Retter gegenüber, zusammenschließen. Das Ergebnis: Er ist in diesem Treffen gegenwärtig. Das ist alles, was es braucht, damit eine Gemeinde mehr oder weniger lang existiert: *Christus ist hier!*

Doch woran kann man erkennen, dass Jesus gegenwärtig ist? Hier ein paar Kennzeichen: Das Leben von Menschen beginnt sich zu verändern – das nennt man *Bekehrung.* Sie fangen an, zu lieben, sich um andere zu kümmern, sich an der Gegenwart der anderen zu erfreuen – das nennt man *Gemeinschaft* oder *Einheit.* Ein Geist voll Großzügigkeit erfüllt die Luft, jeder investiert seine Zeit, Kraft und sein Geld in die Versammlung – das nennt man *Dienst.* Kinder werden unterrichtet; Jugendliche haben Mentoren; Erwachsene jeden Alters finden Ermutigung; Senioren werden geschätzt, ihnen wird sogar zugehört – das nennt man *Liebe.*

Und dann? Möglicherweise wird ein apostolischer Geist in diesen Menschen entfacht, der nach außen strahlt, über die Gemeinde hinaus, hinein in die Welt. Andere können die erlösende Liebe von Jesus auf unterschiedlichste Arten erfahren. Dann ist die Gemeinde *missionarisch.*

Ich fand es inspirierend, mir diese Kette von Ereignissen vorzustellen, und ich fand es schön, mich daran zu erinnern, wie sehr ich die Gemeinde in all den Jahren immer dann geliebt habe, wenn ich sie so erlebt habe.

Ich habe die Freundschaften genossen, das, was wir zusammen unternommen haben und wie wir uns in schwierigen Zeiten unterstützt haben. Ich dachte an alle jene, die angefangen haben, an Jesus zu glauben und deren Leben spürbar umgestaltet wurde.

Ich habe mich gefragt, was die biblische Entsprechung einer Fahrstuhlstory wäre. Mir kam die Gemeinde in Ephesus in den Sinn. Über sie wissen wir mehr als über jede andere Gemeinde im Neuen Testament.

Wenn die Gemeinde in Ephesus eine Fahrstuhlstory hat, dann ist es der folgende Abschnitt – man braucht nur fünf Stockwerke, um ihn zu lesen:

> Diese Geschichte verbreitete sich schnell in Ephesus unter Juden und Griechen. Ehrfurcht erfasste die Stadt, und der Name von Jesus, dem Herrn, wurde sehr geehrt. Viele Menschen fanden zum Glauben und bekannten ihre Sünden. Eine ganze Reihe unter ihnen, die Zauberei getrieben hatten, brachten ihre Bücher mit Zaubersprüchen und verbrannten sie. (...) So fand die Botschaft des Herrn weite Verbreitung und zeigte eindrucksvolle Auswirkungen.[2]

Das ist doch eine beeindruckende Geschichte! Aber blieb es dabei? Nur wenige Jahrzehnte später erging an diese Gemeinde mit den wilden

Anfangsjahren das härteste Urteil, das denkbar ist. Ein prophetischer Engel sagte zu ihr: »Aber etwas habe ich an euch auszusetzen: Eure Liebe ist nicht mehr so wie am Anfang. Bedenkt, von welcher Höhe ihr herabgestürzt seid! Kehrt um und handelt wieder so wie zu Beginn! Wenn ihr euch nicht ändert, werde ich zu euch kommen und euren Leuchter von seinem Platz stoßen.«[3]

Es war, als sagte der Engel: »Leute, ihr seid nur eine Handbreit davon entfernt, das zu verlieren *(verlieren!)*, was euch am Anfang am meisten ausgezeichnet hat. Ihr seid kurz davor, dass euch der Segen von Christus (euer Leuchter) entzogen wird. Denkt darüber nach – lange und ausführlich!«

Der Engel hätte noch hinzufügen können: »Und wenn erst der Leuchter weg ist, seid ihr keine Gemeinde mehr.«

Ich las diese Bibelverse, dachte einige Male darüber nach und fragte mich, wie dies hatte passieren können. Wie hatte die Gemeinde in Ephesus so viel Schwungkraft verlieren können?

Bedenkt, von welcher Höhe ihr herabgestürzt seid, hatte der Engel gesagt. Was ich als Fahrstuhlstory der Gemeinde in Ephesus bezeichnet habe, muss die Beschreibung ihrer Blütezeit gewesen sein, ihrer Hochzeiten. Auch wir in unserer Gemeinde waren gerade »weit oben« (in Anlehnung an das Wort des Engels). Wir hatten gelernt einander zu lieben und uns umeinander zu kümmern, mit Begeisterung anzubeten und hinaus in die Welt zu gehen und im Namen Jesu zu dienen. Wir waren – ja, genau jetzt! – auf der Höhe.

Aber wenn die Gemeinde in Ephesus ihre erste Liebe verloren hatte und von weit oben herabgestürzt war, wie lange würde es dauern, bis uns das passierte? Wann wäre unsere Fahrstuhlstory nicht mehr glaubhaft?

Diese düstere Frage nagte tagelang an mir.

Als ich ein paare Tage später morgens mit dem ersten Kaffee draußen in der Sonne auf der Terrasse saß, fühlte es sich einen Moment lang fast so an, als spräche der Himmel unmittelbar zu mir. Mir war, als hörte ich ihn sagen: *Du musst um eine Idee bitten, die euch eurer Fahrstuhlstory treu bleiben lässt. Ihr dürft nicht geschehen lassen, was den Ephesern passiert ist.*

Ich tat, wie der Himmel mir aufgetragen hatte. Ich betete. Jeden Tag zu Beginn meiner morgendlichen Gebetszeit. (Ich knie mich dafür gern in meinem Arbeitszimmer hin.) Ich betete einfach so, wie ich dachte, dass es mir aufgetragen war: »Herr, ich brauche eine Idee, die große Auswirkungen auf unsere Gemeinde hat, und am besten auch auf mich.«

Erst wenn ich heute zurückschaue, sehe ich, dass in dieser Zeit verschiedene Erkenntnisse zusammenkamen: In meinem Herzen hatte ich gespürt, dass der Himmel mich drängte: *Du musst um eine Idee bitten.* Und mit meinen Ohren hatte ich Hank Soriano, der in keiner Hinsicht ein Jesusnachfolger war, sagen hören: »Ausbilden, ausbilden, ausbilden.« Es war nur eine Frage der Zeit, bis ich verstehen würde – um noch einmal die Lieblingsphrase meines Nachbarn zu bemühen –, was Gott sagen wollte: dass die Idee sich darum drehte, Leiter von morgen auszubilden.

13. JULI

Der erste Sommer

Genesungskarte an George Huntoon:

Lieber George,

es tut mir sehr leid zu hören, dass du im Krankenhaus liegst. Ich freue mich darauf, dich zu besuchen, um zu sehen, wie es dir geht und mit dir zu beten. Ich habe über eine Gruppe von Leuten nachgedacht, die Paulus als Hirten der Herde bezeichnet. Mir fiel auf, dass du schon seit langem einer dieser Menschen bist. Ich will nie aufhören, dir für deine Treue zu danken. Viele Menschen leben heute mit Jesus, weil du für sie da warst.

GMAC

In den nächsten Tagen stellte ich mir immer wieder die Frage: Was war in Ephesus schief gelaufen? Wie war es dazu gekommen, dass diese florierende Gemeinde das verloren hatte, was der Engel ihre *erste Liebe* nannte? Wodurch war diese faszinierende Fahrstuhlstory hohl geworden?

Ich glaube, ich fand die Antwort, als ich nachlas, was Paulus den Gemeindeleitern von Ephesus sagte, als er sie in der Hafenstadt Miletus traf. Er ging davon aus, dass er sie zum letzten Mal sah und gab ihnen einen väterlichen Rat: »Und nun seht euch vor! Achtet darauf, die Herde Gottes – seine Gemeinde, die er durch das Blut seines eigenen Sohnes erkauft hat –, zu hüten und zu betreuen, über die der Heilige Geist euch als Älteste eingesetzt hat. Ich weiß genau, dass sich nach meinem Weggang falsche Lehrer wie böse Wölfe unter euch mischen und die Herde nicht verschonen werden.«[4]

Drei Worte aus dieser eingängigen Metapher sprangen mir förmlich in die Augen: *Hirten, Herde* und *Wölfe.*

Hirten (jene im Zentrum der Gemeinde) waren für die Herde (die größere Gemeinde) verantwortlich. Ihre Aufgabenbeschreibung umfasste drei Punkte: Sie gaben die Richtung vor, in die sich die Herde bewegte. Sie kümmerten sich darum, dass die Tiere genug Futter und Erholung bekamen (man könnte auch sagen, dass sie gestärkt und auferbaut wurden). Und sie sorgten dauerhaft für Schutz vor Gefahren und Krankheiten.

Die Wölfe waren die Bösen. Wenn die Hirten ihren Job nicht ordentlich erledigten, tauchten sie unweigerlich auf und plünderten die Herde. Sie taten es mit Klatsch und Verleumdung, mit falscher Lehre und indem sie durch unehrliche Versprechen anfällige Menschen verführten.

Irgendwann müssen die *Hirten* von Ephesus den väterlichen Rat von Paulus vergessen haben. Eine nachfolgende Generation von Leitern muss ihre Aufgaben als Hirten falsch verstanden (oder verleugnet) haben. Und genau wie Paulus es vorhergesagt hatte, tauchten die Wölfe auf. Schon bald war die Fahrstuhlstory der Epheser nichts als eine schöne Erinnerung.

Als ich mir das Debakel in Ephesus vor Augen malte, tauchte eine Frage auf: *Wie kann eine Gemeinde für einen ständigen Nachschub an Hirten sorgen, die die einzelnen Punkte der Fahrstuhlstory aufrechterhalten und die Wölfe daran hindern, Chaos zu verbreiten?*

Ich schrieb in mein Tagebuch:

»Ich freue mich über die Fahrstuhlstory. Sie beschreibt genau, was Gott gerade in unserer Gemeinde tut. Das sind keine hohlen Worte, das ist nicht aufgeblasen. Wenn es die richtige Geschichte ist, wird sie andere begeistern.

Aber wie können wir sie bewahren? Das ist die nächste Frage.

Menschlich betrachtet gibt es dafür nur eine Möglichkeit: Leute, die den Hirten ähneln, die Paulus erwähnt, müssen dafür kämpfen, dass die Geschichte lebendig bleibt.

Aber wer sind diese Leute? Visionäre? Kommunikatoren? Organisatoren und Verwalter? Es ist sicherlich kein Fehler, Personen mit solchen Fähigkeiten dabei zu haben. Aber ich vermute, es geht noch um mehr. Um Menschen, Männer wie Frauen, die eine umfassende geistliche Qualität haben, die wichtiger ist als Fähigkeiten. Durch was zeichnet sich diese Qualität genau aus?

Herr, du hast mich herausgefordert, um eine Idee zu bitten. Ich bitte.«

15. JULI – 15. AUGUST

Der erste Sommer

An: GMAC
Von: Rich Fisher
Betreff: Deine »Idee«

Ich will dir nur kurz mitteilen, dass Carly und ich für diese Idee gebetet haben, die du suchst. Lass mich doch bitte als Ersten wissen, wenn Gott redet.

Ich fing an, mit jedem, der es hören wollte, über meine Gedanken zu einer guten Fahrstuhlstory zu sprechen. Gail zum Beispiel muss ich zu Tode gelangweilt haben mit meinen dauernden Spekulationen über Schafe und Hirten und Wölfe. Aber sollte sie es tatsächlich gewesen sein, hat sie es sich nie anmerken lassen. Wie schon all die Jahre zuvor hörte sie mir zu und stellte hilfreiche Fragen. Immer wieder schlug sie vor, gemeinsam über meiner neuen Leidenschaft zu beten und Gott um Durchblick zu bitten und wie wir weiter vorangehen sollten, damit auch andere ihre guten Gedanken einbringen konnten.

Ich lud kleine Gruppen von Ältesten und Leuten aus der Gemeindeleitung zum Frühstück ein und erzählte ihnen von meinem Anliegen. Alle hörten sehr offen zu und ermutigten mich weiterzudenken. Bald waren alle bestens mit den bedauernswerten Ephesern vertraut, die ihre erste Liebe verloren hatten.

Ich bemerkte, dass einer von ihnen, Rich Fisher, der Leiter unseres Vorstands, besser als jeder andere zu verstehen schien, was in mir vorging. Er nahm mich sehr ernst, als ich sagte, dass ich mich dazu gedrängt sah, zu beten und nach einer bahnbrechenden Idee zu suchen. Er versprach, die Last des Gebets mit mir zu teilen.

Rich und ich mailten und telefonierten regelmäßig, gaben uns Buchtipps und wiesen einander auf Bibelstellen hin, die davon handelten, wie Menschen zu Hirten werden und ins Zentrum der Gemeinde rücken. Weil Rich ein großer Eishockeyfan ist (besonders der Boston Bruins), überraschte es mich nicht, dass er in einem Gespräch den Eishockeystar Wayne Gretzky zitierte: »Ein guter Eishockeyspieler ist da, wo der Puck ist. Ein sehr guter Hockeyspieler ist da, wo der Puck sein wird.«

Mit diesem Zitat wollte Rich mich loben, dass ich über die Zukunft nachdachte, darüber, wo der Puck sein würde. »Lass die anderen sich um heute sorgen«, fügte er hinzu.

Ein anderes Mal schrieb Rich mir:

> Die Welt durchläuft derzeit tief greifende Veränderungen, Gordon: Wie wir denken, wie wir kommunizieren, wie wir uns organisieren, wird völlig auf den Kopf gestellt. In meinem Beruf beobachte ich das jeden Tag. Unsere Gemeinde muss anfangen, neue Modelle und Formen zu entwickeln, um den christlichen Weg in dieser neuen Welt aufzuzeigen. In sieben Jahren werden wir eine völlig andere christliche Gemeinschaft sein als heute und wir werden Menschen im Zentrum brauchen, die spüren, wie Gott uns haben will. Hör nicht auf nachzudenken!

Damals ahnte ich noch nicht, welche Auswirkungen das haben würde, aber in einem unserer Telefonate fragte Rich, ob mir der Name General George Marshall etwas sagte. Er erzählte, dass er gerade seine Biografie lese und eine bestimmte Geschichte mich bestimmt begeistern würde. »Wenn wir uns das nächste Mal sehen, würde ich sie dir gern vorlesen«, sagte er.

Wenn ich auf jenen Sommer zurückblicke, als die Fragen nach der Zukunft unserer Gemeinde in meinem Herzen langsam Wurzeln schlugen, wird mir klar, dass alles mit einem Baseballspiel im Fenway Park-Stadion begann, als Hank Soriano die Fahrstuhlstory auf den Tisch brachte.

Soriano! Warum hatte Gott ihn gebraucht, um mich auf eine neue Spur zu setzen?

4. SEPTEMBER

Der erste Sommer

Aus meinem Tagebuch:

Samstag. Sperrmülltag. Herbst liegt in der Luft. Schlecht geschlafen letzte Nacht. Gedanken rasen. Wilde Woche. Sitzungen, Sitzungen, Sitzungen: Mitarbeiter, Älteste, Vorstand. Möglicherweise habe ich etwas ins Rollen gebracht. Ich spüre die kommenden Veränderungen. Viele Gespräche über neue Ideen, manche neue Sichtweise. Ist die Gemeindeleitung auf dem Weg zu einem radikalen Kurswechsel? Wie betrifft mich das? Jetzt habe ich so viel über Flexibilität und Anpassung geredet, aber bin ich wirklich dazu bereit, wenn sich mein Leben dadurch ändern muss?

Auf dem Schild am Recyclinghof steht, dass er zweimal in der Woche geöffnet hatte: mittwochs von 16 bis 19 Uhr und samstags von 8 bis 17 Uhr. Die Zeiten muss man allerdings nicht ganz so genau nehmen, weil Nate, der Chef, das Tor an beiden Tagen normalerweise schon eine Stunde früher öffnet. Wer samstagmorgens besonders früh in den Tag starten will, ist dankbar dafür.

Gail und ich rollten an jenem Samstag in meinem in die Jahre gekommenen Tundra Pickup auf den Recyclinghof. Für die letzten beiden Augustwochen hatten wir uns das jährliche Ausmisten vorgenommen und an diesem Morgen war die Ladefläche voller Zeug, das wir nicht mehr brauchten. Wir waren ziemlich stolz auf uns. Wir wollten den Müll entsorgen, damit sich unsere Kinder nicht mehr darum kümmern mussten, falls uns einmal etwas zustoßen sollte.

Ich fuhr rückwärts zum Papiercontainer und warf alle Kartons, Prospekte und Schmierzettel hinein, die in dieser Woche angefallen waren. Gail verteilte währenddessen Metall, Plastik, Weiß-, Braun- und Grünglas auf die entsprechenden Container. Wir recyceln sorgfältig. Wir nennen uns gern »Schöpfungsbewahrer«.

Gail und ich hatten ausgemacht, dass wir uns anschließend auf der anderen Seite des Hofes treffen würden. Dort ist die so genannte Schatzkammer, wo Leute ihre Sachen stehen lassen, die sie nicht mehr brauchen. Wenn Eltern ihre Kinder bestechen wollen, mit zum Recyclinghof zu kommen und zu helfen, den Müll zu entsorgen, versprechen sie ihnen, zehn Minuten in die Schatzkammer gehen zu dürfen. Hier würden auch wir die Trophäen unseres Aufräumprojektes zurücklassen.

Als ich die letzte Kiste Altpapier entleerte, hörte ich eine Stimme hinter mir: »Hi Pastor Mac!« Als ich mich umdrehte, sah ich, dass Rich Fisher mir entgegenkam. Er war ebenfalls in aller Frühe zum Recyclinghof gekommen.

An dieser Stelle sind vielleicht an paar Details über Rich angebracht. Am Ende des Buches wird er Ihnen ein guter Bekannter sein.

Rich Fisher steht ziemlich weit oben in der Schulbehörde unserer Stadt. Er ist einer von vier stellvertretenden Direktoren der High School. Ursprünglich Geschichtslehrer, hat er noch einen Doktor in Schulverwaltung draufgesetzt und ist die Karriereleiter emporgestiegen. In der High School schätzt man ihn sehr.

Auch in unserer Gemeinde sind Rich und seine Frau Carly, eine Sonderpädagogin, sehr beliebt. Sie haben zwei Söhne. Jacob ist in der Mittel- und Caleb in der Oberstufe. Carly leitet die Tafel, die unsere Gemeinde organisiert. Und wie bereits erwähnt, ist Rich der Vorsitzende unseres Vorstands, einer Gruppe von Männern und Frauen, die die geschäftliche Seite unseres Gemeindelebens verantworten.

Ich freute mich sehr, Rich an diesem frühen Septembermorgen auf dem Recyclinghof zu treffen. Wir hatten uns schon einige Tage nicht gesprochen.

Als wir uns die Hand zur Begrüßung reichen wollten, stellten wir beide gleichzeitig fest, dass sie vom Müll dreckig waren und zogen sie zurück – und standen uns etwas unbeholfen gegenüber. »Nennen wir es einen virtuellen Handschlag«, sagte ich und unser Problem war gelöst.

Nachdem wir beide die obligatorische Wie-war-deine-Woche?-Frage beantwortet hatten, meinte Rich: »Unglaublich, dass wir uns heute früh hier treffen. Irgendeine Chance, dass wir nächste Woche mal gemeinsam frühstücken oder Mittag essen?«

»Gerne«, sagte ich. »Würde mich freuen. Vorstandsthemen – oder sollen wir lieber über die Gretzkysache sprechen?«

»Keine Vorstandsthemen diesmal. Ich wollte unser letztes Gespräch noch mal aufgreifen. Du weißt schon, die Idee. Ich würde dir gern ein paar Dinge erzählen, die dich interessieren könnten. Das würde jetzt zu lange dauern, aber vielleicht können wir uns nächste Woche treffen …?«

Ich freute mich über Richs Einladung und sagte spontan: »Zeit? Ort?«

»Könntest du zu mir kommen? Wie wäre es mit Dienstag in der Schule? Ich habe mittags eine Stunde frei. Wir könnten uns gesundes Mensaessen holen und uns in mein Büro setzen.«

Rich weiß, dass ich Leute wenn möglich gern dort besuche, wo sie arbeiten. Ich versuche Treffen im Gemeindehaus so oft es geht zu vermeiden. Mit Rich habe ich mich schon viele Male in der Schule zusammengesetzt. In seinen Jahren als Lehrer habe ich sogar einmal an seinem Geschichtsunterricht teilgenommen und hatte meinen Spaß. Ich nannte es einen gegenseitigen Austausch von Fachkenntnissen.

Ich holte meinen Blackberry aus dem Pickup und sah, dass der Termin frei war. »Dienstag ist gut«, sagte ich.

»Ach, da fällt mir noch was ein«, meinte Rich. »Ich habe was zum Lesen für dich. Ich trage es schon die ganze Woche in meinem Portemonnaie mit mir herum und wollte es dir morgen früh geben.« Er holte eine kleine Karte hervor und gab sie mir.

»Schau sie nicht an, bevor du nicht Zeit hast, darüber nachzudenken.«

»Okay«, erwiderte ich und steckte die Karte in meine Jackentasche.

»Also gut, wir sehen uns morgen und am Dienstag«, meinte Rich und lief zu seinem Auto. Ein paar Sekunden später drehte er sich um und rief mir zu: »Gute Predigt morgen! Carly und ich feuern dich an.«

Diese Bemerkung war typisch für Rich Fisher – er ist ein großer Ermutiger. Mit solchen Unterstützern an der Seite kann man lange Zeit ein starker Pastor bleiben.

Als ich mit dem Pickup zur Schatzkammer fuhr, wartete Gail schon dort und sagte: »Ich habe dich mit Rich gesehen. Worum ging es?«

»Er wollte sich nächste Woche mit mir treffen. Ich fahre am Dienstag zum Mittagessen zu ihm in die Schule.«

»Stimmt irgendwas nicht?«, fragte Gail.

»Nein, keine Sorge. Er will sich mit mir über mein Lieblingsthema unterhalten, die Idee.«

Zusammen räumten Gail und ich unsere »Schätze« von der Ladefläche und fuhren ein paar Minuten später zur Ausfahrt. Im Rückspiegel sah ich, wie einige Kinder schon durch unsere Sachen wühlten. Jetzt würde das Zeug ein paar Jahre ihren Keller zumüllen …

Als wir losfuhren, fiel mir die Karte ein, die Rich Fisher mir gegeben hatte. Ich holte sie aus der Jackentasche und reichte sie Gail. »Die ist von Rich. Willst du sie mal vorlesen?«

Gail nahm die Karte und las sie sich durch. Dann blieb sie eine Weile stumm. Ich fragte mich, was die Stille zu bedeuten hatte, und sagte mit leiser Ungeduld in der Stimme: »Hallo, was steht denn drauf?!«

»Du solltest gut hinhören«, sagte Gail leise. »Es ist ein Zitat von Richard Foster: ›Was wir heute am nötigsten brauchen, sind nicht mehr intelligente und begabte Leute, sondern mehr Tiefgänger.‹«

»Tiefgänger?«, fragte ich. »Ziemlich ungewöhnliche Formulierung. Spricht aber etwas in mir an.«

»Ja, in mir auch«, meinte Gail.

Wir fuhren ein paar Minuten weiter, ohne etwas zu sagen. Dann unterbrach ich die Stille und bat Gail, das Zitat von Foster noch einmal vorzulesen. Sie folgte meiner Bitte. »Lies doch noch mal«, bat ich. Und sie las den Satz ein drittes Mal vor.

»Intelligente und begabte Leute. Der Instinkt sagt einem, dass man genau die braucht, um eine Gemeinde zu leiten. Also sucht man danach. Man will kluge, gewitzte Leute, solche, die in ihrem Beruf erfolgreich sind. Man glaubt, dass sie eine Gemeinde zum Florieren bringen. Wir hatten viele solcher Personen in Leitungsverantwortung und ich glaube, ich habe fast jeden dort geschätzt. Aber Foster sagt, was wir brauchen – sagt er wirklich *am nötigsten brauchen?* – sind Tiefgänger. Was stellst du dir darunter vor?«

»Ich glaube zu wissen, was Richard Foster meint«, sagte Gail. »Ich habe vermutlich noch nie definiert, was ein Tiefgänger genau ist, aber ich erkenne einen, wenn ich ihn sehe.«

»Siehst du viele davon in unserer Gemeinde?«, fragte ich.

»Ein paar schon, denke ich«, sagte Gail. »Manche sind sogar extrem tief. Aber weißt du, was mir dabei auffällt? Die, an die ich denke, sind alle schon ziemlich grauhaarig. Ich wünschte, mir fielen mehr Tiefgänger aus der jüngeren Generation ein.«

Tiefgänger. Was für ein interessanter Begriff, dachte ich. Eine Gemeinde braucht Tiefgänger und muss Menschen in die Tiefe führen. In diesem Moment war mir klar, dass dieser Begriff auf unserer betenden Suche nach der bahnbrechenden Idee eine große Rolle spielen würde.

6. SEPTEMBER

Der erste Sommer

An: Arlene Lewis
Von: GMAC
Betreff: danke

Hallo Arlene,
in den letzten Wochen habe ich viel darüber nachgedacht, wo unsere Gemeinde in ein paar Jahren stehen wird. Paulus' Bild in Apostelgeschichte 20 von den Hirten und der Herde hat mich inspiriert. Erinnerst du dich, wie wir diese Stelle vor ein paar Jahren in der Entdeckergruppe gelesen haben? Eine gesunde Herde braucht einen guten Hirten. Seit ein paar Tagen nenne ich diese Hirten »Tiefgänger« und mir fiel auf, dass du so jemand bist. Dafür will ich dir danken.
Und es gibt eine Sache, bei der du mir helfen könntest. Schreib doch mal auf, wie wir deiner Meinung nach unseren Vorrat an »Arlenes« auffüllen könnten. Können wir etwas tun, um eines Tages mehr Tiefgänger wie dich zu haben?
GMAC

An: GMAC
Von: Arlene Lewis
Betreff: Re: danke

Große Güte, Pastor Mac. Mehr Arlenes? Mich gruselt's bei dieser Vorstellung. Aber auf deine Frage, wo du mehr Tiefgänger findest, habe ich nur eine Antwort: Ziehe sie heran! Ich hatte Leute, die in mich investiert haben, als ich jung war. Das funktioniert heute nicht anders.

Ich bin jetzt genau seit neun Jahren in dieser Gemeinde. In meinem ersten Buch habe ich erzählt, dass ich damals nur ein »Kompromisskandidat« war. Der Kompromiss zwischen der jüngeren und der älteren Generation, die uneins waren, wie unsere Gemeinde in Zukunft aussehen sollte.

Die jüngere Generation, meist Leute, die zugezogen waren, weil sie sich in Neuengland wohlfühlten, wollte eine Gemeinde, die sich all den Neuerungen öffnet, die in Büchern, Konferenzen und Seminaren gerade propagiert werden. Die ältere Generation, vor allem Menschen, die schon seit ihrer Kindheit zur Gemeinde gehörten, wollte einen Pastor, der die Orgel, den Chor, die Bibelstunde und die Sonntagschule zurückholte. Und natürlich Liederbücher.

Als sie sich auf mich einigten, bekam keine der Gruppen all das, was sie sich wünschte. Ich war für beide Seiten eine Enttäuschung. Aber sie entdeckten, dass Gail und ich eins anzubieten hatten: Wir konnten Menschen lieben. Und wir sind damals wie heute überzeugt davon, dass sich eine Menge Reibung zwischen den Generationen vermeiden lässt, wenn alle sich wertgeschätzt fühlen. Mit unserer Ankunft begannen wir Menschen so gut es ging zu lieben, und das zahlte sich in vielerlei Hinsicht aus.

Wir ernteten neun wirklich gute, glückliche Jahre.

Probleme? Klar, die gab es auch. Die ersten sind nachzulesen in *Ich will meine Gemeinde zurück*. Aber in diesem Nachfolgeband geht es nicht um Probleme. Es geht um Herausforderungen und Möglichkeiten.

In den letzten Jahren ist unsere Gemeinde quantitativ gewachsen. Zugenommen hat auch die Zahl unserer »Dienste« – ein beliebtes Wort in der christlichen Szene. Wir mögen diesen Begriff sogar lieber als »Programme«. Das klingt uns zu sehr nach organisierter Institution.

Auch die Spendenbereitschaft hat zugenommen: Unsere Leute sind treue Geber, obwohl nur wenige wirklich wohlhabend sind.

Wir sind auch großzügig, was das Dienen angeht. Mehrmals sind kleine Gruppen unserer Gemeinde zu Auslandseinsätzen gefahren und haben Häuser gebaut, Englisch unterrichtet oder Sportprojekte durchgeführt. Wir fragen regelmäßig bei der Stadt nach, wo Freiwillige gebraucht werden. So haben Gemeindeleute schon in Krankenhäusern und bei der Tafel mitgeholfen und Nachhilfe gegeben. Und das sind nur einige Beispiele.

Auch unser pastorales Team ist gewachsen. Jason Calder ist unser jüngster und letzter Neuzugang und leitet unsere Anbetungsarbeit. Wir nennen Jason unser Eigengewächs, weil er in unserer Gemeinde groß geworden ist.

Unser pastorales Team hat zwei weitere Mitglieder: Bruce Bartlett ist zweiter Pastor und predigt hin und wieder. Und Claire Dustin ist angestellt als Seelsorgerin und Beraterin. Claire, Bruce, Jason und ich verstehen uns gut, und ich bin froh, dass sie da sind.

Und eine weitere Art von Wachstum freut mich: Wir haben Gemeindemitglieder, die aus anderen Ländern und Kulturen in unsere Gegend gezogen sind. Mehrere lateinamerikanische Familien und Singles haben sich uns angeschlossen. Unter ihnen ragen Mercedes Perez, eine temperamentvolle Jesusnachfolgerin, und ein junger Mann, Hugo Padilla, heraus. Sie kommen beide aus dem Süden von Texas. Mercedes leitet das Northeast Center für berufliche Weiterbildung, das zu einer der größten Hotelketten der USA gehört. Hugo arbeitet bei Southwest Airlines.

Wir haben auch eine brasilianische Familie, Gilberto und Adriana Silva. Gilberto ist Ältester in unserer Gemeinde und beide haben eine ungewöhnlich sensible Antenne für die geistliche Welt. Ich habe mitbekommen, wie Gilberto die Ältesten auf Meinungen oder Stimmungen in der Gemeinde hingewiesen hat, und immer ins Schwarze getroffen hat. Und sie haben schon einige Menschen zu Jesus geführt. Jeden, der neugierig ist auf den Glauben, würde ich zu den Silvas schicken.

Auch haben wir ein Paar aus Haiti, Martine und Wilford Jean-Baptiste, die am Franklin Pierce College studieren. Sie gehören zu den liebevollsten und positivsten Menschen, die wir kennen. Ich bin jedes Mal erstaunt, wie selbstverständlich Christen aus Haiti immer in allem noch etwas Gutes finden. Wie schaffen sie es, in einem so gebeutelten Land aufzuwachsen und dennoch so viel Freude in sich zu tragen?

Sehr liebenswert ist auch Hana Tchung aus Korea. Sie und ihre Tochter Hyun Jung sind für drei Jahre in die USA gekommen, damit Hyun Jung hier zur High School gehen kann. Hanas Mann Andy – das jedenfalls ist sein amerikanischer Name – ist in Korea geblieben, wo er als Manager einer Firma arbeitet, die Autoteile herstellt. Er besucht seine Frau und Tochter alle zwei oder drei Monate.

Hana ist eine unglaubliche Beterin. Kurz nachdem sie angekommen war, bat sie mich, ob sie zweimal in der Woche ins Gemeindehaus kommen könnte, um zu beten. Uns wurde sehr schnell klar: Sie mag sonst eine stille Person sein – aber nicht, wenn sie betet. Wenn sie im Gottesdienstsaal alleine ist, können wir (buchstäblich durch die Mauern) hören, wie sie bei Gott für ihre Familie, ihr Land, ihre Gemeinde (sie spricht viel von Erweckung) eintritt, und nicht zuletzt für Gail und mich betet. Eines Tages würde ich gern herausfinden, ob eine Verbindung zwischen Hanas Gebeten und meinen besten Predigten und Seelsorgegesprächen besteht.

Auch Samuel und Ramya Anand aus Indien will ich noch erwähnen. Ramya liebt Kinder und ist eine wichtige Stütze unserer Kinderarbeit.

Wir bewundern an beiden die Eleganz mit der sie sich bewegen – ohne dabei arrogant zu wirken.

Zudem haben wir drei oder vier Familien, die durch Flüchtlingsprogramme aus dem Sudan und aus Somalia gekommen sind. Einige unserer Leute helfen ihnen beim Englischlernen, vermitteln ihnen die amerikanische Kultur und helfen ihnen, sich an neuen Arbeitsstellen zurechtzufinden.

Natürlich sind auch etliche Amerikaner zu uns gestoßen. Ein Großteil von ihnen hat Jesus erst bei uns persönlich kennen gelernt. Auf ganz unterschiedliche Art haben sie sich alle entschieden, Jesusnachfolger zu werden (wie wir das gerne nennen), und wachsen geistlich.

All das – das zahlenmäßige Wachstum, die Spendenzunahme, neue Dienste und Mitarbeiter, die kulturelle Bereicherung – hat uns in den letzten sechs Jahren bewegt. Es gab natürlich auch Herausforderungen. Aber in den meisten Fällen haben das Pastorenteam, die Ältesten und der Vorstand die richtigen Entscheidungen getroffen. Ein paar nicht ganz so kluge waren natürlich auch dabei, sodass wir insgesamt viel Segen und ein paar Enttäuschungen erlebt haben.

Es gibt allerdings auch eine Veränderung, die mich beunruhigt. Man könnte es eine soziologische Verschiebung nennen: Viele Leute halten sich nicht mehr fest zu einer Gemeinde. Uns Pastoren gefällt die Vorstellung, dass die Leute uns »gehören«. In Wirklichkeit besuchen sie aber mal diese und mal jene Gemeinde oder fahren auf Konferenzen. Sie sehen Predigten im Fernsehen, hören christliches Radio. Insgesamt sind sie vielen religiösen Einflüssen ausgesetzt. Ich weiß nicht genau, wie ich das erklären soll, aber mein Bauchgefühl sagt mir, dass es in Zukunft viele einsame Menschen geben wird, weil sie nicht ihren Teil dazu beigetragen haben, persönliche Freundschaften aufzubauen und in Gemeinschaft zu investieren. Vielleicht muss es auch eine ganz neue Gemeindeform geben. Eine, die Gemeinschaft und geistliches Wachstum in den Mittelpunkt rückt. Dann müssen wir umso stärker ausbilden, ausbilden, ausbilden (um es mit Hank Soriano zu sagen).

Wir haben jetzt jedenfalls September und ich bete verstärkt um die bahnbrechende Idee, die momentan in etwa so klingt: *Wie kann unsere Gemeinde ihren Anteil an Tiefgängern vergrößern, den Anteil an Menschen, die bereit sind, uns in die Zukunft zu führen, die ein vorbildliches Leben als Christusnachfolger führen und die uns anleiten, den Auftrag zu erfüllen, den Gott uns gegeben hat?*

Als Rich Fisher mich zum Mittagessen einlud, hatte ich noch keine Ahnung, dass in unserem Gespräch diese sich entwickelnde Idee ihren entscheidenden Impuls bekommen würde.

7. SEPTEMBER

Mittagessen. Der erste Sommer

> Pastor MacDonald,
>
> Gott mir gesagt ich für dich beten heute. Ich glaube er sprechen in dein Herz und du müssen hören. Ich in Gemeinde heute und beten für dich und Mrs. MacDonald.
>
> Hana Tchung

DIENSTAGMORGENS TREFFEN WIR UNS IMMER VON NEUN BIS ELF ALS pastorales Team (Bruce Bartlett, Claire Dustin, Jason Calder und ich). Während wir über unsere Gemeindethemen redeten, war aus dem Gottesdienstsaal das drängende Flehen von Hana Tchung zu hören, und wir wussten, dass diese bescheidene Frau aus Korea für jeden von uns betete.

Als ich um halb zwölf mein Büro verließ, um zur High School zu fahren, gab mir Kelly Martin einen verschlossenen Umschlag mit. Ich öffnete ihn erst am späten Nachmittag. Er war von Hana Tchung. Ihre Worte – gut formuliert, wenn man bedenkt, dass sie erst seit sechs Monaten Englisch spricht – berührten mich tief. Woher wusste sie, dass ich genau an diesem Tag auf dem Weg zu einem Gespräch war, das am Ende Auswirkungen auf viele Menschen haben würde, mich eingeschlossen?

Als Besucher eine High School zu betreten, kommt einem Sicherheitscheck am Flughafen an Tagen mit erhöhter Alarmbereitschaft ziemlich nahe. Man betritt die Schule durch eine bestimmte Tür (und nur diese eine!), geht unter den Augen eines uniformierten Wachmanns durch einen Metalldetektor und wird zu einer Rezeption gebracht, die in der Nähe des Direktorenzimmers liegt. Hier trägt man Namen, Anschrift, Datum, Uhrzeit und Kontaktperson in eine Liste ein und bekommt wahlweise einen Besucherausweis für den Gürtel oder fürs Revers. Und dann wartet man, bis die Kontaktperson – in meinem Fall Rich Fisher – auftaucht und einen mitnimmt.

Wir gingen in die Cafeteria und suchten uns Salate und Sandwichs aus, die Beispiele für die gesunde Ernährung waren, zu der die Schule sich verpflichtet hatte. Dann liefen wir in Richs Büro im Verwaltungsgebäude, wo wir ungestört essen und reden konnten.

»Betest du hier vor dem Essen?«, fragte ich, als wir uns setzten. »Oder ist das in einer öffentlichen High School verboten?«

»Es ist vermutlich in Ordnung, wenn du dich nicht auf die Knie wirfst, laut schreist oder deine Hände erhebst«, sagte Rich mit gespieltem Ernst. Dann flüsterte er mir in dramatischem Tonfall zu: »Ich schmuggele hier jede Menge Gebete durch. Bisher hat die Gebetspolizei mich nicht erwischt. Du kannst ja auch mal versuchen, ob du es schaffst, ohne dass sie dich schnappen.«

Ich nahm dies als Einladung und betete: »Herr, lass in dieser Schule heute ein paar gute Dinge geschehen. Segne die Jugendlichen, die hier sind, um zu lernen, und die Lehrer, die hier sind, um zu unterrichten. Selbst wenn einige dich hier nicht wollen ...«, Rich schmunzelte, als ich das sagte, »... sei hier an diesem Ort. Und ich bitte dich besonders für meinen Freund Rich. Erinnere ihn jeden Tag an all die Möglichkeiten, mit denen er hier intellektuell und moralisch Gutes bewirken kann. Wir sind beide sehr dankbar für dieses Essen. Amen.«

Nach einem kurzen Austausch über den Gottesdienst am vergangenen Sonntag – Rich sagte, dass ihm die Predigt gefallen hatte – und über seine Familie, kamen wir schließlich zu dem, was Rich Fisher wirklich auf dem Herzen lag.

»Es ist zwar jetzt schon ein paar Wochen her, seit wir über deine Suche nach einer neuen Idee gesprochen haben, aber Carly und ich haben nicht aufgehört, darüber nachzudenken. Uns ist ganz wichtig, dass du weißt, dass wir dein Anliegen teilen ...«

»Und mir ist wichtig, dass du weißt«, unterbrach ich ihn, »wie dankbar ich bin für das Zitat von Foster mit dem Ausdruck *Tiefgänger*, das du mir am Recyclinghof gegeben hast. Seit Gail und ich diese Worte gelesen haben, stellen wir immer wieder fest, wie sehr der Ausdruck *Tiefgänger* zu unseren Gedanken passt.«

»Na hervorragend! Als ich die Zeile zum ersten Mal las, hatte ich das Gefühl, dass das genau das ist, wonach du suchst. Damit lässt sich vielleicht besser definieren, was auch immer am Ende herauskommen wird. Ich erzähle dir jetzt, was Carly und ich heimlich angestellt haben, um diese Sache voranzubringen.«

»Was genau voranzubringen?«

»Wir hatten den Eindruck – also eigentlich Carly –, wir sollten ein paar Leute zum Grillen einladen und eine Träumerrunde machen. Die war letzten Freitag.«

»Eine Träumerrunde?«, fragte ich. »Was ist das denn?«

»Das ist so eine Übung, die wir hier an der Schule manchmal machen. Wir bringen Leute zusammen, die gerne miteinander brainstormen. Sie sollen während einer Diskussion eine Lösung für ein Problem finden, vor dem wir gerade stehen. Da können ganz unterschiedliche Leute dabei sein: Lehrer, Eltern, Lieferanten, auch Schüler. In guten Träumerrunden entstehen häufig Strategien, auf die wir vorher nicht gekommen sind, weil alle auf gleicher Stufe stehen.

Carly und ich hatten das Gefühl, eine Träumerrunde mit Leuten aus der Gemeinde könnte genau das Richtige sein, um einen Denkprozess anzustoßen. Wir haben ihnen gesagt, Ziel des Abends sei es, Ideen zu entwickeln, wie mehr geistliche Leiter in unserer Gemeinde gefördert werden können. Natürlich hat das erst mal dazu geführt, dass alle sich fragten, was eigentlich Leiterschaft bedeutet.«

»Wow, da wäre ich ja gern Mäuschen gewesen. Wer war denn da?«

»Du fragst dich wahrscheinlich, warum wir dich nicht eingeladen haben.«

Rich hatte recht. Ich fühlte mich ein wenig übergangen.

»Wir haben überlegt, ob wir dich und Gail einladen sollen. Aber zu Träumerrunden hier an der Schule wird die Direktorin nie eingeladen. Wie gesagt, die Leute sollen in alle möglichen und unmöglichen Richtungen träumen. Sie sollen sich nicht fragen, was die Direktorin wohl gut finden würde. Darum haben wir uns entschieden, den Gemeinde›direktor‹ nicht einzuladen.«

(Innere Notiz: Soriano hält mich für einen Geschäftsführer, Fisher nennt mich Direktor. Nennt mich eigentlich noch irgendjemand Pastor?)

»Klingt einleuchtend«, sagte ich. »Jetzt, da ich weiß, warum ich von der Liste gestrichen wurde:«, ich grinste bei diesen Worten, »wer waren denn die Glücklichen, die draufstanden?«

»Carly hat die Liste zusammengestellt. Sie hat einige Älteste mit ihren Ehepartnern eingeladen, ein paar Leute aus dem Vorstand und fünf oder sechs Dienstgruppenleiter, Verheiratete wie Singles. Eine klasse Gruppe, ein sehr guter Mix. Kluge Leute, ungefähr 15, glaube ich. Nur die Handleys und die O'Donnells mussten absagen.«

»Und die anderen …«

»Später. Lass mich dir vorher erzählen, worüber sie zuerst geredet haben.«

Seit dem Treffen am Samstag auf dem Recyclinghof hatte ich mir alles Mögliche vorgestellt, worüber Rich mit mir reden wollte. Aber sicher nicht das hier. Dass Rich und Carly aus eigenem Antrieb eine »Träumerrunde« bei sich zu Hause organisiert hatten, war eine ungeheure Ermutigung für mich.

»Ich bin froh, dass ich dich am Samstag getroffen habe«, sagte Rich, »denn ich wollte mich so schnell wie möglich mit dir zusammensetzen und dir erzählen, was am Abend vorher gelaufen war.«

»Rich, ich bin echt sprachlos. Du und Carly, ihr seid die ersten nach Gail und mir, die wirklich glauben, dass mein Spleen von dieser bahnbrechenden Idee wirklich wichtig sein könnte. Und eure Träumerrunde … Mann, ich bin ganz Ohr. Erzähl mir jedes Detail!«

»Also«, Rich lehnte sich nach vorne, als wolle er unterstreichen, was er nun sagen würde, »mich hat überrascht, wie groß die Einigkeit war. Es war sofort klar, dass fast alle deinem Grundanliegen zustimmen: dass wir uns ernsthaft Gedanken machen müssen, wie wir neue geistliche Leiter im Herzen der Gemeinde fördern können. Das schienen alle so zu sehen.«

Rich fuhr fort: »Du hast vielleicht nicht das Gefühl, verstanden worden zu sein, aber da liegst du falsch. Die Leiter stimmen mit dir überein. Sie überblicken vielleicht noch nicht alle Auswirkungen, aber sie stimmen dir grundsätzlich zu.«

»Was überblicken sie denn nicht?«, fragte ich.

»Man merkt, dass einige es nicht gewohnt sind, über solche Themen nachzudenken. Wenn du von Leiterförderung sprichst, denken manche automatisch an neue Kandidaten für Leitungsgremien oder an Gruppenleiter oder Älteste. In unserer Runde habe ich Wert darauf gelegt zu erklären, dass es dir um etwas viel Wichtigeres geht.«

Ich unterbrach Rich, was ich vermutlich nicht hätte tun sollen: »Genau darum finde ich den Ausdruck *Tiefgänger* von Foster so treffend. Er hilft dabei, sich auf etwas viel Wichtigeres zu konzentrieren, als Positionen im Gemeindesystem zu besetzen.«

»Weißt du«, sagte Rich, »die Art von Leiterschaft, die du meinst, ist nicht leicht zu definieren. Wir reden hier an der Schule häufig darüber, und die Fachleute auf diesem Gebiet sind sich auch nicht einig, wie sie zustande kommt. Nur in einem Punkt stimmen alle überein: dass jede Organisation regelmäßig neue ausgebildete Leute braucht, die wissen, wie man Menschen zusammenbringt und sie motiviert, ihr Bestes zu geben.«

»Was kam denn am Freitag heraus? Irgendwelche Erkenntnisse, die mich in meinem Nachdenken weiterbringen?«

»Ja, es gab einige gute Gedanken. Übrigens musste ich sie immer wieder daran erinnern, dass wir einfach ein Gespräch unter Freunden führten und unser einziges Ergebnis sein konnte, dir und den Ältesten ein paar Vorschläge zu machen.«

»Wie hast du denn das Gespräch ins Laufen gebracht?«

»Ich habe die Diskussion mit dem Fosterzitat angestoßen. Dann sollte jeder einen Mann und eine Frau aus der Bibel nennen, die ihnen beim Begriff *Tiefgänger* einfielen. Ich habe nicht nur nach einem Namen, sondern auch nach dem Grund gefragt, warum sie die jeweiligen Personen nannten.

Du wärest überrascht, wen sie alles aufgezählt haben, zwanzig oder dreißig Namen. Am Ende wollten wir uns auf einen Mann und eine Frau einigen, die dem Begriff am besten entsprechen. Und sie haben sich entschieden für … Na, gespannt?«

»Ja, total!«

»Sie haben sich entschieden für Barnabas und Maria von Bethanien.«

Ich ließ die Namen einen Moment sacken und sagte: »Barnabas leuchtet mir völlig ein, wenn ich darüber nachdenke. Wann immer er in der frühen Kirche auftaucht, bewirkt er Gutes. Klar, das ergibt einen Sinn. Aber Maria? Warum gerade sie?«

»Kathy Cassidy ist auf sie gekommen. Sie sagte, dass Maria die einzige Frau ist, von der wir wissen, dass sie Jesus zu Füßen saß. Es war mir vorher nicht bewusst, aber das ist wohl eine typisch jüdische Beschreibung dafür, was die Jünger eines Rabbis taten, wenn sie lernten. Sie saßen ihrem Herrn zu Füßen.

Dann erwähnte Kathy noch den Abend in Bethanien, kurz bevor Jesus starb. Wie Maria bei Jesus und seinen Jüngern war und ihm Parfüm über die Füße goss. Irgendwie ahnte Maria, was in den nächsten Tagen passieren würde. Die Männer dagegen, denen es viel eher hätte klar sein müssen, waren so ahnungslos, dass sie Maria für die Verschwendung des Parfüms tadelten.

Aber statt Maria zurechtzuweisen, wandte Jesus sich an die Männer. Er sagte: ›Maria ist die einzige, die weiß, was hier geschieht. Sie war die einzige, die angemessen reagiert hat.‹ Und das, so argumentierte Kathy, ist ein Beweis für die unglaubliche Tiefe dieser Frau.

Schon komisch«, fuhr Rich fort, »dass ich vorher noch nie so über Maria nachgedacht habe. Aber es wurde deutlich, dass sie bei Kathy Cassidy einen großen Eindruck hinterlassen hat.«

Rich hatte völlig recht. Auch ich musste zugeben, dass ich Maria vorher nie ernst genug genommen hatte.

Rich redete weiter. »Die Gruppe sprach eine Weile über die Gemeinsamkeiten von Maria und Barnabas. Und mit der Zeit wurde klar, was Tiefe bedeutet. Es wurde schnell zum Schlüsselbegriff des Abends. Schon bald sprachen alle über Tiefgänger.«

»Ich hänge mehr und mehr an dem Begriff *Tiefgänger«,* sagte ich. »Er begeistert mich. Zumal ich den Begriff *Leiter* echt leid bin. Er ist so sehr überstrapaziert worden, dass keiner mehr so recht weiß, was er eigentlich bedeutet. Auch ich habe da langsam den Faden verloren.«

»Und dann haben wir noch«, fuhr Rich fort, »ein Brainstorming gemacht zu der Frage, wie ein Tiefgänger heute aussehen könnte: ›Kennen wir Leute in unserem Umfeld, die uns an Barnabas oder Maria erinnern – oder Leute, die ihnen ähneln? Gibt es Tiefgänger in unserer Gemeinde?‹ Ich hab mich gefreut, dass uns tatsächlich einige Namen einfielen.

Und das führte dann zu der Frage, wie Tiefgänger eigentlich entstehen. Wie erreichen Menschen einen Punkt, an dem andere diese Bezeichnung als zutreffend empfinden?

Alle waren sich einig, dass sie in der guten alten Zeit – wann immer die war – von soliden christlichen Familien hervorgebracht wurden und von Gemeinden, die eine gute biblische Lehre und eine Schar von Tiefgängern aus älteren Generationen vorzuweisen hatten. Aber wir befürchteten, dass das heute nicht mehr so häufig der Fall ist.«

Rich und ich unterhielten uns darüber, warum das so war, und schließlich sagte er: »Dann nahm das Gespräch eine interessante, eigentlich wirklich besondere Wendung. Samuel und Ramya Anand waren beide da und – keine Ahnung, ob du das wusstest – Ramya ist ein richtiger Gartenfan.«

Ich habe schon erwähnt, dass die Anands aus Indien stammen. Wenn es um Tiefgänger geht, gehören sie zur Crème de la Crème.

»Ramya meinte, dass manchmal Blumen in ihrem Garten auftauchen, die sie ›Überraschungsblumen‹ nennt. Ihre Samen hängen sich zum Beispiel ins Vogelgefieder oder ins Fell von Tieren, und wenn sie abfallen, schlagen sie an einem Ort Wurzeln, wo eigentlich nie geplant war, dass sie wachsen. Und kurze Zeit später? Findet man eine Überraschungsblume.

Ramya erzählte von anderen Blumen, die genau da wachsen, wo die Gärtnerin sie haben will. Sie wachsen, weil jemand sie gepflanzt, gegossen und von Unkraut befreit hat. Ramya nannte sie *herangezogene* Pflanzen. Es gibt also zwei Arten von Blumen: die herangezogenen und die überraschenden. Beide sind schön, aber eigentlich möchte man mehr selbst herangezogene Blumen im Garten haben.

Damit hatte Ramya uns zwei eindrückliche Bilder an die Hand gegeben«, sagte Rich. »Die Gruppe nahm sie sofort auf. Wir stellten fest, dass es Ramyas Beispiel zufolge beim Gärtnern darum geht, Pflanzen heranzuziehen. Und geistliches Gärtnern in einer Gemeinde bedeutet, dass man bewusst Tiefgänger heranzieht.«

»Für Ramyas Unterscheidung von überraschenden und herangezogenen Blumen hat sich der Preis dieses Mittagessens schon gelohnt«, sagte ich. »Der Gedanke fasziniert mich. Gab es noch mehr Spannendes?«

»In der Tat«, sagte Rich. »Wir sprachen darüber, was das Heranziehen von Tiefgängern in einer Gemeinde bedeutet, wie es sich von anderen Programmen und Aktivitäten unterscheidet. Wir haben festgestellt, dass Jesus genau das getan hat, als er die Zwölf auswählte. Er hat sich nicht einfach überraschen lassen, wer da so in seiner Truppe auftauchte. Er war Rabbi. Er war Profi darin, Menschen heranzuziehen.«

Rich schraubte eine Wasserflasche auf und nahm einen tiefen Schluck. Möglicherweise wollte er den Moment nutzen, um über das nachzudenken, worüber wir gerade sprachen. Dann fuhr er fort: »Spannendes Thema. Ich habe diesen Sommer ein Buch gelesen, das mich wirklich beeindruckt hat.«

»Welches?«, fragte ich.

»Die Biografie von General George Marshall. Ich glaube, ich habe dir vor ein paar Wochen beim Frühstück von ihm erzählt. Weißt du irgendwas über Marshall?«

»Klar«, sagte ich. »Er war General im Zweiten Weltkrieg und danach Außenminister. Er entwarf den Marshallplan, der Europa vor dem Kommunismus bewahrte, als der Krieg vorüber war. Wahrscheinlich einer der größten Amerikaner des Zwanzigsten Jahrhunderts.«

»Sehr gut«, grinste Rich. »Eine glatte Eins.«

»Das wäre meine erste«, entgegnete ich.

»Jemals von Marshalls schwarzem Buch gehört?«, fragte Rich.

»Ein schwarzes Buch? Nein, das sagt mir nichts. Was soll das sein?«

»Kurz vor dem Zweiten Weltkrieg wurde Marshall von einem Militärreporter in einem Interview gefragt, ob die höchsten Offiziere der US-Armee gut genug seien, um unsere Soldaten in die Schlacht zu führen, sollte ein weiterer Weltkrieg ausbrechen. Marshalls prompte und sehr bestimmte Antwort lautete Nein. Er begründete das damit, dass die meisten Generäle zwar hervorragende Leute seien, aber nicht darauf vorbereitet worden waren, Soldaten in einem modernen Kampf anzuführen.«

Mit diesen Worten stand Rich auf und ging zu seinem Bücherregal. Er nahm die Biografie zur Hand und schlug flink eine markierte Seite auf. Er sagte, er wolle mir einen Abschnitt vorlesen.

»Marshall sagte dem Reporter Folgendes«, erklärte Rich. »›Die gegenwärtigen Generäle denken in überholten Mustern und können sich nicht an die neuen Bedingungen anpassen, mit denen sie konfrontiert wären, wenn wir in den Krieg in Europa hineingezogen werden. Es wäre nicht ratsam, unsere jungen Männer als Soldaten einzuziehen, wenn sie unter Kommandeuren dienen müssen, deren Denken sich nicht auf die in Sekundenschnelle zu treffenden Entscheidungen einstellen kann, die in einem heutigen schnellen Krieg nötig sind ... Sie werden die Gelegenheit bekommen, ihr Können unter Beweis zu stellen. Aber ich bezweifle, dass viele dabei erfolgreich sein werden. Die anderen werden beseitigt.‹«

»Ziemlich heftige Worte«, sagte ich.

»Absolut«, stimmte Rich zu. »Aber du musst bedenken, dass das die Worte von jemandem sind, der Leute *herangezogen* hat, nicht von jemandem, der sich mit Überraschungskandidaten zufrieden gab. Sie kommen direkt aus dem Herzen eines Mannes, der die Sicherheit seines Landes sehr ernst nimmt. Was wäre, wenn wir die geistliche Sicherheit unserer Gemeinde so ernst nähmen?«

»Aha!«, dachte ich bei mir. Als Rich über die Sicherheit unseres Landes sprach, waren meine Gedanken gleichzeitig zu Paulus' Sorge über die Sicherheit der Gemeinde in Ephesus gewandert, wenn die Wölfe auftauchten.

Rich stellte das Buch zurück ins Regal und trank noch einige Schlucke Wasser. Dann sprach er weiter: »Der Reporter fragte Marshall, woher neue Generäle denn kommen könnten.«

Jetzt war ich gespannt. Ich hatte keine Ahnung, worauf er hinauswollte.

»Also.« Rich erhob die Stimme und streckte seinen Zeigefinger aus, wie es Lehrer manchmal tun, wenn sie andeuten wollen, dass sie jetzt die Lösung präsentieren. »Marshall hatte ein kleines schwarzes Notizbuch, das er immer bei sich trug. Er schob es über den Tisch, damit der Reporter es sich ansehen konnte. Er sagte, dieses Buch enthalte die Namen vielversprechender junger Offiziere und er verbringe viel Zeit damit, diese jungen Männer zu beobachten. Er erzählte dem Reporter, dass er ihnen immer wieder fast unlösbare Aufgaben stellte. Dann schaute er, wie sie damit umgingen. Und er sagte dem Reporter dem Sinn nach: ›Wer die Herausforderungen bewältigt, kommt weiter. Die anderen werden sofort entlassen.‹«

Rich machte eine Pause und fuhr dann fort: »Hier ist der Clou: Als der Reporter auf die Liste sah, las er Namen wie *Devers, Hodges, Patton, Eisenhower, Eichelberger, Patch, Clark* und *Bradley*, bevor Marshall das Buch wieder an sich nahm.

»Offenbar«, sagte Rich, »trug Marshall das schwarze Buch ständig mit sich herum. Regelmäßig fügte er neue Namen hinzu und strich andere, während er diese jungen Offiziere bei der Arbeit beobachtete. Als der Zweite Weltkrieg sechs Jahre später vorüber war, wurde dem Reporter klar, dass diejenigen, deren Namen er 1939 in dem Buch gelesen hatte, Amerikas Armee 1945 zum Sieg geführt hatten.«

7. SEPTEMBER

Mittagessen Teil II. Der erste Sommer

An: Rich Fisher
Von: GMAC
Unglaubliches Mittagessen. Danke, dass du mein Leben auf den Kopf gestellt hast.

An: GMAC
Von: Rich Fisher
Dafür bin ich doch da.

Ein paar Minuten lang widmeten wir uns unserem restlichen Mittagessen und schwiegen. Im Nachhinein ist mir klar, dass Rich sich innerlich darauf vorbereitete, mir ans Herz zu legen, meine Prioritäten als Pastor neu zu sortieren. Dafür würde ich mit manchem von dem aufhören müssen, was ich sehr gerne tat, und mit anderem anfangen, was ich nie zuvor ausprobiert hatte.

»Mir sagt die Geschichte von Marshall eins«, begann Rich schließlich. »Historiker haben herausgefunden, dass es Marshalls höchstes Ziel war, die amerikanische Armee in Europa selbst anzuführen. Er glaubte, seine militärische Karriere damit ruhmreich zu beenden. Das Problem war: Präsident Roosevelt ließ nicht zu, dass er das Land verließ. Er war zu wichtig für Amerikas gesamte Kriegsführung. Daher musste er in Washington an der Seite des Präsidenten bleiben und den Krieg von dort führen, weniger als Soldat, mehr als Anführer. Die erste und wichtigste Aufgabe dieser Position war es, eine neue Generation von Führungspersönlichkeiten heranzuziehen.

Marshall ordnete sich dieser Verantwortung unter«, fuhr Rich fort. »Gut möglich, dass er persönlich enttäuscht war, weil er sich nach dem Geruch von Schießpulver auf dem Schlachtfeld sehnte. Aber er gehorchte dem Befehl des Präsidenten, für diese Aufgabe andere Leute auszusuchen. Und zum Teil gewann er so den Krieg für uns. Er machte potenzielle Generäle ausfindig, förderte sie und setzte sie an entscheidenden Stellen in der US-Armee ein.«

»Also gut, Rich«, meinte ich, »was willst du mir mit all dem sagen?«

»Hör zu. Als wir in der Gruppe über die Kerngemeinde sprachen und wie Leute herangezogen werden können, wurde uns eins ganz deutlich.«

»Nämlich?«

»Dass das *Heranziehen* von Tiefgängern nicht nur irgendeine weitere Gemeindeveranstaltung sein kann. Vielmehr muss das ein kleines Team initiieren und zu ihrem Herzensanliegen machen. Und dann war klar, dass jede ernsthafte Bemühung in dieser Richtung von dir geleitet werden muss – zusammen mit Gail, wenn sie das möchte. Wir glauben, dass die Idee, nach der du suchst, in etwa so Form annehmen könnte. Und weißt du was? Es ist nicht nur eine Idee. Es ist eine *große* Idee!«

Ich holte Luft, um etwas zu sagen, aber Rich machte eine Geste, die besagte, *lass mich zu Ende reden.* Er wiederholte noch einmal sein Anliegen, weil er sicher sein wollte, dass ich verstanden hatte, worum es ihm ging:

»Diese Idee ist eine größere Herausforderung als alle, vor der wir als Gemeinde je standen. Tiefgänger heranzuziehen fängt ganz klein an, mit ein oder zwei Leuten, die alles dafür geben. Wir glauben, das seid ihr, du und Gail. Ihr seid diejenigen, die es umsetzen müssen. Wenn ich es im Geschäftsjargon fassen müsste, würde ich sagen, du musst dich fragen, ob du der Ausbildungsleiter der Gemeinde werden willst.«

Wieder entstand eine Pause, als ich die Worte sacken ließ. *Ausbildungsleiter!* Das war der Begriff, den auch Hank Soriano bei unserem Briefkastengespräch gebraucht hatte. Hatten die beiden sich abgesprochen oder sprach hier der Heilige Geist mit Nachdruck zu mir?

Vermutlich bemühte ich mich, irgendetwas Angemessenes oder Schlaues darauf zu antworten, aber es gelang mir nicht. Ich war ein bisschen überwältigt, um ehrlich zu sein. Die letzten Wochen war ich mit meinen Gedanken über – in Richs Worten – das Heranziehen von Tiefgängern über den Dingen geschwebt. Jetzt sagte mir zum ersten Mal jemand, wie der Anfang des Prozesses tatsächlich aussehen könnte. Und so, wie es bei Rich klang, begann er wohl mit Gail und mir.

Da ich noch immer schwieg, redete Rich weiter. »Ich habe dich manchmal fragen hören, wie lange du noch Pastor unserer Gemeinde bleiben solltest und wann es Zeit wäre, die Verantwortung niederzulegen. Ich sage dir – und bitte entschuldige, falls ich zu grob klinge: Wage es nicht, darüber nachzudenken, uns zu verlassen, bevor du nicht dein Bestes gegeben hast, um das zu tun, was alle Pastoren in diesem Land tun sollten.«

»Das wäre …?«

»Dich in eine neue Generation von Tiefgängern zu investieren. Wenn du danach irgendwas anderes machen willst, hast du meinetwegen meinen Segen – obwohl wir dich ganz schön vermissen werden.«

Schließlich fand ich wieder Worte. »Du glaubst also, dein Marshallplan, wenn ich das mal so nennen darf, wäre besser, als mich zur Ruhe zu setzen und den Rest meines Lebens Golf zu spielen?«

»Vergib mir meine direkte Art, Gordon, aber Golfspielen nenne ich nicht gerade die erfolgreiche Krönung eines fruchtbaren Pastorendienstes«, antwortete Rich. »Es bedeutet vielmehr, in dem Moment zu kneifen, in dem wir dich vielleicht am Dringendsten brauchen. Du hast etwas weiterzugeben, an uns, an mich, an Carly. Wie das umzusetzen ist? Ganz sicher bin ich da noch nicht. Aber ich glaube, es gibt eine Menge Leute, die von dir lernen wollen, wenn du dich investierst.«

Rich sah mir direkt in die Augen, als er das sagte. Es schien, als hätte er diese Worte viele Male geübt, bevor er sie aussprach.

Jedes Lächeln war aus meinem Gesicht gewichen. Mir war nach Heulen zumute.

»Bitte erklär mir das noch ein bisschen ausführlicher«, flüsterte ich beinahe. Innerlich, tief in mir drinnen, schien eine Stimme zu sagen: *Rich ist mein Mann. Hör ihm zu.*

Rich holte tief Luft. Dann meinte er: »Die Gruppe in unserem Haus letzte Woche hat davon geträumt, dass du einen Zwei- oder Dreijahresplan entwickelst, mit dem du uns hilfst, eine neue Generation von Tiefgängern in unserer Gemeinde zu fördern. Informell machst du das schon zu einem gewissen Grad. Leute wie Carly und ich sind sehr von dir und Gail geprägt. Aber mehr wie Ramyas Überraschungsblumen. Dir war vermutlich gar nicht klar, dass du uns herangezogen hast, auch wenn es so war. Jetzt würden wir uns wünschen, dass du das auch für andere Leute tust, zielgerichteter und leidenschaftlicher, sodass es zu einer Priorität wird, die einen Großteil deiner Arbeitszeit in Anspruch nimmt.

Rich Fisher schlug eine ganz neue Richtung meines Dienstes vor. Ich war fasziniert von den Worten dieses stellvertretenden High School-Direktors. Einen Augenblick lang hatte dieser viel jüngere Mann in das Leben eines älteren hineingesprochen. Und ich hatte das Gefühl, dass alles, was ich für die nächsten Jahre in Erwägung gezogen hatte – Ruhestand zum Beispiel –, noch einmal überdacht werden musste.

»Ihr und eure Grillgäste scheint da einen großartigen Plan für Gails und mein Leben ausgearbeitet zu haben«, sagte ich. »Ich glaube nicht, dass es viele Pastoren gibt, die so arbeiten ... Ein paar vielleicht.«

Rich nickte. »Ja, da magst du recht haben. Aber vielleicht ist es an der Zeit, neue Wege zu finden, denn die alten, die viele Pastoren gehen, funktionieren nicht besonders gut. Vielleicht musst du für bestimmte Menschen zum Rabbi werden. Viele jüngere Leute haben noch nie einen reifen Christen in Aktion gesehen. Sie haben keinen in ihrer Familie gehabt und begegnen auch nicht vielen in unserem Land.«

Vielleicht musst du für bestimmte Menschen zum Rabbi werden. Rich erwähnte nun schon zum dritten Mal das Bild eines Rabbis. Ich machte mir innerlich eine Notiz, dass ich später darüber nachdenken wollte.

Rich Fisher sprach weiter: »Schließlich träumten wir davon, dass fünfzig oder sechzig Leute, vielleicht sogar noch mehr, im Laufe von drei oder vier Jahren von dir und hoffentlich Gail persönlich begleitet und gefördert werden.«

»Du hast mein Denken enorm angekurbelt, Rich. Ich danke dir. Jetzt habe ich eine Menge Arbeit. Diese ... diese ... du hast sie *große* Idee genannt, über die wir eine ganze Weile nachgedacht haben, ist plötzlich zum Leben erwacht.«

»Danke. Und ich hoffe, du erinnerst dich an die Story von General Marshall. Sein Vorbild zeigt mir, dass es einen Weg gibt und dass du ihn finden wirst. Male dir den Tag vor Augen, an dem eine neue Generation von Tiefgängern im Einsatz ist. Tiefgänger, die in ihrer Leidenschaft, Gott und Menschen zu dienen, bestärkt und ausgebildet wurden. Träume davon, Pastor Mac. Überlege, ob du das mit Gail zusammen möglich machen kannst.«

Wieder war es still. Rich und ich dachten darüber nach, was in diesem Gespräch geschehen war, wir ließen noch einmal Revue passieren, was er gesagt hatte und was es für mich bedeutete.

Dann wechselte ich das Thema: »Wer war denn noch dabei an diesem Abend? Du hast kaum jemanden erwähnt«, sagte ich.

»Ich wollte zuerst nicht, dass du es weißt«, antwortete Rich. »Ich hatte Sorge, dass es deine Reaktion beeinflusst. Einer, der am meisten gesagt hat, war Ben Jacobs.«

»Ben Jacobs?« Ich war sprachlos. »Ben Jacobs hat am meisten gesagt? Der muss sich ja verändert haben. Ich kann mich noch erinnern, als … Du sagst im Ernst, dass Jacobs dabei war?«

»Ben und Catherine Jacobs waren sogar beide da. Wir erinnern uns alle noch, als wir Ben zum ersten Mal sahen und was du und einige andere getan haben, um ihn zu Jesus zu führen. Was dadurch seither aus ihm geworden ist, ist wirklich erstaunlich. Er ist auf dem Weg, ein echter Tiefgänger zu werden – und das ist kein Zufall. Du und Ernie Yost und – wer war noch dabei? – ah, Russ Milner, ihr habt ihn in die Gemeinde hineingeliebt und dazu beigetragen, dass er geistlich wachsen konnte. Er hat noch immer seine rauen Kanten, aber ich sage dir, von seinem Kaliber könnten wir noch mehr gebrauchen. Er hat einen guten Einfluss auf andere. Ja, er war dabei. Und er hat dem völlig zugestimmt, was ich dir gerade erzählt habe. Wir wären als Gemeinde super aufgestellt, wenn wir ein paar Dutzend Bens hätten.«

Mehr Bens! Ich hätte über die Ironie in Richs Worten gern laut losgelacht. Ich erinnere mich noch an das erste Mal, als ich Ben vorne im Gottesdienstsaal traf. Er war mürrisch, in sich gekehrt und jederzeit bereit, bei der leisesten Provokation Reißaus zu nehmen. Er kam aus einer kaputten Familie, trug tiefe psychische Wunden mit sich herum, stand Gott ziemlich feindselig gegenüber. Aber eine liebevolle Tante und mehrere ältere Männer hatten ihn geistlich begleitet und reifen lassen. Und jetzt, kaum zu glauben! Ben Jacobs saß an einem Tisch mit anderen alt eingesessenen Gemeindeleuten und redete darüber, wie Gail und ich unsere Leiterschaft neu ausrichten und mehr Leute wie ihn heranziehen konnten.

»Bevor ich gehen muss, lass mich noch mal zusammenfassen, wie diese wilde verrückte Version der großen Idee, wie du sie genannt hat, aussieht«, sagte ich zu Rich Fisher. »Du, Carly, Ben Jacobs und noch ein paar andere unserer Heiligen, deren Namen du mir immer noch nicht verraten hast, ihr schlagt vor, dass Gail und ich einige unserer derzeitigen Gemeindeaufgaben niederlegen und stattdessen vielversprechende Kandidaten für die nächste Generation von Tiefgängern finden. Wir wenden den Marshallplan auf sie an und wenn sie fertig sind, entlassen wir sie in Gottes Berufung.«

Rich fing an zu lachen. »Marshallplan? Du bist mir einer! Ja, du hast die Idee verstanden. Der Marshallplan. Wir überzeugen die Ältesten davon. Ihr klärt, wie ihr das Ganze aufziehen wollt. Und dann legen wir los.«

Nachdem wir noch gebetet hatten, liefen Rich Fisher und ich ein paar Minuten später den Flur hinunter zum Besuchereingang. Als wir die Tür erreichten, musste ich den Impuls unterdrücken, ihn zu umarmen. Es erschien mir nicht ganz angemessen, den stellvertretenden Direktor in seiner Schule zu umarmen.

Als ich ging, rief Rich mir nach: »Bis bald, Rabbi!«

So sah also ungefähr das Gespräch aus, das ich an jenem unvergesslichen Dienstagmittag mit Rich Fisher führte.

In stillen Momenten spiele ich manchmal ein etwas schräges Gedankenspiel. Ich frage mich: *Was waren die zehn wichtigsten Gespräche deines Lebens?* Jedes Mal kommt eine neue Liste dabei heraus. Nur ein paar Unterhaltungen sind immer wieder dabei. Darunter das erste Gespräch zwischen Gail und mir, in dem ich mich sofort in sie verliebte. Ein anderes Gespräch führte dazu, dass ich Pastor wurde. Ab jetzt wird diese Unterhaltung in Rich Fishers Büro an der High School ebenfalls auf der Liste stehen.

7. SEPTEMBER

Nachmittags. Der erste Sommer

Ein Brief an Hana Tchung:

Liebe Hana,

ich möchte dir sagen, dass Gott deine heutigen Gebete erhört hat. In einigen Treffen mit Leitern unserer Gemeinde wurde die Tür zu einer Vision, einer wirklich großen Idee, aufgestoßen. Ich glaube, ein wichtiger Grund dafür war deine Treue, andere und mich vor den Herrn zu bringen. Danke, Hana,

Pastor MacDonald

Gail und ich leben in einem Reihenhaus im Norden unserer Kleinstadt. Es ist eines von zwölf anderen, die alle an einer ringförmigen Straße liegen, umgeben von einer dichten Baumreihe, die uns das Gefühl von Landleben vermittelt. Wie schon erwähnt, wohnen die Sorianos nebenan.

Als ich Rich Fishers Büro verließ, rief ich Gail an, um ihr zu sagen, dass ich kurz nach Hause käme, um ihr von dem Gespräch zu erzählen. Es ist ungewöhnlich für mich, dass ich plötzlich anrufe und am frühen Nachmittag nach Hause komme. Daher reagierte Gail voller Sorge.

»Stimmt irgendwas nicht?«, fragte sie, genau wie letzten Samstag, als sie Rich und mich auf dem Recyclinghof im Gespräch gesehen hatte.

»Alles bestens«, gab ich zurück. »Wir hatten ein unglaubliches Gespräch. Vielleicht haben wir jetzt die Antwort auf unser wichtigstes Gebetsanliegen.«

»Das wäre …?«, fragte Gail.

»Was wir mit dem Rest unseres Lebens anfangen sollen.«

»Ach, das kleine Anliegen«, witzelte sie. Ich konnte das Grinsen in ihrer Stimme hören.

»Ja, ich bin jedenfalls begeistert und will dir erzählen, was Rich auf dem Herzen hatte, sodass wir zusammen darüber nachdenken können.«

»Komm schleunigst her«, erwiderte Gail.

Als ich in die Einfahrt einbog, wartete Gail schon mit einem Tablett, auf dem zwei Gläser voller Limonade standen. Wir setzten uns in unseren Wintergarten. Ich erzählte ihr so gut ich konnte von dem Gespräch beim Mittagessen und gab eine bestmögliche Beschreibung der Träumerrunde bei Fishers zu Hause. Ich erklärte, wie wir Begriffe wie *Tiefgänger* und *heranziehen* verstanden.

»Klingt nach einem spannenden Gespräch«, meinte Gail.

»Am wichtigsten war für mich zu hören, dass einige unserer Leiter angefangen haben, sich meine Sorge um die Tiefgänger von Morgen zu eigen zu machen. Wir sprechen nun von der ›großen Idee‹. Und ich denke, sie haben eine bessere Formulierung gefunden als Tiefgänger *fördern.* Sie sind begeistert von dem Begriff *heranziehen.* Mir gefällt es. Sie haben auch schon über erste Schritte nachgedacht und Rich wollte mir davon erzählen.«

»Und …?«

»Manche finden, dass ich … na ja, eigentlich, dass *wir* … darüber nachdenken sollten, unsere Prioritäten dahingehend zu verschieben, eine neue Generation von Tiefgängern heranzuziehen.«

»Und sie haben nicht den Eindruck, dass du das längst tust?«

»Doch, schon, und sie wissen auch, dass du das tust. Aber niemand hat es bisher als wirklich wichtig angesehen. Leute auszubilden und heranzuziehen, das steht genau genommen nicht mal in meiner Dienstbeschreibung. Ich habe aber den Eindruck, sie finden, dass es reingehört. Sie bitten mich, dem Ganzen eine höhere Priorität einzuräumen und es zu meiner – oder eigentlich zu *unserer* – Chefsache zu erklären.«

»Wichtiger als Predigen oder die Leitung des pastoralen Teams?«

»Ich glaube nicht, dass sie mich als Hauptprediger absetzen wollen. Aber ich habe den Eindruck, sie wollen mich hinter meinem Schreibtisch hervorlocken und dass ich mich – wie gesagt, mit dir zusammen – der Aufgabe stelle, lernfähige Menschen heranzuziehen. Offensichtlich glauben sie, dass die Leitung des pastoralen Teams auch jemand anderes übernehmen kann – und du weißt, wie großartig ich das fände. Sie wollen vor allem nicht, dass mich – uns – irgendetwas davon abhält, in das Leben zukünftiger Tiefgänger zu investieren.«

»Was hast du Rich geantwortet?«

»Es gab eigentlich gar nichts zu sagen, außer dass ich darüber nachdenken und mit dir darüber sprechen würde. Es war mehr ein Sondierungsgespräch. Und natürlich müssten wir diese Version der großen Idee auch mit den Ältesten besprechen und hören, ob sie mit an Bord wären.«

»Hattest du den Eindruck, dass Gott dir während dieses Gespräches etwas sagt?«

»Ja, in der Tat, den hatte ich. Es klingt vielleicht ein bisschen übertrieben, aber ich hatte den Gedanken, dass mein Gespräch mit Rich zu den wichtigsten meines Lebens zählt. Ich hatte das Gefühl, wir stünden in seinem Büro auf heiligem Boden – mit brennendem Busch und so.«

»Und wie geht es dir damit, wenn Leute über Veränderungen deiner Aufgaben nachdenken?«

»Puh, es beschwingt mich und jagt mir gleichzeitig Angst ein.«

»Was daran macht dir Angst?«

»Du kennst mich am besten. Einen Moment lang überfiel mich die Angst, als mir klar wurde, dass die Leute vorschlagen, ich soll Aufgaben niederlegen, die ich schon seit Jahren tue, und andere übernehmen, die nie eine große Rolle gespielt haben. Na, und du weißt ja, wie es dann gehen kann ...«

»Wie denn?«, fragte Gail.

»Es fällt mir schwer, das zu sagen, aber vielleicht funktioniert die große Idee nicht und manche denken dann, ich hätte versagt. Und schon tuscheln die Leute: ›Wäre es nicht langsam Zeit für Gordon, abzutreten?‹ Diese Angst befällt mich manchmal.«

»Aber du musst zugeben: Sie tun genau das, worum du sie schon lange bittest. Sie denken über eine Zukunft ohne dich und mich nach.«

»Natürlich. Ich weiß. Aber das bedeutet nicht automatisch, dass alle kleinen Gordons in mir einer Meinung sind. Tief in mir gibt's einen Gordon, der darauf beharrt, dass ich unentbehrlich bin. Dass die Dinge auseinander fallen, wenn ich etwas anderes tue. Und es gibt einen anderen Gordon, der sich Sorgen macht, dass es keine anderen Gelegenheiten mehr geben wird, wenn ich hier versage. Ich mag diese Art Gordons auch nicht, aber manchmal kann ich sie nicht daran hindern, mich zu ärgern.«

Gail stellte ihr Limonadenglas ab und legte ihre eisgekühlte Hand auf meine. Sie sagte: »Diese ›Gordons‹ scheinen daran erinnert werden zu müssen, dass Gott sich seit fünfzig Jahren um uns kümmert. Er hat uns an wundervolle Orte geführt. Er hat uns hierher gebracht. Er wird uns auch jetzt nicht im Stich lassen. Wir stehen vor einer großartigen neuen Möglichkeit, geistliche Eltern für Leiter von Morgen zu werden, für Tiefgänger. Denke mal darüber nach und sag mir dann, ob es irgendetwas Besseres gibt, was wir mit unseren späteren Jahren anfangen könnten.«

»Das werde ich. Ach, und du wirst nie erraten, wer bei Rich und Carlys Abendessen letzte Woche dabei war ... nie in einer Million Jahren.«

»Dann erspare uns die Zeit und sag schon.«

»Nein, rate. Hier ist ein Tipp: Ein Sonntagmorgen vor sechs Jahren. Wir kommen in den Gemeindesaal und hinten rechts in der Ecke sitzt dieser schräge Typ. Er sticht hervor wie ein bunter Hund. Die Ordner haben Angst, sich ihm auch nur zu nähern ... Jemand sagt, vielleicht hat er sogar eine Waffe dabei und will uns alle in die Luft jagen.«

»Ben? Ben Jacobs? Ben Jacobs war dabei?!"

»Bingo! Rich und Carly haben ihn und Catherine eingeladen. Und Rich sagte, dass er – na, eigentlich beide – mit zu den wichtigsten Stimmen an diesem Abend gehörten.«

»Ich kann es kaum glauben«, sagte Gail. »Was haben die beiden gesagt?«

»Irgendwann an diesem Abend scheint Ben zum ersten Mal seine Geschichte erzählt zu haben. Wie er aus Virginia kam und bei Connie gewohnt hat.«

»Weiß das nicht jeder?«

»Ja, aber offenbar hat Ben auch erzählt, was dieser Pädophile in seiner Gemeinde ihm als kleinem Jungen angetan hat. Und dann erzählte er, wie Ernie Yost sein Freund wurde und ihn den anderen Männern in der Gemeinde vorgestellt hat. Wie sie ihm geholfen haben, einige seiner persönlichen Verletzungen zu verarbeiten. Er hat ihnen wirklich alles erzählt: wie er zur Anbetungsband kam, wie er zum Glauben fand, was ihn geistlich wachsen ließ, wie er Catherine kennenlernte und wie sehr er unsere Gemeinde schätzt.«

»Das muss dir eine Menge bedeuten, dass Ben all das erzählt hat.«

»Jetzt, wo ich ein bisschen Zeit habe, darüber nachzudenken, frage ich mich, ob Gott vielleicht will, dass wir mehrere Dutzend Ben Jacobs finden und heranziehen?«

»Glaubst du wirklich?«

»Langsam schon. Aber eins weiß ich sicher: Diese große Idee, wie Rich sie nennt, könnte ich nie ohne dich umsetzen.«

7. SEPTEMBER

Abends. Der erste Sommer

An: Ben Jacobs
Von: GMAC
Betreff: Träumerrunde

Hallo Ben,
gestern saß ich mit Rich Fisher zusammen und er erzählte, dass du (zusammen mit Catherine) letzte Woche bei der Träumerrunde dabei warst. Vergib einem alten Pastor, der ins Schwärmen gerät: Ich möchte, dass du weißt, wie stolz ich auf dich bin. Rich hat den Eindruck, deine Beiträge haben wesentlich zu dem gelungenen Abend beigetragen. Ihm zufolge haben die Leute dir sehr genau zugehört, als du von deiner eigenen Geschichte und von dem Heranziehen von Tiefgängern erzählt hast. Ich bin überzeugt, Gott hat dich sehr wirkungsvoll gebraucht, Ben. Es ist atemberaubend, wie sehr du in den letzten Jahren geistlich gewachsen bist.

Danke!
Pastor Mac

Nach meinem Gespräch mit Gail fuhr ich in mein Büro. In meinem Kalender standen für den späten Nachmittag noch einige Termine. Elsie Appleton, über achtzig und schon ihr Leben lang Gemeindemitglied, nahm mir das Versprechen ab, sie zu beerdigen, wenn sie starb. Falls ich länger leben sollte als sie, würde ich das gerne tun, versprach ich.

Dann traf ich mich mit Tom Stephens, der vor einem Jahr arbeitslos geworden war und nun befürchtete, sein Haus nicht mehr finanzieren zu können. Das erste Gespräch war unproblematisch. Elsie Appleton wollte nur mein Versprechen, dass ich für sie da war. Aber das zweite Gespräch mit Tom Stephens brach mir fast das Herz. Alles, was ich tun konnte, war, für ihn zu beten und ihm den Namen eines Bankmitarbeiters zu nennen, der ihn beraten konnte. Als Tom ging, musste ich eine Weile still dasitzen und das Gefühl verarbeiten, jemanden hängen gelassen zu haben. Es musste doch mehr geben, was ich für jemanden mit einem solchen Problem tun konnte. Aber was?

Nach einer Weile schrieb ich Tom eine Notiz, dass ich ihn nicht vergessen würde. Dann rief ich ein paar Leute zurück, beantwortete einige E-Mails und segnete Jason Calders Entwurf für den »Spielplan« für nächsten Sonntag (mein Ausdruck für unseren Ablaufplan) ab. Nachdem ich die Papierstapel auf meinem Schreibtisch kurz durchgegangen war, fuhr ich nach Hause.

An diesem Abend schauten Gail und ich die Abendnachrichten an und (da das Spiel der Red Sox wegen Regens abgesagt worden war) nahmen unser Gespräch über mein Mittagessen mit Rich Fisher wieder auf.

Wir streiften viele Themen. Eins davon war, wie man die Begriffe *Tiefgänger* und *tiefer gehende Menschen* näher fassen konnte und was es bedeutete, sie *heranzuziehen.*

Wir sprachen auch darüber, nach welchen Auswahlkriterien man vorgehen konnte. Wonach sucht man, wenn man zukünftige Tiefgänger fördern will? Was war Jesus wichtig, als er Männer wie Simon Petrus oder Matthäus einlud? Was sah er in ihnen, das er in einigen Pharisäern in Jerusalem nicht sah? In diesem Gespräch fanden wir (wir sind uns nicht einig, wer genau von uns beiden) einen Begriff, den wir nie zuvor in diesem Zusammenhang gebraucht hatten: *wachstumsfähig.*

Wachstumsfähig beschreibt jemanden, der offen dafür ist, sich immer weiter formen zu lassen, damit sein Leben die erlösende und dienende Liebe von Jesus Christus widerspiegelt.

Wir beide mochten unser neues Wort und unsere Definition. Wir waren uns einig, dass *wachstumsfähig* ganz oben auf der Liste von Kriterien stehen musste, wenn wir Leute suchten, um mit ihnen gemeinsam in die Tiefe zu gehen.

Als wir uns unterhielten, fiel mir auf, dass wir beide ständig Bedingungssätze benutzten: »Wenn wir das machen« oder »Wenn Gott will« oder »Falls die Ältesten zustimmen«. Es war der Versuch, nicht zu anmaßend zu sein und uns von der Faszination dieser großen Idee nicht so sehr gefangen nehmen zu lassen, dass wir sie nicht auch jemand anderem übergeben konnten, wenn nötig.

Wir redeten noch, als wir schon längst zu Bett gegangen waren. Zuletzt sprachen wir über die anderen Begriffe, die wir mittlerweile benutzten – manche waren alt, aber nicht leicht zu definieren, andere tauchten ganz neu auf. *Tiefgänger* war so ein neuer Begriff. *Lernfähig:* ein alter. *Wachstumsfähig:* ein neuer. *Mentoring:* oft gebraucht, aber selten richtig verstanden. *Heranziehen, Überraschungsblumen:* Worte, die Ramya Anand in ihrem Gartenbeispiel bei Rich und Carly zu Hause gebraucht hatte. Und dann war da noch das total abgegriffene Wort *Leiterschaft* mit dem Zusatz *geistlich:* geistliche Leiterschaft oder geistliche Leiter.

Schließlich nahmen wir uns in den Arm und ich betete: »Vater, du bist schon viele, viele Jahre für uns da. Wir könnten vermutlich Tausende Situationen aufzählen, in denen wir Führung brauchten und du sie gabst. Und wir erinnern uns an Momente, in denen wir nichts als den Glauben hatten, um loszugehen – und du hast dich dazugestellt. Jetzt sind wir wieder an so einem Punkt, Herr, wo die Frage größer ist als unsere Fähigkeit, sie ganz zu erfassen. Wir spüren, dass eine neue Idee in der Luft liegt, eine Idee von dir: die Möglichkeit, geistliche Mutter und geistlicher Vater für jüngere Christusnachfolger zu sein, mitzuerleben, wie sie zu Tiefgängern werden, die in unserer Gemeinde und darüber hinaus wirken. Wenn dies dein Weg mit uns ist, dann mache uns das bitte, bitte klar, damit wir nicht in etwas hineinstolpern, das du nicht für uns vorgesehen hast.«

Ein oder zwei Momente später war Gail eingeschlafen. Ich nicht. Ich fürchte, ich habe in jener Nacht überhaupt kein Auge zugemacht. Ein paar Stunden später (es war ein Uhr, um genau zu sein), stieg ich schließlich aus dem Bett und ging in mein Arbeitszimmer. Meine Gedanken hörten nicht auf zu rasen.

8. SEPTEMBER

Frühmorgens. Der erste Sommer

To-do-Liste

Eine Liste mit allen Männern, Frauen und Paaren erstellen, die dich je in deinem Leben gefördert haben.

- ☐ Warum haben sie es getan?
- ☐ Wie haben sie es getan?
- ☐ Wie bist du damit umgegangen?
- ☐ Was war das Ergebnis?
- ☐ Hast du ihnen je gedankt?

An: Geoff Handley; Monica O'Donnell
From: GMAC

Heute mit Rich Fisher geredet. Muss mit euch über eine Idee sprechen, die er u. einige andere haben. Frühstück am Do o. Fr? Fänd's gut, wenn Rich dabei wäre.

Aus meinem Tagebuch:

4 Uhr in der Früh. Kaum geschlafen. Meine Gedanken kreisen noch immer um mein Treffen mit Rich F. und die anschließenden Gespräche mit Gail. In den letzten Wochen war immer ich der Typ mit dieser Idee, der Antreiber, der alle dazu bringen will, Tiefgänger ernsthaft zu fördern. Aber gestern wurde aus dem Antreiber plötzlich der Angetriebene. Beim Mittagessen hat Rich mich mit seinen Fragen und Einsichten geführt. Gestern Abend hat Gail weitere Gedanken und Fragen formuliert. Ich höre mit Erstaunen, dass einige Leute einen ganzen Abend mit dieser Idee verbracht und Feuer gefangen haben.

Gail und ich müssen anfangen, unsere Rolle in all dem zu definieren. Ich erinnere mich an den bewegenden Moment im Leben von W.E. Sangster (einem englischen Autor und Evangelist), als er damit kämpfte, Gottes Ziel für sein Leben als Leiter festzuhalten.

»Die Kirche braucht verzweifelt Führer«, schrieb er in sein Tagebuch. »Ich warte auf eine Stimme, aber ich höre keine … Ich würde lieber zuhören, als sprechen (aber ich höre nichts …). Verwirrt und ungläubig merke ich, wie

Gottes Stimme zu mir sagt: ›Ich will dich dafür gebrauchen.‹ Gott helfe mir … Gott helfe mir. Was ist die wichtigste Aufgabe? Meine Gemeinde zu ihrer eigentlichen Berufung zurückzuführen.«
Genauso fühle ich mich in meiner kleinen Welt in New Hampshire. Was ist unsere wichtigste Aufgabe? Offensichtlich die, eine Möglichkeit zu finden, Tiefgänger heranzuziehen.
Daher gibt es also einiges, wofür wir intensiv beten können. Sollen wir wirklich die sein, die das Ganze ins Rollen bringen? Das ist das erste Gebetsanliegen. Fisher glaubt, die Antwort bereits zu kennen: ja. Ich werde das Gefühl nicht los, dass Gail ihm zustimmt.
Das zweite Gebetsanliegen: Sind wir bereit, einige Aufgaben, die wir gern gemacht haben, niederzulegen und uns auf eine relativ kleine Gruppe »›wachstumsfähiger‹« (ein neuer Modebegriff?) Leute zu konzentrieren?
Noch ein Anliegen: Wenn jetzt die Gespräche losgehen, müssen wir darüber nachdenken, was am Ende dabei herauskommen soll und wie wir dahin kommen können. Es geht ja nicht darum, fähige Leute für Gremien und Leitungskreise zu finden. Sondern es geht in erster Linie darum, eine Gruppe tiefer gehender Leute zu begleiten, die Gottes Stimme hören und darauf antworten können, und die sich mit voller Kraft so einsetzen wollen, wie es ihrer Lebenssituation angemessen ist. Meine Vermutung ist, dass solche Männer und Frauen – wenn sie gut herangezogen wurden – unserer Gemeinde all die Führung geben können, die sie braucht – sowohl nach innen hin als auch weit über ihre Grenzen hinaus. Leicht gesagt, schwierig umzusetzen.

Es war ungefähr fünf Uhr morgens, als ich meine Gedanken niedergeschrieben hatte. Ich stand von meinem Schreibtisch auf und setzte mich bequem mit Bibel und Notizblock in einen Sessel. Noch im Bett war mir der Gedanke gekommen, ich sollte so viele Stellen wie möglich in der Bibel finden, in denen es darum ging, Tiefgänger heranzuziehen. Es sollte niemanden überraschen, dass eine der ersten Stellen, die ich aufschlug, der zweite Brief an Timotheus war, wo Paulus Timotheus drängt, eine »Vervielfältigungsstrategie« zu verfolgen.

Paulus schrieb: »Was du von mir gehört hast, das sollst du auch weitergeben an Menschen, die vertrauenswürdig und fähig sind, andere zu lehren.«[5] *Das ist es,* dachte ich. Eine Generation soll an die nächste weitergeben, was sie gelernt und erlebt hat.

Trieb Paulus Timotheus hier genauso an, wie Rich Fisher mich am Tag zuvor angetrieben hatte?

In der nächsten Stunde blätterte ich in beiden Testamenten, las bekannte Verse und Abschnitte nach, bei denen es um das Thema und die Prinzipien der Förderung von Menschen ging. Nicht lange und ich hatte mir mehrere Seiten mit Notizen gemacht.

Ich überflog kurz die Geschichten von Josef, Gideon, Esra und Nehemia, David, Ester, Simon Petrus und Barnabas. Es gab natürlich noch andere Personen. Sie alle hatten eine Gemeinsamkeit: Sie besaßen eine vergleichsweise großc Tiefe.

Das erste Licht des neuen Morgens dämmerte am Himmel, als ich durch die Evangelien blätterte. Ich hielt immer wieder inne, wo ich schon Abschnitte markiert hatte, die beschrieben, wie Jesus die Zwölf für ihre Zukunft als Apostel ausgebildet hatte. Ich verweilte einige Momente in den ersten Kapiteln der Apostelgeschichte, in denen Petrus und einige seiner Kameraden sich zu bemerkenswerten, furchtlosen Führern entwickelten. So viel zu geistlicher Tiefe. War der Simon Petrus von Pfingsten wirklich *derselbe* Simon Petrus, der Jesus kritisiert und große Versprechen abgegeben hatte, die er nicht hatte einhalten können? Was hatte seine Veränderung bewirkt? Was immer Jesus getan hatte, hatte echte exponentielle Auswirkungen gehabt. Drei Jahre lang hatte Petrus sich kaum verändert. Und dann, im Laufe von ein paar Wochen, war der Mann zu einem echten Champion geworden. Noch mal: Wie hatte das geschehen können?

Ich klappte meine Bibel zu, saß im Sessel und kniff die Augen zusammen, sodass ich die Buchtitel erkennen konnte, die gegenüber in meinem Regal mit den Biografien standen. Ich las die Namen vieler tiefgeistlicher Führer, die in den verschiedenen Jahrhunderten der Christenheit gelebt hatten: Augustinus, Benedikt, Patrick, Franz von Assisi, Luther, Calvin, Zinzendorf, Wesley, George Whitefield, Jonathan Edwards, William Wilberforce, Charles Simeon (mein persönlicher Held), die Booths (Catherine und William), Mary Slessor, Amy Carmichael, Bonhoeffer … Die Liste ließe sich endlos verlängern. Alles Menschen, die aus einer Tiefe der Seele heraus wirkten, aus der Gott sprach.

Nicht alle waren Geistliche oder Theologen. Einige waren Geschäftsleute oder Politiker. Darauf müssten wir unsere Kräfte ebenfalls richten: auf Männer und Frauen, die Tag für Tag in der Geschäftswelt stehen. Ich wollte nicht einfach Menschen für Gemeindeaufgaben heranziehen. Ich wollte mich in Leute investieren, die die Kunst, geistlich Einfluss zu nehmen sieben Tage in der Woche beherrschten.

Ich dachte weiter nach. Waren all diese Leute im Biografie-Regal einfach »Zufälle«, Überraschungsblumen, die in ihrer Zeit auftauchten? Oder waren sie von Gott vorherbestimmt und von Mentoren herangezogen? Und gab es heute noch solche Männer und Frauen, vielleicht sogar in unserer Gemeindefamilie? Menschen, die darauf warteten, gefunden und herangezogen zu werden? Waren all diese Personen – die in der Bibel und die im Bücherregal – vorher so gewesen wie Ben Jacobs, als er bei uns aufgetaucht war?

Meine Augen wurden schwer und die Müdigkeit nach einer schlaflosen Nacht erfasste mich. Kaum mehr wach, betete ich: »Herr, du weißt, wie oft Gail und ich dich um Klarheit gebeten haben, wie das nächste Kapitel unseres Lebens aussehen soll. Wir würden gern hier in Neuengland bleiben, wenn das möglich ist; wir würden gern noch eine Weile in dieser Gemeindefamilie dienen. Um ehrlich zu sein, macht uns unser Dienst hier Freude. Aber ich kann dieser Gemeinde nicht predigen, sich neu zu organisieren und sich auf eine unberechenbare Zukunft einzustellen, wenn ich nicht akzeptiere, dass du Gail und mich als Erste auf eine Weise neu herausfordern willst, die wir nicht erwartet haben. Daher bitte ich dich, Herr, in der Stimmung dieser frühen Morgenstunde: Bitte sprich zu uns, wie auch immer du willst. Wir hören dir zu. Und wenn das bedeutet, dass wir lernen, Tiefgänger heranzuziehen, dann bin ich bereit, mein Bestes zu versuchen. Ich bitte dich auch, dass du Gail dieselbe Berufung gibst, wenn das das Beste für uns ist. Wir müssen eins sein in dieser Idee …«

In der nächsten Stunde döste ich in meinem Sessel und wachte von den Geräuschen aus der Küche auf, als Gail unser Frühstück vorbereitete. Ein neuer Tag hatte begonnen.

10. SEPTEMBER

Morgens. Der erste Sommer

Aus meinen Notizen in meinem Büro:

Tom/Monica O'Donnell: Ernsthafte Christen. Kamen im selben Jahr aus Illinois hierher wie Gail und ich. Tom ist Ingenieur für Umweltschutz (Abschluss bei der University of Illinois). Monica (geborene Oberlin) ist freie Journalistin. Seit 19 Jahren verheiratet. Drei Kinder im Teenageralter. Monica: große Leiterschaftsbegabung, behält immer das große Ganze vor Augen. Kann hervorragend Ideen umsetzen. Könnte diese Gemeinde mit links leiten und florieren lassen. Sagt genau das, was sie meint. Tom ist der Mann für die Details, packt gern an. Arbeitet gern in Teams, die Sachen geschafft kriegen. Ungeduldig, wenn Dinge ins Stocken geraten. Hobby: Oldtimer; hat einen restaurierten Ford Thunderbird von 1964.

Geoff Handley (Ehefrau Sharon): im Ältestenrat, arbeitet im Straßenbau. Stetig, ermutigend, von vielen sehr respektiert. Sehr einsatzbereit für Jesus.

Geoff Handley, Monica O'Donnell und Rich Fisher sassen bereits im Restaurant am Tisch, als ich am nächsten Morgen zu unserer Frühstücksrunde dazustieß. Während ich die drei begrüßte, musste ich daran denken, wie dankbar ich für solche Freunde sein konnte.

Nachdem wir unser Frühstück bestellt und ein wenig geplaudert hatten, bat ich Rich, ob er Geoff und Monica über die Ereignisse der letzten Woche ins Bild setzen könnte.

Rich begann zu erklären, was eine Träumerrunde war, und erzählte ihnen, wie er und Carly beschlossen hatten, eine mit Gemeindeleuten zu veranstalten. Geoff und Monica waren beide eingeladen gewesen, hatten aber wegen anderer Termine absagen müssen. Daher war dieses Frühstück, sechs Tage später, ihre erste Möglichkeit zu hören, was passiert war.

Rich beschrieb, dass jeder begeistert von der Idee war, eine neue Gruppe zur Förderung von Leitern ins Leben zu rufen. Er unterstrich die Tatsache, dass es in dem Gespräch darum ging, geistliche Leiter – oder Tiefgänger, wie er ausführlich erklärte – heranzuziehen und nicht einfach das alte Konzept eines Leiterschaftstrainings wiederaufleben zu lassen.

Mein persönliches Highlight war, als Rich von Ben Jacobs und seiner Begeisterung für die Männer erzählte, die in sein geistliches Wachstum investiert hatten. Sowohl Geoff als auch Monica waren hingerissen, als sie von Bens Einfluss auf die Gruppe hörten.

»Wer hätte das gedacht?«, sinnierte Monica. »Ich erinnere mich noch, wie ich dachte, dass Connie Peterson einen Riesenfehler macht, als sie Ben bei sich zu Hause aufnahm. Offensichtlich lag ich total daneben.«

Unser Gespräch wurde unterbrochen, als die Bedienung unser Frühstück an den Tisch brachte. Wir dankten ihr, Monica segnete das Essen und wir begannen zu frühstücken.

Rich brach das Schweigen mit einer Bemerkung: »Denkt ihr, es ist möglich, dass Gott uns Ben Jacobs geschickt hat, um uns zu zeigen, was möglich ist, wenn eine Gemeinde sich entscheidet, dass das Heranziehen von Tiefgängern oberste Priorität hat?«

Es war eine Frage, die nach keiner Antwort verlangte.

Nachdem Rich noch ein paar Details aus der Träumerrunde erzählt hatte, fragte Monica: »Rich, was denkst du war das wichtigste Ergebnis dieses Abends? Wenn du nur eine Sache nennen dürftest, welche wäre es?«

»Gute Frage, leichte Antwort«, gab Rich zurück. »Jeder glaubte, dass Pastor Mac der Richtige sei, um so ein Vorhaben umzusetzen.«

»Was ist mit Gail?«, fragte Monica. »Warum hat niemand daran gedacht …?«

»Hey, du hast mich nicht ausreden lassen«, unterbrach Rich sie. »Alle waren sich einig: Wenn Gail das zusammen mit Gordon machen würde, wären die Faktoren gegeben, dass es klappt.«

Ich schwieg ein wenig peinlich berührt.

Ein paar Minuten später erzählte Rich Fisher von unserem Gespräch am Dienstag in der High School. Noch einmal kam er darauf zu sprechen, wie mein Part bei dem Ganzen aussehen müsste.

»Ich habe Pastor Mac von der Träumerrunde erzählt und ihn gebeten, in Betracht zu ziehen, dass er möglicherweise unser Mann ist, um eine dynamische Bewegung auszulösen, durch die eine neue Generation von Tiefgängern aufgebaut wird. Ich habe ihm gesagt, dass ich überzeugt bin, dass wir die Pastorenrolle neu definieren müssen.«

Mehr als einmal hatte ich Rich schon dabei beobachtet, wie er von Enthusiasmus beflügelt wurde, wenn er eine Idee an den Mann oder an die Frau bringen wollte. Dies war eine solche Situation. Rich Fisher war in Fahrt.

»Wisst ihr«, sagte er, »ich bin schon lange genug dabei, um beobachten zu können, dass Gemeinden ihre Pastoren zu Verwaltern machen. Sonntags erwarten wir, dass sie predigen und uns inspirieren. Aber am Montag sollen sie an ihrem Schreibtisch sitzen und eine Organisation führen. Sie sind für die Angestellten zuständig, jonglieren Zahlen, rufen Gemeindeveranstaltungen ins Leben und beenden sie wieder. Ach ja, und wenn sie noch Zeit übrig haben, könnten sie nicht noch als Therapeuten arbeiten? Wann haben wir eigentlich aufgehört, von unseren Pastoren zu erwarten, dass sie ihre Energie zuerst in das stecken, zu dem sie berufen sind? Nämlich Menschen in Jünger von Jesus zu verwandeln, geistliche Leiter zu werden, die der Gemeinde helfen das zu tun, was ihre Aufgabe ist?«

Monica klinkte sich ein: »Rich, du verfolgst eine heiße Spur. Und wir haben einen Pastor und seine Frau, die umsetzen können, was du sagst. Sie wissen, wie man Leuten zu wachsen hilft. Ich habe es selbst erlebt.«

Wieder war ich peinlich berührt. Wie soll man sich auch sonst fühlen, wenn man am Frühstückstisch sitzt und ein Gespräch verfolgt, in dem so getan wird, als wäre man nicht da? Ich bin nicht wild darauf, das alles aufzuschreiben. Ich tue es aber, um zu zeigen, wie es aussehen kann, wenn man Gott durch Kollegen und Freunde sprechen hört.

Rich fuhr fort: »Geoff, ich denke an Folgendes: Die Ältesten haben die Gelegenheit, über eine große Veränderung nachzudenken und darüber zu beten, wie die Aufgaben des Pastors genau aussehen sollen. Es ist eine neue Sicht von seinem Dienst. Und sie wird in die Tat umgesetzt, wenn ihr dem Pastor sagt, er soll hinausgehen und Menschen zu Jüngern machen – und das wirklich so meint. Wenn ihr Ältesten davon überzeugt seid, ist eins der ersten Dinge, die ihr tun solltet, die Aufgabenbeschreibung unseres leitenden Pastors zu ändern. Hier geht es nicht um eine Zusatzaufgabe. Es geht darum, seine Verantwortlichkeiten ganz neu zu gestalten. Das muss jedem klar sein.«

Wir warteten alle darauf, wie Geoff Handley wohl reagieren würde. Es lag am Vorsitzenden des Ältestenrates, die Idee voranzubringen.

»Ich habe verstanden, was du sagst, Rich«, meinte Geoff schließlich. »Ich denke, ich kann den Ältesten den Vorschlag sehr ans Herz legen. Sportlich gesagt: Werfen wir den Ball aufs Feld und sehen wir zu, wer ihn fängt.«

Rich war offensichtlich hoch erfreut über den Verlauf unseres Frühstückgesprächs. Ich war sehr inspiriert. Als wir eine Stunde später aufbrachen, hatten alle das Gefühl, dass unserem Gemeindeleben etwas Neues bevorstand.

Auf dem Parkplatz draußen kletterte ich in meinen Tundra und ließ den Motor an. Plötzlich klopfte es an meine Scheibe. Es war Monica O'Donnell. Ich machte den Motor aus und öffnete die Tür. Monica begann sofort zu sprechen.

»Pastor, ich habe noch einen Gedanken, der vermutlich überhaupt nicht neu ist. Lass mich vorausschicken, dass wir, Tom und ich, dich und Gail in all den Jahren, die ihr bei uns seid, beobachtet haben. Wir haben oft gesagt, dass du nicht wirklich Gordon bist und Gail nicht wirklich Gail. Für viele von uns seid ihr Gordon-und-Gail. Euer größtes Geschenk an uns ist die Art und Weise, wir ihr miteinander umgeht. Viele von uns haben durch euch gelernt, welche Qualität eine Ehe haben kann. Wir wissen, dass ihr eure Schwierigkeiten hattet, wie viele von uns auch. Aber ihr habt selbst daraus etwas gemacht, von dem wir lernen konnten.«

»Monica, vielen Dank für deine Worte«, sagte ich. »Ich gebe Gail weiter, was du gesagt hast, wenn ich sie sehe.«

Monica sprach schnell weiter: »Mein Gedanke ist folgender: Ich glaube wirklich, dass das, worüber wir gerade gesprochen haben, enormes Potenzial hat. Aber es kann nur funktionieren, wenn du es mit Gail zusammen machst. Alleine hast du vielleicht Erfolg, aber nicht annähernd so großen wie du ihn mit ihr zusammen hättest, als Partner. Mir ist wichtig, dass du mich verstehst: Es müsste genauso *ihr* Ding werden, wie es deins ist.«

»Was du sagst, ist uns sehr wichtig, Monica. Gail und ich haben schon viel darüber gesprochen, wir ihr Platz in dem Ganzen aussehen könnte. Deine Worte bestätigen, dass wir auf der richtigen Spur sind.«

Monica blickte einen Moment zur Seite. Ich konnte Tränen in ihren Augen funkeln sehen und spürte, dass hinter dem, was sie sagen wollte, große Emotionen standen. Am Besten schwieg ich, bis sie bereit war, weiterzusprechen.

Als sie sich unter Kontrolle hatte, sah sie mir in die Augen und sagte: »Ich hoffe, das klingt jetzt nicht respektlos, Pastor, aber die Frauen in unserer Gemeinde brauchen – sie *brauchen!* – so viele Vorbilder wie möglich von Männern und Frauen, die in ihrer Leiterschaft partnerschaftlich zusammenarbeiten. Und wenn ihr euch in junge angehende … äh … *Tiefgänger* investiert, dann tut es als Partner; zeigt ihnen, wie zwei Menschen gemeinsam etwas erreichen können.

Ich weiß, dass es bei uns schon viel besser aussieht, als in manchen anderen Gemeinden, von denen ich gehört habe – zum Beispiel kann ich stellvertretende Vorsitzende des Ältestenkreises sein –, aber es liegt noch ein langer Weg vor uns, bevor wir uns zur Ruhe setzen können. Du und Gail, ihr müsst diese große Idee als Partner umsetzen! Und vergiss niemals: Jede Frau in dieser Gemeinde wird dich auf ewig lieben. Und unsere geliebten Ehemänner? Sie werden etwas sehr Wertvolles lernen.«

Monica wartete nicht auf eine Antwort von mir. Sie verabschiedete sich nicht einmal. Sie drehte sich einfach um und lief zu ihrem Auto. Sie kann ziemlich dramatisch sein, wenn sie etwas mit Nachdruck sagen will.

10. SEPTEMBER

Abends. Der erste Sommer

Aus meinem Tagebuch:

Wunderschöner Herbstabend gestern. Gail und ich sind eine Stunde spazieren gegangen. Wir haben uns fast die ganze Zeit über die große Idee unterhalten. Gail hat sich offensichtlich mit der Vision eins gemacht. Wenn man jemanden an der Seite hat, der es so klar tut, wie man selbst – und das tut sie –, muss etwas Gutes daraus entstehen. Ich denke, ich rate jedem, der tun will, was wir uns gerade vorstellen, dass er keinen Schritt weitergehen sollte, bis er nicht einen Partner findet, der ihm dabei hilft.

»SIEHST DU UNS ALS GLEICHWERTIGE PARTNER?«, FRAGTE ICH GAIL, ALS ich an diesem Abend nach Hause kam.

»Ja, das hab ich immer schon. Wie sollte es denn sonst sein?«

»Unsere Beziehung könnte auch eine altmodische Hierarchie sein. Du weißt schon, so wie früher: Ich treffe die Entscheidungen, du kochst das Essen. Ich verdiene das Geld, du kümmerst dich ums Haus. Jetzt, wo ich darüber nachdenke …«

»Klingt nach dem Wunschgedanken mancher Männer«, sagte Gail schnell. »Ich war immer mehr für das partnerschaftliche Modell. Schlag dir das andere aus dem Kopf. Erzähl mir lieber, was dich auf die Frage gebracht hat.«

»Nach dem Frühstück heute Morgen sprach Monica O'Donnell mich auf dem Parkplatz an. Was sie sagte, hat mich tief berührt.«

»Und was war das?«

»Sie hat gesagt, dass sie und Tom und andere viel von unserer Ehe und unserer Zusammenarbeit lernen. Sie gebrauchte das Wort *partnerschaftlich,* um ihre Sicht von uns zu beschreiben. Es freut mich, dass Leute so genau hinschauen.«

»Wie oft habe ich dir genau das schon gesagt? Musste Monica dich erst überzeugen? Die Leute wollen Vorbilder … ich sag's immer wieder. Fast alle unsere Fähigkeiten haben wir uns von anderen Menschen abgeguckt. Was jemand sagt oder schreibt, wiegt nur halb so viel, wie die Art, wie er es in den verschiedenen Umständen lebt.«

»Das macht mir Angst.«

»Es sollte uns beiden Angst machen. Aber würdest du es ändern wollen?«, fragte Gail. »Was hat dir Monicas Kommentar gezeigt?«

»Na, so sehen sie uns in jedem Fall: als Partner. Ich habe das Wort im Büro nachgeschlagen, weil ich dachte, ich könnte irgendwann mal darüber predigen. Das griechische Wort ist *koinonia,* ein Begriff aus der Geschäftswelt, der die Beziehung zwischen zwei Menschen beschreibt, die ein gemeinsames Interesse an etwas verfolgen. Ich habe *koinonia* im Neuen Testament gesucht und im Philipperbrief eine Stelle gefunden, in der Paulus sagt, dass er dankbar ist für die ›Gemeinschaft am Evangelium‹[6]. Man könnte auch sagen ›Partnerschaft im Evangelium‹.«

»*Gemeinschaft* ist ein schönes Wort, wenn es das wirklich bedeutet. Du und ich wir haben Gemeinschaft, nicht wahr?«

»Ja, aber es ist auch abgenutzt. *Partnerschaft* spricht mich stärker an. Dabei geht es mehr um das Tun.«

Ich hielt einen Moment inne und sagte dann: »Mir war immer wichtig, dass unsere Ehe auf allen Ebenen von Partnerschaft gekennzeichnet ist. Ich mochte hierarchische Beziehungen noch nie; ich habe genug von ihnen gesehen, als ich jung war. Die Generation meiner Eltern lebte so. Meine Mutter und andere Frauen wie sie gingen einfach davon aus, die Männer kümmerten sich um die wichtigen Dinge und sie lebten mit dem Ergebnis.

Ich finde es gut, wie es bei uns läuft und ›partnerschaftlich‹ beschreibt es gut«, fuhr ich fort. »Die meiste Zeit sehe ich uns wie olympische Eiskunst-Paarläufer. Wenn eine Entscheidung bevorsteht, reden wir darüber, und wenn jemand vorangehen muss, entscheidet derjenige, der sich am besten damit auskennt.«

»Ich finde das sehr gut so und bin dankbar dafür. Aber worauf willst du hinaus?«, fragte Gail.

»Ich denke an die Idee, Tiefgänger heranzuziehen. Wenn das die Zukunft ist, möchte ich, dass es wirklich *unsere* Zukunft ist. Du musst dir die Sache so zu eigen machen wie ich. Ich vermute, dass wir beide feststellen werden, dass du mindestens so viel beizutragen hast wie ich. Du bringst eine höchst interessante Perspektive mit, die die meisten Leiterschaftstrainings sträflich vernachlässigen.«

»Was für eine Perspektive meinst du?«, fragte Gail.

»Dass es im geistlichen Wachstum und in der Leiterentwicklung wichtige Aspekte gibt, die nur eine Frau verstehen kann.«

»Da hast du recht«, sagte Gail. »Und viele Frauen haben schon dafür gebetet, dass Männer das endlich kapieren.« Wir lachten beide.

»Vermutlich wollte Monica O'Donnell mir genau das sagen.«

»Lust auf einen Spaziergang?«, fragte Gail nach dem Abendessen. »Es ist so ein schöner Abend und die Blätter fangen gerade an, sich zu verfärben.«

»Lass mich noch meinen Stock holen«, erwiderte ich. Ich benutze jetzt seit 25 Jahren denselben Wanderstock.

Bald spazierten wir über eine nahe gelegene Schotterstraße, die eigentlich nur für Fußgänger passierbar ist.

»Was glaubst du, wo führt diese große Idee hin?«, fragte Gail. »Reden wir hier über etwas, das in einer Gemeinde wirklich umsetzbar ist?«

»Umsetzbar? Ich glaube nicht, dass uns der Heilige Geist von einer Sache so überzeugt sein ließe, wenn sie nicht umsetzbar wäre. Ich glaube, der Ball liegt auf unserem Feld: auf deinem und meinem. Ich wette, die Ältesten stellen sich dahinter und meine Aufgabenbeschreibung wird geändert. Eine Art intensives Mentoring wird im Vordergrund stehen. Sie werden wollen, dass ich weiter predige und bis zu einem bestimmten Zeitpunkt noch das Pastorenteam führe, aber ansonsten meine – unsere – größte Aufmerksamkeit auf Menschen richte, die ihr geistliches Leben vertiefen und sowohl innerhalb als auch außerhalb der Gemeinde Impulsgeber werden wollen.«

»Wenn der Ball in unserem Feld liegt, was tun wir dann als Nächstes?«

Wir liefen einige Minuten schweigend nebeneinander her, während ich nach der bestmöglichen Antwort suchte.

Dann wandte ich mich an Gail und wiederholte ihre Frage: »Was wir als Nächstes tun? Ich glaube, wir schauen uns um und finden heraus, auf welche Art und Weise Menschen geistlichen Tiefgang bekommen – in der Gemeinde und anderswo. Mich würde interessieren, was andere Organisationen tun, um Menschen auszubilden und zu Impulsgebern zu machen. Lass uns schauen, ob Gott uns etwas beibringen will.«

Gail stimmte meinem Vorschlag zu.

Wir liefen weiter. Wir dachten schweigend nach.

»Du hast von einer weiblichen Perspektive auf geistliche Leiterschaft gesprochen«, sagte Gail und brach das Schweigen.

»Ja, was denkst du darüber?«

»Mir fallen die Worte von Paulus an die Galater ein, als er Tiefe in ihrem geistlichen Leben vermisste. Er schrieb: ›Aber, meine geliebten Kinder, mir ist, als müsste ich noch einmal Geburtswehen für euch durchmachen, und sie werden nicht aufhören, bis Christus euer Leben prägt.‹[7] Genau darum geht es doch bei unserer großen Idee: eine neue Generation von Christen aufzuziehen, die wirklich das Leben von Jesus in sich tragen, sodass es aus ihnen herausfließt. Wir könnten helfen, dass das geschieht«, sagte Gail.

Wieder ein Moment Stille. Dann fügte sie hinzu: »Weißt du was? Ich bin dabei!«

»Wunderbar! Bist du meine Partnerin?«

»Das genau meinte ich. Ich bin dabei.«

Wir liefen ein Stück weiter und kehrten dann nach Hause zurück. Die Red Sox spielten heute in St. Louis gegen ein Team aus einer anderen Liga. Anpfiff war um halb neun.

Es geht bei uns nicht immer nur um Gemeindethemen.

16. SEPTEMBER

Der erste Sommer

An: Rich Fisher
Von: GMAC
Betreff: Rabbi?

Als wir uns vor einigen Tagen zum Mittagessen getroffen haben, hast du mehrmals die Rolle des Rabbi erwähnt. Damals habe ich mich gefragt, was du damit meinst. Heute habe ich, glaube ich, die Antwort gefunden. Mehr dazu, wenn wir mal Zeit zum Reden haben.

ALS ICH AUS DER BEHÖRDE KAM, WO ICH MEINEN FÜHRERSCHEIN HATTE erneuern lassen, traf ich Michael Cohen. Michael ist Rabbi hier in der Stadt. Er arbeitet im reformierten »Temple Israel«. Wir sind befreundet, seit Gail und ich vor neun Jahren hergezogen sind. Er war einer der ersten, die im Gemeindebüro vorbeikamen und mich in der Stadt willkommen hießen.

Ein oder zwei Wochen nach unserer ersten Begegnung im Büro hatte ich Michael angerufen und ihn zum Mittagessen eingeladen. Schnell hatte sich eine Freundschaft zwischen uns entwickelt, die bis heute hält. Michael ist gottesfürchtig, humorvoll, scharfsinnig und immer offen dafür, über Themen zu diskutieren, bei denen Juden und Christen nicht einer Meinung sind. Es trifft sich auch gut, dass Michael Cohen ebenfalls Fan der Red Sox ist.

Mein Freund, der Rabbi, weiß weitaus mehr über meinen christlichen Standpunkt als ich über seinen jüdischen. In all den Jahren hat er mir viel über das Erste Testament beigebracht und über die jüdische Art, es zu interpretieren. Er hat meine Fragen über die jüdische Geschichte, Gottesdienstordnung und die Bedeutung verschiedener Feiertage immer sehr geduldig beantwortet. Zweimal haben Michael und seine Frau Esther uns zur Sederfeier (dem Passahmahl) eingeladen.

Daher war es nicht ungewöhnlich, dass wir uns umarmten und uns auf den neuesten Stand brachten, was unser Leben anging, als wir uns vor der Führerscheinstelle trafen.

»Wie läuft es gerade bei dir?« fragte mich Michael.

»Gemeindemäßig läuft alles rund, familienmäßig geht es Gail und mir hervorragend.«

Als ich es dabei beließ, erwiderte Michael: »Das war's schon? Das ist alles, was du mir erzählen willst?« Michael Cohen gibt sich nie mit oberflächlichen Antworten auf seine Fragen zufrieden. Wenn man mit ihm befreundet ist, will er alles wissen. Er ist ein sehr fürsorglicher Mensch.

»Hm ... na ja ... wenn du schon fragst ... Was mich gerade am meisten beschäftigt, ist ein Vorhaben, das Gail und ich im nächsten Jahr starten wollen. Wir würden gern 13 oder 14 Leuten eine intensive Lernerfahrung ermöglichen, in der Hoffnung, dass ihr Glaube vertieft wird und sie ihre Leiterschaftsbegabung entdecken. Ich schätze, du würdest sagen, dass wir über unser ›Vermächtnis‹ nachdenken und welche Art von Führung die Gemeinde in ein paar Jahren braucht. Ich bin nicht mehr der Jüngste, Michael. Ich muss darüber nachdenken, welches Erbe ich hinterlasse.«

»Interessant«, meinte Michael versonnen und strich sich über seinen Bart. »In welcher Form willst du dieses Vermächtnis hinterlassen?«

»Das Ganze ist noch in der Planung, daher gibt es noch keine Einzelheiten. Grundsätzlich wollen wir aber eine kleine Gruppe von Lernenden zusammenstellen, die sich recht verbindlich aufeinander einlassen. Wenn sie Teil einer neuen Generation von Leitern innerhalb und außerhalb der Gemeinde werden wollen, müssen sie sich kennen- und vertrauen lernen. Im Anfangsstadium wird ihre Beziehung zu Gail und mir am wichtigsten sein: Sie sollen nicht aus Büchern lernen, sondern indem sie beobachten, wie wir versuchen, unser Leben auf die Reihe zu kriegen.«

»Du klingst, als hättest du die Art der alten Rabbis studiert«, sagte Michael.

»Rabbis? Worauf spielst du an?«, fragte ich in der Annahme, er hätte einen Witz gemacht. Aber in meinem Hinterkopf entstand eine Verbindung zu Rich Fishers Rabbikommentaren vor zehn Tagen.

»Ich meine genau das, was ich sage. Du klingst, als wollest du dich so in junge Leute investieren, wie es die Rabbis Jahrhunderte lang getan haben. Du weißt doch, dass Jesus ein Rabbi war und seine zwölf Jungs die Gruppe, die lernen sollte.«

»Ja klar ... aber ich habe noch nie darüber nachgedacht, was das genau bedeutet.«

»Gordon, Gordon, Gordon, lass es dir von deinem jüdischen Freund gesagt sein: Du musst deine eigenen Schriften noch mal lesen und etwas lernen, worüber du möglicherweise noch nie nachgedacht hast. Dein Jesus war zuerst und vor allem ein Rabbi. Sein Wirken war das eines Rabbi. Wenn du den rabbinischen Vertrag nicht verstehst, kennst du dich mit Jesus nicht so gut aus, wie du solltest.«

Ich fühlte mich dumm. Wieder einmal wies Rabbi Cohen mich darauf hin – liebevoll natürlich –, dass mein christliches Wissen über Jesus nicht so gut war, wie ich dachte.

»Okay, Michael, sag es mir: Was glaubst du, sollte ich wissen?«

»Hm … wahrscheinlich gibt es bessere Orte, um darüber zu sprechen als hier. Vielleicht kann ich dir und Gail ein paar Gedanken mitgeben, die euch für eure Gruppe helfen, die ihr zusammenstellen wollt. Wie wäre es mit morgen Nachmittag in meinem Büro zum Kaffee? Es ist ohnehin schon eine ganze Weile her, seit du bei mir gewesen bist.«

Ich erinnerte mich, wie ich zu Gail gesagt hatte, dass wir über unseren Tellerrand blicken müssten und sehen, was andere machten, um ihre Leute auszubilden. Also nahm ich Michaels Einladung spontan an.

Als ich nach Hause fuhr, wunderte ich mich noch einmal über dieses seltsame Gespräch mit meinem Rabbi-Freund. Normalerweise war immer ich der mit dem großen Wissen über Jesus. Aber offensichtlich dachte Michael Cohen, dass er noch ein paar Einsichten parat hatte, die mir bei der Frage helfen konnten, wie Tiefgänger herangezogen und zur Leiterschaft ausgebildet werden konnten. *Der morgige Nachmittag,* dachte ich, *könnte eine spannende Erfahrung werden.*

Der »Temple Israel« liegt in einem ruhigeren Viertel unserer Stadt und ist nicht besonders groß. Aber er ist seit 75 Jahren das geistliche Zuhause der Juden. Als ich am nächsten Nachmittag ins Büro von Rabbi Michael Cohen kam, begrüßte mich seine Sekretärin Ruth Gold.

»Michael freut sich schon den ganzen Tag, dass Sie kommen, Pastor MacDonald. Ich sage ihm, dass Sie hier sind.«

Einen Moment später umarmte mich mein Freund und führte mich in sein Büro. Nachdem er mir einige Fotos seiner Familie und ein paar Souvenirs von seiner letzten Jerusalemreise gezeigt hatte, setzten wir uns und begannen, über Jesus, den Rabbi, zu reden.

»Ich habe über das Projekt nachgedacht, von dem du mir gestern erzählt hast, und ich finde es klasse, was du und Gail mit diesen jungen Leuten vorhabt«, meinte Michael. »Wie ich gestern schon gesagt habe:

Eure Idee ist sehr rabbinisch. Ihr Christen seid euch nie bewusst darüber, was ihr den alten Lehrern verdankt, wenn ihr davon redet, Leute zu fördern – jedenfalls auf die Art, wie du sie beschreibst.

Immer nur eine kleine Zahl von Menschen gleichzeitig zu begleiten, ist möglicherweise die einzige Möglichkeit, um das Leben eines anderen zu verändern. Ich habe noch nie verstanden, warum einige deiner Kollegen vor Riesenpublikum predigen und Fernsehsendungen produzieren. Das sorgt vielleicht für Furore und damit lässt sich natürlich Geld verdienen, aber es verändert niemanden wirklich in der Tiefe.«

Oho. Das war es wieder, dieses Wort: *Tiefe.* Offenbar fand Michael auch, dass es eine gute Beschreibung für eine entscheidende Lebensveränderung war.

»Ihr wollt Leute verändern. Das, worüber du und Gail gerade redet, ist die Arbeit eines Rabbi«, sagte er.

»Okay Michael, ich bin ganz Ohr. Was denkst du, weiß ich noch nicht über Jesus und wie er Leute verändert?«

Der Rabbi lachte. »Gordon, das ist jetzt ganz freundschaftlich gemeint: Ihr Christen tut manchmal so, als ob ihr das Copyright auf Jesus habt und ihn zu allem machen könnt, was ihr wollt. Für manche ist er ein strammer Amerikaner vom rechten Flügel. Und für andere? Für dich? Du verehrst ihn, du achtest ihn auf bewundernswerte Weise. Aber immer wieder scheinen Christen zu vergessen, dass er zuerst und vor allem ein Jude war, der im großen Strom jüdischer Tradition lebte. Alles an Jesus war jüdisch, einschließlich der Tatsache, dass er als Rabbi wirkte.«

»Warum glaubst du, dass die ganz Rabbi-Sache so wichtig ist?«, fragte ich.

»Weil Rabbis eine ganz bestimmte Art hatten zu lehren, die sehr, sehr gut funktionierte. Wenn du ein wenig mehr über das Wirken der Rabbis weißt, könnte das die Art und Weise beeinflussen, wie ihr euer Projekt angeht.«

Michael Cohen hob an, um mir eine Lektion in rabbinischer Geschichte zu erteilen. »Zur Zeit Jesu gab es eine ganze Reihe rechtschaffener Männer, die als Rabbis bekannt waren. *Rabbi* bedeutet Lehrer, das weißt du ja. Manche lehrten auf dem Tempelgelände in Jerusalem, andere waren Wanderrabbis. Sie zogen von Ort zu Ort, unterrichteten in den Synagogen und wo immer die Leute ihnen zuhörten. Wenn die Leute ihre Lehre gut fanden, gaben sie den Rabbis Geschenke – Spenden, wenn du so willst.«

Rabbi Cohen war ganz in seinem Element. Er bewegte sich unaufhörlich, während er sprach. Er wurde zum Lehrer und ich zu seinem Schüler. Ich fand es großartig.

»Jeder Rabbi war einzigartig. Jeder hatte seine spezielle Auslegung der Tora, für die er bekannt war. Es gab militante Rabbis, die die Leute zum Aufstand gegen die Römer anstachelten. Andere waren kontemplativ und lebten in der Wüste, so wie Johannes der Täufer in eurer Bibel. Die meisten Rabbiner bewegten sich irgendwo zwischen diesen beiden Extremen.«

»Wo würdest du Jesus einordnen?«

»Bei Jesus ging es um Liebe, man denke etwa an ›Liebt eure Feinde‹ oder ›Vergebt denen, die euch verfolgen‹. Übrigens keine Botschaft, die von dem Großteil der Bevölkerung besonders positiv aufgenommen wurde. Jesus war nicht der einzige, der über Liebe sprach, aber er hatte seine ganz eigene Art, darüber zu predigen. Ich glaube, viel mehr Juden könnten sich für die Botschaft von Jesus erwärmen, wenn es nicht so viele Komplikationen gäbe. Die größten Probleme haben wir nicht mit ihm, sondern mit vielen seiner Nachfolger.«

Ich wusste genau, worauf Michael Cohen anspielte, aber uns war beiden klar, dass das heute nicht unser Thema war.

»Ich will dir ein paar Dinge vom Wirken der Rabbis erzählen, die verändern könnten, wie ihr eure Gruppe mit – wie nanntest du sie? – wachstumsfähigen Menschen ausrichtet. Ich fand übrigens deinen Begriff *Tiefgänger* sehr passend. Vielleicht predige ich mal in einem Shabbatgottesdienst darüber.«

»Sag mir Bescheid, wenn es so weit ist. Dann komme ich und höre zu«, meinte ich.

»Wie andere Rabbis war Jesus nicht nur Prediger. Vielleicht war das nicht einmal seine wichtigste Aufgabe.«

»Wie meinst du das?«

»Ganz oben auf der Prioritätenliste eines Rabbis standen seine handverlesenen Schüler. Rabbis hatten immer Schüler. Ein einzelner hieß *Talmid,* mehrere *Talmidim.* Diese Schüler begleiteten ihn normalerweise überallhin. Jünger nennt ihr Christen sie. Sie lernten eifrig.

Es gehörte zur Sitte, dass ein junger Schüler mit folgenden Worten an einen Rabbi herantrat: ›Darf ich dir folgen?‹ Manchmal setzten reiche Juden viel dafür ein, damit die besten Rabbis ihre Söhne als Talmid aufnahmen. Ein guter Rabbi bedeutete so viel wie ein gutes College oder eine gute Uni heute. Du erinnerst dich vielleicht, dass euer Saulus von Tarsus gern erzählte, dass er unter Rabbi Gamaliel studiert hatte. Er gehörte in der damaligen Zeit zur Crème de la Crème. Wenn Saulus Gamaliel erwähnte, war das so, wie wenn heute jemand sagt: ›Ich habe in Harvard studiert.‹«

Ich hob meine Hand, fast wie ein Schüler, der seinem Lehrer signalisieren will, dass er eine Frage stellen möchte. »Aber Jesus«, wandte ich ein, »suchte seine Schüler doch selbst aus.«

»Klar, da hast du recht. Aber woher kam Jesus? Aus Nazareth! Einer armseligen Stadt. Wer im Vollbesitz seiner geistigen Kräfte würde einem Rabbi aus Nazareth folgen wollen?«, fragte Michael Cohen übertrieben sarkastisch. »Wenn du jemand warst, wolltest du zu einem angesehenen Rabbi aus Jerusalem. Darum vermute ich, dass Jesus Leute anwerben musste, um Schüler zu haben. Das ist natürlich nur meine bescheidene Meinung.«

Michael fuhr fort, über Rabbis zu sprechen, und wie sie ihre Schüler auswählten: »Dieser Ausruf ›Folge mir nach‹, den ich öfter von Christen höre, war die standardmäßige Antwort eines Rabbis auf die Bitte eines jungen Mannes. Es bedeutete, dass er der Wanderschule beitreten durfte. Damit wusste er auch, dass er sofort unter rabbinischem Vertrag stand, wie ich das nenne. Er stimmte nicht nur zu, dem Rabbi zu folgen, sondern je dichter er an ihm dran war, umso besser. Erinnerst du dich, wie die Mutter zweier Jünger Jesus fragte, ob ihre Söhne links und rechts neben ihm sitzen dürften? Sie war eine jüdische Mutter, die sich dafür einsetzte, dass ihre Jungs dem Rabbi so nahe wie möglich kamen.«

»Was hat es sonst noch mit dem rabbinischen Vertrag auf sich, den du erwähntest? Hat man da etwas unterschrieben?«

»Natürlich nicht. Ich will damit nur sagen, dass jeder wusste: Wenn du Schüler eines Rabbi wurdest, dann hattest du auf eine bestimmte Art zu lernen.«

»Wie sah das aus?«

»Rabbis lehrten quasi *spiralförmig*. Zuerst gab es Unterricht. Währenddessen mussten die Schüler still dasitzen. Sie hörten zu und prägten sich ein, was ihnen beigebracht wurde. Was ein Rabbi lehrte, wurde manchmal das *Wort* des Rabbi genannt, oder sein *Evangelium*. Er lehrte sie die Thora und gab ihnen seine Auslegung dazu. Wenn er es erlaubte, durften die Schüler Fragen stellen: ›Was bedeutet das?‹, und: ›Warum siehst du das nicht so und so?‹ Sie zitierten die Auslegungen anderer Rabbis und baten ihn, Vergleiche zu ziehen.

Wenn der Lehrer seinen Unterricht beendet hatte, ließ er sie allein, damit sie das eben Gehörte diskutieren konnten. Sie argumentierten und debattierten, bis sie das Wort des Rabbi völlig verdaut hatten. Jetzt, könnte man sagen, war sein Wort ›in ihnen‹.«

»Wenn Jesus also sagt«, hakte ich ein, »›Himmel und Erde werden vergehen, aber mein Wort wird nicht …‹«

»›… vergehen‹«, beendete Michael mein Zitat. »Ich habe diesen Satz Hunderte Male gehört. Jesus sagte damit: Was er seine Jünger gelehrt hat, wird seine Gültigkeit nicht verlieren oder null und nichtig werden. Er meinte damit, dass sie sich getrost auf seine Worte verlassen konnten.«

Wir redeten darüber, wie Rabbis Rätsel und Geschichten und Sprichwörter verwendeten. Offensichtlich sahen diese alten Lehrer nicht die Notwendigkeit, alles zu erklären, was sie sagten. Manchmal warfen sie Dinge in die Luft – wie ein Gärtner Samen auswirft – und ließen sie ihren Weg in das Leben ihrer Zuhörer finden.

»Die zweite Art, wie ein Rabbi lehrte«, erklärte Michael, »war durch sein Vorbild. Jetzt zieht sich die Spirale ein wenig enger. Die Jünger beobachteten ihren Meister – ein anderes Wort für Lehrer – ganz genau, weil sie glaubten, dass die Thora in ihm lebendig wurde. Seine Art zu leben war die Thora in Aktion, und seine Nachfolger wollten ihn bis ins kleinste Detail nachahmen. Als dein Jesus sagte, dass er der Weg …«

»… die Wahrheit und das Leben ist«, beendete ich Michaels Satz.

»Genau, die Wahrheit und das Leben. Als er das sagte, meinte er: ›Ich lebe meine eigenen Worte bunt und in Farbe. Ahmt mich nach, und ihr erweckt die Thora zum Leben.«

»Christen reden viel darüber, dass sie sein wollen wie Jesus«, sagte ich. »Ich glaube, dass ist ganz zentral aus unserer Perspektive.«

»Natürlich wollt ihr wie Jesus sein. Jeder jüdische Schüler hätte das über seinen Rabbi gesagt. Er wollte essen wie sein Rabbi, laufen wie er, reden wie er. Es gibt Schriften, in denen steht, wie Schüler – vergib mir diese Unanständigkeit – ihren Rabbi beobachteten, wie er zur Toilette ging, weil sie in jeder Hinsicht werden wollten wie er.«

»Ich vergebe dir, Michael«, antwortete ich grinsend. »Ich finde, der Gedanke vom Vermächtnis hat seine Grenzen …«

»Du musst dir klarmachen, dass der größte Wunsch eines Schülers darin bestand, seinem Rabbi so ähnlich zu werden, dass die Leute keinen Unterschied mehr zwischen ihnen sahen.«

»Darum hat Paulus gesagt, er wolle Jesus kennen und werden wie er.«

»Du hast es verstanden«, sagte Michael. »Euer Paulus hat davon gesprochen, ein Beispiel zu sein. Ich habe seine Briefe gelesen, an ... wie hieß er noch? Der junge Mann, der nur Halbjude war ...«

»Timotheus?«

»Ja, genau, Timotheus. Paulus sagte zu ihm: ›Sei ein Beispiel darin, wie du redest und handelst und andere liebst und so weiter. Paulus redete in Rabbi-Sprache und meinte: ›Du wirst wie ich und andere werden wie du.‹«.

Wir sprachen eine Weile darüber, was das Nachahmen eines Rabbi bedeutete, und dann fuhr Michael fort, den Lehrzyklus eines Rabbi zu beschreiben.

»Das Dritte, was ein Rabbi tat, könnte man *Prüfung* nennen. Hier wurde die Spirale richtig eng und von hier aus begann wieder ein neuer Lehrzyklus. Ein Rabbi prüfte seine Schüler ständig. Er gab ihnen kleine Aufgaben; sie sollten beispielsweise andere unterrichten, sodass er sehen konnte, ob sie lernten, was sie sollten.«

»So habe ich das noch nie betrachtet«, sagte ich. »Wenn da steht, dass Jesus seine Jünger zum Predigen aussandte, war das so etwas wie eine Prüfung. Und als sie zurückkamen, wollte er wissen, wie es gelaufen war und welche Fragen sie hatten.«

»Ganz genau«, antwortete Michael. »Jeder Rabbi tat etwas in dieser Art. Ihr habt auch Geschichten, in denen Jesus seine Schüler in peinliche Situationen geraten ließ. Ich habe sie oft gelesen. Rabbis hatten kein Problem damit, ihre Schüler Fehler machen zu lassen. Diese Sturmgeschichte, wo er ihnen vorhält: ›Habt ihr keinen Glauben?‹, ist so ein Prüfungsmoment. Als er ihnen auftrug, der großen Zahl von Menschen zu essen zu geben, wollte er sie herausfordern, etwas Besonderes zu tun. Als er sie dafür kritisierte, dass sie die Kinder davon abhalten wollten, ihn zu stören, da ermahnte und korrigierte er sie. Er sagte: ›Ich mag Kinder.‹

Hey, wir Juden glauben nicht so wie ihr an Jesus, aber wir erkennen einen guten Rabbi, wenn wir ihn sehen – und Jesus war richtig gut.«

Ich genoss dieses Gespräch. Vieles von dem, was ich in all den Jahren als Prediger über Jesus gewusst hatte, wurde plötzlich ganz neu lebendig. All das, was Jesus mit seinen Jüngern unternommen hatte, gehörte – wie Michael es ausdrückte – zur Arbeit eines Rabbi. *Der rabbinische Vertrag:* Warum hatte ich nicht schon vorher davon gehört? Er könnte das Fundament unserer großen Idee bilden.

»Über eine Sache müssen wir noch reden«, sagte Michael. »Die Beziehung zwischen einem Rabbi und seinen Schüler kam immer zu einem Schlusspunkt. Sie war nicht wie eine Ehe.«

»Schlusspunkt?«

»Gordon, du musst mehr in deiner Bibel lesen«, erwiderte Michael mit einer tadelnden Handbewegung und tat, als sei er enttäuscht über meine Bibelkenntnis. »Als ich heute Morgen an deinen Besuch dachte, habe ich meine christliche Bibel geholt und noch einmal das Gespräch zwischen Jesus und seinen *Talmidim* im Johannesevangelium nachgelesen.

Was denkst du«, fragte mich Michael, »meinte Jesus, als er zu seinen Schülern sagte: ›Ich gehe fort ... Das wird gut für euch sein ... Ich nenne euch nicht mehr Diener ... vielmehr nenne ich euch Freunde‹[8]?

Was passiert hier gerade? Ich verrate es dir: Er entlässt diese Männer aus ihrem rabbinischen Vertrag. Sie dürfen gehen. Er erwartete sogar, er wünschte sich geradezu, dass sie losgingen und andere lehrten, wie er sie gelehrt hatte.«

»Der Missionsbefehl«, sagte ich.

»Der Missions-was?«, fragte Michael.

»Der Missionsbefehl. Christen glauben, Jesus sandte seine Jünger aus, damit sie ... na ja, mehr Leute zu Jüngern machen und darum ist uns Evangelisation wichtig und wir senden Missionare aus.«

Es entstand eine nachdenkliche Stille und dann sagte Michael leise: »Ja, ich weiß einiges über diese Evangelisationssache. Lass uns einfach festhalten, dass wir nicht gleicher Meinung sind, was das alles bedeutet.«

Ich nickte.

»Aber«, sagte Michael, »dieser – Missionsbefehl? – enthält genau das, was jeder Rabbi zu seinen Schülern sagte: ›Geht raus und verbreitet, was ich euch gelehrt habe. Ihr wart meine Talmidim; jetzt geht los und sucht euch eigene.‹ Und das taten sie. Außer Judas Iskariot natürlich.

Euer christlicher Held, Saulus von Tarsus, sagte dasselbe, als er Timotheus schrieb: »Was du von mir *empfangen – empfangen,* das ist noch so ein rabbinischer Begriff – hast, das bring anderen bei, die es wiederum anderen beibringen.‹[9] Was soll ich sagen? Paulus redete wie ein Rabbi und erwartete auch, dass Timotheus sich wie einer verhielt. Die jüdische Tradition ist überall in eure christlichen Schriften eingewoben, siehst du?«

»Ja.«

»Eins noch: Wenn ich mich richtig erinnere, sagtest du, dass ihr diese Sache nicht mit Freiwilligen starten wollt. Ihr wollt eure Leute sorgfältig auswählen.«

»So ist es.«

»Wo soll euer rabbinisches Projekt stattfinden?«

»Wir denken, dass wir uns ein Jahr lang einmal wöchentlich abends bei uns zu Hause treffen. Ich will es nicht im Gemeindehaus machen. Ich glaube, es ist gut, wenn sich unsere Beziehung zu diesen Leuten außerhalb der Institution abspielt, wo man ein besseres Gespür für die Wirklichkeit da draußen hat.«

»Eine sehr gute Idee, mein Freund. Weißt du was? Ich glaube, du und Gail, ihr werdet schon sehr bald wie Rabbis denken. Ihr Christen werdet endlich lernen, dass ihr es schon längst so hättet angehen sollen, wie Jesus es tat. Sammelt eure lernwilligen jungen Leute und fordert sie heraus zu wachsen. Ihr werdet ein paar … *ein paar* … eurer Tiefgänger heranziehen. Ich würde nur zu gern dabei zugucken.«

»Ich sag dir was: Gail und ich werden euch einladen, wenn es passt. Gebt uns ein bisschen Zeit.«

»Wir werden eurer Einladung gern nachkommen.«

Kurz darauf wussten Michael Cohen und ich, dass wir das Ende des Gesprächs erreicht hatten. Aber er konnte sich eine Frage nicht verkneifen. Es machte noch einmal den *Lehrer* in ihm sichtbar: »Was war für dich das Wichtigste in unserem Gespräch?«, fragte er.

»Festzustellen, dass unsere große Idee, wie wir sie bisher nennen, am besten funktionieren wird, wenn wir sie so angehen, wie Jesus es tat.«

Wieder einmal umarmte mich Michael.

Damit verließ ich sein Büro, verabschiedete mich von Ruth Gold und fuhr zurück zum Gemeindehaus. Ich konnte es kaum erwarten, Gail, den Fishers und dem Pastorenteam zu erzählen, was ich gelernt hatte und wie begeistert ich von der großen Idee war.

5. OKTOBER

Früher Abend. Der erste Herbst

An: Älteste; Vorstand
Von: Geoff Handley
Cc: GMAC; Pastorenteam; Gail MacDonald
Betreff: Tiefgänger

Es wäre wichtig, dass ihr am nächsten Dienstag um 19.15 Uhr bei einem besonderen Treffen dabei seid: Wir werden eine »Träumerrunde« (bitte fragt Rich Fisher nach näheren Infos dazu) zu einer Idee machen, die von Pastor Mac, Rich und einigen anderen kommt. Bitte betet vorher um Weisheit. Es könnte ein wichtiger Abend werden.
GH

ZWEI WOCHEN SPÄTER SASSEN DIE ÄLTESTEN, DER VORSTAND UND DAS Pastorenteam in unserem Gemeindesaal. Geoff Handley hatte ein gemeinsames Treffen einberufen. Nur eine Person hatte absagen müssen, Gilberto Silva. Seine brasilianische Firma hatte ihn für ein langfristiges Planungsprojekt nach Sao Paulo zurückbeordert. Interessanterweise hatte Geoff auch Gail angerufen und sie zu dem Treffen eingeladen, weil das Thema für sie genauso wichtig war wie für alle anderen.

Ken Squires (er und Winn Rilkey hatten schon an der Entdeckergruppe teilgenommen) eröffnete das Treffen mit einem kurzen Bibeltext, zu dem er ein paar Worte sagte. »Geoff schrieb in seiner E-Mail, dass es heute um die Suche nach Tiefgängern gehen soll. *Tiefgänger,* was für ein spannender Begriff. Im Blick darauf will ich ein paar Verse aus dem Brief vorlesen, den Paulus an Titus geschrieben hat.« Ken setzte seine Lesebrille auf und las: »›Ich habe dich auf der Insel Kreta zurückgelassen, damit du unsere Arbeit dort zu Ende bringst und in den Städten Älteste ernennst, wie ich dir aufgetragen habe.‹[10]

Kein übermäßig bedeutsamer Abschnitt, wenn man hier aufhört«, sagte Ken. »Aber als ich ihn heute Morgen las, wurde mir bewusst, dass die Leute im Neuen Testament sich ebenso Gedanken um Leiterschaft machten wie wir. Ich denke, Paulus übertrug Titus hier eine schwierige Aufgabe. Er ließ ihn in einer ganzen Reihe von Gemeinden Leiter einsetzen. Wie hat Titus das also gemacht?

Um ihm zu helfen, gab Paulus ihm eine Liste von Kriterien, an denen er sich orientieren konnte, als er von Gemeinde zu Gemeinde ging. Hört euch diese Liste an: ›Tadellos‹ – da bin ich schon mal außen vor. ›Seiner Frau treu sein‹ – da kann ich mithalten. ›Seine Kinder sollen gläubig sein‹, Er darf nicht ›jähzornig sein und weder ein Trinker noch ein gewalttätiger oder geldgieriger Mensch. Er soll Gastfreundschaft üben und alles Gute lieben, besonnen und gerecht sein. (…) maßvoll (…) Er soll an dem Wort der Botschaft festhalten‹[11]. Auf den ersten Blick ganz schön einschüchternd, oder? Ich frage mich, ob Titus mich als Leiter anfragen würde? Ich meine, die Latte liegt extrem hoch.

Aber die wichtigste Frage ist, wo findet man solche Leute? Fliegen sie uns einfach zu? Bei der Liste geht es um den Charakter der Personen – um Leiter mit christusähnlichen Qualitäten: Tiefgänger.

Vor einiger Zeit schenkte Pastor Mac mir das alte Buch *Geistliche Leiterschaft* von Oswald Sanders. Ich habe es so oft gelesen, dass es schon auseinander fällt. In einem meiner Lieblingszitate definiert er geistliche Leiterschaft – das, wonach Titus suchte: Geistliche Leiterschaft. Wer geistlich ist, verwandelt die Atmosphäre in seiner Umgebung und strahlt unbewusst etwas aus, was Christus und geistliche Dinge für andere Wirklichkeit werden lässt.[12] Ich glaube, was Paulus meinte, als er an Titus schrieb, war: ›Wenn du solche Leute findest, setze sie in Führungspositionen ein. Und wenn du keine findest, ziehe sie heran.‹

Ziehe sie heran«, wiederholte Ken. »Das ist noch so ein neues Wort, das Pastor Mac seit ein paar Wochen gebraucht. Und ich finde, es passt sehr gut zu diesem Abschnitt. Und darum soll es auch im weiteren Verlauf des Treffens gehen. Lasst uns beten:

Vater, danke für die weltweite Familie, die Jesus nachfolgt. Wir sind nur ein ganz kleiner Teil davon, aber wir sind dankbar für unser Vorrecht. Wir sitzen hier als Männer und Frauen, beauftragt, diese Gemeinde zu leiten und dir zu dienen – und denen zu dienen, die du in dieser Welt liebst. Wir nehmen diese Aufgabe nicht auf die leichte Schulter.

Herr, wir haben große Ideen, über die wir nachdenken müssen, und brauchen ein Maß an Weisheit, das du uns schenken kannst. Gib Geoff, Monica, Rich, Pastor Mac und Gail und allen anderen auf der Tagesordnung die Fähigkeiten, die nötig sind, um uns heute Abend zu leiten. Und wenn wir anschließend nach Hause gehen, bitte ich dich, dass wir alle wissen, dass wir an etwas Besonderem teilhatten, etwas, das dir Ehre macht. Ich bete im Namen unseres Herrn Jesus. Amen.«

Nach diesem Gebet herrschte Stille im Raum. Wir müssen alle denselben Eindruck gehabt haben: dass wir soeben das Gebet eines Tiefgängers gehört hatten.

Schließlich begann Geoff zu reden: »Ken, vielen Dank für deine Worte.« Er blickte sich im Raum um und sagte: »Wir freuen uns, dass der Vorstand und das Pastorenteam heute mit uns Ältesten hier zusammen sind. Und Gail, danke, dass du hier bist. Wir schätzen deine Beiträge sehr.«

Geoff holte tief Luft, blickte auf die Notizen auf seinem Laptop, dann wieder zu uns und sagte: »Schon eine ganze Weile versucht uns unser Pastor davon zu überzeugen, dass wir die Förderung von Tiefgängern zu unserer obersten Priorität machen. Er nennt das immer die ›große Idee‹. Ich stehe zu einhundertzehn Prozent hinter dieser großen Idee.«

In den nächsten Minuten fasste Geoff in konzentrierter Form zusammen, was er mich im Lauf der Zeit sagen gehört hatte:

- Wir leben in einer neuen Zeit, die eine neue Form von Leiterschaft braucht.
- Die nächste Generation von Leitern muss herangezogen werden.
- Es geht nicht um ein neues Programm, sondern um eine neue Art und Weise, wie wir Dienst in der Gemeinde verstehen.
- Ein solches Vorhaben könnte bedeuten, dass die Aufgaben des leitenden Pastors und der anderen Angestellten ganz neu definiert werden müssen.

Geoff wandte sich an Rich Fisher und sagte: »Ich bin Rich dankbar, dass er vor einigen Wochen etwas in Bezug auf dieses Anliegen unternommen hat. Er und seine Frau haben einige Leute zusammengetrommelt. Ich wünschte, ich hätte dabei sein können. Sie haben sich einen Abend lang mit diesem Thema beschäftigt. Schließlich kristallisierte sich eine Bitte an uns heraus: dass wir Pastor Mac – und Gail, wenn sie bereit dazu ist – beauftragen, diese große Idee zu verfolgen und uns zu helfen, sie umzusetzen. Rich, warum erzählst du uns nicht kurz selbst von dem Abend?«

»Danke Geoff. Carly und ich haben etliche Leute eingeladen, einige von euch waren ja auch dabei. Ein Grund war die Beobachtung, dass zu viele Gemeinden warten, bis etwas schief läuft, bevor sie mutig werden und etwas wagen. An unserer High School stellen wir uns beispielsweise vor, wie das Leben in unserer Stadt in fünf, sieben oder sogar zehn Jahren aussehen wird. Und wir gehen konkrete Schritte in diese Zukunft. Das bedeutet auch, dass wir uns Fragen stellen wie: Wie wird unsere Stadt in den nächsten Jahren wachsen und sich verändern? Was müssen Schulen in Zukunft anders machen, um Schüler auf ihr Leben in der Erwachsenenwelt vorzubereiten? Welche Form von Führung werden wir brauchen, damit das geschieht? Und was können wir tun, um die qualifizierte Entwicklung dieser Führungspersönlichkeiten zu beschleunigen?

Eine Gemeinde muss sich ganz ähnliche Fragen stellen«, sagte Rich. »Darum beschäftigten wir uns bei diesem Treffen bei uns zu Hause mit dem folgenden Thema. Ich habe es in einer Frage formuliert.«

Rich drehte sich auf seinem Stuhl um und blätterte auf einer Flipchart eine Seite weiter. Dort stand: *Gibt es eine Möglichkeit, einen Prozess in Gang zu setzen, damit immer neue Männer und Frauen geistlich in die Tiefe geführt werden und darin ausgebildet werden, zu leiten, wenn Gott sie ruft?*

»Es entwickelte sich an diesem Abend ein großartiges Gespräch. Es ging hauptsächlich um biblische Leiter und was wir von ihnen über Leiterschaft heute lernen können. Als der Abend zu Ende war, waren wir uns einig, dass wir Geoff und die Ältesten ansprechen und ihnen deutlich machen sollten, wie dringend es uns erscheint, der Förderung tiefer gehender Menschen (wie wir sie jetzt nennen) allerhöchste Aufmerksamkeit in der Gemeinde einzuräumen.«

Geoff eröffnete die Runde und bat um Fragen an Rich. Und wie es für Neuengländer typisch ist, gab es davon eine Menge.

- »Meinst du damit, dass wir mehr Leute anstellen sollten?«
- »Kämen bei dieser großen Idee Kosten auf uns zu?«
- »Geht es nur darum, die Gemeinde zu vergrößern?«
- »Von welcher Art Leiter reden wir hier? Entscheidungsträger? Kleingruppenleiter? Programmkoordinatoren?«
- »Wollt ihr damit sagen, dass unsere bisherige Leitung nicht mehr genügt?«

Einige Fragen waren durchdacht. Andere klangen unausgegoren und unüberlegt. Auf manche gab es keine direkte Antwort. Aber Geoff nahm sie alle mit Respekt entgegen.

Dann sagte Winn Rilkey: »Geoff, Gordon und Gail waren heute Abend merkwürdig still. Bekommen wir die Möglichkeit auch zu hören, was ihr drei denkt?«

»Aber selbstverständlich«, antwortete Geoff. Er wandte sich zu mir um und sagte: »Gordon, willst du oder Gail kurz was sagen?«

Ich schlug eine Pause vor. »Manche müssen sicher mal auf die Toilette«, meinte ich, »oder würden gern mal ihre SMS ansehen.«

Geoff stimmte zu und wir vereinbarten eine zehnminütige Pause.

Als alle den Raum verlassen hatten, drehte ich mich zu Gail um: »Was nimmst du wahr?«, frage ich sie. Gail kannte diese Frage von mir schon. Ich vertraue auf ihre Fähigkeit, Stimmungen oder Argwohn zu spüren, die mir entgangen wären.

»Ich glaube, alle sind bereit zuzuhören«, sagte sie. »Mache ihnen klar, dass es nicht einfach um mehr Aktion in der Gemeinde geht. Wir sind es leid zu hören, dass wir noch mehr und noch mehr tun sollen. Wir sind jetzt schon am Limit.«

Als ich mich wieder umdrehte, fasste Gail mich am Arm. »Sie verstehen, um was es geht«, sagte sie. »Es herrscht allgemeine Zustimmung. Achte nur darauf, dass deutlich wird, dass die große Idee ein ganz neues Verständnis der Aufgaben des Pastors voraussetzt. Du – *wir* – können das Ganze nicht ernsthaft angehen, wenn sie erwarten, dass du alle deine bisherigen Aufgaben weiter erfüllst. Hier geht es um etwas ganz Neues.«

5. OKTOBER

Später Abend. Der erste Herbst

Aus meinem Tagebuch:

> Das Treffen gestern Abend mit der Gemeindeleitung war überragend. Gail und ich spürten die Unterstützung von buchstäblich jedem Anwesenden im Saal. Alle fangen an, die große Idee zu verinnerlichen; sie scheinen tatsächlich zu verstehen (um Hank Sorianos Lieblingsausdruck zu verwenden), worum es uns geht. Aber es zu verstehen ist bei Weitem der leichtere Teil. Jetzt müssen wir die Detailfragen klären, praktisch werden, herausfinden, ob wir der Sache gewachsen sind. Manchmal, wenn ich enthusiastisch mit jemandem über die große Idee spreche, überkommt mich ein Anflug von Furcht. Ich frage mich, ob wir alle (wir selbst eingeschlossen) vielleicht von einer Sache überzeugt sind, die gar nicht umsetzbar ist.

Als Geoff Handley das Treffen nach der Pause wieder begann, sagte er: »Gordon, Gail, das Parkett gehört euch.«

»Ihr könnt euch nicht vorstellen«, fing ich an, »wie viel mir dieses Treffen bedeutet. Ich weiß, dass ich schon lange immer wieder von dieser großen Idee rede. Aber in diesem Sommer schien Gott das Feuer in mir noch einmal stärker anzufachen. Eines Tages werde ich euch von dem Augenblick im Fenway Park-Stadion erzählen, als in meinem Kopf plötzlich alles zusammenpasste.«

»Hat Boston gewonnen oder verloren?«, fragte Bruce Bartlett trocken.

»Komm schon, Bruce«, sagte ich, »ich versuche hier, wie Mose zu klingen.«

Falls irgendeine Spannung in der Luft gelegen hatte, war sie durch unser Gelächter verschwunden.

»Vier Dinge sind Gail und mir heute Abend ganz wichtig«, sagte ich, nachdem das Lachen abgeebbt war. »Ich werde zu den ersten drei etwas sagen und Gail zum vierten.

Zuerst etwas Persönliches. Gail und ich bewegen uns auf die letzten Jahre unseres Pastorendienstes zu. Ich werde immer Pastor bleiben, auch wenn ich meine Aufgaben einmal niederlege. Ich werde dann nicht mehr bezahlt werden und keine Verantwortung mehr innerhalb der Gemeinde haben – und das ist völlig in Ordnung –, aber ich werde immer ein Pastorenherz für Menschen haben. Das ist meine Berufung und meine Begabung. Und das gilt genauso für Gail.

Aber der Punkt ist: Wenn jemand die letzten Jahre seiner oder ihrer Leiterschaft erreicht hat, sollte ganz oben auf der Prioritätenliste die Aufgabe stehen, sich in Jüngere zu investieren. Wir lieben unsere Generation; unsere engsten Freunde sind ähnlich alt wie wir. Aber unsere Leidenschaft und meine Berufung zielen auf die, die jünger sind als wir. Wir würden gern das, was Gott uns gegeben hat, an sie weitergeben und ihnen genau das sagen, was Jesus seinen Jüngern sagte: ›Es ist gut für euch, wenn ich gehe.‹ Letztlich übertrug er ihnen seinen Auftrag in der Erwartung, dass sie ihn multiplizieren würden. Und was geschah, wisst ihr selbst. Die Jünger taten genau das, worauf er sie vorbereitet hatte.

Das wünschen Gail und ich uns auch. Vielleicht ist das der Grund, warum ich immer einfach von der großen Idee gesprochen habe. Wir haben noch keinen wirklich passenden Namen dafür. Und es ist bisher nur eine Idee. Aber alles in meinem Herzen sagt mir, dass es keine kleine Idee ist. Sondern eine große. Richtig umgesetzt, wird sie unsere Gemeinde in die Zukunft katapultieren.«

Eine Weile erzählte ich von meinem Besuch bei Rabbi Cohen, und wie er mir ganz neue Einblicke in das rabbinische Wirken von Jesus vermittelt hatte. Ich sprach von den *Talmidim,* den Jüngern, die Jesus ausgewählt und zu Menschen gemacht hatte, die von ihm lernten und ihm ähnlicher wurden.

»Paradoxerweise lernte ich ausgerechnet von meinem Freund Rabbi Cohen eine neue Sichtweise von Jesus und seinen Prioritäten. Seit letzter Woche betrachte ich alles, was ich tue, durch die rabbinische Brille. Funktioniert nicht immer, ist aber sehr inspirierend.

Das führt mich zu meinem zweiten Punkt. Ihr seid gute Leiter. Ihr seid unsere gegenwärtige Version von Tiefgängern in der Gemeinde. Und ihr müsst die aktuellen Veränderungen in unserer Gesellschaft unbedingt sehr ernst nehmen.« Ich sagte diese Worte sehr langsam, damit jedem klar wurde, wie wichtig mir war, was ich sagte.

»Ihr lieben Männer und Frauen, in ein paar Jahren wird die Gemeinde völlig anders aussehen als heute. Die jüngsten wirtschaftlichen Entwicklungen, das Problem hoher Arbeitslosigkeit, die sich verändernden soziologischen Verhältnisse in unserem Land, die Verschiebungen im philosophischen Denken, die technologische Revolution, selbst die großen Veränderungen in der internationalen Politik – all das beeinflusst uns dramatisch.

Wir müssen uns immer wieder die Frage stellen, was es bedeutet, als Christusnachfolger integer zu leben, damit die Menschen, mit denen wir in Berührung kommen, in uns etwas spüren, das rettet und auferbaut. Wenn wir nicht wissen, wie das gehen soll, können wir uns schon mal darauf einstellen, dass wir bald irrelevant und belanglos für andere sein werden.

Deshalb müssen wir anfangen, unseren Pool an Tiefgängern zu erweitern. Sie werden die Gemeinde von morgen sein, dann, wenn wir von diesem Tisch verschwunden sind.

Gail und ich haben endlose Stunden über all das geredet. Und wir sind uns bewusst, dass noch vieles nicht klar ist. Trotzdem will ich euch sagen, was uns auf dem Herzen liegt. Wie ihr leicht feststellen werdet, lockt uns diese Herausforderung sehr. Aber wir nähern uns ihr als *Partner*. Ich könnte das nicht allein leisten. In keinster Weise. Ohne Gail – und Monica O'Donnell hat mich noch einmal nachdrücklich darauf hingewiesen – säße ich auf verlorenem Posten. Auch wenn Gail nicht angestellt und Teil des offiziellen Pastorenteams ist, muss sie die Sache mit mir zusammen anpacken, wenn wir weiter in diese Richtung gehen wollen.

Aber eins muss euch allen sehr bewusst sein: Bitte treibt diese große Idee keinen Schritt weiter voran, wenn ihr euch nicht einig darin seid, dass meine Prioritäten sich verschieben müssen. Es werden Treffen stattfinden, an denen ich nicht mehr teilnehme. Es wird Feiern und Partys geben, bei denen wir nicht dabei sind, und manche persönliche Einladung werden wir nicht annehmen können. Wir werden unser Augenmerk auf eine kleinere Gruppe von Leuten richten, die unsere Aufmerksamkeit brauchen, damit sie wachsen und lernen können.

Ihr müsst hinter mir stehen, wenn Leute aus der Gemeinde fragen: ›Wo ist Gordon? Warum komme ich nicht zu ihm durch?‹ Und ihr müsst hinter mir stehen, wenn jemand frustriert ist, weil ich nicht das tue, was sie von einem Pastor erwarten. Ich will niemandem Angst einjagen, aber für mich ist das ein großer Abschied von der Art, wie wir viele, viele Jahre lang Gemeinde gelebt haben.

Lasst mich noch kurz den dritten Punkt ansprechen, der noch nicht ganz ausgereift ist, der aber wichtige Auswirkungen haben wird. So ähnlich, wie manche Krankenhäuser sich als Lehrkrankenhaus bezeichnen, müssen wir uns als Lehrgemeinde sehen. Unser Slogan könnte sich auf drei Worte beschränken: *ausbilden, ausbilden, ausbilden.*« Natürlich dachte ich an Hank Soriano, während ich das sagte.

Ich fuhr fort: »Unter einer Lehrgemeinde verstehe ich, dass ich mich zum großen Teil unserer Idee verschreibe, tiefer gehende Menschen heranzuziehen. Und ich würde euch als Leiter ebenfalls bitten, ein Beispiel zu setzen, indem ihr zwanzig Prozent eurer Zeit im Dienst in eine Form von geistlicher Fortbildung investiert – entweder indem ihr selber jemanden ausbildet oder euch ausbilden lasst. Jeder – angefangen bei mir – muss von dem Ausbildungsgedanken motiviert sein. Die Fragen, die unser Leben prägen, werden sein: *Was lernst du gerade? Wem bringst du etwas bei? Wie sehen die Ergebnisse aus?*«

Dann blickte ich zu Gail und bat sie, fortzufahren.

»Ich will nur einen Punkt nennen, und ich hoffe, Gordon nimmt es mir nicht übel, wenn ich sage, es ist der wichtigste von allen vieren.«

Die Aufmerksamkeit im Raum war ihr sicher.

Gail fuhr fort: »Diese große Idee ist im Grunde geistlich. Noch mal: Es geht hier nicht um Fähigkeiten oder um unsere Gemeindestruktur. Es geht um Gottes tiefer gehendes Wirken im Leben von Menschen. Und wenn wir es dann tatsächlich beobachten, werden wir uns alle einig sein, dass hier gerade der Heilige Geist Gottes gewirkt hat. Ohne diese geistliche Kraft werden wir es nicht mal bis zur ersten Kurve schaffen.

Wie sagen manche so treffend: Gebet ist die Hauptarbeit, der Schlüssel zum Erfolg, wie der auch immer aussehen mag. Und ihr könnt euch sicher sein: Der geistliche Feind wird Notiz davon nehmen. Wenn wir Fortschritte machen, wird es auch Gegenwehr und Hindernisse geben. Wir müssen zusammenkommen und die Ressourcen des Himmels für diese Sache anzapfen.«

Als Gail fertig war, herrschte eine nachdenkliche Stille. Ich spürte keinen offensichtlichen Widerstand zu dem, was gesagt worden war.

Gerade als Geoff Handley das Treffen beenden wollte, hob Ken Squires seine Hand. »Gut, Ken. Du hast unseren Abend eröffnet, dann kannst du ihn auch beschließen.«

»Ich wollte nur eins anmerken. Ich bin begeistert, wirklich begeistert von der Vorstellung, dass unser Pastor und seine Frau sich in junge Leiter investieren. Aber ich will noch etwas unterstreichen, was Gordon vor ein paar Minuten gesagt hat: *Wir Verantwortlichen hier brauchen genauso ständige Weiterbildung.* Wir brauchen Training für unser geistliches Leben, für eine effektive Leitung der Gremien, für unsere Aufgabe, Menschen in der Gemeinde geistlich anzuleiten. Und denkt dran: Das sagt einer der ältesten Herren im Saal. Darum, Geoff: Ich bin bereit, lautstark für die große Idee zu werben.«

Der Abend endete kurz darauf mit der Vereinbarung, dass wir uns in einem Monat wieder zusammensetzen würden. Bis dahin würden Gail und ich darüber nachdenken, was möglich war und wie wir die Sache angehen könnten.

Bevor wir den Raum verließen, sprachen wir mit Rich Fisher, um zu hören, was er über den Abend dachte.

»Ich bin wahnsinnig glücklich«, meinte Rich. »Ich bin davon überzeugt, dass Gott etwas ganz Großes in unserer Gemeinde tun will. Wann können wir uns noch mal unterhalten?«

Als wir an diesem Abend nach Hause fuhren, sprachen Gail und ich über das Treffen und waren uns einig, dass bisher alle an Bord waren. Trotzdem kamen wir nicht umhin, uns zu fragen: *In was hatten wir uns da hineinbegeben?*

13. OKTOBER

Später Vormittag. Der erste Herbst

An: Mercedes Perez
Von: GMAC
Betreff: Treffen

Liebe Mercedes,
gibt es in deinem Kalender in der nächsten oder übernächsten Woche mal eine Lücke für ein Gespräch? Ich würde dich gerne im Ausbildungszentrum besuchen und dir einige Fragen zu eurem Ausbildungskonzept stellen. Ich muss mich ein wenig weiterbilden …
GMAC

To: GMAC
Von: Mercedes Perez
Betreff: Re: Meeting

Hi GMAC, wäre hocherfreut, dich zu treffen. Mittwoch, 13. Oktober, 11 Uhr?
MP

An: Mercedes Perez
Von: GMAC
Betreff: Re: Re: Treffen

Hi MP,
abgemacht!
GMAC

Drei Worte beschreiben Mercedes Perez am besten: *blitzgescheit, liebenswürdig* und *bescheiden.*

Mercedes hat erst das Baylor-College besucht und dann am Dartmouth weiterstudiert, wo sie ihren Master in Wirtschaftswissenschaften gemacht hat.

Eine der größten Hotelgruppen hat sie direkt nach der Uni eingestellt. Sie durchlief in wahnsinnigem Tempo die Trainingsprogramme und führte 18 Monate später ein Hotel dieser Kette. So brillant war Mercedes.

Mittlerweile, sechs Jahre später, leitete Mercedes das Northeast Center für berufliche Weiterbildung, wo Ausbildungsprogramme für Personal aus vielen Hotels der Ostküste, die zum Mutterunternehmen gehören, angeboten werden. Früher oder später kommt fast jeder Hotelangestellte dieser Kette nach Manchester, um von Mercedes und ihren Leuten zu lernen.

Mercedes muss man einfach mögen. Checkt man in irgendeinem beliebigen Hotel von Mercedes' Kette ein und lässt ihren Namen fallen (»Sie ist eine sehr gute Freundin«), wird man als VIP behandelt.

Als Mercedes in unsere Gemeinde kam, hatte sie uns alle sofort für sich eingenommen. Selbst die einsilbigsten Neuengländer erlagen ihrem lateinamerikanischen Charme und ihrer dienenden Art. Da sie niemals versuchte, uns mit ihrer beruflichen Stellung zu beeindrucken, dauerte es eine Weile, bevor irgendjemand herausfand, dass Mercedes Perez eine leitende Position innehatte – und was für eine.

Ich will es noch anders ausdrücken: Mercedes Perez ist eine Tiefgängerin.

Am Mittwoch war ich eine Viertelstunde zu früh am Northeast Center. Es liegt direkt neben einem Hotel dieser Kette. Die Dame an der Rezeption erkannte meinen Namen sofort und begleitete mich zu einem kleinen Konferenzraum, in dem Mercedes gerade ein Treffen beendete. Später hörte ich, dass hier Verantwortliche für die Firmenkunden ausgebildet worden waren.

Als alle gegangen waren, bat Mercedes mich, am Konferenztisch Platz zu nehmen. Wir plauderten ein paar Minuten über ihren Besuch bei ihrer kranken Mutter in Texas und dann bekräftigte ich meinen Wunsch, mit ihr über das Ausbildungszentrum und seine Angebote zu sprechen.

Mercedes griff nach einer Mappe, die rechts neben ihr lag. Auf dem Etikett las ich »GMAC, Mi, 11 h«. Als sie sie öffnete, sah ich mehrere Seiten handgeschriebener Notizen. Es war offensichtlich und auch zu erwarten gewesen, dass sie sich auf dieses Gespräch vorbereitet hatte.

Die Mappe enthielt eine Broschüre, die sie mir reichte. Sie beschrieb das Northeast Center und seine Ziele. Auf der Rückseite gab es eine Übersicht über die Ausbildungsprogramme dieses Jahres. Als ich die Angebote las, entdeckte ich einige, die auch für Gemeindeleitungsmitglieder interessant gewesen wären.

»Erzähl mir kurz, warum du dich für das Center interessierst«, sagte Mercedes, als ich aufschaute, »dann kann ich dir vielleicht ein paar hilfreiche Infos geben.«

»In aller Kürze«, sagte ich, »haben die Ältesten, der Vorstand, das Pastorenteam und ich in den letzten beiden Monaten darüber geredet, wie wir die Anzahl der Menschen in unserer Gemeinde vergrößern könnten, die man geistliche Leiter nennt. Wir sprechen inzwischen von Tiefgängern und unser neues Modewort ist *heranziehen*. Das bedeutet, wir wollen wachstumsfähige Menschen finden und ihnen ganz viel Aufmerksamkeit schenken. Wir spüren, dass die Art, wie Gemeinden ihre Aufgaben wahrnehmen, sich stark verändern wird, und machen uns ein wenig Sorgen, dass wir bislang keine geistlichen Leiter für die Zukunft gefunden haben und ausbilden, um diesen neuen Bedingungen zu begegnen.«

»Klingt, als ob du dich hier häufiger aufhalten würdest«, sagte Mercedes. »Die Hotelindustrie steckt grade auch massiv in Veränderungen. Und, um dein Modewort zu verwenden, wir müssen ebenfalls so schnell wie möglich neue Führungspersönlichkeiten heranziehen. Um genau zu sein, hört man diese Sorge zurzeit überall in der Wirtschaft.«

Ich erzählte Mercedes von meinem Besuch bei Rabbi Cohen und seiner Einführung in die Ausbildung von Schülern zur Zeit Jesu. Ich sagte, ich hätte jetzt das Gefühl, alles über die Ausbildung in einem traditionellen religiösen Kontext zu wissen, aber dass ich mich auch außerhalb der religiösen Welt umschauen wollte, um zu sehen, ob ich von Leuten aus der Geschäftswelt etwas lernen konnte. Ich fragte Mercedes: »Wie macht ihr das? Was können wir von euch lernen?«

Mercedes antwortete mit einer Gegenfrage: »Warum bist du überzeugt, dass ihr eine neue Art finden müsst, um Leute auszubilden – oder heranzuziehen, wie du es nennst?«

»Ich stelle fest, dass sich die Welt um uns herum täglich weiterbewegt«, sagte ich. »Jede Organisation, und auch jede Gemeinde, die sich nicht in ähnlicher Geschwindigkeit bewegt, wie die Institutionen um sie herum, wird ernsthafte Schwierigkeiten bekommen. Wir wissen, dass neue Technologien, soziale Veränderungen, geistliche Neuorientierungen und die wirtschaftlichen Verhältnisse die Kirche vor Herausforderungen stellen wird, die niemand bisher gesehen hat. Wir brauchen in der Gemeinde Leiter, denen das bewusst ist.

Du bist für die Veränderungen in der Welt um uns herum ein gutes Beispiel, ein hervorragendes sogar«, sagte ich. »Wer hätte vor 25 Jahren gedacht, dass eine alleinstehende Geschäftsfrau aus Dartmouth eine Top-Angestellte im Hotelgewerbe wird?«

»Noch dazu heißt sie Perez«, sagte Mercedes lächelnd.

»Genauso ist es«, sagte ich. »Gail und ich haben beschlossen, dass wir mit als Allererstes über unseren Gemeindetellerrand blicken wollen, um herauszufinden, wie andere Organisationen Leiter heranziehen. Wir hatten den Eindruck, dass es da viel zu lernen gibt. Du warst die Erste, an die ich dabei dachte. Offen gestanden, darum bin ich hier: um von dir zu lernen.«

»Pastor Mac«, sagte Mercedes mit einem breiten Lächeln, »ich sollte von dir lernen.«

»Vielleicht sonntags ein bisschen. Aber von Montag bis Freitag bist du diejenige, die etwas zu sagen hat.«

Ich fuhr fort, ihr zu erklären, warum ich sie um ein Treffen gebeten hatte. »Hier sind ein paar Fragen, die ich mitgebracht habe: Warum hält deine Firma beispielsweise das Training von Managern für so wichtig, dass sie eine große Stange Geld in die Hand genommen hat, um dieses Ausbildungszentrum zu gründen? Außerdem wüsste ich gern, wie du gelernt hast, lernwillige oder wachstumsfähige Leute zu erkennen. Natürlich interessieren mich die Methoden, die ihr anwendet. Und wie messt ihr eure Ergebnisse?«

»Habt ihr euch gefragt«, sagte Mercedes, »was ihr mit euren Leuten erreichen wollt? Ist euer Ziel beispielsweise, dass sie selbst Pastoren werden wie du?«

»O nein, auf keinen Fall. Wir wollen, dass die meisten so werden wie du, Mercedes: Männer und Frauen im Beruf, die etwas bewirken wollen, wo immer sie sind – in der Gemeinde oder bei der Arbeit oder in ihrer Nachbarschaft. Wir sind überzeugt: Wenn wir es richtig anstellen, wird Gott uns neue Generationen von Leitern schenken, die die Zeichen der Zeit erkennen und wissen, wie eine Gemeinde trotzdem gedeihen kann.

Wir suchen übrigens nicht die übereifrigen Freiwilligen«, fuhr ich fort. »Unsere Motivation beruht auf der Überzeugung, dass die wichtigste Aufgabe einer Gemeinde darin besteht, aus Menschen das Beste herauszuholen, das Gott in sie hineingelegt hat. Wir wissen, dass das die rabbinische Strategie von Jesus war.«

»Gut, ich habe eine Ahnung davon, welche Ziele euch vorschweben«, sagte Mercedes. »Wo sollen wir beginnen?«

»Lass uns mit der Ausbildungsphilosophie des Hotels beginnen. Vielleicht ist das eine Anfängerfrage, aber warum betreibt die Hotelkette ein Ausbildungszentrum wie dieses, geleitet von einem ihrer besten Manager?«

Mercedes' Sekretärin betrat in diesem Moment den Raum und gab ihr einen Zettel. Sie las ihn und sagte schlicht: »Bitte sag Josh, dass er in einer Dreiviertelstunde herkommen soll.« Die Sekretärin nickte und verließ den Raum.

Mercedes nahm das Gespräch wieder auf und wiederholte meine Frage, vermutlich um von sich selbst abzulenken. »Du möchtest etwas über unsere Ausbildungsphilosophie wissen. Du setzt natürlich voraus, dass wir schon alles fertig durchdacht haben, Pastor Mac. Na gut, ich werde mein Bestes geben, um deine Frage zu beantworten.«

Mercedes sah auf ihre Notizen und sagte: »Ich will einfach einige Einsichten nennen, die uns gekommen sind. Wenn dich etwas genauer interessiert, können wir gern darüber sprechen.«

Ich zog einen Stift und eine Karteikarte aus meiner Hemdtasche.

»Zuerst einmal«, fing Mercedes an, »glauben wir, dass ein Unternehmen nur so gut sein kann wie seine Ausbildung. Von unseren allerbesten Leuten erwarten wir, dass sie einen entscheidenden Teil ihrer Zeit in Fortbildung investieren. Man überlebt hier nicht lange, wenn man sich nicht daran hält. Wir bilden uns dauernd fort. Wir bringen Leute zum Wachsen, indem wir selbst wachsen. Das ist so ähnlich, wie wenn jemand eine riesige Brücke anstreicht: Sobald er am Ende angekommen ist, fängt er wieder von vorne an.

Glaub mir«, fuhr Mercedes fort, »wenn man die Weiterbildung vernachlässigt, verbringt man mehr und mehr Zeit damit, Probleme zu lösen. Wir investieren eine Menge in Weiterbildung, weil Weiterbildung billiger ist als Problemlösung.«

Ich schrieb auf meine Karte: *Ausbildung, ständig; hört nie auf; Brücke anstreichen; Geld: nicht knausern.*

Mercedes sprach weiter: »Jede Ausbildungseinheit, jedes Treffen beginnt mit einer Rückbesinnung auf unser Kerngeschäft. Oberflächlich betrachtet sieht es so aus, als ob wir Schlafplätze verkaufen oder Mahlzeiten in unseren Restaurants und Räume für Messen und Hochzeiten und viele andere Veranstaltungen. Aber unser Kerngeschäft, das, was all diese einzelnen Dinge zusammenhält, ist die Gastfreundlichkeit. Wir wollen, dass unsere Kunden sich bei uns so wohl fühlen, als ob sie zu Hause wären. Das Gefühl von *zu Hause* ist unser Leistungsstandard. Natürlich setzen wir voraus, dass unsere Kunden ihr Zuhause mögen ...«.

Wir sprachen ein wenig darüber, wie sich Gastfreundlichkeit in einem Hotel umsetzen lässt: wie wichtig gutes Personal ist, die Dekoration, der Musikstil im Restaurant und in den Aufzügen, die frisch gebackenen Schokoladenkekse an der Rezeption, Hotelangestellte mit passenden Antworten auf jede Frage, Datenbanken, die die Vorlieben der Stammgäste festhalten, schnelle Reaktionen auf Beschwerden, ein Shuttleservice vom und zum Flughafen. Ich fragte mich, wie die Gastfreundlichkeit dementsprechend in einer Gemeinde aussieht.

Ich schrieb auf meine Karte: *Kerngeschäft bestimmen; regelmäßig ins Gedächtnis rufen; was ist unser Leistungsstandard? Wie sieht Gastfreundlichkeit in einer Gemeinde aus?*

Mercedes sagte: »Es geht noch weiter.

Hier im Center reden wir, wie schon erwähnt, über fortwährendes persönliches Wachstum. Wir wollen, dass jeder Angestellte von den Möglichkeiten für persönliche und berufliche Weiterbildung profitiert. Und ich meine wirklich jeden: die mit den niedrigsten Jobs und die auf der höchsten Management-Ebene. Einige der Allerbesten in diesem Unternehmen haben ganz unten angefangen: im Flughafen-Shuttleservice zum Beispiel oder in der Nachtschicht als Reinigungspersonal. Durch unser Ausbildungsprogramm sind sie in Führungspositionen aufgestiegen.

Wenn wir eine Person mit ungewöhnlichem Talent oder einer außergewöhnlichen Persönlichkeit sehen, bieten wir eine Ausbildungsschiene an, die einen Überblick über das gesamte Gewerbe verschafft. Alle möglichen Leute haben sie schon durchlaufen: Personal vom Zimmerservice, ein Portier, ein Haustechniker und ein Fahrer vom Flughafen-Shuttle. Einige von ihnen arbeiten mittlerweile in verantwortlichen Positionen.

Wir wollen, dass unsere Angestellten mutig über ihre beruflichen Weiterbildungsmöglichkeiten nachdenken, wenn sie motiviert sind. Nicht jeder hat Träume für sein Leben, aber wenn jemand welche hat, dann tun wir unser Möglichstes, um diese Träume wahr werden zu lassen. Eine noch bessere Qualifikation für das Hotelgewerbe bekommt man nur, wenn man einen Uni-Abschluss als Hotelmanager macht. Aber selbst dann sollte man hier unser nebenberufliches Ausbildungsprogramm durchlaufen.«

Ich schrieb auf: *den Wunsch nach fortwährendem Wachstum wecken; über den Tellerrand hinausblicken; nach Personen Ausschau halten, die Träume für ihr Leben haben; nebenberufliche Ausbildung.*

»Wir achten sehr darauf, dass wir unsere Leute mit den richtigen Ausbildern zusammenbringen«, sagte Mercedes. »Unsere Personalabteilung bespricht sich regelmäßig mit unseren Abteilungsleitern, damit die Ausbildungsmodule genau das beinhalten, was die Abteilungsleiter für wichtig für ihre Leute halten.«

Ich schrieb: *Klären, was notwendig ist; passende Themen finden.*

Mercedes fuhr fort: »Ich will noch ein oder zwei Sachen nennen, die interessant für dich sein könnten, Pastor Mac. Hier im Hotel bilden wir Leute in kleinen Gruppen aus und wir machen Übungen, bei denen die Teilnehmer voneinander lernen sollen – nicht nur von der Geschäftsführung und den Abteilungsleitern. Das bedeutet auch, dass Leute sich gegenseitig ihre Aufgaben beibringen. Und es heißt, dass alle lernen, sich als Mitglieder desselben Teams zu verstehen. Wir bringen gern Lerngruppen zusammen, die eine Weile zusammenbleiben. Manchmal merken sie das gar nicht, aber sie spornen sich gegenseitig dazu an, mehr Freude an ihrer Arbeit zu haben und stolz auf das zu sein, was sie leisten.«

Jetzt schrieb ich auf: *in der Gruppe lernen – voneinander lernen – Langfristigkeit wichtig.* Ich erinnerte mich an Michael Cohens *Talmidim,* die rabbinischen Jünger, die um ihren Rabbi herum eine Gruppe von Lernenden bildeten, und schrieb auf: *Lerngruppen, wie Jünger.*

Als ich wieder aufsah, sagte Mercedes: »Wir wissen, dass der Erfolg unserer Ausbildung daran hängt, dass wir die Latte hoch hängen.«

»Die Latte hoch hängen?«

»Dass wir unsere Leute herausfordern. Wir spornen sie an, noch viel weiter zu gehen, als sie es aus eigenem Antrieb getan hätten. Auch Kleinigkeiten spielen dabei eine Rolle. Wir sagen ihnen beispielsweise gleich zu Beginn, dass die Anwesenheit bei jeder Einheit Pflicht ist. Keiner fehlt. Bei uns kommt und geht man nicht, wie es einem gerade passt.

Wir haben Prinzipien, die in unseren Leuten eine Art Stolz wecken, etwas zu leisten und dazuzugehören. Ein bisschen wie in der Marine. Jeder lernt, fünf Minuten vor Beginn eines Treffens zu erscheinen. Wenn wir diskutieren, sitzt niemand außerhalb des Kreises. Wir bleiben alle für die Dauer der Einheit sitzen. Jeder bringt sich ein; niemand ist nur schweigender Beobachter. Und normalerweise sind Besucher nicht zugelassen.

Wir weisen jeden Teilnehmer lange vor Beginn darauf hin und machen sehr deutlich, dass sie sich nicht anzumelden brauchen, wenn sie diese Prinzipien nicht akzeptieren wollen. Was gleichzeitig bedeutet, dass sie vermutlich keine große Zukunft in unserem Unternehmen haben werden.«

Plötzlich wurde Mercedes sehr ernst. Sie lehnte sich zu mir und sagte leise: »Mich hat immer schon gestört, wie manche Leute mit der Gemeinde umgehen, Pastor Mac. Weil wir niemanden in der Gemeinde verletzen wollen, verlangen wir auch nicht viel«, meinte sie. »Leute kommen und gehen zum Gottesdienst, wie sie wollen; sie kommen spät und gehen früh oder erscheinen gar nicht. Sie werden gebeten, etwas vorzubereiten, und tun es häufig nicht. Sie werden herausgefordert, aktiv zu werden, aber sie lehnen sich zurück und lassen andere die Arbeit tun. Niemand respektiert so eine Organisation.

Wenn Leute sich hier so verhielten wie viele in der Gemeinde, muss ich ehrlich sagen: Ich müsste sie feuern oder würde selbst gefeuert werden. Und trotzdem denkt jeder in der Gemeinde, dass sich hier das Wichtigste von allem abspielt. Wir reden über Leben und Tod, Gott und Himmel, Ewigkeit, Leben in Fülle. Vergib mir, Pastor Mac, aber mir scheint manchmal, als ob die Leute lügen oder nur hohl daher reden. Wozu du dich am stärksten verpflichtest, zeigt, was du wirklich glaubst.«

Ich konnte nur antworten: »Ich fürchte, du hast recht, Mercedes.«

Auf meine Karte schrieb ich: *Latte hochhängen; keine Kompromisse; Leute, die sich nicht disziplinieren wollen, nicht zulassen.*

Gnädigerweise wechselte Mercedes das Thema: »Entschuldigung. Lass mal sehen, ob ich noch etwas von meiner Liste vergessen habe.« Sie blätterte in ihren Notizen.

»Ah ja, zwei Dinge habe ich noch übersehen. Wenn wir Leute zu unserem Ausbildungsprogramm einladen, sagen wir ihnen immer, warum wir sie ausgesucht oder zugelassen haben. Es ist für alle ganz, ganz wichtig zu wissen, dass er oder sie beobachtet wurde, und auch, was wir in ihm oder ihr gesehen haben und gut finden. Viele von unseren Leuten kommen aus Familien, wo ihnen niemand jemals gesagt hat, dass sie einen Wert haben, abgesehen davon, Geld zu verdienen. Wenn dieses Hotel der eine

Ort sein kann, wo sie lernen, dass sie kompetent sind und wertgeschätzt werden, dann wollen wir das sein.«

Ich schrieb: *Leuten sagen, warum sie ausgewählt wurden.*

Mercedes und ich redeten noch eine Weile über die Parallelen zwischen einer Gemeinde und einem Hotel und worin sie sich unterschieden, bis jemand an der Tür klopfte. Als Mercedes die Tür öffnete, stand dort ein junger Mann.

»Sie wollten mich sehen, Miss Perez?«

Mercedes sagte: »Ja, Joshua, komm rein. Ich möchte, dass du einen Kollegen von mir kennen lernst.«

13. OKTOBER

Fast Mittag. Der erste Herbst

An: Bruce Bartlett
Von: GMAC
Cc: Rich Fisher

Bin bei Mercedes Perez im Northeast Center. Ihr würdet nicht glauben, was ich hier lerne. Fühle mich gerade, als würde ich von einem Hydranten trinken.

»Das ist Joshua Kim aus unserem Büro für Messeorganisation«, sagte Mercedes zu mir, während sie einen Stuhl für Joshua heranzog.

Als der junge Mann saß, meinte Mercedes: »Joshua, das ist Mr. MacDonald. Er und ich haben uns über das Ausbildungskonzept hier unterhalten.«

Nachdem Joshua und ich uns die Hand gegeben hatten, bat Mercedes: »Joshua, würden Sie bitte Mr. MacDonald von Ihren Erfahrungen beim Kurs für Messeentwicklung erzählen, den Sie besucht haben? Das müssen keine Einzelheiten sein, einfach ein paar Eindrücke.«

Dann stand Mercedes auf, sagte, sie müsse kurz etwas nachschauen, und verließ den Raum. Später dämmerte mir, dass sie vermutlich absichtlich kurz rausgegangen war, damit Joshua nicht von ihrer Anwesenheit eingeschüchtert war und nur erzählte, was sie hören wollte. Hätte ein alter Rabbi ähnlich gehandelt, um seine Schüler zu prüfen?

»Meine Eindrücke?«, fragte Joshua, als Mercedes draußen war. »Wie viele Stunden haben wir Zeit? Ich habe hundert Eindrücke.«

Joshua Kim stieg schnell ein und kam Mercedes' Bitte selbstsicher nach: »Die Fortbildung hier vermittelt dir das Gefühl, dass das Hotel an dich glaubt und deine Zukunft ihm wichtig ist. Angefangen bei Miss Perez bis ganz unten im Organigramm geben die Leute dir das Gefühl, dass du hierher gehörst. Jeder vermittelt den Eindruck, dass sie wollen, dass du alles über deine Aufgaben lernst und dann auch über die Aufgaben der anderen. Es ist klar, dass sie dich beobachten, um zu sehen, ob du das Hotelgeschäft im Blut hast. Wenn ja, spiegeln sie dir, dass es im Unternehmen irgendwo einen besonderen Platz für dich gibt.

Der Unterricht ist nie Zeitverschwendung«, fuhr Joshua fort. »Es wird erwartet, dass du deine Hausaufgaben machst und dich auf jede Stunde vorbereitest. Wenn du das nicht machst, zeigt sich das ziemlich schnell. Manche lernen auf die harte Tour, dass man den Unterricht hier nicht aus dem Ärmel schüttelt.«

Joshua erzählte weiter: »Mir gefällt, dass immer auch ein oder zwei Top-Leute des Unternehmens dabei sind. Sie sitzen ganz normal so wie wir mit am Tisch. Sie verfolgen die Referate der anderen; sie stellen Rückfragen zu dem, was wir gesagt haben, und sie erzählen uns von ihren eigenen Erfahrungen. Dass sie dabei sind, setzt das starke Signal: Was ihr lernt, ist wichtig, und ihr selbst seid wichtig.

Ach ja, und noch was: Ich glaube, die Fortbildung macht mir deutlich, dass ich für meine Entwicklung selbst verantwortlich bin. Die Firma wird nicht alles für mich machen. Für mein Wachstum muss ich selbst die Verantwortung übernehmen. Es wird Zeiten geben, in denen der Ruf unserer Hotelkette in meiner Hand liegt, und ich muss sie nach außen hin anständig und professionell vertreten.«

Als Joshua fertig war, betrat auch Mercedes wieder den Raum.

Als sie ihren Platz einnahm, fragte ich Joshua: »Wenn du mir die Fahrstuhlstory dieses Unternehmens erzählen solltest, wie würde sie lauten?«

Ich konnte spüren, dass Mercedes plötzlich sehr aufmerksam wurde.

Joshua antwortete wie aus der Pistole geschossen: »Das ist einfach«, sagte er. »Bei uns geht es um Gastfreundlichkeit. Wir möchten, dass Menschen das Gefühl haben, gut versorgt und umsorgt zu werden. Und meine spezielle Aufgabe ist es, dass Geschäftskunden in unseren Räumen Konferenzen und Messen erleben, die allen ihren Erwartungen entsprechen und reibungslos ablaufen.«

Kurze Zeit später war Joshua wieder draußen.

»Versorgt und umsorgt«, nahm Mercedes die Worte von Joshua Kim auf. »Woher stammt denn diese Formulierung?«

»Klingt nach einem Gemeindeslogan, wahrscheinlich ist er Gemeindekind«, antwortete ich.

Mercedes nickte. »Interessiert dich noch etwas?«, fragte sie.

»Ich will deine Geduld nicht überstrapazieren, Mercedes. Ich muss zurück ins Büro und verarbeiten, was ich gehört habe. Und ich glaube, du hast da auch noch ein Ausbildungszentrum zu leiten.«

»Das Ausbildungszentrum kann warten. Mir scheint, Joshua könnte hier das Ruder in die Hand nehmen«, sagte Mercedes. »Willst du mitkommen und mit unseren Ausbildern in der Kantine zu Mittag essen? Sie werden dir gefallen. Sie werden dir das Gefühl geben, gut versorgt und umsorgt zu sein.«

Und als wir den Raum verließen, ließ Mercedes Perez noch eine Bemerkung fallen: »Behalte diesen jungen Mann gut in Erinnerung. Eines Tages wird er auf meinem Stuhl sitzen.«

Sie ist wie ein Rabbi, dachte ich.

13. OKTOBER

Früher Nachmittag. Der erste Herbst

An: GMAC
Von: Bruce Bartlett

Hast du morgen oder am Freitag mal ne Stunde Zeit? Claire, Jason und ich würden gern die große Idee nach vorne bringen und von deinem Treffen mit Mercedes Perez hören. Wir richten uns vom Termin her ganz nach dir.

Nach dem Mittagessen in der Kantine des Ausbildungszentrums mit Mercedes Perez und ihrem Team besichtigte ich noch das restliche Gebäude. Die Seminarräume waren mit allem ausgestattet (Möbeln, technischem Equipment, Lehrmaterialien), was den Lernerfolg maximieren konnte. Die kleine Gruppe von Leuten, die die Programme des Zentrums organisierten, beantworteten alle meine Fragen schnell (und enthusiastisch), und als ich mich verabschiedete, hatte ich für die nächsten Tage mehr als genug zu lesen. Mit Mercedes Perez befreundet zu sein, hatte an diesem Tag viele Türen geöffnet.

Als ich das Gebäude verließ, um ins Gemeindebüro zu fahren, ließ mich ein verstörender Gedanke nicht mehr los. Die Qualität der Räume, der Ausstattung, der Angestellten, der Informationen und des Programms, die ich gerade gesehen hatte, vermittelte eine klare Botschaft: Diese landesweite Hotelkette glaubte (glaubte wirklich!), dass die Ausbildung von Leuten, die hochmotiviert waren, das Unternehmen voranzubringen, eine Top-Priorität sein musste. Alles, was ich heute gesehen und gehört hatte, unterstrich diese Wichtigkeit.

Ich fragte mich: Wenn ein Besucher zu unserer Gemeinde käme und die Räume, die Ausstattung, die Angestellten und unseren Ausbildungsprozess begutachten würde, wie würde dann die Botschaft lauten?

Die Antwort darauf gefiel mir nicht.

Das Northeast Center für berufliche Weiterbildung war winzig im Vergleich zu einigen riesigen Lehrinstitutionen in unserem Land: der Westpoint Militärakademie, der Harvard Business School, der Juilliard School in New York, der Johns Hopkins-Universität. Aber egal, ob klein oder groß, die Leute hinter all diesen Institutionen hatten ihre jeweils eigene Version von der großen Idee. *Sie glaubten, dass eine Organisation nur so gut ist, wie ihre Fähigkeit, Leiter für die Zukunft auszubilden.*

Muss ich noch wiederholen, dass Jesus ebenfalls daran glaubte? Und dass dies an der Menge der Zeit deutlich wird, die er mit einer relativ kleinen Gruppe von Menschen verbrachte?

Als ich mein Auto erreichte, ging auf meinem Handy gerade eine Mail von Bruce Bartlett ein. Das Pastorenteam wollte sich morgen oder übermorgen zusammensetzen. Ich rief Kelly Martin an und bat sie, für Donnerstagvormittag ein Treffen zu einer Zeit zu vereinbaren, die für alle günstig war.

14. OKTOBER

Morgens. Der erste Herbst

Aus meinem Tagebuch:

> Es besteht eine faszinierende Ähnlichkeit zwischen dem, was Mercedes Perez mir erzählt hat und was ich von Michael Cohen gehört habe. Es liegen zweitausend Jahre zwischen diesen beiden Ausbildungstraditionen. Aber wenn man genau hinschaut, sind sie sich sehr ähnlich: nachahmen, unterrichten, prüfen … und dann losschicken.

»WIR BRENNEN DARAUF, ZU HÖREN, WAS DICH NACH DEN LETZTEN TAGEN beschäftigt«, sagte Bruce Bartlett, als wir uns als Pastorenteam (Bruce, Claire Dustin, Jason Calder und ich) am nächsten Morgen in unserem Konferenzraum zusammensetzten.

Es dauerte ungefähr zwanzig Minuten, bis ich meine positiven Eindrücke vom Treffen der Ältesten und des Vorstands wiedergegeben hatte. Dann erzählte ich einige Einzelheiten aus meinen Gesprächen mit Michael Cohen und Mercedes Perez.

Meine Kollegen hörten intensiv zu, und als ich fertig war, stellte ich eine Frage: »Jetzt sagt ihr mir, was ihr dazu denkt.«

Ich musste nicht lange auf eine Antwort warten.

Claire redete als Erste: »Ich habe zwei Eindrücke. Erstens klingt es für mich, als ob deine Zeit mit Michael Cohen und dann mit Mercedes und ihren Leuten unsere Überzeugung verstärkt, dass die Ausbildung von Menschen eine der obersten Prioritäten ist, quasi nicht verhandelbar, wenn wir als Gemeinde eine Zukunft haben wollen – was ja so ist.

Mein zweiter Gedanke betrifft Rabbi Cohens Beschreibung, wie Rabbis Jünger heranzogen, und Mercedes' Darstellung davon, wie ernst das Hotel seine Personalentwicklung nimmt. Beide sagen etwas ganz Ähnliches: dass es zuerst um Charakterstärke geht und erst dann um praktische Inhalte wie Techniken oder Methoden. Und ich glaube, das ist ein wichtiges Merkmal unserer großen Idee: Tiefe kommt vor Kompetenz.«

Eine Millisekunde lang durchzuckte es mich: Claire hatte gesagt »*unsere* große Idee«. Es signalisierte mir, dass mehr und mehr Leute hinter der

Vision standen, eine neue Generation von Tiefgängern heranzuziehen. Das freute mich außerordentlich.

Jason Calder lenkte unser Gespräch in eine andere Richtung: »Eine Sache stört mich«, sagte er. »Fast jedes Leiterschaftstraining, von dem ich gehört habe, ist offen für jeden, der *denkt,* er sei ein Leiter. Heraus kommen dabei oft Möchtegernleiter – Leute, die aus völlig falschen Motiven dabei sind. Bei unserem letzten Treffen im Anbetungsteam haben wir die Geschichte gelesen, in der Jesus drei Leute wegschickte, die gern Jünger geworden wären. Und wir stellten fest, dass Jesus nie Freiwillige in sein Team aufnahm. Er suchte sich seine Leute aus, nicht sie wählten ihn. Und Mercedes scheint diesen Gedanken zu teilen. Offensichtlich lassen sie und ihr Team sich nicht die Zeit stehlen von Leuten, die nicht ernsthaft an sich arbeiten.«

»Das stimmt, Jason«, pflichtete Bruce ihm bei. »Mir scheint, wenn man Leiterschaftskurse für jeden öffnet – quasi als eine weitere öffentliche Veranstaltung – nimmt man der Sache etwas. Leute, die nach einer echten Möglichkeit suchen, nehmen sie nicht ernst, und andere tauchen auf, weil sie sich als Leiter Anerkennung oder Macht erhoffen.«

»Oder sie wollen nur näher am Pastor und an anderen Leuten dran sein, die sie für wichtig im Gemeindeleben halten«, meinte Claire.

»Ich bin ganz Ohr«, sagte ich, »denn ihr formuliert Dinge, die mich auch schon bewegt haben. Behaltet das, was ihr gesagt habt, im Gedächtnis, denn eure Beobachtungen werden eine wichtige Rolle spielen, wenn die Ältesten wieder zusammenkommen.«

Wir sprachen noch eine Weile weiter und dann bat ich das Team, mir bei einer Sache zu helfen: »Vielleicht ist es an der Zeit, die große Idee in vier oder fünf Handlungsprinzipien herunterzubrechen, griffige Punkte, die man sich merken kann. Ich möchte gern sagen können: ›Das ist die Art, wie wir Tiefgänger in unserer Gemeinde heranziehen wollen.‹ Habt ihr Gedanken dazu?«

Alle wurden still. Dann schlug jemand vor, noch kurz Kaffee zu holen. Wir – zumindest drei von uns (Jason ist kein Kaffeetrinker) – standen mit unseren Tassen auf und füllten sie nach. Dann kehrten wir zu unseren Plätzen zurück.

Bruce sprach als Erster. »Der erste Punkt könnte das sein, was Jason gerade ansprach: dass man nicht jeden an der großen Idee teilnehmen lassen kann – oder sogar darf. Jedenfalls nicht alle gleichzeitig. Wenn wir keine Freiwilligen suchen, wie er sagt, dann müssen wir mit einem Auswahlverfahren beginnen: Wer ist bereit für eine solche Initiative?«

»Gail und ich haben von Anfang an so gedacht«, sagte ich. »Daher stimme ich Jason zu und kann dir folgen, Bruce. Mein Gedanke ist, dass wir uns so eng wie möglich daran halten, wie Jesus es mit seinen Jüngern gemacht hat.

Gail erinnert mich ständig daran, dass Jesus in Sachen Jüngerauswahl nichts unternommen hat, bevor er nicht gebetet hat – und zwar ausgiebig. Ich glaube, er wollte uns damit etwas lehren: nämlich dass dieser entscheidende Punkt, die Auswahl wachstumsfähiger Menschen, auf den Knien beginnen muss.

Dann erst suchte er Leute aus, bei denen er das Potenzial zu Tiefe und Dienstbereitschaft wahrnahm. Er lud sie ein, mit ihm zu lernen. Wir dürfen annehmen, dass nicht jeder seiner Einladung folgte. Aber so begann er sein öffentliches Leben als Rabbi und so würde ich ebenfalls gern starten.«

Claire sprach als Nächste: »Wenn man so anfangen will, muss man meines Erachtens sehr genau über die Kriterien nachdenken, nach denen man Leute aussucht. Da darf man keine Kompromisse machen, sonst hat man von Anfang an Schwierigkeiten.«

»Ich glaube, da habe ich eine Idee«, sagte ich. »Wir haben schon oft über die Worte *wachstumsfähig* und *heranziehen* gesprochen. Wo sind die wachstumsfähigen Frauen und Männer in unserer Gemeinde? Jüngere und ältere Menschen, die einen Punkt in ihrer geistlichen Reise erreicht haben, an dem sie jemanden suchen, der sie antreibt und anfeuert. Leute, die sich auf einen geistlichen Wachstumsprozess einlassen wollen, der sie so werden lässt, wie Gott sie angelegt hat.«

»Okay, du redest davon, dass jemand darin wächst, ein Nachfolger von Jesus zu werden«, sagte Bruce. »Ein Wort, das ich mehr und mehr benutze, ist *Loyalität.* Meinen wir nicht Menschen, die Jesus gegenüber loyal leben wollen?«

Claire griff in die Tasche neben ihrem Stuhl, holte ihr iPad heraus und begann zu tippen. Wir Jungs vergaßen, worüber wir sprachen, und sahen ihr zu. Claire blickte auf.

»Was?«, fragte sie, überrascht, dass alle unsere Blicke auf sie gerichtet waren.

»Wir fragen uns, was du da machst«, sagte Jason.

»Ich versuche mitzuschreiben, was ihr sagt. Ich will die Prinzipien für die große Idee festhalten.«

»Klasse. Was hast du bisher?«, fragte ich.

»Ihr habt noch nicht so viel gesagt. Aber ich versuche die Begriffe aufzugreifen, die ihr verwendet habt: ›Das erste Ziel der großen Idee ist es, wachstumsfähige Menschen zu finden, die danach hungern, Jesus gegenüber loyal – dein Wort, Bruce – zu sein.‹«

»*Hungern* klingt irgendwie albern«, meinte Jason. »Warum schreibst du nicht *vergrößern:* die ihre Loyalität zu Jesus vergrößern wollen?«

Claire löschte einige Worte und tippte neu. Dann blickte sie uns an und sagte: »Da fehlt noch was. Wie wäre es mit: ›Das erste Ziel ist es, wachstumsfähige Menschen zu finden und sie herauszufordern, ihre Loyalität zu Jesus und seinem Auftrag zu vertiefen.‹«

Wir nickten zustimmend und Claire korrigierte die Zeile auf ihrem iPad.

»Welcher Punkt kommt als Nächstes?«, fragte Bruce.

Jason meldete sich zu Wort. »Ich weiß, ich bin hier der Neue, aber ich werfe meinen Gedanken einfach mal in die Runde. Kurz bevor ich aufs College ging, fingen Pastor Mac und Gail an, sich mit der Entdeckergruppe zu treffen. An einem Abend luden sie das Jugendanbetungsteam ein, dabei zu sein. Das war eine geniale Erfahrung, weil die meisten von uns noch nie mit Leuten zusammengesessen hatten, die vierzig Jahre älter waren als wir, und mit ihnen ein so intensives Gespräch geführt hatten, wie an diesem Abend.«

»Das werde ich auch nie vergessen, Jason«, sagte ich. »Das ist einer der ergreifendsten Momente meines Pastorendienstes. Die Mauern zwischen zwei Generationen einstürzen zu sehen, war bewegend. Du hattest einen großen Anteil daran, was an diesem Abend passiert ist. Du warst ein echter Leiter und Gott hat durch dich gehandelt.«

Jason schien ein bisschen überrascht von meiner Bemerkung, fuhr aber schließlich fort: »Ich wollte eigentlich sagen, dass wir immer dann, wenn wir uns als Anbetungsteam mit der Entdeckergruppe getroffen haben, gesehen haben, was möglich ist, wenn Menschen an ihren Beziehungen miteinander arbeiten. Wenn sie sich wirklich um Liebe untereinander bemühen und sich helfen, zu wachsen und Dinge zu erreichen, die niemand für möglich gehalten hätte. So wie Mr. Yost und andere angefangen haben, Ben Jacobs zu lieben und ihn in unsere Gemeindefamilie hineinzuziehen.«

»Hat hier jemand gerade meinen Namen gesagt?« Ben Jacobs stand grinsend in der Tür. Ich stand auf und zog ihn mit meinem Handschlag in den Raum hinein.

»Hi Ben, was machst du denn hier?«, fragte ich.

»Heute habe ich frei (Ben arbeitet im Baumarkt) und Catherine hat mich gefragt, ob ich mit zur Gemeinde kommen will, wo jemand ein Buch für sie abgegeben hat. Ich bin gerade an der Tür vorbeigegangen, als ich meinen Namen gehört habe.«

»Ich glaube, Jason wollte gerade etwas Nettes über dich sagen, Ben, aber jetzt hast du ihn leider unterbrochen«, sagte Claire.

»Warum kommst du nicht einfach für ein paar Minuten rein und hörst zu, was Jason über dich sagen wollte?«, fragte ich. »Wir reden gerade über Leiterschaftsentwicklung, über die große Idee.«

»Ja«, sagte Jason, »und ich sprach gerade über die alte Entdeckergruppe und was diese Leute erlebt haben, als sie sich aufeinander einließen.«

»Mann, ich werde nie vergessen, was ich diesen Jungs zu verdanken habe. Sie haben mir gezeigt, was Gemeinschaft bedeutet«, sagte Ben. »Catherine ist überzeugt, dass man kein starkes geistliches Leben führen kann, wenn man nicht bewusst Teil einer kleineren Gruppe von Menschen ist.«

»Was meinst du mit *bewusst?«,* fragte Claire.

»Das ist Catherines Lieblingswort. Sie hat Pastor Mac zu viel zugehört. Ich fürchte, es ist auch eins seiner Lieblingswörter.« Alle lachten.

Ben sprach weiter: »Die meisten Leute kommen zu einer Gruppe, weil sie die anderen mögen und weil sie etwas mit ihnen gemeinsam haben. Natürlich ist das Gemeinschaft. Aber wenn man sich *bewusst* hinzufügt, bedeutet es, dass man sich ernsthaft auf eine Gruppe von Leuten einlässt und auch bei Streit und Missverständnissen dabei bleibt.

In bewusster Gemeinschaft geht niemand einfach weg, wenn andere ihre dunkle Seite offenbaren oder Fehler machen. Alle bleiben dran. Wie in einer guten Ehe: Man geht da bewusst rein. Man akzeptiert die anderen. Man bleibt den anderen gegenüber genauso treu, wie man gelernt hat, Jesus gegenüber treu zu sein. Das gehörte übrigens auch zu den Dingen, die mich hier fasziniert haben: Ich habe Leute kennen gelernt, die erst lernen mussten, einander zu lieben und mit ihren Unterschieden klarzukommen – und die trotzdem alle in die gleiche Richtung gingen, nämlich auf Jesus zu.«

»Ben«, hakte Claire ein, »wir reden ja über Leiterschaftsentwicklung, darüber, Tiefgänger heranzuziehen. Wie passt Gemeinschaft da dazu?«

»Ich würde sagen, die Art von Leitern, die euch vorschwebt, muss ganz vorne mitspielen, wenn es um bewusste Gemeinschaft geht. Sie sollten aus eigener Erfahrung wissen, wie man Menschen zusammenbringt und daraus neue Gruppen entstehen. Man kann anderen nicht beibringen, was man nicht selbst erlebt hat.

Ich schätze, wenn ich Leute zu Leitern machen wollte, wäre das einer der ersten Punkte, auf die ich achten würde: Sie müssen wissen, wie Gemeinschaft entsteht und wie sie wächst – weil sie das selbst erlebt haben.«

Ben sah in meine Richtung und fuhr fort: »Pastor Mac, ich will dich hier nicht in Verlegenheit bringen, aber du und Gail, ihr lebt bewusste Gemeinschaft vor, wann immer ihr sonntagmorgens vorne im Gottesdienst nebeneinander sitzt. Eure Ehe ist eine Gemeinschaft. Leute, die nicht in harmonischen Elternhäusern aufgewachsen sind, beobachten euch – und auch euch andere. Wir müssen uns bewusste Gemeinschaft und gute Beziehungen erst noch abgucken.«

»Gordon, Ben sagt hier etwas, das wir wirklich im Auge behalten sollten«, meinte Claire. »Hier geht es um mehr als eine normale Kleingruppe. Das hier hat wesentlich mehr Gewicht. Vielleicht strukturiert sich die Gemeinde irgendwann in Zukunft neu.«

»Und ob Ben hier etwas Wichtiges erwähnt. Er spricht genau das an, was ich sagen wollte, als er durch die Tür kam«, fügte Jason hinzu und legte mit jedem Wort, das er sagte, noch mehr Begeisterung in seine Stimme. »Meine Generation geht auch nicht ansatzweise in die Nähe einer Gemeinde, wenn sie dort nicht echte Gemeinschaft spürt. Dass man dort wirklich authentisch dazugehört. Viele jüngere Leute kommen aus kaputten Familien und suchen nach einer Art Ersatz. Leiter müssen wissen, was Gemeinschaft bedeutet, wie sie funktioniert und selbst auch ein Teil von ihr sein.«

»Welche Art von bewusster Gemeinschaft schwebt dir vor?«, fragte ich. »Was ist euch Jüngeren wichtig?«

»Jason, kann ich dazu etwas sagen?«, fragte Claire. Als er nickte, sagte sie: »Bei der großen Idee geht es um eine Gemeinschaft, die ernsthaft zusammen lernen will. Und während die Teilnehmer als Einzelne wachsen, lassen sie sich auch tiefer aufeinander ein. Eine Frage zum Nachdenken: Ist es bloßer Zufall, dass Jesus die Jünger erst auffordert, einander zu lieben, *nachdem* sie miteinander gelernt haben?«

»Die bewusste Gemeinschaft, über die Ben spricht, wäre dann also die *Gemeinschaft der Lernenden*«, sagte ich zu Claire.

»Versuche doch mal, das schriftlich festzuhalten.«

Wieder tippte Claire auf ihrem iPad herum und wir warteten auf ihre Formulierung. »Ich bin noch nicht zufrieden damit, aber hier ist mal eine erste Version: ›*Das zweite Ziel der großen Idee ist es, bewusste Gemeinschaften von Lernenden entstehen zu lassen, wo ein christusähnlicher Charakter*… äh…‹«

»… erforscht wird?«, schlug Bruce vor. »Probier's mal damit.«

Sie sah auf ihren Bildschirm und begann wieder zu schreiben. »Gut, wir kommen dem Ziel näher.«

»Wie hast du es jetzt formuliert, Claire?«, fragte ich.

Einen Moment später sagte sie: »Okay, ich habe uns Folgendes sagen hören: ›*Das zweite Ziel ist es, bewusste Gemeinschaften zu schaffen, in denen Menschen miteinander daran arbeiten, zu verstehen, wie ein christusähnlicher Charakter aussieht.*‹«

Bruce sagte: »Wer zustimmt, hebt die Hand.« Wir hoben alle die Hand, sogar Ben Jacobs, der offenbar davon ausging, jetzt Teil unserer Gesprächsrunde zu sein.

»Gestern«, meinte Bruce, »haben Jason, Claire und ich versucht, Leute aufzuzählen, die uns in ihrem Christsein als *Tiefgänger* erscheinen. Und wir haben festgestellt, dass sie ein paar Gemeinsamkeiten haben. Ich habe sie mir aufgeschrieben…« Bruce zog eine Karteikarte aus seiner Hemdtasche.

»Sie stehen Jesus anbetend und ehrfürchtig gegenüber. Außerdem spürt man ihnen ab, dass sie sich um andere kümmern – innerhalb und außerhalb der Gemeinde. Sie strahlen eine gewisse Ruhe und Sicherheit aus, wenn sie schwierige Zeiten erleben. Ihnen ist es nicht peinlich, über Gottes Gnade und Segen in ihrem Leben zu sprechen. Sie führen ein lebendiges Gebetsleben und haben einen großen Glauben und große Zuversicht in Gottes Wirken. Und auf die eine oder andere Art haben sie Einfluss auf andere. Leuten kommen zu ihnen, wenn sie Inspiration, Ratschläge und Zuspruch brauchen.«

»Bruce«, sagte ich, »Gail und ich haben heute Morgen über einen Begriff gesprochen, der deine Punkte gut zusammenfasst: *Prägung,* heilige Prägung. Er bezieht sich auf Männer und Frauen, die sich nicht mit Mittelmäßigkeit zufrieden geben, sondern die Möglichkeit in Betracht ziehen, dass Gott sie auf außergewöhnliche Art benutzen kann, um anderen zu dienen.«

Ben Jacobs sagte: »Genau das habe ich in euch gesehen, als ich hierher kam. Ihr habt einen echten Trottel, der durch und durch kaputt war, willkommen geheißen. Leute wie Ernie Yost haben mich angenommen und mir ihre Geschichte erzählt. Sie haben mir zugehört und meine Fragen beantwortet. Und als ich sie enttäuscht habe, haben sie mich nicht fallen gelassen. Sie haben mich einfach weiter geliebt. Jeder auf seine Art. *Heilige Prägung,* das gefällt mir, Pastor Mac. Das habe ich erlebt. Und seht mich an: Hier sitze ich neben Leuten wie euch. Ihr habt keinen Schimmer, wie anders es hätte kommen können. Ich war auf dem direkten Weg ins Desaster, bevor ich hierher kam.«

Ich dachte: *Jede Gemeinde braucht einen Ben Jacobs im Büro, der sie jeden Tag daran erinnert, was ihr »Geschäft« ist.* Die Wahrheit ist, dass wir uns um Leute kümmern sollten, die – mit Bens Worten gesprochen – auf direktem Weg ins Desaster sind.

Claire widmete sich wieder ihrem iPad. »Okay, Ben, Jungs, hört mir zu«, sagte sie. *»Drittes Ziel: Leuten zu helfen, ihre eigene Art zu finden und weiterzuentwickeln, wie sie andere im Namen Jesu prägen können.«*

»Das geht schon mal in die richtige Richtung«, meinte Bruce grinsend. »Kannst du damit vorerst leben, Gordon?«

»Ja«, antwortete ich. »Das ist ein guter Anfang. Ich würde heute Abend gern noch Gails Gedanken dazu hören. Wir haben jetzt drei Ziele. Aber irgendetwas fehlt noch. Fällt euch noch etwas ein? Ben, hast du noch ein paar Minuten Zeit zu bleiben? Es gibt vielleicht noch etwas, bei dem du uns helfen kannst.«

Ben nickte.

»Hm«, meinte Bruce. »Vielleicht suchst du noch nach einem Fazit, einem Schluss, wie es danach weitergehen soll. Wenn Leute den Prozess durchlaufen haben, was passiert dann mit ihnen? Überlassen wir sie einfach sich selbst, lassen sie alleine herausfinden, was sie als Nächstes tun sollten? Klingt, als wäre uns egal, was sie tun. Das wäre absurd.«

»Stimmt«, meinte Jason.

»Was denken wir dann?«, fragte ich. »Dass die große Idee nicht ihr volles Potenzial entfaltet hat, bevor wir den Leuten nicht geholfen haben herauszufinden, wie sie das umsetzen sollen, was sie gelernt haben?«

»Würde nicht Mercedes Perez sagen, dass sie genau das im Hotelzentrum tun?«, fragte Claire.

»Na klar würde sie das«, antwortete ich. »Sie würde sagen, dass die Ausbildung die Türen zu ganz verschiedenen Möglichkeiten eröffnet, aber dass alles umsonst wäre, wenn nicht jede Person anschließend wüsste, wie sie das Gelernte umsetzen soll und wo ihr Platz im Unternehmen ist.

Ich will uns noch daran erinnern, dass wir nicht einfach Tiefgänger heranziehen wollen, die Aufgaben in der Gemeinde übernehmen. Wenn die große Idee den Erfolg hat, den ich mir wünsche, dann werden wir eines Tages mehr Tiefgänger haben, als die Gemeinde beschäftigen kann. Wir müssen offen dafür sein, dass sie ihre außergewöhnliche Prägung woanders ausüben – in anderen christlichen Werken oder in den Dienstleistungsbetrieben der Stadt.«

Ben sagte: »Das wäre unglaublich.«

»Zaubere wieder ein bisschen, Claire«, drängte Bruce. »Fasse das zusammen, finde eine brillante Formulierung. Das ist der letzte von Gordons Punkten.«

Ein paar Minuten später las Claire laut: »›*Viertes Ziel: Leute auf Einsatzmöglichkeiten in der Gemeinde und in der Umgebung aufmerksam machen.*‹«

»Ich bin dafür. Was denkt ihr?«, fragte uns Bruce.

Alle nickten zustimmend.

»Claire, könntest du mir die vier Ziele so schnell wie möglich mailen?«, bat ich.

»So schnell wie möglich?«, fragte Claire. Sie tippte ein paar Mal auf ihr iPad und sagte: »Sie liegen in deinem Posteingang. Ich habe sie Gail auch gleich gemailt.«

»Gut, Leute«, meinte ich. »Ich vermute, es gäbe noch mehr zu sagen, aber wir haben schon einige Fortschritte gemacht. Es gibt noch eins, worüber ihr vielleicht nachdenken solltet.«

»Und das wäre?«, fragte Jason.

»Ich muss einen passenden Namen für das ganze Vorhaben finden. Es wird keinen groß beeindrucken, wenn wir weiterhin nur davon sprechen, dass wir an einer großen Idee dran sind. Unser nächster Schritt muss sein, der Sache, die wir so spannend finden, einen Namen zu geben.«

Ein paar Minuten lang dachten Bruce, Claire, Jason, Ben Jacobs und ich über einige Vorschläge nach, aber ich winkte schließlich ab. Jeder Vorschlag erschien mir entweder zu glatt oder zu lahm. Oder aber ich war es gerade einfach leid, Entscheidungen zu treffen.

14. OKTOBER

Später Vormittag. Der erste Herbst

Auf meinem Anrufbeantworter:

»Pastor MacDonald, hier spricht Annie Huntoon. Mein Vater ist gestern ins Krankenhaus gekommen. Sie befürchten, dass er einen weiteren Herzinfarkt hatte. Es wäre schön, wenn einer der Pastoren vorbeikommen und für ihn beten könnte.«

NACH DEM TREFFEN DER PASTOREN (PLUS BEN JACOBS) VERLIESS ICH das Büro und fuhr ins Krankenhaus zu George Huntoon, der den Ältestenkreis geleitet hatte, als wir damals in die Gemeinde gekommen waren. Er lag nun schon zum zweiten Mal in diesem Jahr im Krankenhaus.

Mein Verdacht war, dass wir diesen Mann Gottes – diesen Tiefgänger – nicht mehr lange bei uns haben würden. In den letzten Monaten hatte ich versucht, George so oft es ging zu besuchen, weil mir wichtig war, dass er wusste, wie sehr er von unserer Gemeinde geliebt und geschätzt wurde.

Als ich das Krankenzimmer betrat, wirkte George sehr wach und freute sich, mich zu sehen. Es war typisch für diesen stattlichen alten Neuengländer, dass er nicht über sich reden wollte. Er wollte wissen, was gerade in der Gemeinde geschah.

Als ich ihm erzählte, welche Fortschritte wir mit der großen Idee gemacht hatten, war er hoch erfreut. Ich sagte, dass es so aussah, als ob zunächst Gail und ich den Prozess, junge Leiter heranzuziehen, in unsere Hände nehmen würden. Er erwiderte: »Sehr gut! Das wird euch zwanzig Jahre jünger machen. Die jungen Leute werden euch dazu bringen, immer weiter zu laufen.« Er hielt inne und hustete. »Wie werdet ihr diese große Idee nennen? Wenn ich dafür beten soll, brauche ich einen Namen.«

»Ich weiß es noch nicht, George. Das war bisher noch nicht das wichtigste Anliegen in der ganzen Diskussion. Wenn jemand wissen will, worum es geht, gebrauchen wir Begriffe wie *heranziehen, Tiefgänger, Leiterentwicklung, wachstumsfähig, Jüngerschaft.* Wir wissen, dass es eine

Mischung aus Leiterschafts- und Jüngerschaftsthemen sein wird. Aber weiter sind wir noch nicht.

Letztlich geht es uns darum«, fuhr ich fort, »dass wir potenzielle Tiefgänger suchen: mit einer tiefen Liebe zu Gott, einem tiefen Wunsch Christus zu folgen, einer tiefen Bereitschaft sich in der Gemeinde oder im Umfeld zu einzusetzen …«

»Verschwendet keine Zeit damit, einen tollen, schicken Namen zu finden«, unterbrach mich George. »Wenn Gott in dem Ganzen ist, braucht ihr keinen großen Namen – nur etwas, damit Leute wie ich sich darauf beziehen können. Ich mag das Wort *heranziehen,* vermutlich weil mein Vater und mein Großvater Farmer waren. Und ich liebe den Begriff *Tiefgänger.* Er erinnert mich auch an unsere alte Farm. Worte wie *tiefgehend* und *heranziehen* enthalten eine Botschaft, die selbst ein alter Hund wie ich versteht.«

In dem Moment betrat eine Krankenschwester den Raum, um Georges Werte abzulesen und seinen Herzmonitor zu überprüfen. Ich stellte mich an den Rand und wartete bis sie fertig war.

Als sie den Raum verlassen hatte, griff George den Faden wieder auf: »Ich mag das Wort *heranziehen* immer noch«, wiederholte er. »Ich sag dir was: Nennt eure große Idee doch einfach *TGH – Tiefgänger heranziehen.* Überleg mal, ob dieser Begriff beschreibt, was ihr meint.«

Kurz darauf verließ ich das Krankenhaus mit drei Gedanken, die mir alle unabhängig voneinander durch den Kopf schwirrten. Der erste war George Huntoons Vorschlag für einen Namen. *TGH, TGH, TGH …* sagte ich immer wieder leise. Damit könnte ich mich anfreunden.

Mein zweiter Gedanke war: *Wäre es nicht klasse, wenn wir sagen könnten, dass George, einer der tiefgehendsten Menschen, die je in unserer Gemeinde waren, der großen Idee ihren Namen gab?*

Und der dritte Gedanke: *Wenn Gail und ich diese TGH-Sache anfangen – was immer wahrscheinlicher klingt –, dann werde ich nicht mehr so viele Krankenhausbesuche machen können. Andere werden die George Huntoons unserer Gemeinde besuchen.* Und das war kein erfreulicher Gedanke. Ich schätze diesen Mann zutiefst.

14. OKTOBER

Abendessen. Der erste Herbst

An: Geoff Handley; Monica O'Donnell; Rich Fisher
Von: GMAC
Betreff: Name

Wollte euch kurz wissen lassen, dass ich einige gute Gespräche mit dem Pastorenteam, mit Gail und mit George Huntoon hatte. George möchte, dass wir unsere große Idee TGH nennen: Tiefgänger heranziehen. Offen gesagt will ich nicht zu viel Zeit verschwenden, den perfekten Namen für die große Idee zu finden und zu diskutieren. Außerdem finde ich Georges Namen ziemlich gut. Ich würde gern noch hören, was Gail dazu sagt, aber ich habe ein gutes Gefühl dabei.

Es war vier Uhr nachmittags. Die Herbstsonne von Neuengland stand im Westen tief am Himmel und machte es ein bisschen schwer, in diese Richtung zu fahren.

Nachdem ich den ganzen Tag geredet hatte – ein Frühstück mit jungen Erwachsenen aus der Gemeinde, die Sitzung des Pastorenteams, ein Besuch bei George Huntoon und zwei Seelsorgegespräche – fuhr ich müde nach Hause, gespannt Gail zu sehen.

Die Frau an meiner Seite war gerade zwei Tage lange unterwegs gewesen, auf ihrer jährlichen Kurzreise mit einer engen Freundin, und wir hatten noch nicht viel Gelegenheit gehabt, um über mein Hotelerlebnis, die Sitzung des Pastorenteams und die jüngste Überraschung zu sprechen: George Huntoons Namensvorschlag.

Schon kurz nachdem ich durch die Tür getreten war, waren wir ins Gespräch vertieft.

»Tiefgänger heranziehen ... TGH«, wiederholte Gail, nachdem ich ihr von Georges Idee erzählt hatte. »Klingt nach dem Technischen Hilfswerk.«

»Nein, Schatz, das ist THW. Wir reden von TGH, Tiefgänger heranziehen.«

»Bist du glücklich damit?«

»Ich habe mich sehr schnell daran gewöhnt. Es beschreibt genau das, was wir wollen.«

»Du hast wahrscheinlich recht. Aber vielleicht fällt jemandem noch etwas Besseres ein. Andererseits ist es etwas Besonderes, das der Name von einem ehemaligen Gemeindeältesten stammt.«

Als wir zusammen zu Abend aßen, erzählte ich Gail von meinen anderen Erlebnissen aus der Zeit, als sie fort war. Nachdem wir das Geschirr in die Spülmaschine geräumt hatten, breiteten wir die Ausbildungsbroschüren aus, die Mercedes mir gegeben hatte. Da ich sie mir ebenfalls zum ersten Mal ansah, muss ich gestehen, dass ich beeindruckt war.

»Mercedes' Unternehmen ist offensichtlich weitaus überzeugter und durchdachter darin, seine Leute auszubilden, als unsere Gemeinde es jemals war«, sagte Gail. »Und wenn man es genau betrachtet, ist das Ziel, Geld zu verdienen. Wir dagegen sagen, dass wir Leute zu Jesus führen und die Welt verändern wollen. Aber der Aufwand und die Professionalität sprechen klar dafür, dass Mercedes' Unternehmen eine weitaus größere Leidenschaft hat als wir.«

»Das gleiche Gefühl hatte ich auch«, sagte ich, »als sie mir einen jungen Mann aus einer ihrer Abteilungen vorstellte und ihn bat, mir zu erzählen, was die Weiterbildung ihm bedeutete. Ich sag dir: Dieser Junge war wirklich beeindruckend. Während er redete, habe ich mich die ganze Zeit gefragt: ›Haben wir irgendjemanden – *irgendjemanden!* – in unserer Gemeinde, der so klänge, wenn er gefragt würde, wie die Gemeinde ihm hilft, in all das hineinzuwachsen, wozu Gott ihn berufen hat?‹«

»Und, ist dir jemand eingefallen?«, fragte Gail, während sie uns frischen Kaffee einschenkte.

»Nicht wirklich. Vielleicht ist das ein weiterer Wink von Gott. Möglicherweise will er unser Herz berühren und uns auffordern: *Legt los.* Ich meine, sieh dir das Material hier an. Mercedes und ihre Leute haben wirklich Ahnung von dem, was sie tun.«

»Was war die wichtigste Erkenntnis, die du aus dem Hotel mitgenommen hast?«

Ich holte meinen Laptop und fand den Ordner »Reflexionen«, in dem ich am Abend zuvor meine Notizen vom Hotelbesuch überarbeitet hatte. »Also, erstens, jede Weiterbildung im Hotel geschieht in der Gruppe. Zweitens, die Auswahl der Teilnehmer ist entscheidend. Drittens, Leute werden ernsthaft angehalten zu lernen. Viertens, Unterrichtsvorbereitung und Teilnahme werden jederzeit erwartet, da gibt es keine Ausnahmen. Lass es schleifen und du bist draußen. Es gab noch ein paar Gedanken, aber diese hier fand ich am wichtigsten. In der Diskussion im Pastorenteam heute Morgen kamen dieselben Gedanken auf, abgesehen vom Gebet natürlich. Aber du kannst dir sicher sein, dass Mercedes für ihre Anliegen betet, genauso wie Rich Fisher für die Anliegen an seiner Schule betet.«

Gail war nachdenklich geworden: »Kann unsere Gemeinde die Qualität erreichen, die Mercedes in ihrem Hotel erarbeitet hat?«

»Warum nicht? Als das Pastorenteam sich über die Prinzipien Gedanken gemacht hat, die der Sache zugrundeliegen sollen, war klar, dass alle von der Idee überzeugt sind – und hochmotiviert dazu. Und die Gemeindeleitung? Du hast ja selbst gehört, was sie gesagt hat.«

»Aber glaubst du, wir können Leute bei uns so stark herausfordern, wie das im Hotel getan wird?«, fragte Gail.

»Keine Ahnung, ehrlich gesagt. Aber warum sollen wir nicht auch in einer Gemeindegruppe streng darauf achten, dass Mittelmaß, Faulheit und unregelmäßige Teilnahme nicht zur Regel werden?«

Ich spürte, dass ich in Fahrt kam. Vielleicht hatten meine Gefühle damit zu tun, dass ich als Pastor schon oft frustriert den Eindruck hatte, dass zu viele Menschen – und wir Pastoren sind da keine Ausnahme – gut im Reden und schlecht im Handeln sind.

»An diesem Punkt in meinem Leben«, sagte ich, »werde ich mich in keine Gemeindegruppe mehr hineingeben, die mit Vollgas anfängt und acht Wochen später keinen Sprit mehr hat. Es wäre besser, wir würden unsere Energie in sechs wachstumsfähige Menschen investieren, die willig sind, den Preis dafür zu zahlen, um in ihrem Glauben zu reifen, als unsere Zeit mit hundert Leuten zu verschwenden, die religiöse Spiele spielen wollen, aber am Ende kein Stück verändert sind. Darauf habe ich einfach keine Lust mehr. Ich brenne darauf, tiefgehende Menschen zu fördern.«

Harte Worte, die vermutlich besser ungesagt geblieben wären. Aber nachdem ich sie mir von der Brust geredet hatte, fühlte ich mich besser.

Nach den Abendnachrichten setzten Gail und ich uns auf die Terrasse und nahmen unser Gespräch wieder auf. Sie wollte noch mehr über die Pastorensitzung am Morgen hören.

Ich erzählte ihr, dass wir vier Punkte zusammengetragen hatten, um die es gehen könnte.

»Wie lauten sie?«

»Warte kurz, Claire hat mir die Punkte von ihrem iPad gemailt.« Ich stand auf und holte meinen Blackberry. Wie Claire versprochen hatte, lag die Mail in meinem Posteingang.

Als ich wieder saß, sagte ich: »Die Formulierungen sind noch holprig und nicht final. Nichts ist in Stein gemeißelt. Es wird auch noch dauern, bevor wir wirklich damit arbeiten können. Aber egal, ich lese sie dir vor.«

Nachdem ich sie vorgelesen und wir darüber gesprochen hatten, sagte Gail schließlich: »Die sind gut … richtig gut. In diesen Zielen liegt eine große Chance. Ich könnte mich dafür begeistern, sie umzusetzen.«

Kurz darauf gestanden wir uns unsere Müdigkeit ein und gingen schlafen.

14. OKTOBER

Mitternacht. Erster Herbst.

To-do-Liste

- ☐ Liste der TGH-Auswahlkriterien überarbeiten
- ☐ An Handley, Fisher, O'Donnell, Pastorenteam schicken

Wir waren ins Bett gegangen, aber weder Gail noch ich fanden Schlaf. Eine Stunde verstrich, dann eine weitere. Wir wälzten uns herum, drehten uns, schüttelten die Kissen auf, zogen die Decken zurecht – nichts half.

»Meine Gedanken hören nicht auf zu kreisen«, sagte ich schließlich zu Gail.

»Meine auch nicht«, erwiderte sie.

»Sollen wir für ein paar Minuten aufstehen?«

»Gute Idee.«

Wir zogen unsere Morgenmäntel über und setzten uns auf die Terrasse. Es war beinahe Vollmond und der Garten war hell erleuchtet. Gail glaubte, ein Reh am Waldrand zu sehen, aber falls es wirklich dort gestanden hatte, war es schnell verschwunden.

»Ich weiß nicht, was dir im Kopf herumgeht«, sagte Gail, »aber ich musste darüber nachdenken, welche Leute wir bei dieser THW-Sache …«

»Sie heißt TGH, Sweetheart, Tiefgänger heranziehen.«

»Ach ja, TGH. Jedenfalls habe ich mich gefragt, wie wir die Leute einladen, die dabei sein sollen.«

»Und?«

»Es scheinen sich alle einig darin zu sein, dass wir die Gruppe nicht für jeden öffnen. Wir sind uns doch einig, oder?«

Ich bestätigte, dass wir uns darin einig waren.

»Das bedeutet, dass wir TGH nicht sonntagmorgens ankündigen und sich die Leute in Listen eintragen können, die irgendwo aushängen.«

»So habe ich das noch nicht betrachtet, aber du hast recht. Ich werde irgendwann darüber predigen. Wenn es in unserer Gemeinde eine hohe Priorität haben soll, müssen die Leute wissen, warum das so ist. Und auch, wie die Sache aussehen wird. Aber worauf willst du hinaus?«

»Nehmen wir an, wir brauchen neunzig Tage, um eine Liste mit dreißig Namen zu erstellen. Wir könnten das Pastorenteam und die Ältesten bitten, uns vertraulich Frauen und Männer vorzuschlagen, von denen sie glauben, dass sie die Kriterien für das TGH-Projekt erfüllen.«

»Haben wir schon Kriterien?«

»Ich habe ein paar Gedanken dazu – und du sicher auch«, antwortete Gail. »Aber am Wichtigsten ist das Gebet dafür. Wir bitten Gott und glauben, dass er uns Namen von Menschen ins Herz gibt. Dann beobachten wir sie ein paar Wochen, reden mit ihnen, sehen, wie sie mit Menschen umgehen, überlegen, ob sie dazu passen. Wie wir die Auswahl genau gestalten, daran muss ich noch etwas feilen. Aber am Ende kommen die zwanzig Bestqualifiziertesten auf die Liste.«

»Klingt nach General Marshalls schwarzem Notizbuch«, sagte ich.

»Äh … ja genau … General Marshall mit seinem Notizbuch. So ähnlich.«

»Was wären demnach die Kriterien?«, fragte ich Gail.

»Na ja, wir haben jetzt schon häufiger den Begriff *lernfähig* verwendet, und der fällt mir als Erstes ein. Dass sie sich klar zu Jesus bekennen, davon gehe ich einfach mal aus. Aber danach wäre eine mangelnde Lernfähigkeit das erste Ausschlusskriterium. Wer nicht neugierig ist und sich weiterentwickeln will, passt nicht in diese Lerngemeinschaft. Da gehören Frauen und Männer hinein, die gerne wachsen und zuhören wollen.«

»Was wäre das Gegenteil von lernfähig?«

»Arrogant, eingebildet, besserwisserisch, oberflächlich, stur, überheblich – reicht das?«

»Das hilft, um zu wissen, wen wir nicht einladen würden. Wie definierst du Lernfähigkeit?«

»Das habe ich gerade schon gesagt: *neugierig, wissbegierig, lernhungrig, demütig, diszipliniert* – reicht das?«

»Ja. Ich glaube, noch etwas gehört dazu: Glaubwürdigkeit und Zuverlässigkeit.«

»Weil …?«, gab Gail zurück.

»Einfach weil der ganze Prozess an Effektivität verliert, wenn man Leute hat, die Zusagen und Versprechen machen, sie aber nicht einhalten. Ich nehme mal an, dass wir den Teilnehmern eine Menge abverlangen werden. Hat man ein oder zwei Leute dabei, die unzuverlässig sind, bricht der Zusammenhalt auseinander.«

»Gut, klingt logisch. Glaubwürdig und …«

»… zuverlässig«, ergänzte ich.

»Zuverlässig, genau.«

Jetzt war ich in Fahrt. »Ich schlage vor, wir nehmen noch Sozialkompetenz mit auf die Liste. Wir wollen mit Menschen arbeiten, die zuhören können und andere respektieren. Und es ist gut, wenn sie sich einigermaßen ausdrücken können.«

»Okay, Sozialkompetenz. Oder vielleicht besser *emotionale Reife*?«, schlug Gail vor. »Ich glaube, das ist es, was du meinst.«

»Klingt gut.«

»Wir einigen uns also darauf«, sagte Gail, »dass wir keine Leute auswählen, die mit ernsthaften persönlichen Problemen kämpfen. Wir starten keine Selbsthilfegruppe und auch keine Gruppentherapie. Ich glaube, dass uns das ganz klar sein muss, denn manche werden uns vermutlich dazu drängen, ein paar Leute aufzunehmen, die viel Hilfe brauchen. Aber dafür haben wir andere Gruppen in der Gemeinde.«

»Ein wichtiger Aspekt. Was noch?«

»Teilnehmer … Mir fällt kein besseres Wort ein, aber wir wollen Leute, die bereit sind, einzutauchen und mitzumachen. Wir können niemanden gebrauchen, der nur schweigend dabei sitzt und den anderen das Gespräch überlässt.«

»Sehr gut, da stimme ich dir völlig zu. Das ist wichtig«, antwortete ich.

»Ich glaube, es ist auch gut herauszufinden, ob die Leute auf irgendeine Art bereits Leiterschaftspotenzial gezeigt haben«, sagte ich. »Sind andere dieser Person schon mal gefolgt? Wird sie oder er respektiert?«

»Wir suchen also Menschen, denen Respekt entgegengebracht wird. Noch was?«, fragte Gail.

»Das klingt vielleicht ein bisschen lahm … aber vielleicht auch nicht …«

»Was?«

»Ich glaube«, sagte ich, »dass wir uns fragen müssen, ob diese Person bereit ist, wie ein Diener zu denken. Wie fasst man das in ein Wort? Ich finde es jedenfalls sehr wichtig.«

Wir dachten einen Moment schweigend nach, ob es noch andere Auswahlkriterien geben müsste.

Dann brach Gail das Schweigen: »Was diese Sache mit dem Dienen betrifft, von der du gerade sprachst … Schätzungsweise ergibt sich das von selbst, wenn sie dich und mich als Dienende sehen, wie wir ihnen dienen, einander dienen, anderen dienen. Sie werden zu Dienern, wenn sie uns dienen sehen.«

»Verlangen wir zu viel mit dieser Liste?«, fragte ich. »Wenn ich mir die ganzen Punkte ansehe, glaube ich nicht, dass auch nur einer von Jesu Jüngern qualifiziert gewesen wäre.«

»Du hast recht. Wenn jemand sämtlichen Kriterien entspräche, bräuchte er uns nicht. Aber wir sollten uns einigen, dass wir nach Leuten suchen, die in diese Richtung wachstumsfähig sind.«

Das gefiel uns beiden.

Es war viertel vor zwei. Gail stand auf und reckte sich. »Wenn ich jetzt keinen Schlaf bekomme, brauche ich das THW.« Nach müde kommt wahrscheinlich doof, deshalb brachen wir beide in Gelächter aus.

»Hey«, sagte Gail, als sie erneut aus dem Fenster sah. »Das Reh ist zurück, sieh doch!« Im hellen Schein des Oktobermondes beobachteten wir, wie das Reh langsam um die Blumen wanderte und etwas suchte.

»Bald wird es nicht mehr zu sehen sein«, meinte ich.

»Warum nicht?«, fragte Gail.

»Die Jagdsaison beginnt. Das Reh wird sich tief im Wald verstecken, sodass es nicht zu finden ist.«

Wir begaben uns zurück ins Schlafzimmer.

Als wir beide unsere bevorzugten Schlafpositionen eingenommen hatten, sagte Gail: »Du hast nicht vergessen, dass Jesus in der Nacht, bevor er seine Jünger berufen hat, betete?«

Nein, das hatte ich nicht vergessen. Darum legte ich meine Arme um sie, und wir beteten für das TGH-Projekt, das wir neu erfinden mussten, jedenfalls in unserer Gemeinde. Wir beteten für Weisheit bei der Auswahl der ersten Gruppe. Und wir dankten Gott für die Ältesten und den Rest der Gemeindeleitung, die bereit waren, das Vorhaben zu unterstützen.

Ich stellte fest, dass TGH für Gail und mich bereits beschlossene Sache war. Wir waren mehr als an Bord.

Erst dann entschlummerten wir. Ein Arbeitstag – ein langer Arbeitstag – ging endlich zu Ende.

4. NOVEMBER

Abends. Der erste Herbst

Brief an Melanie Capon:

Liebe Melanie,

wir möchten dich gern am Donnerstagabend, den 4. November, um 19.30 Uhr zu einer Gesprächsparty, wie wir sie nennen, einladen. Nach einem süßen Snack würden wir gern jeden Gast bitten, von einem Erlebnis zu erzählen, als ein Lehrer, Trainer, Pastor oder ein Elternteil ihnen etwas Wichtiges beigebracht hat. Wie geschah das? Bitte gib uns eilig Bescheid, ob du dabei sein kannst.

Herzliche Grüße,
Gordon und Gail MacDonald

Am Morgen nach unserem Mitternachtsgespräch unterbreitete Gail mir eine Idee.

»Warum laden wir nicht mal abends ein paar Leute zu uns ein und fragen sie nach ihren denkwürdigsten Lernerfahrungen? Vielleicht bekommen wir ein paar interessante Hinweise, wie Menschen lernen und wachsen, auf die wir selbst nicht gekommen wären.«

Gail war so Feuer und Flamme von ihrer Idee, dass es töricht gewesen wäre, kaltes Wasser darauf zu gießen. Sehr schnell hatte sie eine Liste mit zwölf Leuten erstellt, die sie einladen würde. Sie vermutete, dass ein oder zwei Personen schon andere Termine hatten, und dass ein oder zwei weitere kurzfristig absagen müssten.

Alle zwölf sagten zu und am Donnerstagabend, dem 4. November, erschienen tatsächlich alle vollzählig. Viele kamen ein paar Minuten zu früh und die meisten – jedenfalls alle Frauen – brachten Geschenke mit: Blumen, eine Pflanze, exotische Tees und zwei Küchenhandtücher. Glücklicherweise haben wir im Keller einen Raum, der recht groß ist. Wenn man vierzehn Klappstühle aufstellt, wirkt es trotzdem nicht beengt.

Wir gaben unseren Gästen Namensschilder, als sie ankamen, denn einige kannten sich untereinander nicht. Die meisten kamen aus unserer Gemeinde, einige aus der Nachbarschaft.

Als alle da waren, servierten wir den süßen Snack: Kuchen aus der Konditorei, guten Bostoner Bohnenkaffee und Nüsse, jede Menge Nüsse.

Ein oder zwei Tage vorher hatte ich Gail vorgeschlagen, die große Idee in Form eines Dialoges zwischen uns beiden vorzustellen, statt dass nur einer von uns sie präsentierte. »Wäre doch schön, wenn sie sehen, wie wir zusammenarbeiten. Dann redet nicht nur einer und der andere sitzt daneben.«

Daher klang die Einführung in die Gesprächsrunde ungefähr so:

Gail: Gordon und ich sind dankbar für jeden von euch, der heute Abend hier sein kann. Wir haben euch hergebeten, weil wir glauben, dass ihr uns helfen könnt. Wir denken gerade darüber nach, viel Zeit in eine kleine Gruppe von Männern und Frauen zu investieren. Wir glauben, dass sie das Potenzial haben, in unserer Gemeinde und möglicherweise in unserer Stadt zu wichtigen Leitern zu werden. Wenn wir das ein- oder zweimal erfolgreich gemacht haben, würden wir das Konzept gern erweitern, sodass jedes Jahr eine immer größere Gruppe potenzieller Leiter unterschiedlicher Art daraus hervorgeht. Momentan nennen wir diesen Prozess TGH: Tiefgänger heranziehen. Wenn ihr mehr darüber wissen wollt, was das bedeutet oder warum wir diesen Namen gewählt haben, sprecht Gordon oder mich später noch einmal darauf an.

Gordon: Wir werden heute nicht genau erklären, wie die Methoden oder ähnliche Details aussehen. Der ganze Prozess entsteht gerade erst in unseren Köpfen. Aber wir haben einen Punkt erreicht, an dem wir gern Leute wie euch einbeziehen möchten. Wir haben euch eingeladen, weil wir glauben, dass wir etwas von euch lernen können. Und genau darum geht es auch: Wie lernen Menschen? Wir haben mit Leuten gesprochen, die sich damit in der Berufswelt professionell beschäftigen, aber wir glauben, es gibt auch in den Geschichten von Menschen wie euch etwas Wertvolles zu entdecken.

Gail: Für heute Abend wünschen wir uns Folgendes: Wir würden gern jeden von euch bitten, euch an eine wichtige Lernerfahrung zurückzuerinnern. Wie sah sie aus? Oder wer hat sie herbeigeführt und wie hat diese Person das geschafft? Vielleicht geht es um die Erfahrung selbst und ihr wart anschließend nicht mehr dieselben. Möglicherweise ähneln sich manche Geschichten. Das ist nicht weiter schlimm. Wir sind vierzehn Leute hier im Raum, also hat jeder etwa drei oder vier Minuten Zeit.

Gordon: Bevor wir anfangen, würde ich gern eine Runde machen, in der jeder kurz seinen Namen sagt. Viele kennen sich, aber nicht jeder kennt jeden. Carl, fängst du an? Ach ja, wer verheiratet ist, darf nicht für seinen Partner mitsprechen. Wir möchten gern von jedem und jeder hören.

Carl: Ich bin Carl Klaussen und das ist meine Frau … oh, sorry!

Cary: Ich bin Cary Klaussen, Carls Frau.

Hana: Ich Hana Tchung. Von Korea. Ich nicht sprechen Englisch sehr gut.

Melanie: Melanie Capon. Vielen Dank, Pastor und Mrs. Mac für die Einladung. [Melanie war eine allein stehende Rechtsanwältin. Sie stand bereits auf unserer Liste der möglichen TGH-Teilnehmer.]

Das nächste Paar waren unsere Nachbarn Hank und Cynthia Soriano. Sie hatten unsere Einladung für diesen Abend angenommen, obwohl sie noch nie an einer Gemeindeveranstaltung teilgenommen hatten. Seit dem denkwürdigen Fahrstuhlstory-Spiel im Fenway Park-Stadion waren schon fast fünf Monate vergangen.

»Ich bin Cynthia Soriano«, sagte Cynthia.

»Und ich bin Hank … Freu mich, dabei sein zu dürfen.«

Auf die Sorianos folgen Tyler Ford (ebenfalls auf unserer TGH-Liste), Ginny und Vince Kellogg und Connie Peterson, Ben Jacobs Tante. Diese Namen sollen fürs Erste genügen.

Als wir mit der Runde durch waren, sagte ich: »Jetzt freuen wir uns auf eure Geschichten. Die beste Art, den Stein ins Rollen zu bringen, ist, selbst anzufangen. Als ich 19 war und aufs College ging, traf ich ein älteres Ehepaar – älter als ich zumindest –, die ein Stück weiter auf derselben Straße wohnten wie ich. Er war presbyterianischer Pastor und sie war Hausfrau und Mutter und engagierte sich stark ehrenamtlich. Eines Tages lief ich an ihrem Haus vorbei und sie standen im Garten. Ich sagte hallo, dann führte eins zum anderen, und sie luden mich schließlich zum Essen ein.

Ich genoss den Abend, und ihnen muss es ähnlich gegangen sein, denn sie luden mich ein paar Tage später wieder ein. Während wir uns immer besser kennenlernten, löcherten sie mich mit Fragen und kitzelten einiges aus mir heraus. Die ganze Zeit beobachtete ich sie. Ich kam nicht aus einer besonders glücklichen Familie und sehnte mich danach, ein Ehepaar mitzuerleben, das sich wirklich liebte. Soweit ich das beurteilen konnte, war das bei ihnen der Fall.

Ich war beeindruckt davon, wie er mit seiner Frau umging, wie er sie wertschätzte, sie respektierte und ihr zuhörte, wenn sie sprach. Und ich wurde es nicht satt, ihr zuzusehen, wie sie auf unterschiedliche Arten erreichte, dass ihr Mann sich geliebt fühlte. Sie freute sich sichtbar an ihm und tat alles, damit er sich respektiert fühlte.

In den folgenden Monaten besuchte ich sie häufig zum Abendessen. Sie wurden für mich so etwas wie Ersatzeltern. Wenn ich mich an diese Zeit zurückerinnere, steht mir ihr Vorbild einer tiefen Liebe vor Augen. Da sie mich an so vielen Abenden zu sich nach Hause einluden, zeigten sie mir, wie eine gute Ehe aussieht. Sie wurde zu der Frau, mit der ich alle anderen Frauen, die in mein Leben traten, verglich. Und als ich Gail kennenlernte, war ich fest entschlossen, mit ihr eine Ehe zu führen, die all das widerspiegelte, was ich von diesem Ehepaar gelernt hatte. Ich lernte also durch Beobachten und Nachahmen.«

Ein oder zwei Minuten lang herrschte peinliche Stille. Ich hoffte, dass ich nicht so flüssig geredet hatte – das gehört zu meinem Beruf –, dass die anderen sich nicht mehr trauten, sich anzuschließen. Dann brach Hank Soriano das Schweigen. Mein Nachbar! Ich hatte nicht erwartet, dass er sich in einer Gruppe, in der er fast niemanden kannte, so schnell äußern würde.

Hank: Die wichtigsten Dinge, die ich gelernt habe, habe ich in Teams gelernt: im Footballteam in der High School, in einem Rettungsschwimmerteam im Sommercamp, in einem Team in der Marine, bei dem ich mitgearbeitet habe, und im Tigerteam meiner jetzigen Stelle.

Tyler Ford: Was ist denn ein Tigerteam?

Hank: Oh, 'tschuldigung. Dieses Team wird gegründet, wenn ein Problem auftritt, für das keine Abteilung im Unternehmen zuständig ist. Der Chef wählt einige Leute aus, erklärt ihnen die Sachlage und sagt: »Belästigt mich nicht mehr damit, bis ihr eine Lösung gefunden habt.« Das ist ein Tigerteam. Versteht ihr, was ich meine?

Tyler: Ja, alles klar.

Hank: Ich bin ein echter Teamplayer. Ich liebe es mitzukriegen, wie ein Team das Beste in jedem Einzelnen hervorbringt. Es begeistert mich jedes Mal, wenn ich in eine Gruppe komme, die sich vorgenommen hat, eine Meisterschaft zu gewinnen oder ein neues Produkt zu entwickeln. Das fühlt sich dann so an, als wären alle Köpfe und Herzen verdrahtet und würden eine große Maschine bilden. Und am Ende entstehen Dinge, die keiner hätte alleine erreichen können.

Kurz nachdem ich bei dem Unternehmen angefangen habe, für das ich jetzt seit 22 Jahren arbeite, kam ich in ein solches Tigerteam. Der Vizepräsident dachte, dass ich als Neuling einen frischen Blick auf die Dinge hätte. Wir waren zwei ältere Mitarbeiter und drei oder vier jüngere. Diese alten Herren kannten alle Abkürzungen und Minenfelder. Sie brachten uns Youngstern von A bis Z alles bei. Im Gegenzug brachten wir sie in Schwung mit unserem frischen Enthusiasmus für die Arbeit und unserer Bereitschaft zu langen Überstunden. Wir nannten uns selbst die Heizkessel-Crew und der Vizepräsident war von uns begeistert. Er schob uns ein Projekt nach dem anderen zu, weil wir Sachen wegarbeiten konnten. Das Team brach erst auseinander, als die älteren Mitarbeiter in Rente gingen. Aber ich habe gelernt: Wenn du Karriere machen willst, suche dir dafür ein Team.

Melanie Capon: Pastor, Gail, darf ich als nächstes? Wenn ich noch länger warte, werde ich zu nervös.

Gail: Die Bühne gehört dir, Melanie.

Melanie: Gail, eine meiner besten Lernerfahrungen war die, als du mir und einigen anderen jüngeren Frauen den Briggs Myers … äh …

Gail: Du meinst MBTI, den Myers-Briggs Typindikator – den Persönlichkeitstest.

Melanie: Genau, MBTI … das verwechsele ich ständig. Egal. Etwas über mein Temperament zu lernen, hat mein Leben verändert. Gail sagte, dass wir alle einzigartig gestrickt sind, und der Test hat mir geholfen, mich und andere besser zu verstehen.

Gail, damals wurde mir klar, dass ich introvertiert bin und dass ich mich dafür nicht schämen muss. Und ich habe gelernt, dass ich sehr detailorientiert bin. Ich schätze, das ist der Grund, warum ich im Vertragsrecht ziemlich gut bin, denn mir entgeht nicht viel. Und dann habe ich noch festgestellt, dass ich eine gute Wahrnehmung habe. Das hat mir geholfen zu verstehen, warum mir Entscheidungen so schwer fallen.

Wenn ihr Leute zu Leitern ausbilden wollt, dann rate ich euch dringend, mit ihnen einen Persönlichkeitstest durchzugehen. Und zwar direkt am Anfang. Dann wissen alle in der Gruppe, wie sie miteinander umgehen können. Das hat auch die Beziehungen unter uns Frauen gestärkt. Wir reden immer noch ständig über unser Temperament, da geht uns der Gesprächsstoff wirklich nie aus.

Gail: Melanie, das ist eine sehr gute Idee. Darüber haben wir bisher noch gar nicht nachgedacht. Aber das werden wir jetzt nachholen.

Zu meiner Überraschung lehnte sich Hana Tchung, unsere koreanische Freundin, nach vorne und hob ihre Hand. Carl Klaussen wollte auch gerade zu sprechen ansetzen, aber ich ermutigte Hana, weil ich wusste, dass sie sich kein Gehör verschaffen würde.

»Hana, möchtest du jetzt etwas erzählen?«

Hana: Ich möchte sprechen zu Gebet. Bitte Entschuldigung. Mein Englisch nicht so gut. [Hana entschuldigte sich ständig für ihr Englisch und wir konnten sie nicht überzeugen, dass das unnötig war.]

Gail: Dein Englisch ist gut, Hana.

Hana: Als ich Mädchen in Korea, meine Großmutter immer sagen, Beten ist Wichtigstes. Sie sagen, man kann erkennen, wie nah jemand an Gott, wenn beten … wenn er beten. Sie treffen mit andere Frauen und beten jede Woche. Fünf Uhr morgens. Als ich Frau geworden, mich erinnere an sie beten und sagen zu mir, dass ich auch wollen sein Frau des Gebets.

Es ist große Ehre für mich zu beten für Gemeinde. Beten für dich, Pastor MacDonald. Beten für meine Freunde. Und ich liebe wie du beten sonntags bei Lobpreis. Wichtiger als Predigt.

Bei dieser Bemerkung gab es großes Gelächter. Hana war überrascht, vielleicht war es ihr auch unangenehm. Sie sah mich an und sagte: »Tut mir leid, Pastor Mac. Ich hoffe, ich …«

»Hana, du hättest mir nichts Netteres sagen können. Ich werde viel lieber für mein Gebet als für meine Predigt gelobt.«

Hana: Danke, Pastor MacDonald. Was ich sagen wollen: Du müssen beibringen Leute zu beten. Für die anderen beten. Für die Welt beten. Für die Gemeinde beten. Das meine Großmutter sagt.

Gail: Hana, das hast du wunderschön gesagt. Vielen Dank. Wir werden daran denken.

Weitere Leute beschrieben ihre Erfahrungen. Es war nicht schwierig, sie dazu zu bewegen, sich zu öffnen. Die Geschichten waren packend und alle vergaßen die Zeit und hörten aufmerksam zu. Ein paar Beiträge stachen heraus und vermittelten uns ganz neue Einsichten oder bestärkten uns in dem, was wir bereits für wichtig hielten, wenn man »wachstumsfähige« Menschen begleiten will.

Carl Klaussen erzählte beispielsweise Folgendes:

Carl: Meine wichtigste Lernerfahrung war gegen Ende der Collegezeit, als mir jemand beibrachte zu lesen. Und damit meine ich so zu lesen, dass man eine enge Beziehung zum Autor aufbaut. Ich erfuhr, dass ich mir die Schlüsselfrage stellen muss: »Was versucht der Autor zu sagen?« Heute ist mir das peinlich, aber ich bin oft voreingenommen in die Lektüre und das Studium hineingegangen. Ich hatte mir bereits eine Meinung gebildet, obwohl ich die Intention des Autors noch nicht verstanden hatte. Dann bekam ich einen Lehrer, der mich so lange ermahnte, bis ich gelernt hatte, mit einer offenen, lernbereiten Haltung zu lesen. Erst wenn ich diesem Lehrer erklären konnte, *was* der Autor meinte, durfte ich äußern, was *ich darüber dachte,* was der Autor gesagt hatte.

Leiter müssen lesen können, und zwar analytisch lesen können. Viele Christen wissen nicht, wie das geht. Ihr würdet euren Leuten ein großes Geschenk machen, wenn ihr sie das lehren könntet.

Brent Sterns: Ich bin jetzt seit dreißig Jahren Chirurg. Meine wichtigste Lernerfahrung machte ich durch die Hände eines Mannes, der mein erstes Chirurgenteam leitete. Direkt zu Beginn sagte er zu mir: »Ich will, dass Sie mich bei allem, was ich tue, genau beobachten. Bei – allem, – was – ich – tue. Und wenn Sie meinen, Sie sind bereit, irgendeinen dieser Handgriffe genau so auszuführen wie ich, sagen Sie mir Bescheid, und ich werde Sie es probieren lassen. Aber ich werde zusehen und darauf achten, dass Sie es exakt so machen, wie Sie es bei mir gesehen haben.« Und so fing ich an. Eines Tages sagte ich ihm, dass ich bereit für eine einfache Behandlung sei. Und er ließ sie mich durchführen.

Vince Kellogg: Carl, wenn ich zu deinem Beitrag noch etwas sagen darf – ich glaube, du hast etwas ganz Wichtiges angesprochen. Die Lektüre wird noch besser, wenn zwei weitere Dinge passieren. Erstens, in einer Gruppe zu lesen. Jeder kann zwei oder drei Abschnitte lesen und dann macht der nächste weiter. Und wenn jemand nicht laut lesen will, ist das auch okay. Dann soll er einfach »Weiter« sagen und die nächste Person ist dran.

Wenn ein geschriebener Text laut gelesen wird, wird er lebendig. Das ist niemals Zeitverschwendung. Und zweitens, die Leute sollen lernen, darüber zu diskutieren, was der Autor gesagt hat. Carl hat recht, dass man zuerst fragen muss, was der Autor gesagt hat, und das kann man am besten in einem Gruppengespräch herausfinden. Es ist ganz erstaunlich, was eine Gruppe aus einem Text herauskitzeln kann, wenn sie dazu ermutigt wird.

Connie Peterson: Als Älteste im Raum will ich auch noch meinen bescheidenen Beitrag leisten. Ich bin durch und durch Neuengländerin. Und von unserem Wesen her lassen wir uns eigentlich nicht gern ins Herz blicken. Aber ich habe mich da verändert.

Pastor Mac und Gail haben vor einigen Jahren eine Entdeckergruppe geleitet und einer der wichtigsten Aspekte war, einander vom eigenen Werdegang zu erzählen. Die Lebensgeschichten der anderen zu hören, veränderte alles. Einige Wochen lang las jeweils einer seine Geschichte vor. Meine Güte, was entwickelten sich daraus vielleicht für Gespräche. Und dann – Hana, das wird dir gefallen – setzten wir uns alle um denjenigen herum, der erzählt hatte, legten ihm unsere Hände auf und beteten. Manchmal beteten wir eine halbe Stunde oder länger.

Connie ist Neuengländerin vom Scheitel bis zur Sohle. Ich habe sie noch nie weinen sehen. Aber als sie jetzt von ihren Erinnerungen an die Entdeckergruppe erzählte und an die Intimität beim gemeinsamen Gebet dachte, musste sie die Tränen herunterschlucken. Alle hörten ihr wie gebannt zu. Und einige andere bekamen ebenfalls feuchte Augen, als sie ihre Emotionen sahen.

Ich warf einen Blick zu Hank und Cynthia Sorano, um zu sehen, wie sie reagierten. Der Blick auf ihren Gesichtern verriet, dass sie noch nie einen ähnlichen Moment erlebt hatten. Sie schienen fasziniert von dem, was Connie sagte und wie sie es sagte.

»Es heißt, dass man sich in meinem Alter nicht mehr groß ändert«, fuhr Connie fort. »Aber ich habe mich verändert, und zwar sehr. Und ich würde diese Leute, die ihr anleiten wollt, ihre Geschichte aufschreiben und sie der Gruppe vorlesen lassen. Einige werden sich dagegen sträuben, so wie ich anfangs. Aber es wird eine der wichtigsten Erfahrungen sein, die sie in ihrem Leben machen. Anschließend mitzukriegen, wie die anderen für einen beten – besser geht's einfach nicht.«

Tyler Ford erzählte von einem Mann, der sein Mentor gewesen war, als er im College bei einer christlichen Studentenorganisation aktiv gewesen war. Es gab verschiedene Erlebnisse, bei denen dieser Mentor ihn in seinem Christsein geprägt hatte. Schließlich sagte er: »Ich finde, ihr solltet jedem aus eurer Gruppe einen Mentor, eine Mentorin oder ein Ehepaar zur Seite stellen, damit sie reflektieren können, was sie hören. Auf diese Weise lernen sie von euch und sehen die Dinge anschließend noch aus einer zweiten Perspektive.«

Tylers Anmerkung fand Zustimmung in der Gruppe. Jemand sagte: »Wie wäre es, wenn ihr mindestens zwei ältere Christen findet, die die Teilnehmer des Projekts fortwährend begleiten? Vermutlich müsst ihr sie am Anfang genauso anleiten. Aber das ist es wert. Ihr verdoppelt die Auswirkungen.«

Ginny Kellogg schlug vor, dass wir von jedem Teilnehmer je einen Tag begleitet würden: »Sie sollen überallhin mitgehen, bei Gesprächen zuhören, mitkriegen, welchen Druck Leiterschaft auch mit sich bringt. Bis dahin, dass sie an eurer persönlichen Stillen Zeit teilnehmen.«

Das erregte Widerspruch bei einigen, die sich das nicht vorstellen konnten.

»Ich fände das gut«, insistierte Ginny. »Haben die Jünger nicht auch Jesus beim Beten zugesehen? Ich glaube, es wäre eine große Lernerfahrung, einen älteren Christen bei seiner persönlichen Zeit mit Gott zu beobachten.«

Cary Klaussen liest genauso gern wie ihr Mann Carl und sie sprach über Biografien: »Ich würde sagen, jedes dritte oder vierte Buch, das ich lese, ist eine Biografie. Ich habe dadurch schon unglaublich viel von

Menschen aus der Geschichte gelernt. Und ich kann mir nicht vorstellen, dass Leute zu Leitern ausgebildet werden, ohne dass in ihnen ein Interesse an bewundernswerten Männern und Frauen aus der Vergangenheit geweckt wird.«

Cary schlug vor, dass jeder, der an der Gruppe teilnahm, ein Referat über eine beeindruckende Persönlichkeit aus der Geschichte halten sollte, in dem er beschrieb, was er über ihren Charakter und ihre Art zu leiten gelernt hatte.

Nach Cary ergriff Gail das Wort.

Gail: Als unsere Tochter fünf oder sechs Jahre alt war, kämmte ich ihr eines Abends die Haare. Sie mochte das sehr. Plötzlich sagte sie: »Weißt du, Mama, Sünde ist wie die Knoten in meinem Haar.« Ich spitzte die Ohren. Ich fragte mich, was jetzt wohl kam. Sie sagte: »Wenn man die Knoten nicht so schnell wie möglich auskämmt, werden sie immer dicker und man kriegt sie irgendwann vielleicht gar nicht mehr raus.«

»Das war eine ganz besondere Erkenntnis von einem Kind«, sagte Gail. »Ich fragte mich, was, wenn ich an diesem Abend nicht da gewesen wäre, um ihr zuzuhören? Mir wurde klar, wie wichtig es ist, so viel Zeit wie möglich mit demjenigen zu verbringen, den wir lehren wollen. Man sollte dafür sorgen, dass man alles hören kann. Bei unserem Stresslevel heute fürchte ich manchmal, dass wir zu viel verpassen. Bei mir war immer jemand da, der meine Bemerkungen und Fragen mitbekam. Jetzt möchte ich da sein, um die Fragen und Gedanken anderer zu hören.«

Anderthalb Stunden nach Beginn hatte jeder erzählt – außer Wilford Jean-Baptiste. Ich wusste schon, dass Wilford, der aus Haiti stammt, in größeren Gruppen eher still ist. Im Einzelgespräch ist er dagegen sehr warmherzig und ausdrucksstark. Eine ehrliche Freude strahlt aus ihm heraus. Ihn und seine Frau Martine muss man einfach mögen.

Wir wussten, dass Martine an diesem Tag aufgebrochen war, um ihre Familie auf Haiti zu besuchen. Wir hatten dennoch darauf bestanden, dass Wilford zu uns kam. Und er hatte unsere Einladung angenommen. Aber es war von Beginn an offensichtlich, dass seine Gedanken bei Martine und ihrer Reise waren. Er wusste, dass sie nicht vor dem spätem Abend anrufen würde, um zu sagen, dass sie sicher bei ihren Eltern angekommen war. Jetzt aber kam langsam die Zeit für diesen Anruf.

»Wilford, du bist den ganzen Abend so still«, sagte ich. »Wir wissen, dass deine Gedanken bei Martine sind, und im Abschlussgebet werden wir an sie denken. Aber ich frage mich, ob du noch etwas sagen möchtest, nachdem alle anderen erzählt haben. Was war deine beste Lernerfahrung?«

»Ah, Pastor Mac«, sagte Wilford, »ich bin so *glücklich,* dich und Miss Gail hier zu Hause zu besuchen. Und ich finde *großartig*« – Wilford betonte immer bestimmte Worte – »was alle erzählen heute Abend. Sehr schwer für mich, *irgendetwas Besseres* zu sagen.«

Wilford machte eine Pause. Für einen Moment hielt er seine Hände vors Gesicht, als müsse er sich von uns zurückziehen, um nachzudenken. Dann öffnete er die Hände wie Türen und sagte leise: »Mein wichtigster *Lehrer* war Mister Erfahrung. Leute haben mir nix beigebracht. Da waren keine älteren *Christen,* wo ich komme her. Und mein Vater ... Er war *harter, harter* Mann. Er redete niemals über sich. Er brachte mir nie etwas bei. Er hat *mir* gesagt, was ich tun sollte, und ich musste alleine *herausfinden*, wie.

Darum ich habe von Mister Erfahrung gelernt. Ich musste alleine herausfinden – und das ist nicht so *schlecht.* Heute junge Leute bekommen zu viel zu leicht. Manche Sachen lernt man am *besten* auf die harte Tour. Man macht Fehler. Und man macht noch mehr Fehler. Und dann, drei oder vier oder sechs Fehler später, weiß man, wie es geht. Und das vergisst man *nie mehr.*

Darum glaube ich, ihr *müsst* die Leute ins Wasser – wie sagt man das? – *werfen,* damit sie lernen zu schwimmen. Wenn ihr Leiter ausbildet, gebt ihnen Aufgaben, vielleicht große Aufgaben, sodass sie können Fehler machen am Anfang. Lasst sie lernen von *Mister Erfahrung.* Das hat Jesus mit seinen Jüngern auch gemacht. Er hat ihnen Mister Erfahrung *vorgestellt.* Und sie haben gelernt schnell. Sie haben gelernt Leute des *Herzens* zu sein – und Leute, die wissen, was zu tun ist.«

Mister Erfahrung! Was für eine Aussage am Schluss dieses Treffens, dachte ich. Unser Freund aus Haiti hatte den Abend mit einer bemerkenswerten Geschichte beendet.

Gail sagte: »Wilford, vielen Dank. Du hast diesem Abend einen würdigen Abschluss verliehen.« Dann blickte sie in die Runde und meinte: »Ihr habt mehr als bestätigt, dass es eine gute Idee war, euch alle einzuladen. Gordon und ich haben uns eifrig Notizen gemacht und es gab etliche Gedanken, auf die wir bisher nicht gekommen sind. Wenn ihr eines Tages hört, dass wir etwas von den Dingen umsetzen, die ihr vorgeschlagen habt, dann seid gewiss, dass wir wissen, von wem sie kamen. Gordon hat vorhin das Abschlussgebet erwähnt. Liebling, willst du noch mit uns beten?«

»Ich denke, ein Gebet wird mir wohl einfallen«, antwortete ich lächelnd.

Alle senkten die Köpfe.

»Unser Herr und unser Gott, Gail und ich danken dir für diese besonderen Freunde. Einige gehören zu unserer Gemeinde, andere sind unsere Nachbarn. Wir schätzen jeden Einzelnen von ihnen. Und es war etwas Besonderes, wie sie sich heute Abend an Zeiten erinnert haben, in denen sie lernten und gewachsen sind und zu den Menschen wurden, die sie heute sind.

Wir beten für Wilfords Frau Martine und bitten dich, dass du sie auf dem letzten Stück Weg zum Haus ihrer Eltern auf Haiti bewahrst. Und wir bitten dich, dass du Wilford Frieden ins Herz gibst und die Gewissheit, dass seine geliebte Frau unter deinem Schutz steht.

Ich bitte dich, dass du Gail und mir die Weisheit gibst, wie wir umsetzen können, was wir heute Abend gehört haben. Das war sehr wertvoll. Amen.«

Schnell zerstreute sich die Gruppe in verschiedene Gespräche. Die Ersten, die mich ansprachen, waren Hank und Cynthia Soriano. Sie wollten sagen, wie sehr ihnen der Abend gefallen hatte und wie beeindruckt sie von den Leuten aus unserer Gemeinde waren.

»Irgendwann müssen wir uns eure Kirche mal angucken. Es ist lange her, dass wir ein Gespräch wie heute erlebt haben. Und eins sag ich dir: Ich will unbedingt wissen, wie euer Projekt anläuft. Hältst du mich auf dem Laufenden?«

Ich versprach es ihm.

Gerade, als er und Cynthia nach oben zur Haustür aufbrechen wollten, klingelte Wilford Jean-Baptistes Handy und im Raum wurde es still. Wilford meldete sich, hörte die Stimme seiner Frau und auf seinem Gesicht erschien ein breites Lächeln.

»Halleluja, halleluja!«, rief er. »Sie ist angekommen«, teilte er uns allen mit. Das Letzte, was wir hörten, bevor er nach oben rannte, um allein mit ihr sprechen zu können, war: »Ich liebe dich, ich liebe dich, ich liebe dich.«

Hank drehte sich zu mir um und sagte: »Wow, der Mann liebt seine Frau wirklich. Sind alle in eurem Laden so?«

Eine halbe Stunde später waren alle gegangen und es war ruhig in unserem Haus. Einige hatten uns noch geholfen, das Geschirr in die Küche zu bringen und die Spülmaschine einzuräumen. Als sie weg waren, setzten Gail und ich uns noch zusammen und redeten über den Abend. Wir waren begeistert. Wir hatten nicht nur haufenweise Anregungen, über die wir nachdenken konnten, sondern konnten zudem kaum glauben, wie Hank und Cynthia Soriano auf die Stimmung des Abends reagiert hatten und dass sie tatsächlich einmal unsere Gemeinde besuchen wollten.

Ich erzählte Gail, dass Hank gemeint hatte, dieser Abend sei die beste Fahrstuhlstory gewesen, die ich ihm hätte erzählen können. Und sie bestand nicht aus Worten, sondern aus Menschen.

5.–18. NOVEMBER

Der erste Herbst

Lieber Pastor Mac und Gail,

es mir so viel bedeuten, dass ihr mich eingeladen in euer Haus. Danke. Ich beten für euch jeden Tag und die große Idee.

Hana Tchung

Liebe Gail, lieber Gordon,

wir haben bei euch tolle Leute getroffen. Danke, dass wir dabei sein durften. Solltet ihr etwas in der Art wiederholen, wären wir sehr gern dabei.

Liebe Grüße,
Ginny & Vince Kellogg

To: GMAC; Gail MacDonald
Von: Connie Peterson
Betreff: Danke

Danke für eure Einladung. Bitte warnt mich beim nächsten Mal vor, wie schön es bei euch werden wird, damit ich mich darauf vorbereiten kann, nicht in Tränen auszubrechen.
Eure Connie

Geoff Handley und Rich Fisher setzten für den 18. November ein weiteres gemeinsames Treffen der Ältesten und des Vorstands an. In den Tagen davor versuchten Gail und ich herauszufinden, was andere Gemeinden und Pastoren taten, um – mit unseren Worten – Tiefgänger heranzuziehen.

Gail surfte auf den Webseiten von mindestens zwanzig nordamerikanischen Gemeinden, um Hinweise auf ihre Programme zur Leiterentwicklung zu finden.

Ich schnappte mir das Telefon und rief Pastoren ähnlich großer Gemeinden an, die ich in den letzten Jahren auf verschiedenen Leiterschaftskonferenzen kennengelernt hatte. Hier und da bekamen wir ein paar hilfreiche Tipps (die meisten handelten allerdings eher davon, wie man es nicht machen sollte), aber ich kann nicht wirklich sagen, dass wir von den Erkenntnissen überwältigt wurden. Einigen Kollegen hätte ich gern geraten: »Du musst dich unbedingt mal mit Mercedes Perez und Rabbi Cohen unterhalten!«

Manche Pastoren gestanden, dass sie auf diesem Gebiet nur wenig taten, weil ihre Wochenpläne bereits mit anderen organisatorischen Pflichten gut ausgefüllt waren. Andere bekundeten ihre guten Absichten, beklagten sich aber, dass es keine Materialien oder Arbeitshilfen gab. Dort, wo tatsächlich etwas für die Förderung von Tiefgängern getan wurde, beschränkte es sich darauf, ein oder zwei Bücher zu lesen und dann gelegentlich zum Austausch darüber zusammenzukommen.

Eines Morgens schrieb ich in mein Tagebuch:

> Mir wird klar, dass die meisten Pastoren (auch ich in der Vergangenheit) davon ausgehen, dass sie ihre Gemeinde in die Zukunft hineinpredigen können. Mit dem Mund betonen sie, wie wichtig es ist, jüngere Generationen zu fördern, aber am Ende beklagen sie sich, dass sie zu viel zu tun haben. Eine Gemeinde, die sich nicht dazu verpflichtet, zukünftige Generationen von Tiefgängern zu fördern, ist wie ein Baseball-Verein ohne Jugendmannschaft, in der junge Spieler für die Major League trainiert werden.

Mercedes Perez rief mich eines Morgens an und erkundigte sich, welchen Fortschritt die große Idee machte.

»Die große Idee heißt jetzt TGH«, erzählte ich ihr. »Das steht für Tiefgänger heranziehen. Der Vorschlag stammt von einem unserer ältesten Mitglieder, George Huntoon, den du vermutlich nie kennengelernt hast. Er hat die Gemeinde in früheren Zeiten aber stark geprägt.«

»Tiefgänger heranziehen – gefällt mir«, sagte Mercedes. »Klingt nach einem soliden und erreichbaren Versprechen.«

Ich sagte es bereits. Mercedes ist eine kluge Frau.

Ein paar Tage vor dem Treffen der Ältesten und des Vorstands waren Gail und ich zum Abendessen bei Rich und Carly Fisher, um uns über unsere bisherigen Erkenntnisse auszutauschen. Sie hörten begeistert zu und stellten gefühlt tausend Fragen. Als Gail und ich nach Hause fuhren, nahm ich zwei tiefe Eindrücke mit: erstens, wie fest sie an das TGH-Projekt glaubten, und zweitens, wie sehr sie ein Teil davon sein wollten.

Den Tag vor dem Leitungstreffen verbrachte ich mit dem Pastorenteam in einem Tagungshaus in den White Mountains. Ich schlug vor, dass wir uns morgens anhand der Bibel mit dem Thema Förderung von Tiefgängern beschäftigten.

Bruce Bartlett stimmte zu und hatte die Idee, dass wir zu diesem Zweck den Brief von Paulus an die Kolosser lesen könnten: »In meinen Augen«, sagte er, »ist der Kolosserbrief eine regelrechte Charta für Jüngerschaft.«

»Aus welchem Grund?«, fragte ich.

»Ganz einfach«, erwiderte Bruce, »Paulus schrieb an eine Gruppe neuer Christusnachfolger, die er vorher nie getroffen hatte. Er wollte, dass sie sich den Schwung ihrer Bekehrung bewahrten. Es könnte uns gut tun, uns mal wieder daran zu erinnern, was er ihnen schrieb.«

Frühmorgens nutzte ich an unserem Ausflugsziel einen Teil meiner Stillen Zeit, um den Kolosserbrief zu lesen, und wusste genau, was Bruce meinte. Als ich Kolosser 2,6-7 las, dachte ich: *Das ist genau das passende Motto für TGH!* Der Prozess, den wir *Heranziehen* nannten, wurde genau erwähnt: »Ihr habt Jesus Christus als den Herrn angenommen; darum lebt nun auch in der Gemeinschaft mit ihm und nach seiner Art! Seid in ihm verwurzelt und baut euer Leben ganz auf ihn. Bleibt im Glauben fest und lasst euch nicht von dem abbringen, was euch gelehrt worden ist. Hört nicht auf zu danken für das, was Gott euch geschenkt hat.«[13]

Hier wurde einfach, aber aussagekräftig beschrieben, wie Tiefgänger wachsen: *verwurzelt, auf ihn gebaut, fest im Glauben, unaufhörlich dankend.* Es war genau das, was wir im Leben »wachstumsfähiger« Menschen sehen wollten.

Als wir als Pastorenteam zusammenkamen, lasen wir gemeinsam laut den gesamten Kolosserbrief. Wir trugen unsere Gedanken darüber zusammen, was Paulus sagen wollte, und spürten unsere Begeisterung weiter wachsen. Die Bibel sprach zu uns und sie schien sagen zu wollen: *Fördert Tiefgänger auf jede nur erdenkliche Weise.*

Paulus beginnt seinen Brief damit, dass er die Qualität der Gemeinschaft der Kolosser lobt: »Wir haben von eurem Glauben gehört, der durch Jesus Christus in euch lebt, und von eurer Liebe zu allen Christen. Sie beide erwachsen aus eurer festen Hoffnung auf das Leben, das Gott im Himmel für euch bereithält.«[14]

»Was für einen hervorragenden Ruf diese Gemeinschaft von Christusnachfolgern hatte«, sagte Bruce. »Klingt fast nach einer Fahrstuhlstory.«

Dann blieben wir an Paulus' Gebet im ersten Kapitel hängen: »Deshalb hören wir nicht auf, für euch zu beten.«[15]

Das Gebet zeigte uns, was Paulus sich für die Entwicklung und die geistliche Reife der Kolosser erträumte: Einsicht in Gottes Willen, Erfüllung mit Weisheit, Frucht in allem guten Wirken, Wachstum in Geduld und Ausdauer, ein Leben voller Dank als erlöste Menschen.[16]

Jason wollte noch ein wenig bei diesen Begriffen bleiben: »Bringen wir es doch mal auf den Punkt: Gibt es bei uns viele, die sich in diese Richtung entwickeln?«, fragte er. »Ich kann euch sagen: Meine Freunde sind auf der Suche nach Christen, die dieser Beschreibung entsprechen. Und wenn sie nicht bald welche finden, werden sie ziemlich frustriert sein.«

Danach diskutierten wir über die Aussage: »... damit Christus in allem den Vorrang habe.«[17]

»Was für eine hohe Meinung Paulus von Jesus hatte«, sagte Claire. »Nach dem Motto: Wenn du deinen Blick von Jesus abwendest, bricht alles zusammen. Das ist wirklich ein ziemliches Bekenntnis. Paulus sagt den Kolossern, dass Jesus Herr war, Herr ist und dass er immer der Herr von allem sein wird.«

Das führte uns zu der Frage, wie wir es schaffen konnten, dass Jesus der Mittelpunkt in allen Aspekten des TGH-Projekts blieb. »Wir wollen nicht einfach nette Menschen hervorbringen«, sagte ich. »Wir wollen, dass Jesus jeden Aspekt ihres Lebens durchdringt.«

Wenig später stießen wir auf die Stelle, in der Paulus sein Ziel beschreibt: »Ihn verkündigen wir, indem wir jeden Menschen ermahnen und in aller Weisheit lehren, um sie als Menschen vor Gott hinzustellen, die in Christus vollkommen sind.«[18]

»Da haben wir's«, sagte Bruce. »Paulus sagt, dass es ihm vor allem darum geht, Tiefgang oder Reife *in Christus* zu fördern. Darum sollte es der gesamten Kirche gehen. Und ganz sicher ist es die Aufgabe von TGH. Vielleicht sollten wir die TGH-Idee als etwas betrachten, das am Ende jeden Bereich unseres Lebens als Gemeinde durchdringt.«

Dann kamen wir zu meinen Lieblingszeilen: »Ihr habt Jesus Christus als den Herrn angenommen; darum lebt nun auch in der Gemeinschaft mit ihm und nach seiner Art! Seid in ihm verwurzelt und baut euer Leben ganz auf ihn. Bleibt im Glauben fest und lasst euch nicht von dem abbringen, was euch gelehrt worden ist. Hört nicht auf zu danken für das, was Gott euch geschenkt hat.«[19]

Ich erzählte der Gruppe von den Gedanken, die die folgenden Worte bereits am Morgen in mir ausgelöst hatten: *verwurzelt, auf ihn gebaut, fest im Glauben, unaufhörlich dankend.* Ich sagte, wenn TGH tatsächlich stattfand, würde ich diese Worte gern zum Motto des gesamten Projekts machen. »Paulus will, dass die Kolosser Kraft und Ausdauer haben«, sagte ich. »Er setzt sich mit Leidenschaft dafür ein, dass sie Tiefgänger werden.«

Wir kämpften uns durch die Aussagen über Häresie und kamen dann zu den beiden Abschnitten, in denen Paulus den Kontrast beschreibt zwischen der ursprünglichen Art der Kolosser (gewalttätig, unmoralisch, verleumderisch, Lügner) und wie Paulus sie sich wünschte: »Zieht nun an … herzliches Erbarmen, Güte, Demut, Milde, Langmut … Vergebt euch gegenseitig … In aller Weisheit lehrt und ermahnt euch gegenseitig … Alles tut im Namen des Herrn Jesus.«[20]

»Eine unglaubliche Liste von Qualitäten für eine starke Gemeinschaft«, bemerkte Bruce. »Und sie steht im krassen Widerspruch zu dem, was man in weiten Teilen der Welt beobachten kann. Wenn wir so einen Charakter in den Leuten formen könnten – unendliche Möglichkeiten täten sich auf.«

Am Ende unserer gemeinsamen Bibelarbeit betete das Team intensiv für Gail und mich. Sie baten Gott, dass wir das ganze TGH-Paket so schnüren konnten, dass die Ältesten hundertprozentig dahinter stehen konnten. Während des Gebets musste ich denken: *Vor ein paar Monaten hast du dich noch gefragt, wie die Zukunft wohl aussehen könnte. Und jetzt wartet eine große Chance auf dich. Das ist das perfekte Projekt für einen alten Knaben wie dich. Das ist deine neue Berufung.*

18. NOVEMBER

Früher Abend. Der erste Herbst

Aus meinem Tagebuch:

> Der Teamklausur würde ich 10 Punkte geben – auf einer Skala von 1 bis 10. Unsere gemeinsame Bibelarbeit war klasse. Und wir haben uns auf die biblische Grundlage für das TGH-Projekt geeinigt. Die Männer und Frauen, mit denen ich arbeite, sind eine wahre Wohltat für meine Seele. Jetzt auf zum Ältestentreffen. Ein entscheidender Moment steht an.

Fast sechs Wochen nachdem sich die Ältesten und der Vorstand zum ersten Mal getroffen hatten, um über die große Idee zu sprechen, kamen sie erneut zusammen. Diesmal erwarteten sie ein klareres Bild, wie die Förderung von tiefgehenden Menschen aussehen könnte.

Gail und ich hatten uns am Tag zuvor darauf vorbereitet. Rich Fisher und das Pastorenteam hatten uns noch ihr Feedback zur Präsentation gegeben, die wir erarbeitet hatten. Jetzt fühlten wir uns gut gerüstet.

Wir wollten gern eine klare und mitreißende Vision des TGH-Projekts präsentieren. Wenn die Leitung TGH am Ende nur als eine weitere Gemeindegruppe betrachtete, hätten wir unser Ziel nicht erreicht. Wir wollten, dass sie sich den Anfang des ganzen Prozesses vorstellen konnten, der am Ende zu einer Neuorientierung des gesamten Gemeindelebens führen würde. Wir wünschten uns, dass sie die Vision zu ihrer eigenen machten. Sie sollten spüren, dass Gott uns alle – nicht nur Gail und mich – in eine neue Richtung führte.

Am Ende unserer Vorbereitungen waren wir zuversichtlich, erklären zu können, warum so viel Aufwand und Energie in die TGH-Initiative fließen musste. Den Einstiegssatz hatten wir uns gut überlegt: *»Lasst uns am Anfang davon träumen, dass unsere Gemeinde in fünf Jahren von zweihundert Tiefgängern und tiefer gehenden Menschen besucht wird – manche davon mit Aufgaben in unserer Gemeinde, andere an anderen Einsatzorten. Wie können wir dahin kommen?«*

Als Geoff Handley die Sitzung eröffnete, waren alle Ältesten und Vorstandsmitglieder anwesend. Auch das Pastorenteam und Gail waren eingeladen.

Geoff übernahm die Andacht zu Beginn selbst und las aus 2. Timotheus 3: »Du aber bist meiner Lehre gefolgt, meinem Lebenswandel, meinem Vorsatz, meinem Glauben, meiner Langmut, meiner Liebe, meinem Ausharren, meinen Verfolgungen, meinen Leiden …«[21] Er las den Abschnitt zu Ende und sagte schlicht: »Wir sind heute Abend hier, um darüber nachzudenken, wie diese Art der Leiterschaftsentwicklung in unserer Gemeinde effektiver geschehen kann. Lasst uns beten, dass wir nach diesem Treffen das Gefühl haben, einen besonderen, vielleicht sogar historischen Moment für diese Gemeinde erlebt zu haben.«

Dann betete Geoff und bat Gott, uns als Gemeindeleitung Einheit zu schenken, während wir über die neue Generation von Frauen und Männern nachdachten, die eines Tages in unsere Fußstapfen treten würden. Anschließend übergab er mir die Gesprächsleitung.

»Guten Abend allerseits«, sagte ich. »Gail und ich bereiten uns seit einigen Tagen auf diesen Moment vor. Ihr kennt alle unser Thema, eine Zeit lang haben wir es mit *»die große Idee«* betitelt. Vor Kurzem haben wir einen etwas aussagekräftigeren Namen gefunden, den ich euch in einigen Momenten nennen werde.

Viele von euch kennen den Namen John Stott. Manche zählen ihn zu den wichtigsten Theologen und Predigern des Zwanzigsten Jahrhunderts. Und viele sagen, er sei der großartigste Christ gewesen, den sie je getroffen haben. Ich gehöre dazu. Dr. Stott wurde einmal gefragt, was er über das enorme Wachstum der christlichen Bewegung weltweit denke. Seine Antwort war differenziert. Er sei ehrlich erfreut über das Wachstum, sagte er. Und er fügte hinzu: ›Keiner kann ernsthaft bestreiten, wie außergewöhnlich stark die Kirche weltweit wächst. Aber das ist ein numerisches Wachstum. *Es gibt jedoch kein ausreichendes Wachstum in Jüngerschaft, das vergleichbar wäre mit dem Wachstum in Zahlen.*‹ Ich möchte euch bitten, in unserer Gesprächsrunde heute diese Bemerkung im Hinterkopf zu behalten.«

Mithilfe einer Powerpoint-Präsentation bemühte ich mich so gut es ging, den Ältesten zu beschreiben, wie wir uns die TGH-Initiative vorstellten. Meine Präsentation dauerte ungefähr 25 Minuten.

Zu Beginn rief ich ihnen die biblische Tradition ins Gedächtnis, bei der eine ältere, erfahrenere Person eine jüngere auf zukünftige Führungsverantwortung vorbereitete. Als Nächstes sprach ich über meine Befürchtung, dass wir nicht mehr davon ausgehen konnten, dass geistliche Leiter einfach auftauchten, wenn sie gebraucht wurden. Wir mussten sie fördern.

Dann führte ich den Begriff *Tiefgänger heranziehen* erneut ein und nannte unseren Leitsatz: »Wir wollen solche Menschen finden und begleiten, die Gott berufen und mit dem außergewöhnlichen Potenzial begabt hat, andere zu prägen.«

Und ich nannte unsere vier Ziele:

- Wachstumsfähige Menschen finden;
- sie in Lerngemeinschaften einbinden, die sich auf geistliche Reife konzentrieren;
- jedem und jeder Einzelnen helfen, seine oder ihre Begabung und Berufung zu entdecken;
- sie hinein in Leitungspositionen in der Gemeinde oder darüber hinaus führen.

»Bis vor Kurzem haben wir diese Initiative ›die große Idee‹ genannt«, sagte ich. »Letzten Monat habe ich George Huntoon im Krankenhaus besucht und ihm erzählt, wovon wir träumen. Als er mich fragte, wie wir unser Vorhaben nennen, sagte ich ihm, dass wir noch keinen Namen haben.

Er sagte einfach: ›Nennt es TGH – Tiefgänger heranziehen.‹«

Ich warf die Worte an die Leinwand. »George hat schnell zugegeben, dass TGH nicht besonders elegant klingt und dass es ihm einfach in den Kopf gekommen ist, als ich ihm die große Idee aus meiner Sicht erklärte. Aber ich mochte TGH sofort. Und wenn wir uns für Georges Bezeichnung entscheiden, wäre ich erleichtert, weil es uns die Zeit ersparen würde, den perfekten Namen zu finden, der alle zufrieden stellt.

Als ich über Georges Vorschlag nachdachte, wurde mir klar, dass wir die große Idee nicht besonders bewerben oder die Massen davon überzeugen müssen. Wir brauchen keine tolle Verpackung und kein schickes Logo. Was wir vorhaben, bleibt erst einmal fast unsichtbar. Diese Initiative wird zunächst eher unter Verschluss gehalten und wird erst bekannt, wenn – und falls – sie ihre ersten Tiefgänger hervorbringt.

Seit meinem Besuch bei George benutze ich den Begriff *TGH,* und Gail und das Pastorenteam und einige von euch ebenso. Wir haben uns an den Klang bereits gewöhnt.«

Gail und ich erklärten gemeinsam, wie wir uns TGH im Verlauf eines Jahres vorstellen konnten. Wir gingen nicht ins Detail, aber wir erwähnten eine Bandbreite möglicher Programmpunkte: lesen, die eigene

Persönlichkeit reflektieren, die Merkmale eines christlichen Charakters studieren, geistliche Gaben herausfinden, Führungsqualitäten lernen. Wir betonten, dass alles im Rahmen einer Gruppe stattfinden sollte und wie entscheidend Gebet war. Und wir wiesen darauf hin, dass uns das Erzählen der eigenen Geschichte, die gemeinsame Lektüre und das Gespräch darüber sowie das Lernen von erfahrenen Leitern und regelmäßige Treffen mit Mentoren-Ehepaaren aus der Gemeinde vorschwebten.

»Die meisten von euch werden sich an meinen Vergleich mit einem Lehrkrankenhaus erinnern«, sagte ich. »Angehende Ärzte werden unter den Augen von erfahrenen Medizinern ausgebildet. Sie werden hart rangenommen, ständig begutachtet, immer wieder herausgefordert, besser zu werden. Was Gail und ich planen, ist eine Lehrgemeinde.«

Ich beendete meine Präsentation, indem ich die Worte wieder aufgriff, die Geoff Handley zu Beginn unseres Treffens vorgelesen hatte: »›Du aber bist meiner Lehre gefolgt, meinem Lebenswandel, meinem Vorsatz, meinem Glauben, meiner Langmut, meiner Liebe, meinem Ausharren, meinen Verfolgungen, meinen Leiden …‹

Wir wünschen uns, dass genau das bei TGH passiert. Aber dafür ist noch eins nötig. Paulus spricht davon an anderer Stelle im selben Brief: ›Was du von mir in Gegenwart vieler Zeugen gehört hast, das vertraue treuen Menschen an, die tüchtig sein werden, auch andere zu lehren!‹[22]

Was er hier sagt, ist brisant. Das ist eine Strategie, die in unserer Gemeinde oberste Priorität haben muss. Ich wünsche mir, dass ihr mit mir davon träumt, eine echte Führungskultur zu etablieren mit einer wachsenden Zahl von Tiefgängern. Wenn ihr mir diese Aufgabe übertragt, werde ich mein Bestes tun und Gail wird an meiner Seite stehen, genauso wie das Pastorenteam. Und mithilfe der Kraft und der Führung des Heiligen Geistes werden wir euch in den nächsten Jahren eine Menge neuer Leiter bescheren.

Wir werden zuerst mit der TGH-Initiative starten. Und dann werden wir ein ähnliches Projekt für bereits aktive Leiter einführen. Wer weiß, was noch alles passieren wird, wenn wir erst eine neue Generation von Leitern haben, die das alles auch ohne Gail und mich umsetzen kann?«

Damit übergab ich Geoff wieder die Gesprächsführung. Er kündigte Zeit für Fragen und Gespräche an und berief eine viertelstündige Pause ein.

19. NOVEMBER

Später Abend. Der erste Herbst

Aus meinem Tagebuch:

Unglaubliches, absolut unglaubliches Treffen gestern Abend mit den Ältesten, dem Vorstand und dem Pastorenteam! Wir haben ihnen den aktuellen Stand des TGH-Konzeptes präsentiert. Gute Rückfragen, tolle Unterstützung. Handley in Höchstform. Gail war brillant. Und ich bin seither noch begeisterter von unserem Vorhaben. Wir haben uns hohe Ziele gesetzt. Nun wird es Zeit, sie konkret anzusteuern.

Geoff Handley, Monica O'Donnell und Rich Fisher sprachen mich an, sobald die anderen aufgestanden waren, um sich Kaffee zu holen oder zur Toilette zu gehen. Ihnen hatte unsere Präsentation gefallen. Aber sie erinnerten mich daran, dass wir in Neuengland waren und unweigerlich Rückfragen erwarten mussten – und sei es aus keinem anderen Grund, als dass eine Sitzung ohne Rückfragen undenkbar war. Das war mir natürlich bewusst.

Gail war auch zufrieden, warnte mich aber, dass einige Anwesende unsere Begeisterung für das TGH-Konzept möglicherweise auf die Probe stellen würden.

Als Geoff die Sitzung wieder eröffnete, kamen alle schnell zu ihren Plätzen zurück.

»Pastor Mac und Gail haben euch sehr gut vor Augen gemalt, was es bedeutet, wenn eine Gemeinde sich entscheidet, der Entwicklung von Leitern oberste Priorität einzuräumen. Jetzt soll es zum einen darum gehen, dass wir alle das Projekt genau verstehen. Und zum anderen ist es so, dass die Mitwirkenden nicht allein alle Antworten haben. Sie haben einen Punkt erreicht, an dem sie einen Fingerzeig von uns brauchen, dass wir hinter ihnen stehen und dass wir sie unterstützen, wenn sie das Ganze weiter vorantreiben. Welche Fragen möchtet ihr ihnen also stellen?«

Melba Washington, eine Älteste, hob als Erste die Hand.

»Melba, du fängst an«, sagte Geoff Handley.

»Pastor, du und Gail, ihr habt das sehr gut gemacht. Danke dafür. Ich habe eine Frage: Es klingt bei euch so, als würde die Gemeinde in den nächsten Jahren zusammenbrechen, wenn wir dieses Projekt nicht angehen. Glaubt ihr das wirklich?«

»Melba, vergib mir meine leidenschaftliche Art, wenn mir etwas besonders wichtig ist. Ich wollte gern eure Aufmerksamkeit erregen. Aber es ist tatsächlich so, dass wir über eine mögliche Zukunft nachdenken müssen, in der viele Gemeinden ihren Schwung verlieren – oder faktisch keine Leiter mehr nachrücken. Viele in diesem Raum sind über Fünfzig – außer dir natürlich, Melba.«

Melba lachte laut auf, als ich das sagte, denn sie ist über Sechzig.

Ich fuhr fort: »Wir sind als Gemeinde schon ganz gut in die Zukunft gekommen. Niemand wird behaupten, dass wir im Zwanzigsten Jahrhundert stecken geblieben sind. Aber die neue Generation sitzt schon in den Startlöchern. Und, seien wir ehrlich, sie denkt anders als wir hier.

Man könnte sie die *kommenden Erwachsenen* nennen. Und Melba, das sind wundervolle junge Leute, aber sie haben einen völlig anderen Blick auf Glauben und Gemeinde. Sie lehnen durchstrukturierte Organisationen ab. Sie sagen, dass sie Jesus nachfolgen, aber sie wollen keine dogmatischen Erklärungen unterschreiben. Sie lieben Gemeinschaft, aber sie haben eine Abneigung gegenüber Autoritäten. Sie sagen, dass sie persönliche Rettung wichtig finden, aber manchmal sind sie sich nicht sicher, wie diese Rettung wirklich aussieht.

Im Hinblick auf sie müssen wir uns zwei Fragen stellen: Erstens, was haben sie uns mit ihrer neuen Art, christlich zu denken, zu geben? Was können wir von ihnen lernen? Und zweitens, was sollten sie von uns lernen? Wir müssen diese jungen Erwachsenen mit uns zusammenbringen. Ich glaube, TGH ist der richtige Ort, um die Generationen zu durchmischen. Wenn wir das nicht angehen, muss uns eins klar sein: Es könnte passieren, dass wir diese Gemeinde leiten müssen, bis wir 95 sind. Erst dann können wir uns in Florida zur Ruhe setzen.«

»Du wirst mich nie nach Florida kriegen, Pastor«, sagte Melba mit gespielter Abscheu. »Ich sterbe hier in New Hampshire, definitiv!« Alle lachten.

Geoff Handley nickte Scott Simmons zu, der zum Vorstand gehörte.

Scott sagte: »Pastor, du weißt, dass ich zwanzig Jahre lang in der Armee war, bevor Dede und ich herkamen. Wenn es da um Kampfstrategien ging, benutzten wir einen bestimmten Begriff: *Truppenmultiplikator.* Das bedeutete, einen Soldaten oder eine Einheit so auszubilden und auszurüsten, dass ihre Kampfstärke das Vier- oder Fünffache erreichte. Anders gesagt, mit einem Truppenmultiplikator muss man die Zahl der Einsatztruppen nicht aufstocken, sondern erreicht durch mehr Training und bessere Ausrüstung das, was sonst eine dreimal größere Einheit erreicht hätte. Klingt das für dich einleuchtend?«

»Das tut es, Scott. Und ich ahne, worauf du hinauswillst.«, sagte ich.

»Es geht mir um Folgendes: Glaubst du, dass dieses ... äh ... TGH ein Truppenmultiplikator wäre? Würde es *eure* Effektivität steigern? Und – ich glaube, darauf kenne ich deine Antwort bereits – hilft es der Gemeinde, ihre Aufgaben besser zu erfüllen?«

Ich antwortete: »Scott, dein Vergleich trifft für mich den Nagel auf den Kopf. Man konzentriert seine Zeit und Energie auf neue Aufgaben – zumindest richte ich meine Zeit und Energie neu aus –, investiert sie in etwas wie TGH und erhöht damit die Effektivität um ein Vielfaches. Der Traum ist, dass TGH tiefer gehende, effektivere Leiter hervorbringt, die sich dem Dienst für Jesus verpflichten. Wir wollen davon weg, nur Leute zu finden, die Lücken in Gemeindegruppen ausfüllen. Denke an die West Point Militärakademie, Scott. Gleicher Grundgedanke.«

»Dann bin ich dabei«, sagte Scott und fügte mit gespieltem Ernst hinzu: »Ich würde dann gern teilnehmen.«

»Wir haben dich im Blick, Scott. Aber sei nicht enttäuscht, wenn ...«

»Pastor«, fiel mir Geoff Handley grinsend ins Wort. »Sei vorsichtig, was du sagst.« Wieder Gelächter.

Als das Lachen abebbte, meinte Kyle Wood: »Geoff ... Geoff, aber mal im Ernst: Habt ihr euch Gedanken über die Leute gemacht, die nicht mitmachen dürfen? Wie werden sie sich fühlen? Werden nicht einige verletzt sein? Ich meine, viele von uns würden zu gern ein Jahr lang viel Zeit mit dem Pastor und seiner Frau verbringen.«

Ich bedeutete Geoff, dass ich gern darauf antworten würde. »Kyle, du sprichst einen sensiblen Punkt an, der allen ins Auge springt, die sich mit TGH beschäftigen. Und wir haben noch keine fertige Antwort darauf. Wir wissen nur – und der Vergleich hinkt vielleicht ein bisschen –, dass Jesus zwölf Männer auswählte. Zwölf von – wie vielen? Es müssen mehrere Hunderte gewesen sein, die ihn irgendwie unterstützt und geschätzt haben.

Aber von diesen Hunderten bekamen nur zwölf die Eintrittskarte, dem Meister nahe kommen zu dürfen – und einer von ihnen entpuppte sich auch noch als völlige Katastrophe.

TGH, wie wir es verstehen, beginnt mit der *Auswahl* wachstumsfähiger Menschen, nicht mit einem Aufruf. Dafür ist ein kluger, sorgfältiger Prozess, getragen von Gebet notwendig, in dem wir die prüfen, von denen wir glauben, dass der Heilige Geist sie im Visier hat. Wenn wir falsch liegen, werden wir uns damit auseinander setzen müssen. Es besteht das Risiko, jemanden zu verletztten. Aber dazu bin ich bereit.«

Adelle Waters, die neben Gail saß, drehte sich zu ihr um und fragte: »Aber wenn Scott Simmons nicht zu TGH eingeladen wird«, – großes Gelächter – »wer wird dann eingeladen? Nur verheiratete Männer oder wer sonst?«

»Gute Frage, Adelle«, sagte Gail. »Wir hätten am Liebsten, dass die Geschlechter zu gleichen Teilen vertreten sind. Und wir wünschen uns Singles genauso wie verheiratete Paare. Und es wäre schön – das kommt jetzt vielleicht überraschend –, mindestens ein älteres Paar oder ältere Singles dabei zu haben. Wir glauben, dass die Jüngeren von den Älteren lernen und die Älteren von den Jüngeren inspiriert werden.«

»Plant ihr zwei, das komplette Projekt allein zu stemmen?«, fragte Scott Simmons.

»Nicht ganz«, sagte ich. »Wir würden jedem Single und jedem Ehepaar gern Mentoren aus der Gemeinde an die Seite stellen. Das betrifft dann vermutlich einige von euch. Wir möchten die Mentoren anleiten und das Ziel wäre, dass sich alle TGH-Teilnehmer einmal pro Monat mit ihnen treffen. Die Mentoren würden versprechen, für ihre Leute zu beten. Sie sollen nachfragen, wie es ihnen geht, und gerne das ergänzen, was die Gruppe gerade lernt.

Einige von euch sind momentan sehr eingespannt, aber es wäre trotzdem schön, wenn ihr euch fragt, ob Gott euch als Mentor für eine jüngere Person beruft. Und vielleicht wollt ihr dafür sogar eine andere Verpflichtung abgeben.«

Es folgten noch weitere – durchwegs gute – Fragen. Manche versuchte ich zu beantworten, andere gab ich an Gail weiter, besonders diejenigen, die die Auswahlkriterien betrafen. Während des Gesprächs spürte ich einen solchen Enthusiasmus, als stünde ich unter Adrenalin. Ich hätte nicht erwartet, dass das überhaupt möglich war, aber meine Begeisterung über das TGH-Konzept nahm tatsächlich noch zu. Ich wollte es unbedingt und überzeugte die Ältesten nur zu gern von unserer Idee. Voller Freude sah ich, wie einer nach dem anderen an Bord kam. Ihre positiven Fragen deuteten an, dass sie bereit waren, etwas ganz Neues auszuprobieren.

Es war schon bald zehn Uhr und die Fragen drehten sich zunehmend um konkrete Abläufe. Schließlich sagte Geoff: »Es ist an der Zeit, unser Gespräch zu beenden. Gordon, du und Gail, ihr habt uns heute Abend sehr herausgefordert. Wir haben viel gelernt. Vielen Dank.«

Er wandte sich an die Ältesten und Vorstandsmitglieder und sagte: »Wollen einige von euch noch ganz kurz in ein oder zwei Sätzen sagen, was sie denken?«

Joe Geiger, ein Ältester, fing an: »Ich warte seit Langem, dass mal jemand mit einer bahnbrechenden Idee um die Ecke kommt – und ich glaube, das ist sie.«

Judy Taylor, eine weitere Älteste, sagte: »Ich hätte eine Menge dafür gegeben, an so etwas teilnehmen zu dürfen, als ich noch jünger war.«

Gilberto Silva, ein neuer Ältester, fügte an: »Meine lieben Schwestern und Brüder, in meiner Gemeinde in Brasilien hat unser Pastor vor vielen Jahren etwas Ähnliches wie – wie nennt ihr das? – TGH angefangen. Es haben nur Männer teilgenommen. Und er hat mich ausgewählt.« Gilberto ließ seinen Blick durch den Raum schweifen, und wir konnten sehen, dass seine Augen feucht waren. »Er hat mich ausgewählt – und nun sitze ich hier als Ältester in eurer, in unserer Gemeinde.«

Gilberto wandte sich an Geoff und sagte: »Vergib mir, Mister Handley, das werden mehr als zwei Sätze.«

»Keine Sorge, Gilberto«, entgegnete Geoff. »Es ist schön, dein Herz sprechen zu hören.«

»Ich höre Gott sagen, dass TGH unser Weg ist. Es ist unser Weg in die Zukunft. Und ich bin dankbar, dass unser Pastor und seine geschätzte Frau Gail diese Vision haben. Ich verspreche, euch zu unterstützen, wo ich nur kann. Als Mentor, oder ich bringe euch brasilianisches Essen vorbei, Mrs. Mac, oder ich unterstütze euch finanziell, wenn es nötig ist. Ich frage mich, woher mein Pastor in Brasilien seine TGH-Idee hatte. Ich weiß, wie sehr sie mein Leben verändert hat.«

Als Gilberto fertig war, übernahm Geoff sofort das Ruder, und die Art, wie er sich nach vorne lehnte, besagte, dass er die Sitzung zum Ende bringen wollte. Geoff konnte wortlos deutlich machen, dass die Gruppe nichts mehr zu sagen brauchte.

»Ich nehme allgemeine Zustimmung wahr«, sagte er. »Zustimmung, unseren Pastor zu ermutigen, TGH einen weiteren Schritt nach vorn zu bringen. Wenn jemand ernsthafte Bedenken hat, sprecht mich bitte persönlich an. Pastor, was habt ihr denn jetzt als Nächstes vor?«

Ich dachte einen Moment nach und sagte dann: »Gail und ich werden mithilfe von einigen von euch unsere Ziele und die Art, wie wir sie umsetzen, noch konkreter festlegen. Und wir werden sehr bald eine Liste mit Leuten erstellen, von denen wir denken, dass Gott sie als Teilnehmer in der Gruppe haben will.«

Geoff Handley bat Monica O'Donnell zu beten.

»Herr Jesus Christus, du hast die erste TGH-Gruppe mit zwölf jüngeren Männern begonnen. Wir danken dir für diesen besonderen Abend. Du warst hier. Ich danke dir für meine Brüder und Schwestern, denen unsere Gemeinde so am Herzen liegt und die sich wünschen, dass tiefer gehende Christen und wirkungsvollere Leiter gefördert werden. Bitte gib unserem Pastor, Gail und den anderen viel Weisheit, wenn sie über das TGH-Konzept nachdenken. Beschütze sie vor dem Bösen. Ich glaube, unser geistlicher Feind ist über so ein Vorhaben nicht erfreut. Bitte bewahre uns jetzt auf dem Heimweg. Das alles erbitten wir im Namen von Jesus. Amen.«

Falls irgendetwas an diesem Abend die Freude noch vergrößern konnte, dann, dass Bruce Bartlett, Claire Dustin, Jason Caldwell und Rich Fisher anschließend zu Gail und mir kamen und ihre Begeisterung und ihre Unterstützung für TGH zum Ausdruck brachten.

22. NOVEMBER

Der erste Herbst

An: Pastor Mac
Von: Gary Tremley
Betreff: Leiterschaftstraining

Lieber Pastor MacDonald,
Adelle Waters hat meiner Frau Kathy und mir von Ihrem neuen Leiterschaftstraining erzählt. Wir suchen schon lange nach einem solchen Angebot. Wie Sie wissen, hatten Kathy und ich nach der Geburt unserer Kinder Schwierigkeiten in unserer Ehe. Wir waren in der Eheberatung und haben einige Eheseminare besucht. Aber nichts hat uns so weitergeholfen, wie wir uns das gewünscht hätten. Wir glauben, Sie und Mrs. Mac in dieser Gruppe zu erleben, würde uns sehr weiterbringen. Würden Sie uns bitte auf die Liste setzen?
Herzliche Grüße,
Gary Tremley

Auf meinem Anrufbeantworter:

»Gordon, Liebling, ich weiß nicht, wo du bist, aber wir müssen unbedingt reden. Ich habe gerade mit Patricia Newland telefoniert. Sie hat von irgendjemandem im Leitungskreis von TGH gehört und will unbedingt dabei sein. Sie erzählte von den Depressionen, die sie hat, seit sie und Andy ihre Verlobung gelöst haben, und meinte, TGH könnte ein echter Neuanfang für sie sein. Ich habe ihr gesagt, dass wir noch nicht so weit sind, dass wir die Teilnehmer auswählen. Und dass andere Gemeindegruppen besser auf ihre Situation zugeschnitten sind. Ich weiß nicht, wie wir damit umgehen sollen. Aber ich glaube nicht, dass Patricia für das, was uns vorschwebt, bereit ist. Ich fürchte allerdings, sie wäre sehr verletzt, wenn wir ihr sagen, dass sie nicht zu den Teilnehmern gehört, nach denen wir suchen.«

Gespräch mit Joe Geiger auf dem Parkplatz:

Joe: Hallo Pastor, hast du gerade eine Minute? Ich weiß, du hast viel um die Ohren, aber …

GMAC: Schon in Ordnung, Joe. Wo brennt's?

Joe: Ich habe gerade mit jemandem aus dem Vorstand über diese Gruppe gesprochen, die ihr anfangen möchtet. Und ich wollte euch unseren Sohn Patrick vorschlagen. Er hat gerade sein Studium abgebrochen. Das Arbeitspensum hat ihn wohl überfordert. Sag ihm bitte nicht, dass ich dir das erzählt habe, aber ihm wurde nahe gelegt, das Studium wegen seiner schlechten Noten für ein Jahr zu unterbrechen. Er redet mit Millie und mir nicht viel darüber. Hat sich ziemlich zurückgezogen. Millie und ich glauben, wenn Patrick in eurer Gruppe wäre, hätte er was zu tun. Ich will nicht bevorzugt behandelt werden, nur weil ich Ältester bin, aber …

»Oh Mann, oh Mann, oh Mann«, sagte ich, als Gail und ich am Abend draußen auf der Terrasse saßen. »Sie haben uns gewarnt, dass das passieren würde … dass Leute unbedingt in die TGH-Gruppe wollen. Es war kein Problem, zu beschließen, dass wir keine Freiwilligen wollen, als TGH nur eine Sache auf dem Papier war. Aber jetzt, wo alles konkreter wird, wird es brenzlig. Was soll ich den Leuten bloß sagen?«

»Sag ihnen die Wahrheit – sag sie liebevoll und mit Anteilnahme. Ich habe schon oft miterlebt, dass Menschen es annehmen und akzeptieren können, wenn du ihnen etwas sagst.«

»Manche werden das als tiefe Ablehnung empfinden. Sie können das nicht anders auffassen. Zumal sie wissen, dass wir andere einladen und sie nicht«, meinte ich.

»Okay, setzen wir dieses Anliegen auf unsere TGH-Gebetsliste und bitten Gott, die Leute vorzubereiten. Und wir bitten ihn, dass er dir die richtigen Worte schenkt. Du hast ein paar Monate Zeit, bevor wir die endgültige Auswahl treffen. Für manche werden dann schon wieder ganz andere Dinge wichtig sein und du musst gar nichts dazu sagen.«

»Ich wünschte, du hättest recht, aber ich bin da nicht ganz so zuversichtlich.«

JANUAR UND FEBRUAR

Der erste Winter

An: Geoff Handley; Monica O'Donnell; Rich Fisher; Pastorenteam; Gail MacDonald
Von: GMAC
Betreff: Mentoren

Könntet ihr darüber nachdenken, welche älteren Ehepaare aus unserer Gemeinde wir als Mentoren für zukünftige TGH-Teilnehmer anfragen sollten? Sie sollten logischerweise selbst Tiefgang haben und ein Herz dafür, geistliche Väter oder Mütter für Jüngere zu sein.

IM JANUAR UND FEBRUAR PREDIGTE ICH MEHRFACH ÜBER CHRISTLICHEN Charakter und heilige Prägung. Ich begann, Schlüsselwörter zu gebrauchen, die aus dem TGH-Vokabular stammten. So sprach ich über das Heranziehen von Leitern, über Wachstumsfähigkeit und über Einflussnahme. Ich predigte darüber, als verwurzelte, auf Jesus gegründete und fest im Glauben stehende Christen zu leben.

Eines Tages erzählte ich davon, wie Jesus seine Jünger geformt hatte. Ich sprach darüber, welche Art von Leuten er aus welchen Gründen ausgewählt hatte: dass sie meist aus kleinen Städten und Provinznestern stammten und raubeinige, vielleicht sogar eher primitive Typen waren. Ich betonte das so sehr, weil wir uns nicht gerade damit rühmen können, am Nabel der Welt zu leben.

»Wir glauben, alle wichtige Persönlichkeiten stammen aus Boston, New York oder Washington«, sagte ich. »Nur alle vier Jahre schaut unser Land auf New Hampshire, wenn ausgerechnet in unserem Staat die Vorwahlen zur Präsidentschaftswahl beginnen und das Medieninteresse groß ist. Aber möglicherweise ist New Hampshire trotzdem ein Ort, an dem Gott eine neue Generation Heiliger heranziehen will.«

An einem anderen Sonntag predigte ich über den Abschnitt im Lukasevangelium, in dem Jesus drei Männer, die gerne Jünger geworden wären, davon abhält, ihm zu folgen – jedenfalls für den Moment (Jason Calders Anbetungsteam hatte den Abschnitt kürzlich gelesen). »Mir scheint«, sagte ich der Gemeinde, »dass alle drei gute Leute waren: Sie hatten ehrliche

Absichten und unterstützten Jesus und seinen Auftrag öffentlich. Aber aus Gründen, die Jesus nie ganz offenlegte, lehnte er sie ab. Man könnte argumentieren, dass sie einfach noch nicht bereit dafür waren, vielleicht noch nicht lernfähig genug, weil andere Themen in ihrem persönlichen Leben höhere Aufmerksamkeit erforderten.«

Nach dem Gottesdienst nahm ich meinen üblichen Platz am Haupteingang ein, wo ich gerne so viele Leute wie möglich persönlich verabschiede.

Unter den ersten, die mir mit ausgestreckter Hand entgegenkamen, war Joe Geiger. »Pastor Mac, ich habe deine Botschaft klar und deutlich gehört. Vergib mir die Anmaßung eines Vaters, der seinen Sohn zu sehr liebt. Ich hätte zweimal nachdenken sollen, bevor ich Patrick für die Gruppe vorschlug, die ihr zusammenstellt. Du hast völlig recht. Er gehört in eine andere Art von Gruppe. Aber eines Tages wird er bereit für das sein, was ihr gerade plant. Ich hoffe, du behältst ein Auge auf ihn.«

Ich umarmte Joe Geiger auf der Stelle vor allen Leuten. Und ich flüsterte ihm ins Ohr: »Das verspreche ich.«

Ich war so froh, dass Joe Verständnis für die Situation hatte. Und ich hoffte zugleich, dass die anderen, die sich für TGH beworben hatten, ebenfalls auf mich zukommen und die Sache ähnlich sehen würden.

Auf Patricia Newland traf das nicht zu.

Als ich nach Hause kam, sagte Gail: »Patricia hat mich heute nach dem zweiten Gottesdienst abgefangen. Sie weinte, sagte, sie habe Angst, du würdest sie nicht mit reinnehmen, wenn die TGH-Gruppe gebildet wird. Und du willst gar nicht wissen, was sie sonst noch gesagt hat.«

»Vielleicht doch«, erwiderte ich.

»Sie sagte, der Herr habe im Traum zu ihr gesprochen und ihr gesagt, es sei sein Wille, dass sie Teil der TGH-Gruppe werde und wenn du und ich das erst verstehen, werden wir sie anfragen.«

»Oooooooh Mann!«

Am Montagmorgen checkte ich meine Mails auf dem Blackberry und fand eine Nachricht von Gary Tremley. Er schrieb:

> Hallo Pastor MacDonald,
> Kathy und ich haben heute Ihre Predigt gehört und wir wussten, dass Sie uns meinen. Ich hätte mir gewünscht, Sie hätten den Mut gehabt,

uns ins Gesicht zu sagen, dass Sie Leute wie uns nicht in der Gruppe haben wollen, statt das in einer Predigt zu tun. Wir hatten gehofft, unter Ihrer Leitung etwas zu lernen. Aber Sie glauben offensichtlich, Leute wie wir seien nicht gut genug für Ihre persönliche Aufmerksamkeit. Daher suchen wir uns eine andere Gemeinde, in denen der Pastor nicht so elitär denkt.

Mit Abschiedsgrüßen,
Gary Tremley

MITTE FEBRUAR

Der erste Winter

Aus meinem Tagebuch:

> Gary Tremley hat gemailt. Er war sehr verärgert. Er hat das Gefühl, ich hätte ihn und Kathy zurückgewiesen und, was noch schlimmer ist, ich hätte das von der Kanzel aus getan. Interessant, dass man vor mehreren hundert Leuten predigt und ein paar denken, man hätte das alles nur für sie allein inszeniert. Gary hat weder auf meine E-Mails noch auf meine Anrufe reagiert. Adelle Waters ist auch keine große Hilfe. Ich glaube, es ist ihr unangenehm, dass sie Gary vorgeschlagen hat, mich anzusprechen. Aber sie hat sich bei mir entschuldigt. Ihr scheint klar geworden zu sein, dass sie zu weit gegangen ist, als sie mit Gary und Kathy über TGH sprach.

Seit dem Ältestentreffen im Spätherbst und der einhelligen Zustimmung, die TGH-Initiative weiter voranzubringen, tüftelten Gail und ich an den Details.

In den ersten Wochen im neuen Jahr beschlossen wir folgende Punkte:

- Jede TGH-Gruppe (eine pro Jahr) würde über vierzig Wochen gehen und dann enden.
- Gail und ich würden zusammen die ersten Gruppen leiten, bis wir Leute herangezogen haben, die unseren Platz einnehmen.
- Wir würden keine Kompromisse eingehen, was den Auswahlprozess und die Voraussetzungen für die Teilnahme anging.
- Alter, Geschlecht, Familienstand und die Zeit, wie lange man schon beim Glauben dabei war, sollten keine Ausschlusskriterien sein, »Wachstumsfähigkeit« schon.
- Angestrebter Starttermin für die erste TGH-Gruppe war Anfang September. Das Auswahlverfahren sollte im Frühjahr beginnen, konkrete Einladungen im Juni folgen. Im Juni sollte klar sein, wie wir dieses Jahr gestalten wollen.
- Wir wollten dafür beten, dass wir so schnell wie möglich ein Ehepaar finden würden, das unser Vertrauen hat und mit dem wir uns

die Verantwortung teilen könnten, die erste Gruppe zu formieren und teilweise auch zu leiten.
- Wir würden eine Gruppe älterer Ehepaare als Mentoren ausbilden.

Gail und ich fragten uns immer wieder, was für uns die entscheidenden Merkmale von Tiefgängern waren. Unsere Liste wurde ständig neu überarbeitet, wenn wir in der Bibel lasen, Materialien über geistliche Leiterschaft durcharbeiteten und Menschen beobachteten, die wir für Tiefgänger hielten.

Zurzeit sah unsere Liste folgendermaßen aus:

Tiefgänger

- zeigen eine verbindliche Treue Jesus gegenüber und nennen ihn ihren Erlöser und Herrn;
- wünschen sich, in jedem Aspekt ihres Lebens zu wachsen, auch wenn sie schon älter sind;
- wissen, wie ein Christ sich verhält;
- führen gesunde und lebendige Beziehungen;
- werden wegen ihrer Weisheit und Integrität respektiert;
- sind sich bewusst, wie Gott sie begabt hat, und spüren einen persönlichen Auftrag oder eine Berufung;
- inspirieren gern andere und helfen ihnen, im Glauben zu wachsen
- haben klare Glaubensüberzeugungen, sind aber nicht unbeweglich, aufdringlich oder verurteilend;
- gehen großzügig mit dem um, was sie haben, und wissen oft, wie sie anderen dienen können;
- sind mitfühlend und oft die Ersten, die sehen, wenn Menschen Seelsorge oder Ermutigung brauchen;
- sind Menschen, mit denen man gerne zusammen ist, weil sie das Leben lieben und die beste Art zu kennen scheinen, wie man es lebt;
- sind Impulsgeber, wo immer sie hinkommen.

Bei einem Frühstückstreffen gab ich diese Liste einer Gruppe aus dem Leitungsteam.

»Meine Güte!«, rief Ken Squires. »Du hast Jesus beschrieben. Wer könnte sonst alle diese Eigenschaften in sich vereinen?«

»Das hat mir zuerst auch Mühe gemacht, Ken«, sagte ich. »Aber man fängt mit dem höchstmöglichen Standard an und freut sich dann, dass es auch noch die Gnade gibt.«

Winn Rilkey, der älteste Herr im Ältestenkreis, sagte: »Oh Mann, wie müssen wir Leute enttäuscht haben!«

»Wie meinst du das, Winn?«, fragte ich.

»Glaubst du etwa, wir wären solche Leiter? Wenn Leute uns sehen, erkennen sie dann diese Eigenschaften in uns? Unsere Gemeinde bietet Gruppen, Räumlichkeiten und verschiedene Initiativen an. Dauernd haben wir diese und jene Vision verbreitet – alles gute Sachen natürlich –, aber haben wir diese Eigenschaften vorgelebt? Ich bin mir da nicht so sicher.«

Judy Taylor sagte: »Winn, jetzt mach dich nicht so schlecht – und uns andere auch nicht. Ich stimme dir zu: Diese Liste ist ein Weckruf. Wir hätten so etwas schon viel früher haben sollen. Andererseits steht nichts darauf, was ich nicht schon mal gehört hätte. Aber alles geballt auf einem Stück Papier zu lesen – das öffnet mir die Augen.«

»Ein kleine Sache will ich noch erwähnen. Sie wird euch überraschen«, sagte ich. Alle verstummten.

»Gail und ich haben diese Liste Leuten gezeigt, wann immer wir die Möglichkeit dazu hatten. Und wir haben sie gefragt, ob sie jemals Menschen mit diesen Eigenschaften kennengelernt haben. Die meisten haben gesagt, ja, sie kennen solche Leute. Und wisst ihr was? Als wir sie fragten, an wen sie dabei denken, stellte sich heraus, dass es Leute waren wie ihr. Wie du, Geoff. Oder du, Judy. Winn, sogar wie du … Nur ganz selten haben sie jemanden wie mich erwähnt, einen Prediger oder jemanden, der für eine christliche Organisation arbeitet. Leute bewundern uns Profis, aber einen christlichen Lebenswandel lernen sie von euch, von Leuten, die nicht dafür bezahlt werden, Tiefgänger zu sein.«

»Planst du, ein paar solcher Exemplare zu produzieren, Gordon?«, fragte Winn und deutete auf das Blatt, das ich ihnen gegeben hatte.

Ich lachte. »Bei dir klingt das, als ob wir Menschen einkochen, in Förmchen gießen und – peng! – haben wir geistliche Superstars. Die Wahrheit ist, dass ich keine Ahnung habe, ob wir das schaffen, Winn«, sagte ich. »Wir leben in einer Welt, in der vieles die Seele angreift: Leute sind total im Stress, müssen enormem Druck standhalten …«, ich hielt einen Moment inne und versuchte, meine Gedanken zu sammeln, um eine noch bessere Antwort geben zu können. »Ich bin mir einfach nicht sicher, ob Gemeinde – so, wie wir Gemeinde gerade leben – viele von solchen Leuten hervorbringen kann. Aber ich bin davon überzeugt, dass Gemeinde sich langsam verändern wird, wenn wir uns zum obersten Ziel setzen, einen Tiefgänger nach dem anderen zu fördern.

Eins will ich noch klarstellen: Meiner Meinung nach trifft auf jeden von euch diese Liste zu, vergesst das nicht. Ihr habt vielleicht nicht den Eindruck, alle Punkte zu erfüllen. Aber ihr alle setzt viele davon sehr gut um. Das beobachte ich immer wieder. Jesus wirkt ganz klar in euren Leben. Und ich bin dankbar dafür. Daher, Winn«, ich blickte ihm in die Augen, »es ist alles nicht so schlimm, wie es zuerst aussieht.«

Monica O'Donnell schnappte sich die Rechnung, die die Kellnerin zum Tisch brachte. »Das übernehme ich«, sagte sie. »Sonst macht Geoff das immer, wenn wir hier sind.«

Sie reichte der Kellnerin ihre Kreditkarte. Dann drehte sie sich zu mir um und zeigte auf die Liste der Eigenschaften geistlicher Leiter »Tu, was immer nötig ist, um ein paar solcher Leute hervorzubringen.« Sie lächelte, stand auf und sang leise die Titelmelodie einer alten Fernsehserie: »Ich bin spät dran, bin spät dran, mein Termin fängt gleich an.«

Ein letzter Schluck Kaffee und wir brachen alle auf.

15. FEBRUAR

Der erste Winter

An: GMAC
Von: Gail
Betreff:

Vergiss bitte nicht, pünktlich zu Hause zu sein. Wir müssen um 17.30 Uhr in Boston im Restaurant sein.

An einem Dienstagabend im Februar fuhren Gail und ich mit Darrell und Sandy Lassiter nach Boston zum Abendessen ins Restaurant Legal Seafoods. Darrell ist Pastor in Massachusetts. Wir haben im selben Jahr unseren Abschluss am Seminar gemacht und schon viel Zeit miteinander verbracht. Unsere Frauen sind ebenfalls gute Freundinnen. Wir versuchen, uns einmal im Monat zu viert zu treffen: Einmal fahren sie in unsere Richtung, das andere Mal wir in ihre. Ich sollte vielleicht erwähnen, dass Darrell in seinem Dienst schon immer zu kämpfen hat. Seine Gemeindeerfahrungen sind schwierig. Ich habe es da wesentlich leichter.

Während Darrell von der Englandreise erzählte, die sie kürzlich unternommen hatten, hörte ich gleichzeitig, wie Gail Sandy davon berichtete, wie unser TGH-Vorhaben langsam Form annahm. Hin und wieder schnappte ich einige Worte oder Sätze auf und konnte so beide Gespräche verfolgen.

Plötzlich hörte ich, wie die Stimmen der Frauen vor Begeisterung lauter wurden. Darrell und ich hielten inne und sahen sie fragend an.

»Wir haben gerade etwas Verrücktes beschlossen«, meinte Gail. »Sandy und ich fahren nach Maine in ein Bed & Breakfast in Kennebunkport. Wir nehmen uns zwei Tage Zeit, um eine Liste mit Vorbildern für geistliche Leiterschaft aus der Bibel und aus der Geschichte des Christentums zusammenzustellen. Wir können sie für die TGH-Gruppe verwenden. Und ihr Männer«, diesen Satz sagte sie sehr bestimmt, »müsst leider zu Hause bleiben.«

»Das ist doch wohl unsere Entscheidung«, sagte Darrell.

»Oh nein«, antwortete Sandy mit übertriebenem Grinsen. »Das wird eine Frauensache.«

Zehn Tage später ließen sie Darrell und mich zu Hause zurück und brachen zu ihrem Trip Richtung Küste auf. Darrell und ich hatten mehrfach vorgeschlagen, sie zu begleiten, aber sie blieben eisern. Ich glaube, es war Sandy, die zu Gail sagte: »Lass nicht zu, dass die Profis unsere Bibelarbeit ruinieren.«

Was für eine Frömmigkeit. Was für eine Dickköpfigkeit. Was für eine Weisheit.

13. MÄRZ

Der erste Winter

An: Bruce Bartlett; Claire Dustin; Jason Calder
Von: GMAC
Betreff: TGH-Predigt

Die Ältesten möchten, dass ich konkret über die TGH-Initiative predige. Sie glauben, die Gemeinde sollte darüber Bescheid wissen, was wir planen. Ich würde das gern am ersten Sonntag im April tun. Seht ihr irgendwelche Probleme?
GMAC

Unser Gemeindeprogramm war für diesen Sonntagvormittag beendet, und Gail und ich saßen im Auto. Wir waren auf dem Heimweg und freuten uns auf das Mittagessen und unser übliches Nickerchen am Sonntagnachmittag.

»Ich hatte zwischen den beiden Gottesdiensten ein interessantes Gespräch mit Rich und Carly Fisher«, sagte Gail.

»Worüber?«

»Sie waren neugierig, wie die TGH-Initiative vorangeht, und ich habe ihnen erzählt, wie der aktuelle Stand ist.«

»Und, fanden sie gut, was du ihnen erzählt hast?«

»Na ja, sie fanden schon gut, was ich ihnen erzählt habe, aber was ich dir sagen wollte, war, dass ich die beiden genau beobachtet habe, als wir uns unterhielten. Mein Eindruck war, dass sie unheimlich gern an TGH beteiligt wären. Du hättest sehen sollen, wie begierig sie alles aufgenommen haben.«

»Hm, ich weiß zumindest, dass Rich – von Carly weiß ich es nicht ausdrücklich – hellauf begeistert war, als die Idee auf den Tisch kam. Aber sie haben beide so viel um die Ohren. Er ist Leiter des Vorstandes und Carly ist nahezu unabkömmlich bei der Tafel.«

Gail unterbrach mich: »Aber sieh es doch mal so, Gordon: Vielleicht führt Gott sie ihren nächsten Wachstumsschritt. Und möglicherweise werden sie in Zukunft sogar eine zentrale Rolle bei TGH spielen. Die Gemeindeleitung kann immer einen neuen Vorstandsvorsitzenden finden und Carly war klug genug, sich schon eine Nachfolgerin für die Tafel heranzuziehen.

Wir haben bei unseren Planungen die ganze Zeit für ein zweites Ehepaar gebetet, und vielleicht haben wir das Offensichtliche übersehen. Wir sind einfach davon ausgegangen, dass sie zu viel um die Ohren haben. Aber was, wenn sie diejenigen sind, die Gott vorbereitet hat, die Sache mit uns zusammen anzugehen?«

Gail schlug vor, dass wir in den nächsten Wochen konkret für die Fishers beten und dann entscheiden würden, ob wir sie ansprechen.

»Okay«, sagte ich. »aber sei nicht überrascht, wenn sie uns absagen. Erinnere dich an unsere Vereinbarung: Jeder, der bei TGH mitmacht, muss ein Jahr alle Aufgaben in der Gemeinde niederlegen und nichts machen außer TGH. Das verlangt eine Menge von ihnen. Und zudem: Wie kann Rich das noch zusätzlich zu all den Verpflichtungen an der Schule schultern?«

»Mit wem hast du denn heute Morgen gesprochen?«, fragte Gail.

»Geoff und Monica baten zwischen den Gottesdiensten um ein Gespräch. Sie sagten, dass immer mehr Leute von TGH hören. Daher denken sie, dass es an der Zeit ist, dass ich der Gemeinde genau erkläre, was wir vorhaben. Auch wenn es am Anfang nur eine kleine Gruppe ist, glauben sie, dass alle wissen sollten, wohin die Reise geht und warum du und ich in naher Zukunft einiges anders machen werden.«

»Und was hast du ihnen geantwortet?«, hakte Gail nach.

»Ich habe zugesagt. Sieht aus, als wäre der erste Sonntag im April der beste Zeitpunkt dafür.«

»Bist du bereit, damit an die Öffentlichkeit zu gehen?«

»Jetzt stecken wir ohnehin schon zu tief drin.«

3. APRIL

Sonntag, 9-Uhr-Gottesdienst. Der erste Frühling

An: GMAC
Von: Jason Calder
Betreff: Gottesdienst

Hi GMAC,
die Elemente für den Gottesdienst am nächsten Sonntag stehen alle. Du musst nichts tun, außer zu predigen. Wir können uns vorstellen, welchen Druck du empfindest, mit dieser Predigt eine Punktlandung hinzulegen. Darum soll dich nichts davon ablenken, die Gemeinde anzuspornen, sich die große Idee zu eigen zu machen.
Jason

Es war 8.55 Uhr am ersten Sonntag im April und auf der Leinwand vorne im Gottesdienstsaal startete der Countdown zum Beginn unseres ersten Gottesdienstes um neun Uhr. Manche finden diese kleine digitale Spielerei witzig. Ich nicht. Aber das ist okay.

Um 8:56:30 (auch wenn ich diese Digitalanzeige nicht besonders mag, muss ich trotzdem immer hingucken), nahmen Gail und ich unsere Plätze in der vordersten Reihe ein. Zuerst war ich ganz entspannt, da ich nur zu gegebener Zeit zu predigen hatte – und das lag (laut Gottesdienstablauf) noch achtunddreißig Minuten und dreißig Sekunden in der Zukunft. Alle anderen Elemente – singen, beten, die Lesung, ein wenig Liturgie, meditative Momente – hatten die anderen aus dem Pastorenteam übernommen.

Um 08.59:59 weckte die Schlagzeugerin mit einem Trommelschlag die allgemeine Aufmerksamkeit und die versammelte Gemeinde – sowohl Leute, die gern mitklatschen, als auch alle anderen – stand auf und sang mit, angeleitet von Jason Calder.

Es folgte eine Anbetungszeit, die laut begann und besinnlich endete. Dann bat Bruce Bartlett die Anwesenden darum, still zu werden und einen Moment darüber nachzudenken, welche Richtung ihr Leben in der vergangenen Woche genommen hatte. Gab es etwas, fragte er, das wir Gott sagen mussten? Dieser wunderbare Stillemoment gab uns allen die Möglichkeit, den alten Psalmisten nachzuahmen, als er betete: »Erforsche mich, Gott, und erkenne mein Herz …«[23]

Ich bekenne, dass ich mich nicht genau an das hielt, was Bruce angeregt hatte. Je weiter die Zeit voranschritt, desto mehr überkam mich ein mentales Multitasking vor der Predigt, das viele Pastoren kennen. Ja, ein Teil von mir dachte über Bruces Frage nach, aber noch mehr beschäftigte mich der Wunsch, dass Gott mir helfen würde, mein Anliegen gut zu kommunizieren.

Gleichzeitig begann ein anderer Teil von mir daran zu zweifeln, ob die Einleitung wirklich hilfreich war. Sollte ich sie verwenden oder doch lieber verwerfen?

Ein dritter Teil von mir sorgte sich um ein weinendes Baby (*kreischend* wäre treffender) in der vierten Reihe, dessen Mama nicht zu merken schien, dass ihr Säugling eine Nahrung brauchte, die nur Mütter geben können.

In diesem Moment innerer Aufgewühltheit drückte Gail mir einen Zettel in die Hand. Die ordentliche Handschrift und die Länge der Notiz deuteten darauf hin, dass sie ihn noch zu Hause geschrieben hatte. Auf ihre typisch feinfühlige Art hatte Gail geahnt, dass ich vor der Predigt eine letzte Erinnerung an Gottes Gegenwart brauchen würde.

> Liebling, ich weiß, wie wichtig dieser Vormittag für dich ist. Dieser große Plan, in unserer Gemeinde Tiefgänger heranzuziehen, reift seit Monaten in unseren Herzen. Du weißt, dass ich überzeugt bin, dass er von Gott kommt. Ich bete, dass er dich als Botschafter gebraucht und dass du ihm vertraust, dir die geistliche Autorität zu geben, die du brauchst. Sei dir gewiss, dass die Ältesten und Vorstandsmitglieder hinter dir stehen. Und vergiss nicht, dass ich in dem Ganzen an deiner Seite bin. Predige voller Überzeugung und mit der Erwartung, dass Gott seinen Segen geben wird.
> Auch heute: Ich liebe dich,
> GVM

Als ich die Notiz las, kamen sofort meine Klarheit und Ruhe zurück. Die Gemeinde sang noch ein Lied vor der Predigt und ich legte meinen Arm um Gail und zog sie näher zu mir heran, um ihr meine Wertschätzung zu zeigen. Sie schien immer die Worte zu finden, die einer Situation perfekt angemessen waren.

Als das Lied zu Ende war und die Musiker die Instrumente, Verstärker und Notenständer von der Bühne geräumt hatten, ging ich nach vorn und sagte, ich wolle noch einmal beten:

»Himmlischer Vater, ich danke dir für das Privileg, ein Prediger der Bibel sein zu dürfen. Du weißt, dass die Vision, von der ich meinen Freunden hier heute Morgen erzählen will, in meinem Herzen und in den Herzen unserer Leiter gewachsen ist. Ich bitte dich, dass du mir hilfst, sie gut zu beschreiben. Hilf mir, Herr, und allen, die zuhören. Ich bitte dich, dass meine Stimme leiser und deine Stimme lauter klingt. Amen.«

3. APRIL

Sonntagmorgen, 9:38:35. Der erste Frühling

Aus meinen Notizen für die Predigtvorbereitung:

Ziel: Die Gemeinde soll über »morgen« nachdenken. Das Wort Tiefgänger einführen: Wer sind sie? Wo sind sie zu finden? Warum sind sie wichtig? Wie können wir sie heranziehen?

Ich leitete meine Predigt folgendermassen ein: »Vor einigen Monaten gab mir Rich Fisher, der Vorsitzende unseres Vorstands, eine Karte mit den folgenden Worten des christlichen Autors Richard Foster: ›Was wir heute am nötigsten brauchen, sind nicht mehr intelligente und begabte Leute, sondern … *Tiefgänger.*‹

Tiefgänger! Viele von euch haben mich in den letzten Monaten schon darüber reden gehört. Jetzt wisst ihr, woher ich den Ausdruck habe. Mich beeindruckt an Fosters Zitat, dass er glaubt, dass Tiefgänger einen größeren Einfluss haben als Menschen, die einfach begabt oder intelligent sind. Wow! Da haben diejenigen unter uns, die sich für begabt oder intelligent hielten – schätzungsweise drei oder vier Leute hier – gerade ziemlich eins auf die Nase gekriegt.

Ich glaube nicht, dass Richard Foster Intelligenz oder Begabung gering schätzt. Ich denke vielmehr, dass es ihm um die geistlichen Prioritäten geht. Er meint vermutlich, dass Intelligenz und Begabung allein nicht genug sind, um eine Organisation oder Gemeinde lebendig zu halten. Wenn eine Gruppe von Christen Gott Ehre machen will, dann müssen Tiefgänger eine zentrale Rolle spielen. Sie können Gottes Reden hören und wissen, wie man seine Kraft anzapft, um den Auftrag umzusetzen, zu dem Jesus uns berufen hat.

Paulus dachte an Tiefgänger, als er die Christusnachfolger in Kolossä aufforderte, in Jesus verwurzelt, auf ihn gegründet und fest im Glauben zu sein. Außerdem forderte er die Leute auf, vor Dankbarkeit – oder noch besser: Lob Gottes – überzusprudeln. Wie könnten Tiefgänger also aussehen?

Ein paar Beispiele: Tiefgänger sind Jesus gegenüber loyal. Sie wachsen ständig in allen Aspekten ihres Lebens. Sie haben starke Beziehungen.

Andere respektieren sie. Zudem sind sie sich ihrer Aufgaben bewusst. Sie motivieren andere, näher zu Jesus zu kommen. Sie wissen, was sie glauben. Sie spenden großzügig und dienen gern. Ihr und ich, wir wenden uns an sie, wenn wir Ermutigung und Ratschläge brauchen. Und sie scheinen immer voller Freude zu sein.

So also könnten Tiefgänger aussehen. Eine Eigenschaft allerdings ist mir noch sehr wichtig.

Sie prägen andere. Wo immer sie hinkommen, werden Personen, Institutionen und Gemeinden inspiriert, erneuert und sogar verändert. Stellt euch einen Moment lang eine Zusammenkunft von Menschen vor – unsere Gemeinde zum Beispiel –, in der es keine Tiefgänger gibt.

Ich habe vor einiger Zeit angefangen, die Bibel daraufhin durchzusehen, ob es eine Zeit gab, in der es kaum Tiefgänger gab. Ich fand einen Vers in 1. Samuel 3: ›Das Wort des Herrn war selten in jenen Tagen; Visionen gab es nicht häufig.‹ Übersetzt: Es fehlten Tiefgänger. Das Ergebnis? Niemand hörte ein Wort von Gott. An anderer Stelle wird über diese Zeit gesagt: ›Jeder tat, was recht war in seinen Augen.‹[24]

Wie sah dieser Abschnitt der Geschichte Israels aus, als es keine Tiefgänger gab? *Unübersichtlich* und *chaotisch* beschreiben diese Jahre vielleicht ganz gut. Jeder und jede war auf sich allein gestellt. Innere und äußere Gefahr drohte.

Der irische Dichter William Butler Yeats beschrieb solche Zeiten:

Die Welt zerfällt, die Mitte hält nicht mehr;
Und losgelassen nackte Anarchie (...)
Die Besten sind des Zweifels voll, die Ärgsten
Sind von der Kraft der Leidenschaft erfüllt.

Vor ein paar Tagen stand ich an der Kreuzung von Main und Pleasant Street plötzlich im Stau. Nichts ging mehr. Viele hupten, Ungeduld lag in der Luft. Dann sah ich, was das Problem war: Die Ampeln waren ausgefallen.

Was wäre notwendig gewesen? Jemand hätte aussteigen und den Verkehr regeln müssen. Aber niemand war bereit dazu. Alle – auch ich – blieben sitzen und hupten. Nebenbei sei bemerkt: Als freundlicher Pastor, der ich mich bemühe zu sein, hupte ich kein einziges Mal. An dem Lärm waren allein die anderen Schuld.« (Die Gemeinde lachte, einige tuteten.)

»Ich saß in meinem Auto und dachte: Dieses Durcheinander ist ein Bild dafür, wie unsere Gemeinde in fünf oder zehn Jahren aussehen könnte, wenn es keine Tiefgänger gibt. Ohne sie stehen wir möglicherweise in einem gigantischen geistlichen Verkehrsstau.« (In der Gemeinde deutete ein schwaches Gemurmel Zustimmung an.)

»Die Wahrheit ist, liebe Leute, dass uns als Gemeinde spannende Zeiten bevorstehen. Wir brauchen eine wachsende Zahl jener tiefer gehender Menschen, die Richard Foster erwähnt. Wie können wir ohne sie erkennen, was Gott mit uns vorhat? Woher bekommen wir ohne sie unsere Inspiration, Jesus ähnlicher zu werden?

Je länger ich darüber nachdenke, desto überzeugter bin ich davon, dass die Tiefgänger, die wir brauchen, nicht einfach zur Tür hereinspazieren werden. Sie müssen gefunden, ausgebildet und zum Tiefgang herausgefordert werden.

In den vergangenen Jahren haben wir Gebäude gebaut, Pastoren eingestellt und neue Gemeindegruppen und andere Angebote ins Leben gerufen. Aber Tiefgänger zu entdecken und zu entwickeln, könnte die nächste Herausforderung für unsere Gemeinde sein. In den letzten Monaten habe ich das »die nächste *große Idee*« genannt.

Diese große Idee – Tiefgänger zu finden und auszubilden – ist nicht weit entfernt von dem, was ein alter ägyptischer Pharao sagte. Er hörte, wie ein junger Hebräer, Josef, einen strategischen Plan für sein Land entwickelte, um eine Zeit wirtschaftlicher Turbulenzen zu überstehen. Ganz oben auf Josefs To-do-Liste stand die Auswahl besonderer Leute, die die Nation durch diese schwierige Zeit führen konnten.

Der Pharao war mit Josef einer Meinung und fragte: ›Können wir einen finden, in dem der Geist Gottes lebt?‹ Er hatte den Kern der großen Idee erkannt. Wenn ich ihm meine Worte in den Mund lege, sagte er: ›Wo können wir einen Tiefgänger finden, jemanden, der weiß, wie er unser Land durch Herausforderungen führt?‹

Unsere Definition von *tiefgehend* und die des Pharao mögen sich leicht unterscheiden. Aber der Mann verstand das grundlegende Prinzip. In seiner Welt wurde jemand gebraucht, der weise, authentisch und einflussreich war. Nicht nur talentiert oder begabt. Für ihn war das jemand, in dem Gottes Geist lebte. Für uns ist ein Tiefgänger jemand, in dem der Heilige Geist lebt.

Ich sehe mir die aktuellen Umwälzungen in der Welt an – manche positiv, manche weniger – und ich weiß, dass sie *jede* Organisation in unserer

Gesellschaft betreffen werden, inklusive unserer Gemeinde. Alles, was wir als Gemeinde tun, werden wir in Kürze auf den Prüfstand stellen müssen. Wir sollten uns fragen: *Tun wir noch das, was Gottes Auftrag für uns ist? Tun wir es richtig? Erzielen wir die Ergebnisse, die Gott sich von uns wünscht?*

Doch wie fängt so ein Prozess an? Ich will die Frage des Pharao noch einmal neu formulieren: ›Können *wir* Tiefgänger finden, in denen der Geist Gottes wohnt?‹ Denn wenn wir sie finden, werden sie prägen, wie wir uns geben und was wir tun.

Lasst mich noch einmal unterstreichen, was ich vorhin gesagt habe. Tiefgänger stehen nicht wie durch Zauberhand vor unserer Tür. Wir müssen sie heranziehen. Wie sollen wir das machen? Das ist eine Frage, die mich jetzt schon eine Weile beschäftigt.

Gail und ich erreichen langsam das letzte Viertel unseres Lebens. Wir haben viel darüber nachgedacht, was Gottes Berufung für Männer und Frauen in unserem Alter ist. Und wir sind zu dem Schluss gekommen, dass Gott uns – und viele von euch – beauftragt, uns in die Förderung der Tiefgänger von morgen zu investieren.

Ich habe diese Predigt mit einem Zitat von Richard Foster über Tiefgänger begonnen. Ich möchte sie mit einem anderen Zitat beenden, diesmal von einem Engländer, der schon beim Herrn ist: Martin Thornton. Er sagte: ›Eine große aktive Gemeinde ist schön und erhebend, aber was die meisten wirklich brauchen, sind ein paar Heilige. Das Tragische ist, dass sie womöglich schon da sind, als Embryos, und nur darauf warten, entdeckt und gut ausgebildet und vom Geist der Mittelmäßigkeit befreit zu werden.‹

Was bei Foster also ›Tiefgänger‹ sind, nennt Thornton ›Heilige‹. Die Begriffe mögen sich unterscheiden, gemeint ist das Gleiche: die Tiefgänger, die Heiligen sind noch ›Embryos‹ (in Thorntons Worten); sie warten darauf, entdeckt zu werden; sie brauchen eine Form von Ausbildung; sie müssen für Gottes Ziele in dieser Gemeinde und darüber hinaus freigesetzt werden.

Jesus hat das ganz klar verstanden. Wenn wir uns sein Leben hier auf der Erde ansehen, merken wir schnell, dass es seine größte Leidenschaft war, Tiefgänger zu finden und zu fördern. Wer hätte diese Fischer, die er bat, ihm zu folgen, vorher als begabt oder intelligent bezeichnet? Ich sicher nicht. Aber Jesus war offensichtlich auf der Suche nach etwas ganz anderem. Er suchte Potenzial für Tiefgang. Und wisst ihr was? Als diese

Tiefe einmal erkannt war, begannen diese Männer plötzlich zu wachsen und entpuppten sich als ziemlich intelligent und begabt. *Aber die Tiefe kam zuerst.*

In unserer Gemeinde wollen wir etwas Ähnliches beginnen und wir haben der Sache einen Namen gegeben: TGH – Tiefgänger heranziehen. Wir planen, dass es sehr, sehr klein anfängt. Die meisten von euch werden anfangs gar nichts davon mitkriegen. Aber ich glaube, dass ihr es eines Tages wachsen sehen werdet. Und dann werden wir Gott dankbar sein für die tiefgehenden Menschen, die daraus hervorgehen.

Dies ist also unsere große neue Idee: Wir wollen Menschen mit dem Potenzial für Tiefgang ausfindig machen und zur Entfaltung bringen.«

Als die Predigt zu Ende war, tat die Gemeinde etwas, das sie sehr selten nach einer Predigt tat: Sie applaudierte.

5. APRIL

Der erste Frühling

Aus meinem Tagebuch:

Der Startschuss für das Auswahlverfahren ist gefallen. Wir sind überzeugt: Dieser Prozess entscheidet alles. Trifft man schlecht durchdachte Entscheidungen ohne vorheriges Gebet wird man später einen hohen Preis zahlen müssen. Wenn wir die erste TGH-Gruppe zusammenstellen, sollten wir ein oder zwei Kandidaten dabei haben, die im nächsten Jahr ihre eigene TGH-Gruppe leiten können. Gail ist felsenfest davon überzeugt, dass die Fishers ideal dafür sind.

Das Gespräch zwischen Gail und mir über Rich und Carly Fisher war nur das erste von vielen ähnlichen Gesprächen zum gleichen Thema: der Auswahl von Leuten für die erste TGH-Gruppe.

Gail (am Telefon mit GMAC): »Ich habe vor Kurzem Sara Stevens bei der Autowaschanlage getroffen. Sie hat mir von einem Buch erzählt, das sie gerade liest, und ich war beeindruckt, welche Erkenntnisse sie daraus gezogen hatte. Ich habe sie nach ihrem geistlichen Weg gefragt, und es war ziemlich offensichtlich, dass sie sich viele Gedanken macht. Ich würde sie gerne auf die TGH-Liste setzen, sie beobachten und für sie beten.«

»Klingt gut«, meinte ich.

Ein paar Tage später sagte ich zu Gail: »Ich habe Morgan und Larry Sanger heute im Einkaufszentrum getroffen.«

»Und?«

»Das Erste, was mir auffiel, war, wie gerne sie zusammen sind. Man sieht es an ihren Gesichtern, wenn sie sich unterhalten. Viele Paare verlieren diese Art der Dynamik nach fünf Jahren Ehe.«

»Du glaubst, wir haben unsere Dynamik verloren?«, fragte Gail. »Und sei vorsichtig, was du sagst!«

»Schatz, wenn unsere Ehe noch mehr Dynamik entwickelt, kriege ich einen Herzinfarkt«, entgegnete ich.

Diese Antwort fand Gnade und wir setzten unser Gespräch über die Sangers fort.

»Was hat dich noch beeindruckt?«, fragte Gail.

»Als ich mit ihnen sprach, fielen mir ihre Reaktionen auf: Sie stellten sehr gute Fragen. Sie hörten aufmerksam zu. Ich hatte das Gefühl, vor mit steht ein Ehepaar, das etwas Bedeutendes aus seinem Leben machen kann. Sie haben mir übrigens erzählt, dass sie in ihrem Urlaub einen Baueinsatz von Habitat for Humanity mitmachen. Das ist beachtlich für ein Ehepaar, das kaum über Dreißig ist.«

»Glaubst du, wir sollten überlegen, ob sie …?«

»Darum erzählte ich dir von ihnen.«

In den folgenden sechs Wochen gab es viele solcher Gespräche. Bruce Bartlett, Claire Dustin und Jason Calder nannten Gail oder mir Leute aus der Gemeinde, die sie für potenzielle Teilnehmer hielten.

Claire sprach Gail und mich auf Lara Anderson an: »Sie arbeitet in der Personalabteilung des Concord-Krankenhauses und ist einfach klasse. Sie hat einen Riecher für Leute und wie man sie ermutigen kann. Es gibt niemanden, der besser in die TGH-Gruppe passen würde.«

Bruce schwärmte von Peter und Olivia Crosby: »Ich könnte sie mir eines Tages gut am Seminar vorstellen. Sie haben wirklich pastorales Fingerspitzengefühl. Ich beobachte, wie sie für andere beten. Ich sehe, wie sie Neue in der Gemeinde begrüßen. Gerade vor ein paar Tagen hörte ich, dass sie einen ganzen Tag lang einer somalischen Familie beim Umzug geholfen haben.«

Und dann war da noch Jason: »Pastor Mac, ich habe zwei Vorschläge: Ich habe mich mit einem Typen in meinem Alter (sechsundzwanzig also) getroffen. Er heißt Damon Marsh und hat für die Plymouth State University Eishockey gespielt. Jetzt ist er Abteilungsleiter bei Dick's, dem Sportartikelladen. Er ist noch ziemlich jung im Glauben, aber er meint es wirklich ernst mit Jesus. Wenn wir uns unterhalten, schreibt er fast alles mit, was ich sage, und eine Woche später erzählt er mir von den Auswirkungen. Wenn ich ihn bitte, mir bei etwas zu helfen, steht er Gewehr bei Fuß. Ihm ist ›Tiefgang‹ quasi auf die Stirn geschrieben. Ihr solltet ihn auf jeden Fall in Betracht ziehen.«

Ich versicherte Jason, dass wir mit Damon in Kontakt treten würden.

»Ach ja, und zum anderen finde ich, ihr solltet überlegen, ob Ben und Catherine Jacobs nicht mögliche Kandidaten wären«, sagte er.

»Ben und Catherine? Interessanter Gedanke. Bin ich noch gar nicht drauf gekommen.«

»Sie werden dafür sorgen, dass alle auf dem Boden bleiben. Ben wird viele Fragen stellen und sich nicht mit einfachen Antworten abspeisen lassen. Und Catherine ist eine tolle Frau. Sympathischer geht es nicht. Vielleicht wollt ihr ja mal darüber nachdenken.«

Das versprach ich.

Wir erhielten auch Vorschläge von Ältesten und Vorstandsmitgliedern. Judy Taylor, eine Geschäftsfrau, die viel unterwegs ist, mailte mir zum Beispiel:

> Lieber GMAC,
> am Flughafen in Manchester habe ich jetzt mehrfach Hugo Padilla getroffen. Er arbeitet am Schalter der Southwest Airlines und scheint mir ein bemerkenswerter junger Mann zu sein. Da ich weiß, dass du und Gail gerade dabei seid, Leute für TGH auszuwählen, habe ich Hugo noch einmal kritischer beobachtet. Ich habe den Eindruck gewonnen, dass er sehr sympathisch, zuvorkommend und glaubwürdig ist. Wenn wir miteinander sprechen, schaut er mir offen in die Augen und ist sehr höflich. Er liebt unsere Gemeinde und will sehr gern mehr aus seinem Leben machen, als Fluggäste abzufertigen. Vielleicht wollt ihr überlegen, ihn in die TGH-Gruppe einzuladen.
>
> Liebe Grüße,
> Judy

Als ich die Namen auf unserer Auswahlliste durchging, freute ich mich darüber, wie unterschiedlich die Leute waren. Wir hatten Singles und verheiratete Paare in einer Altersspanne von fünfundzwanzig bis zweiundvierzig aufgeschrieben. Männer und Frauen waren fast zu gleichen Teilen vertreten. Manche waren in unserer Gemeinde aufgewachsen, andere waren aus anderen Landesteilen dazugekommen. Es war auch interessant zu sehen, welche unterschiedlichen Berufe dabei waren.

Jetzt kam der schwierige Teil: Wie einst General Marshall mit seinem schwarzen Notizbuch, mussten wir harte Entscheidungen treffen. Wen sollten wir für das TGH-Abenteuer auswählen? Und wen sollten wir von der Liste streichen? Die fünfunddreißig Namen mussten auf fünfundzwanzig zusammengekürzt werden. Und wir vermuteten, dass die fünfundzwanzig am Ende auf dreizehn oder vierzehn schrumpfen würden.

Wieder einmal erinnerte Gail mich daran, dass der ganze Prozess umbetet werden musste.

6. APRIL

Der erste Frühling

An: Rich Fisher; Carly Fisher
Von: GMAC
Betreff:

Könnt ihr am Mittwochabend zum Dessert zu uns kommen?

An: GMAC
Von: Rich Fisher
Cc: Carly Fisher

Um wie viel Uhr?

In Neuengland streiten sich jedes Jahr Winter und Frühling darum, wer die Landschaft beherrschen darf. Wir wissen, dass das Frühjahr den Kampf gewonnen hat, wenn Narzissen und Hyazinthen ihren Auftritt bekommen und den Garten farbenfroh dekorieren.

Gail und ich begutachteten draußen das frische Grün, als Rich und Carly Fisher klingelten. Bald saßen wir alle im Wintergarten und genossen Gails Zitronenkuchen mit Baiserhaube. Wir sprachen über unsere Familien, das Eröffnungsspiel der Red Sox im Fenway Park-Stadion und verschiedene Schwierigkeiten, vor denen Rich an der High School stand.

Nachdem wir uns alle entkoffeinierten Kaffee nachgeschenkt hatten, nannte ich den Grund, warum wir die Fishers an diesem Abend eingeladen hatten: »Gail und ich haben eine Anfrage an euch. Es geht um das TGH-Projekt.«

Rich schaute zu Carly und ich sah, wie ihre Blicke sich trafen. Ich hatte das Gefühl, die beiden warteten gespannt darauf, was ich nun sagen wollte.

»Wir würden euch bitten zu überlegen, ob ihr die ersten sein wollt, die der TGH-Gruppe beitreten. Wir hätten euch gern dabei, weil wir uns vorstellen können, dass ihr später einmal eure eigene Gruppe leiten werdet. Ich weiß nicht genau, ob wir euch überhaupt noch etwas beibringen können. Ich meine, immerhin habt ihr uns von Anfang an gedanklich enorm weit vorangebracht. Aber wenn ihr an Bord kommen würdet, könnten wir vier die Sache gemeinsam entwickeln und den zweiten Durchgang schon vorbereiten.«

»Was denkt ihr«, fragte Gail, »könnten wir darüber reden?«

Rich ergriff Carlys Hand. Sie legte ihre andere Hand auf seine.

Carly sprach zuerst: »Gordon, Gail, ihr habt keine Ahnung, wie sehr wir gehofft haben, dass es für uns einen Platz bei TGH gibt. Wir haben darüber gebetet und uns liegt die Sache sehr am Herzen ... und ... Rich, rede du mal weiter ... ich kann gerade nicht ...«

Ich glaubte zu sehen, dass auch Richs Augen feucht wurden, und er schluckte zweimal, bevor er anfing zu sprechen.

»Gordon, seit du im letzten Sommer mit uns und einigen anderen über die große Idee gesprochen hast, wuchs die Vision in unseren Herzen. Carly und mir war von Anfang an klar, dass wir alles tun würden, was in unserer Macht steht, um dich in diesem Unterfangen zu unterstützen und zu ermutigen. Das führte zur Träumerrunde damals und war der Grund, warum wir dir Artikel und Zitate und so weiter gegeben haben.«

»Ihr beide wart eine unglaubliche Inspiration für uns«, sagte Gail. »Selbst der Begriff *Tiefgänger* stammt aus dem Zitat von Richard Foster, das ihr Gordon gegeben habt. Ihr zwei seid von Anfang an mit der Idee verbunden gewesen.«

»Carly und ich haben schon vor langer Zeit beschlossen, dass wir TGH leidenschaftlich unterstützen wollen, aber wir konnten nicht darum bitten, dabei sein zu dürfen. Wir wollten uns nicht aufdrängen. Aber wenn ihr uns einladet, dabei zu sein, beten wir fünf Sekunden darüber und sagen Ja.«

»Fünf Sekunden?«, fragte ich lachend.

»Ja, wir haben schon so viel darüber gebetet. Und wir haben nur noch darauf gewartet, dass Gott handelt – oder eben nicht.«

Ich sagte: »Ich würde euch bitten, vor eurem Fünf-Sekunden-Gebet noch ein oder zwei Dinge zu bedenken: Rich, du müsstest vom Vorstand zurücktreten, und Carly, du müsstest aus der Tafel aussteigen. Wir brauchen euren ganzen Einsatz bei TGH. Und darüber hinaus kann es gut sein, dass ihr nach dem Jahr eine eigene TGH-Gruppe anfangt. Spricht das gegen eure Teilnahme?«

»Nein«, sagte Carly. »Darüber haben wir schon gesprochen. Ich habe eine sehr kompetente Co-Leiterin bei der Tafel, die die Verantwortung übernehmen würde, und Rich …«

»Na ja, ich werde den Vorstand schon sehr vermissen«, meinte Rich. »Aber TGH ist sehr viel wichtiger. Ich glaube, ich bin mir der Folgen bewusst. Mit euch beiden zusammenzuarbeiten und Teil der ersten TGH-Gruppe zu sein, wäre eine großartige Chance für uns.«

»Was ist mit deinen Aufgaben an der Schule, Rich? Wenn wir uns im ersten Jahr immer montagabends als TGH-Gruppe treffen würden, kämen wir da mit Schulterminen in Konflikt?«

»Nein. Dafür würde ich sorgen. Ich würde meiner Sekretärin die Anweisung geben: Keine Termine am Montagabend. Wenn wir uns jede Woche am selben Abend treffen, wäre das kein Problem.«

In dem Gespräch, das sich anschloss, lag eine Menge Begeisterung: Die Hoffnungen und Erwartungen wuchsen, je länger wir darüber sprachen.

In der letzten halben Stunde gingen wir gemeinsam die fünfunddreißig Namen auf der TGH-Auswahlliste durch. In den kommenden Tagen wollten wir sie auf fünfundzwanzig reduzieren. Keiner von uns riss sich darum.

Nach einem gemeinsamen Gebet fuhren Rich und Carly nach Hause. Sie versprachen, uns am kommenden Tag ihre Entscheidung mitzuteilen – vermutlich nach ihrem Fünf-Sekunden-Gebet.

7.–20. APRIL

Der erste Frühling

An: GMAC; Gail MacDonald
Von: Carly Fisher
Cc: Rich Fisher
Betreff: TGH

Wir haben gebetet. Wir haben geredet. Wir haben ja gesagt. Wir sind dabei. Wir könnten nicht glücklicher sein.
Eure
Carly & Rich

In den folgenden Tagen strichen Gail und ich (in Absprache mit den Fishers) die Liste auf die fünfundzwanzig Leute zusammen, die wir für am besten geeignet für TGH hielten. Wir erwarteten, dass sich am Ende nur etwa ein Dutzend Teilnehmer auf das einjährige Wagnis einlassen würde. Wir begannen, die Ausgewählten zügig zu kontaktieren.

Am nächsten Sonntag traf Gail Lara Anderson am Besucherstand in der Gemeinde.

»Lara, das kommt jetzt vielleicht überraschend für dich, aber Gordon und ich haben eine Einladung für dich, und wir würden uns wünschen, dass du darüber nachdenkst. Es geht um die Gruppe, über die Gordon vor zwei Wochen gepredigt hat. Wir möchten dich einladen, dich ein Jahr lang montagabends mit ein paar anderen bei uns zu Hause zu treffen und zu erarbeiten, was es bedeutet, eine Person mit geistlicher Tiefe und Ausstrahlung zu sein. Es geht um mehr als nur Leiterschaft: Wir wollen herausfinden, wie wir geistlich Einfluss ausüben können.«

»Wie seid ihr auf mich gekommen, Mrs. Mac?«, fragte Lara.

»Gute Frage. Wir haben mitbekommen, wie sehr andere dich respektieren. Deine Freunde sehen große Beständigkeit in deinem Leben. Andere sagen, dass du mit deinem Leben etwas bewirken möchtest. Und wir haben gehört, welchen Ruf du im Krankenhaus genießt.

Lara, wir glauben, dass Gott großes Interesse daran hat, dich wachsen zu sehen, sodass du in Zukunft eine wichtige Rolle in unserer Gemeinde spielst – oder möglicherweise auch außerhalb der Gemeinde. Und darum denken wir, dass das Jahr in der ersten TGH-Gruppe dir sehr helfen würde, klarer zu erkennen, wo Gott dich gebrauchen will.«

»Ich weiß nicht, was ich sagen soll. Ich freue mich natürlich. Kann ich ein paar Tage darüber …?«

»Natürlich. Wir laden dich am 2. Mai zu uns zum Abendessen ein. Da werden dann alle da sein, die wir angesprochen haben. Wir reden darüber, wie TGH aussehen wird und worum wir dich genau bitten. Vorerst musst du nur beten, darüber nachdenken und an dem Abend kommen.«

Lara tippte das Datum in ihr Smartphone und sagte: »Danke, Mrs. Mac. Ich werde da sein.«

Ungefähr zur gleichen Zeit sprach ich mit Damon Marsh, dem jungen Eishockeyspieler, den Jason Calder so mochte.

»Damon, erinnerst du dich an meine Predigt über die große Idee?«

»Ja, die habe ich gehört. Wollt ihr das wirklich starten?«

»Ja genau, wir setzen das um, worüber ich gesprochen habe. Und du bist einer der Ersten, die wir gern dabei hätten.«

»Das kann nicht euer Ernst sein.«

»Damon, ich weiß, dass du noch nicht lange Christ bist. Aber Jason Calder hat Gail und mir viel von dir erzählt. Er ist sehr beeindruckt, wie ernsthaft du Jesus nachfolgst, und er glaubt, dass du große Fähigkeiten hast, ein Team aufzubauen und Leute dazu zu bringen, Dinge umzusetzen. Daher haben wir dich in der letzten Zeit ein bisschen beobachtet und wir glauben, dass Jason recht hat.«

»Aber ich war noch nicht viel mit Leuten wie Ihnen zusammen, Pastor Mac. Was …?«

»Pass auf, Damon, notiere dir einfach Montag, den 2. Mai im Kalender und komme zu uns nach Hause. Du wirst ein paar tolle Leute kennenlernen, wir unterhalten uns über TGH und wie es aussehen wird, und dann kannst du dich entscheiden.«

Am Ende des Tages hatten wir entweder zusammen oder einzeln mit Pete und Olivia Crosby, Hugo Padilla, Sara Stevens und Morgan und Larry Sanger gesprochen. Alle waren überrascht und alle wollten am 2. Mai zu uns kommen. In den folgenden Tagen kontaktierten wir den Rest der fünfundzwanzig Leute auf unserer Liste, und die meisten sagten zu.

Drei oder vier lehnten die Anfrage ab. Unter ihnen war Keith Schuler, der gerade eine neue Stelle angefangen hatte und fürchtete, sich zu übernehmen, wenn er noch mehr Verpflichtungen einginge. Norm und Bonnie Armstrong erwarteten Nachwuchs und Joe Lewis hatte zugesagt, im kommenden Jahr eine Fußballmannschaft zu trainieren.

Damit standen nur noch zwei Leute auf unserer Liste: Ben und Catherine Jacobs. Am Montag rief Gail Catherine an und fragte, ob wir für einen Abend in dieser Woche ein kurzes Telefonat vereinbaren konnten.

»Schön, euch zu hören, Pastor und Mrs. Mac«, sagte Ben, als wir am Dienstagabend miteinander sprachen. »Was können wir für euch tun?«

»Ben, Catherine, wir möchten euch etwas fragen«, fing Gail an. »Wir wollen euch in die erste TGH-Gruppe einladen. Ihr wisst ja, worum es dabei geht; ihr habt bereits einen entscheidenden Beitrag zur ganzen Diskussion geleistet. Und jetzt wäre es an der Zeit, darüber nachzudenken, ob ihr dabei sein wollt, wenn es im Herbst losgeht.«

»Seid ihr sicher, dass wir …?«

»Ben, die Antwort ist Ja. Wir glauben tatsächlich, es wäre das Richtige für euch beide. Ihr könnt Leute für das begeistern, woran ihr glaubt. Was ihr sagt und wie ihr es sagt, beeinflusst andere. Wir glauben, die TGH-Gruppe würde von euch beiden profitieren. Daher bitten wir euch um Folgendes: Betet, redet darüber und kommt am Montag, den 2. Mai zu uns nach Hause. Die ganzen Details kommen an dem Abend auf den Tisch.«

»Ich muss an dem Abend im Baumarkt arbeiten«, sagte Ben. »Aber ich denke, ich kann mit jemandem tauschen. Ist das okay für dich, Cath?«

»Okay …?! Ich bin völlig von den Socken, dass ihr auf uns zukommt. Wir haben nur ein Problem. Ich glaube nicht, dass wir Zachary jede Woche zu den TGH-Treffen mitbringen können. Und wir können uns auch nicht jedes Mal einen Babysitter leisten.«

»Catherine, an Zachary habe ich auch schon gedacht und ich habe eine Idee. Vertrau mir. Organisiert einen Babysitter für den 2. Mai, die Kosten werden übernommen.«

Wenige Minuten nach unserem Telefonat mit den Jacobs hörte ich Gail wieder am Telefon.

»Hallo Adriana, hier ist Gail. Ist Roberto da? Ich würde gern kurz mit euch beiden sprechen.«

Nach einer kurzen Pause sagte sie:

»Hallo Roberto. Danke, dass du für einen Moment Zeit hast. Ich würde euch beide gern um einen Gefallen bitten. Roberto, erinnerst du dich an das Ältestentreffen und deine Begeisterung für das TGH-Projekt?« (Wieder eine kurze Pause, während Gail zuhörte.)

»Ich möchte euch um etwas bitten, und ihr könnt gern auch erst einmal darüber nachdenken. Wir haben zwei Paare, die wir sehr gerne bei TGH dabei hätten. Beide haben ein kleines Kind und bräuchten finanzielle Unterstützung, um jeden Montagabend einen Babysitter zu bezahlen. Darum würde ich …« (Wieder eine Pause.)

»Das freut mich sehr! Ich kann gar nicht sagen, wie …«

Das Telefongespräch dauerte noch ein paar Minuten, dann legte Gail auf.

»Das Babysitter-Problem wäre gelöst. Erinnerst du dich, dass Roberto Silva sagte, er würde auch spenden, wenn etwas für TGH gebraucht würde? Er und Adriana haben gerade zugesagt, alle anfallenden Babysitter-Kosten in diesem Jahr zu übernehmen – für die Jacobs und die Crosbys und wer immer sonst noch Kinder hat.«

2. MAI

Vormittags. Der erste Frühling

Auf meinem Anrufbeantworter:

»Gordon, hier ist Monica. Es ist Montagmorgen. Tom und ich beten für dich und Gail. Heute steht ja der Abend mit den TGH-Kandidaten an. Wir bitten Gott, jeden Einzelnen zu berühren, sodass alle erkennen, wie wichtig die große Idee ist. Und es beten auch viele andere. Dafür haben wir gesorgt.«

An: GMAC
Von: Kelly Martin

Annie Huntoon hat angerufen. George ist wieder im Krankenhaus. Sie sagt, dass er von dem Treffen morgen Abend weiß und ihr wissen sollt, dass er für euch betet. Annie glaubt, dass es bald mit ihm zu Ende geht.

Aus meinem Tagebuch:

Wichtiger Tag heute. Von einer großen Idee zu TGH – von einer Vision zu ihrer Umsetzung. Erster Testlauf heute Abend. Pastorenteam und Leiter stehen voll hinter uns. Sogar George H. betet, obwohl er vermutlich bald sterben wird.

ENDLICH WAR ES MONTAG, DER 2. MAI. DER MORGENHIMMEL WAR WOLkenlos und das Thermometer zeigte draußen bereits 22 Grad an. Ich verbrachte die ersten Minuten des Tages mit meiner Stillen Zeit. Nach dem Kaffeekochen holte ich die Zeitung aus dem Briefkasten, in der Hoffnung, niemandem zu begegnen. Ich trug noch Morgenmantel und Hausschuhe.

Aber meine Hoffnung wurde nicht erfüllt. Hank Soriano saß – ebenfalls im Morgenmantel – auf den Stufen vor seiner Haustür und hielt eine Kaffeetasse in der Hand.

»Hi Mac, wie geht's?«, rief er.

»Morgen Hank. Alles prima, danke.«

»Sieht aus, als würdest du heute zu Hause bleiben«, sagte Hank. »Ist euer Laden heute geschlossen?«

»Nein, nein. Der Laden ist geöffnet. Ich fahre nur später, weil wir heute Abend hier noch ein Treffen haben«, erwiderte ich. »Muss im Keller noch alles aufbauen.«

»Brauchst du Hilfe? Ich hätte Zeit«, meinte Hank, als er zu mir herüberkam. Er erzählte, er würde vormittags ebenfalls zu Hause bleiben, um einen Quartalsbericht für seinen Chef fertig zu stellen.

»Das wäre klasse«, sagte ich. »Kannst du so in einer Dreiviertelstunde rüberkommen?«

»Kein Problem. Was ist das für ein Treffen?«, fragte Hank. Ich erwähnte seine Neugierde bereits.

»Erinnerst du dich an den Abend, als ihr bei uns wart und wir über wichtige Lernerfahrungen gesprochen haben? Jetzt gehen wir den nächsten Schritt in diesem Prozess. Wir haben etliche Leute eingeladen und wollen sie bitten zu überlegen, ob sie Teil der ersten Lerngruppe werden wollen. Wir nennen es TGH …«

»TGH? Wofür steht das denn?«

»Tiefgänger heranziehen. Klingt vermutlich etwas seltsam in deinen Ohren.«

»Ja, hab ich noch nie gehört. Was sollen denn *Tiefgänger* sein?«

»Also gut, hier kommt die Fahrstuhlstory: Tiefgänger – oder *tiefer gehende* Menschen – sind Männer und Frauen, die das Leben und die Lehre von Jesus in ihrem Leben noch stärker umsetzen wollen. Sie möchten bewirken, dass Jesus bei anderen Leuten eine zentrale Rolle spielt. Am Ende sollen alle in ihren persönlichen Beziehungen wachsen und ihr Berufsleben sowie ihre Rolle in der Gemeinde und in der Gesellschaft sollen gestärkt werden.

Ich vermute«, sagte ich, »das waren ungefähr zweiundzwanzig Etagen. Ein High-speed-Fahrstuhl.«

»Sechsundzwanzig sogar«, meinte Hank. »Was hältst du davon, wenn Cynthia und ich heute Abend rüberkommen und euch helfen, eure Gäste zu bewirten? Heute ist kein Spiel. Die Sox sind unterwegs. Und wir haben auch sonst nichts vor. Wir machen die Drecksarbeit und du und Gail, ihr könnt euch entspannen und euch um eure Gäste kümmern.«

Ich wollte meinen Ohren kaum trauen. Der kirchenferne Hank bot erst an, rüberzukommen und mit mir Tische und Stühle im Keller aufzubauen, und dann abends noch mal mit seiner Frau beim Abendessen zu helfen?

»Du bist ein echter Freund«, sagte ich. »Aber meinst du nicht, du solltest Cynthia vorher fragen, bevor du euch beide verplanst?«

»Glaub mir, Cynthia wird begeistert sein«, antwortete Hank.

»Okay«, sagte ich, »lass mich Gail fragen, ob sie denkt, dass wir heute Abend Hilfe brauchen. Wenn du nachher kommst, sage ich dir Bescheid.«

»Du machst wohl Witze«, meinte Gail, als ich ihr erzählte, dass Hank angeboten hatte, an diesem Abend zu helfen.

»Nein, das ist mein voller Ernst. Hank sagte, er und Cynthia würden liebend gern rüberkommen und uns beim Abendessen helfen. Ich finde, das ist ein guter Gedanke – eine große Chance«, sagte ich. »Wann immer wir Hank und Cynthia mit Leuten aus der Gemeinde zusammenbringen können, sollten wir das nutzen.«

»Ich schätze, das würde gehen. Willst du sie einladen, auch beim anschließenden Gespräch dabei zu sein?«

»Ja. Heute Abend wäre das kein Problem – und wer weiß, wohin das Ganze noch führt?«

Am Abend zuvor hatten Jason Calder und ein paar Schüler bereits Tische, Klappstühle und Geschirr aus der Gemeinde vorbeigebracht. Hank und ich brauchten ungefähr eine Stunde, um alles aus der Garage in den Keller zu schleppen und den Raum für das Abendessen vorzubereiten.

»Cynthia wird sich bei Gail melden, um zu fragen, wie sie am besten helfen kann«, sagte Hank, als ich ihm erzählte, dass Gail sich freuen würde, wenn beide am Abend kämen.

Als ich später darüber nachdachte, was sich zwischen Hank und mir an diesem Morgen abgespielt hatte, kamen mir zwei Einsichten: Erstens, dass Hank Soriano möglicherweise einsam war und nach einer lohnenswerten Aufgabe suchte, und zweitens, dass Gott vielleicht eine Tür in seinem und Cynthias Leben öffnete.

Abends um halb sieben trudelten die Gäste ein. Da es nachmittags kühler geworden war, musste jemand die Jacken in Empfang nehmen. Das war die erste Aufgabe für Hank Soriano. Dann schlüpfte er in die Rolle des

Kellners und schenkte Säfte und andere Getränke aus und bot den Leuten kleine Vorspeisen an.

Cynthia traf in der Küche die letzten Vorbereitungen für das Abendessen. Dadurch konnten Gail und ich unsere Gäste begrüßen und ein wenig mit ihnen plaudern.

Um sieben Uhr sprach ich das Dankgebet für das Essen. Alle kamen zum Esstisch, füllten ihre Teller mit Nudeln, Salat und italienischem Brot und gingen in den Keller.

2. MAI

Später Abend. Der erste Frühling

Aus meinem Tagebuch:

> Das Abendessen war grandios. Der Raum war erfüllt von Gesprächen, niemand schien sich ausgeschlossen zu fühlen. Die Sorianos halfen bei der Bewirtung und passten gut dazu. Sie sind sichtbar interessiert an allem, was passiert.

Nach dem Abendessen und dem Nachtisch bat Gail die Frauen, das Geschirr abzuräumen. Die Männer schoben die Tische beiseite und stellten die Stühle in einen Kreis, sodass unsere Gesprächsrunde beginnen konnte.

Hank und Cynthia Soriano packten beim Umbau genauso an wie die anderen, aber dann kam Hank zu mir und sagte: »War ein toller Abend, jetzt machen wir uns wieder auf den Weg.«

»Auf keinen Fall«, meinte ich. »Jetzt habt ihr schon so viel miterlebt. Warum bleibt ihr nicht noch und hört euch an, worum es geht? Vielleicht kannst du mir nach dem Abend sogar ein Feedback geben.«

»Ich frag mal kurz Cynthia.«

Kurz darauf sagte mir Hank, sie würden bleiben.

Als alle im Kreis saßen, begann unser eigentliches Treffen.

»Gail und ich sind hocherfreut, dass ihr heute Abend zu uns gekommen seid«, sagte ich. »Ihr habt Hank und Cynthia Soriano schon kennengelernt. Sie sind unsere Freunde und Nachbarn und haben angeboten zu helfen, damit dieser Abend so reibungslos wie möglich ablaufen kann. Dank ihrer Mithilfe hat das sehr gut geklappt. Ihr anderen kennt euch bereits aus der Gemeinde.«

Gail und ich führten kurz in das Thema biblischer Jüngerschaft ein. Wir sprachen über die Zeit in der Bibel, als die Älteren ihre Weisheit an die Jüngeren weitergaben. Wir betonten vor allem die Beziehung, die Jesus zu seinen zwölf Jüngern hatte und wie diese ganz normalen Männer zu Gründern der größten Bewegung wurden, die die Welt jemals gesehen hat.

Dann kamen wir zum Hauptthema des Abends. Hier nur ein paar Streiflichter aus unserer Vorstellung von TGH:

GMAC: »Wie ihr alle wisst, haben wir heute eine Anfrage an euch. Nachdem wir euch die Sache vorgestellt haben, möchten wir euch bitten, euch zwei Wochen Zeit zu nehmen um darüber nachzudenken, ob ihr daran teilnehmen wollt. Es geht um die so genannte TGH-Initiative: Tiefgänger heranziehen. Eines unserer ältesten Gemeindemitglieder, George Huntoon, hat den Namen vorgeschlagen.

Wenn ihr euch kurz umschaut, wer heute Abend alles hier ist, stellt ihr fest, dass wir eine ziemlich bunt zusammengewürfelte Gruppe sind, was Alter, Geschlecht, kulturellen Hintergrund und Beruf angeht. Aber eins habt ihr alle gemeinsam – jedenfalls soweit Gail und ich das beurteilen können: Ihr seid Menschen mit dem Potenzial, in der Gemeinde oder in der Gesellschaft etwas zu bewegen. Der Schlüsselbegriff, mit wir euch jetzt einige Monate lang bezeichnet haben, ist *wachstumsfähig:* Jeder von euch hat bewiesen, dass er als Christ reifen und in seiner Fähigkeit wachsen will, andere zu prägen.«

Dann übernahm Gail: »Wir möchten euch einladen, uns ab Mitte September vierzig Wochen lang hier zu besuchen. Über die Feiertage werden wir natürlich pausieren, aber ansonsten treffen wir uns regelmäßig insgesamt vierzig Mal und werden irgendwann im Juni fertig sein. Danach lösen wir uns als Gruppe wieder auf. Mit anderen Worten: Es wird nicht ewig weitergehen.

Wir fangen jeweils um 19 Uhr an und enden um 22 Uhr. Unsere Zusammenkünfte werden intensiv werden, sodass ihr am Ende des Abends müde seid. Aber ich glaube wir können euch versprechen, dass ihr eure Zeit nicht verschwenden werdet.

In diesem einen Jahr werden wir viel lesen und uns darüber austauschen, was wir lernen. Nach ein paar Monaten werden wir versuchen, unsere Lebensgeschichte aufzuschreiben.

Außerdem werden wir uns mit unserer Persönlichkeitsstruktur beschäftigen, mit biblischen Charaktereigenschaften, geistlichen Disziplinen und Führungsqualitäten. Wir werden immer wieder Gäste aus der Gemeinde und von außerhalb einladen, uns etwas aus ihrem Leben zu erzählen. Wir werden lernen, gemeinsam zu beten, und es wird sicherlich Gelegenheit geben, uns gegenseitig zu unterstützen, wenn unerwartete Dinge geschehen.«

Ich schloss mich an: »Gail hat euch erzählt, was ihr vom TGH-Abenteuer erwarten könnt und ich will euch jetzt erzählen, was wir von euch erwarten.

Erstens erwarten wir, dass ihr *jeden Montagabend* hier seid – es sei denn, ihr liegt gerade im Sterben. Das bedeutet, dass ihr alle anderen Termine für diesen Abend aus eurem Kalender streicht. Manche von euch müssen vielleicht mit ihrem Chef reden und ihm von der Sache erzählen, damit er euch nicht montagabends länger arbeiten lässt.

Zweitens werden wir immer pünktlich anfangen. Pünktlichkeit ist Teil der Vereinbarung. Und wir müssen uns auch darauf verständigen, dass niemand früher geht. Wir bleiben die gesamten drei Stunden zusammen.

Drittens wird sich jeder einbringen. Keiner entzieht sich dem Gespräch.

Viertens wird jeder einen Mentor haben, entweder ein älteres Gemeindemitglied oder ein Ehepaar. Sie werden sich einmal im Monat mit euch treffen und eine Menge Fragen stellen, um zu hören, was TGH euch bedeutet. Ich bin überzeugt, dass das ein Höhepunkt des Monats für euch werden wird.

Fünftens werden Rich und Carly Fisher mit Gail und mir zusammen die TGH-Gruppe leiten. Wir hoffen, dass sie irgendwann einmal selbst TGH einer eigenen Gruppe präsentieren werden – so wie wir heute.

Und schließlich werden wir alles in unserer Macht Stehende dafür tun, damit unter uns in diesem Jahr ein Gemeinschaftsgefühl wächst. Wir wünschen uns, dass ihr eine Gruppe erlebt, die ihre Unterschiede überwindet und sich aufrichtig schätzen und lieben lernt.«

Natürlich gab es Rückfragen.

»Was ist, wenn ich mich in der Bibel noch nicht so gut auskenne?«, fragte Damon Marsh. »Manche von euch scheinen die Bibel von vorne bis hinten auswendig zu kennen. Ist jemand wie ich nicht hinderlich für das Gespräch?« Wir versicherten Damon, dass das kein Problem sein würde.

»Wenn wir Teil dieser Gruppe werden, was ist dann mit unseren anderen Aufgaben in der Gemeinde?«, wollte Lara Anderson wissen.

»Lara, du musst dir tatsächlich genau angucken, wo du sonst noch eingebunden bist«, antwortete Gail. »Es wäre nicht klug, sich jeden Abend der Woche mit Terminen vollzupacken und am Ende völlig ausgelaugt zu sein. Gordon und ich haben mit den Ältesten darüber gesprochen und die Gemeindeleitung steht voll hinter uns, dass alle TGH-Teilnehmer andere Aufgaben niederlegen sollten – außer dem Gottesdienstbesuch natürlich – und diese Gruppe zu ihrer Priorität machen.«

Larry Sanger fragte: »Werden andere Leute nicht eifersüchtig sein, dass wir hier mitmachen dürfen und sie nicht?«

»Das könnte sein«, sagte ich zu Larry. »Mein Vorschlag ist: Wenn ihr Teil der TGH-Gruppe werdet, überlegt euch gut, wie ihr darüber redet, und geht vertraulich mit allem um, was wir einander hier erzählen.«

»Wenn Leute mich fragen, was TGH ist«, wollte Ben Jacobs wissen, »wie kann ich dann das Hauptziel beschreiben?«

»Wie würdest du Bens Frage beantworten, Rich?«, fragte ich, indem ich mich zu Rich Fisher umdrehte.

Rich zögerte nicht: »Ben, wenn ich du wäre, würde ich einfach sagen, dass TGH eine neue Generation von Leitern fördern will, die den Auftrag der Gemeinde weiterführen wird.«

Wir richteten noch einige abschließende Anmerkungen an die Gruppe:

»Wir wissen, dass wir die Latte sehr hoch hängen«, sagte ich. »Die meisten Gemeinden und Pastoren tun das nicht. Darum möchten wir euch wirklich bitten, darüber nachzudenken und zu beten – wirklich zu beten –, ob ihr unsere Einladung für das kommende Jahr annehmen wollt. Nehmt euch die nächsten beiden Wochen Zeit. Wenn ihr denkt, dass das nichts für euch ist, dann sagt lieber jetzt ab, als dass ihr später feststellt, dass ihr eurer Verpflichtung nicht nachkommen könnt. Ihr müsst uns nicht einmal Gründe nennen, warum. Schickt Gail oder mir einfach eine SMS oder eine Mail oder sprecht uns kurz an und sagt: ›Ich kann bei TGH leider nicht mitmachen.‹«

Dann fügte Gail hinzu: »Das Wichtigste, was ihr im kommenden Jahr lernen werdet, kommt nicht aus Büchern oder von Videos, sondern aus Beobachtungen. Paulus sagte – wie alle Rabbis zu seiner Zeit: ›Folgt meinem Beispiel‹. Mit anderen Worten: Betrachtet Gordon und mich als so etwas wie ein Vorbild. Achtet darauf, wie wir als Team zusammenarbeiten. Findet heraus, wo wir uns unterscheiden und ob wir uns gegenseitig so gut wie möglich unterstützen. Beobachtet, wie sehr wir uns übereinander freuen. Wir sind ganz sicher weit davon entfernt, perfekt zu sein, und werden euch bestimmt von Zeit zu Zeit enttäuschen. Aber behaltet uns dann trotzdem weiter im Auge. Und scheut euch nicht nachzufragen, wenn euch etwas auffällt.«

Kurz darauf beteten Gail und ich zu zweit. Zum Teil klang das so:

GMAC: Herr, das war ein besonderer Abend. Danke für all diese Freunde, die bei uns waren.

GAIL: Lass sie gewiss sein, wie sehr wir sie schätzen und uns dafür einsetzen, dass sie weiter wachsen und zu Männern und Frauen werden, an denen du dich erfreust.

GMAC: Vater, ich bitte dich, dass du jedem hilfst, eine klare Entscheidung zu treffen, ob er oder sie bei TGH dabei sein will. Hilf, dass nichts unklar oder missverständlich bleibt.

GAIL: Schenk uns allen auf dem Heimweg Freude im Herzen, dass wir heute Abend dabei sein konnten. Schenke uns Erholung in der Nacht. Und danke schon jetzt, dass du uns die Kraft gibst, bei unserer Arbeit morgen Jesus Ehre zu machen. Amen.

Kurz danach bekamen alle ihre Jacken und Pullis von Cynthia Soriano ausgehändigt und liefen zu ihren Autos. Ein paar blieben noch zurück, um in der Küche aufräumen zu helfen. Am Schluss waren nur noch die Fishers – Rich und Carly – und die Sorianos da.

»Ein unglaublicher Abend«, sagte Rich zu mir. »Ich glaube, da haben wir eine großartige Gruppe zusammengetrommelt. Ich bin schon gespannt, wer als Erstes zusagt.«

»Ich kann mich nicht erinnern, wann ich zuletzt eine Gruppe junger Erwachsener so aufmerksam erlebt habe«, meinte Cynthia Soriano. »Ihr könnt euch freuen, mit ihnen arbeiten zu dürfen.«

Rich und Carly schlugen vor, dass wir uns in ein paar Tagen zusammensetzen und weiter für TGH planen sollten. Dann fuhren sie nach Hause, wo Tante Connie die Jungs hütete.

Es war offensichtlich, dass Hank und Cynthia bleiben wollten, bis wir vier unter uns waren. Um einen alten Ausdruck von John Wesley zu gebrauchen: Ihr Herz schien von oben *erwärmt* zu sein.

2. MAI

Sehr später Abend. Der erste Frühling

An: Geoff Handley; Monica O'Donnell; Pastorenteam
Von: GMAC

Das Treffen ist gerade vorbei. Gute Atmosphäre. Super Anfang. Danke für eure Gebete!

»Vom Abendessen ist noch eine Menge entkoffeinierter Kaffee übrig«, meinte Gail zu uns dreien. »Wollt ihr noch eine letzte Tasse?« Wir sagten alle ja.

Dann setzten wir uns in den Wintergarten – wir entkirchlichten und überkirchlichten Nachbarn. Wir tranken unseren Kaffee und sprachen über den Abend. Hank und Cynthia stellten mehrere Fragen und versuchten herauszufinden, warum sich dieses Treffen von allen anderen unterschied, die sie erlebt hatten.

»In unserem Unternehmen veranstalten wir solche Trainingseinheiten regelmäßig«, sagte Hank. »Da fehlt natürlich die religiöse Komponente, aber ich hätte nie gedacht, etwas Ähnliches in einer Kirche zu finden. Das muss dir ja stärker am Herzen liegen, als ich erwartet habe. Kein Wunder, dass euer Umsatz steigt.«

Kurz darauf stellte Hank Soriano eine weitere Frage – eine, die mich unvorbereitet traf:

»Ich will jetzt nicht unverschämt klingen, aber sag mal, was du zu folgender Idee denkst: Du hast heute Abend gesagt, dass jeder aus der Gruppe eine ältere Person an die Seite gestellt bekommt, mit der er sich monatlich trifft. Gibt es in eurer Kirche vielleicht auch jemanden, der sich mit Cynthia und mir treffen würde? Wir würden unseren rechten Arm dafür abhacken, wenn uns jemand hilft zu verstehen, wie dieses religiöse Ding funktioniert. Und wer weiß: Vielleicht werden wir eines Tages ja sogar noch zu Tiefgängern. Was meinst du, Cyn?«

Cynthia nickte und sagte: »Das wäre schön.«

Ich war verblüfft. »Aber ihr habt doch gar nichts mit Kirche am Hut«, erwiderte ich. »Wollt ihr euch wirklich so auf jemanden einlassen?«

»Na ja, vielleicht ...«, meinte Cynthia leise, »... vielleicht kommen wir ja an den Punkt, wo wir etwas mit Kirche zu tun haben wollen. Erinnerst du dich an die Fahrstuhlstory, die du letzten Sommer für Hank geschrieben hast? Sie liegt noch immer auf seinem Schreibtisch.«

»Ja, ich muss dauernd draufgucken und denken: ›Das wäre doch mal was, bei so einer Sache dabei zu sein!‹ Und vielleicht hat Cynthia recht. Möglicherweise rutschen wir ja sogar da rein – wenn uns jemand hilft, alles besser zu verstehen.«

6.–20. MAI

Der erste Frühling

Aus meinem Tagebuch, vier Tage nach dem Abendessen:

> George Huntoon ist jetzt bei Jesus. Ich werde ihn vermissen. Aber er wird mich immer daran erinnern, welche Art junger Männer und Frauen wir für TGH suchen.

Aus meinem Tagebuch, zehn Tage nach dem Abendessen:

> Die Rückmeldungen zu TGH kommen herein. Bisher haben sich schon angemeldet: Ben und Catherine Jacobs, Sara Stevens, Damon Marsh, die Crosbys, Hugo Padilla, Amy Boyd, Thomas Sanders. Die Sangers, die McKnights und Phil Penner haben abgesagt. Wir warten noch auf die Rückmeldungen von Lara Anderson, Matt Cundiff und Sherry Nordberg.

Aus meinem Tagebuch, dreizehn Tage nach dem Abendessen:

> Lara, Sherry und Matt sind auch dabei. Unsere TGH-Gruppe besteht aus vierzehn Leuten. Optimale Größe, findet Gail.

An einem Abend im Mai luden wir Mercedes Perez zum Abendessen ein. Ganz von selbst drehte sich ein Großteil unseres Gesprächs um die TGH-Initiative. Wir baten sie ausdrücklich, kritisch nachzufragen und uns herausfordernde Vorschläge zu unterbreiten.

»Pastor Mac«, sagte Mercedes, »ich glaube, das Projekt, das ihr gemeinsam plant, hat ein nahezu revolutionäres Potenzial für unsere Gemeinde. Und möglicherweise sogar für andere Gemeinden. Aber ich will dich an eins erinnern: Wenn du die TGH-Idee zu einem zentralen Wert im Gemeindeleben machen willst, *musst* du die Aufgaben des leitenden Pastors neu formulieren. Von dem, was du mir erzählt hast, hört es sich nicht so an, als würden die Ältesten das schnell genug angehen.«

»Könntest du da noch ein paar Takte mehr zu sagen, Mercedes?«, bat ich.

»Na ja, momentan würde ich sagen, bist du, auch für andere, vor allem der – vergib mir mein Businessvokabular – leitende Predigtangestellte.«

»Aha. Warum glaubst du das?«

»Schau in deinen Kalender«, sagte Mercedes. »Wenn du dir deine Arbeitswoche anguckst, mit welcher Veranstaltung verbringst du mehr Zeit als mit allen anderen?«

»Hm, ich vermute, ich brauche fünfzehn bis achtzehn Stunden für die Predigtvorbereitung und dann ...«

»Das sind ganz schön viele Stunden. Dir muss die Predigt ziemlich wichtig sein. Was ist der größte Raum im Gemeindegebäude?«

»Der Gottesdienstsaal natürlich.«

»Und wie ist er gestaltet?«

»Gestaltet? Er hat Sitzreihen, die alle zur Bühne ausgerichtet sind, wo die Band die Anbetung leitet und wo ich predige.«

»Und welche Botschaft liegt darin, Pastor Mac?« fragte Mercedes.

»Klingt, als würdest du die Antwort kennen«, sagte ich. »Spare uns ein wenig Zeit.«

»Die Botschaft ist eindeutig«, sagte Mercedes. »Mehr als alles andere bist du Prediger. Die Zeit, die du hineininvestierst. Wie der Raum angelegt ist. Welches Bild du von dir selbst hast: Alles dreht sich vor allem um die Predigt. Du strahlst aus – bewusst oder unbewusst –, dass du die Predigt für deine wichtigste Aufgabe hältst. Darum sage ich, dass sich etwas ändern muss ...«

»Was zum Beispiel?«, fragte ich.

»Zum Beispiel, dass du weniger Chefprediger und mehr Chefausbilder wirst. Erst wenn die Leute sehen, dass du die meiste Zeit darauf verwendest, wachstumsfähige Menschen zu fördern, werden sie glauben, dass das deine höchste Priorität ist. Du musst das so ähnlich angehen wie ich im Hotel. Zuerst und vor allem bin ich Chefausbilderin, das ist jeden Tag meine wichtigste Aufgabe. Ich bin Vizepräsidentin des Centers, aber ich sorge dafür, dass meinem vollen Engagement im praktischen Ausbildungsprozess nichts im Wege steht.«

»Du bist dir bewusst, Mercedes, dass du hier antastest, wie ich seit fast vierzig Jahren Gemeinde lebe?«

»Natürlich, Pastor Mac. Ich weiß, dass ich damit etwas antaste, wie du sagst. Aber mir ist eins ganz wichtig: Die wachstumsfähigsten Leute werden sich in den ganzen Prozess nur hineingeben, wenn sie sehen, dass das TGH-Projekt deine wichtigste Priorität ist. Deine! Nicht die von jemand anderem. Vielleicht solltest du im nächsten Jahr weniger predigen und den Leuten klarmachen, dass du am meisten in die Zukunft der Gemeinde investierst.

Weißt du, was passieren wird? Bald wird es mehr als eine TGH-Gruppe geben. Du wirst mehrere Gruppen starten und du wirst Leute heranziehen, die diese Gruppen leiten können. TGH wird sich in kurzer Zeit wie ein Virus verbreiten. Das prophezeie ich dir.«

Oh Mann, dachte ich, *so weit voraus habe ich noch gar nicht gedacht.* Aber was Mercedes sagte, klang einleuchtend, und sie hatte die nötige Erfahrung.

Doch unser Gast war noch lange nicht fertig.

»Ich würde vorschlagen, dass du dich mit den Ältesten zusammensetzt und vorschlägst, dass sie deine Aufgabenbeschreibung neu formulieren – du hast doch eine, oder? Sie sollen die Förderung von Menschen zur obersten Priorität machen. Und darüber hinaus sollen sie dich dafür zur Verantwortung ziehen, wie viele Tiefgänger du mit deinen Mitstreitern am Ende des Jahres herangezogen hast. Das wird ihnen zeigen, dass in der Gemeinde wirklich Veränderungen geschehen.«

Mercedes war noch immer nicht am Ende.

»Wenn die erste TGH-Gruppe einmal läuft, musst du dich fragen, wer sonst noch Förderung braucht. Warum nicht auch die anderen aus dem Pastorenteam? Warum nicht die Ältesten? Sag ihnen, dass Ausbildung zwanzig Prozent aller Sitzungszeit einnehmen soll. Vermutlich werden sie sich anfangs dagegen wehren. Aber bleib dran. Sie werden deine nächsten Gruppen sein. Du wirst ein Pastoren-TGH und ein Ältesten-TGH leiten. Und schon sind es im nächsten Jahr drei TGH-Gruppen.«

Jetzt war mir vollends klar, warum Mercedes Perez auf dem Weg war, Präsidentin ihrer Hotelkette zu werden. Neben all ihren anderen Begabungen war sie eine Visionärin.

16. MAI

Der erste Frühling

An: GMAC
Von: Darrell Lassiter

Hättest du Zeit, dich in den nächsten Tagen mal mit mir zu treffen? Vielleicht in Nashua? Sag mir einfach wann und wo.

An: Darrell Lassiter
Von: GMAC

Im Starbucks? 16.5.? 15h?

An: GMAC
Von: Darrell Lassiter

Danke! Bis dann.

ALS WIR MIT UNSEREN KAFFEEBECHERN IN DER HAND IN UNSEREN SESseln saßen, sagte Darrell Lassiter, mein Pastorenkollege aus Massachusetts: »Ich habe viel über deine große Idee nachgedacht.«

»Wir nennen sie inzwischen TGH, Darrell: Tiefgänger heranziehen.«

»Ah, TGH, kapiert. Ich habe ein paar Fragen dazu. Vor allem, was den konkreten Ablauf angeht. Und noch eine Frage rumort in mir.«

»Und die wäre?«

»Glaubst du, jeder Pastor könnte das umsetzen, was du und Gail im Herbst anfangt? Du musst das mal so sehen: Ihr beide seid schon einige Jahre dort. Eure Gemeinde ist gewachsen. Jeder scheint glücklich zu sein. Da ist es nur logisch, dass die Leute euch nahe sein und von euch herangezogen werden wollen, wie du das genannt hast.

Aber was ist mit dem Pastor – oder der Pastorin –, der oder die nach euch diese Gemeinde leitet und nicht so erfolgreich ist? Woher soll er oder sie den Mut haben, einen ähnlichen Lernprozess anzustoßen?«

»Hast du keine leichtere Frage?«, entgegnete ich, um ein wenig Zeit zu schinden, damit ich über eine angemessene Antwort auf Darrells Frage nachdenken konnte. Vermutlich wollte ich das Gespräch auch etwas auflockern. Mein Freund hatte gleich zu Beginn ein ziemlich schwieriges Thema aufgeworfen.

»Darrell, ich bin nicht ganz sicher, ob ich deine Frage beantworten kann. Ich weiß, wie die Antwort lauten sollte – wie sie lauten muss.«

»Nämlich?«, fragte Darrell.

»Wenn man nur dann andere heranziehen kann, wenn man umwerfend predigt und Gemeinden explosionsmäßig zum Wachsen bringt – und dazu gehöre ich ganz sicher nicht, Darrell –, dann haben Pastoren allgemein ein Problem. Etliche, die ich kenne, hatten in ihrer Dienstzeit keinen durchschlagenden Erfolg. Aber das bedeutet nicht zwingend, dass Gott sie nicht gebraucht hat.

Das wichtigste Kennzeichen der Arbeit eines Pastors ist, dass man die langfristigen Folgen erst viele, viele Jahre später erkennt. Ein Pastor kann lange Zeit in einer Gemeinde sein und den Eindruck haben, es passiert nicht viel. Aber dann – bum! – geht durch seine ganzen Bemühungen eine Person hervor – eine einzige Person, wohlgemerkt –, die irgendwo zur herausragenden Führungspersönlichkeit wird. In der Bibel wäre das Mordecai, eine nahezu gesichtslose Figur in der Menge – abgesehen davon, dass er Ester in ihre Rolle als Retterin des jüdischen Volkes hineinführt.«

»Gute Geschichte, aber …«

»Lass mich meinen Gedanken noch kurz zu Ende führen. Ich komme gerade in Fahrt.«

»Schieß los.«

»Ich will sagen, dass jeder von uns eine Bestandsaufnahme machen und sich selbst fragen muss, was er jüngeren Leuten weiterzugeben hat. Und dann muss er herausfinden, wie. Da, wo wir nicht begabt sind, müssen wir andere finden, die uns ergänzen können. Das ist übrigens auch der Hauptgrund, warum ich Gail mit ins Boot geholt habe. Sie bringt viele Fähigkeiten mit, die mir fehlen.«

Darrell hob seine Hand, um anzudeuten, dass er gern einhaken würde.

»Was bringt ihr denn als Team zusammen ein und was als einzelne?«

»Zusammen bringen wir unser Haus, unsere Ehe, unsere Liebe zu Büchern, unsere gemeinsame Lebensgeschichte und unsere Lebenserfahrung mit ein – viel davon haben wir auf die harte Tour gelernt.«

»Und einzeln?«

»Gail bringt viel Einfühlungsvermögen und Intuition mit und hat ein Händchen für Organisation. Sie ist sehr gastfreundlich und unglaublich ermutigend. Und sie hat keine Angst, die Wahrheit zu sagen.«

»Und du?«

»Ich bin vermutlich ein Träumer. Ich stelle gute Fragen. Ich breche Themen gern so herunter, dass sie leicht verständlich sind. Auf diesen Gebieten hat Gott mir einen kleinen Vorsprung gegeben.«

»Aber verstehe ich dich richtig, dass du sagst, man muss nicht alles wissen und alles können?«, fragte Darrell.

»Ehrlich gesagt habe ich da auch keine Erfahrung. Die TGH-Gruppe hat noch nicht einmal begonnen. Aber mit den Jahren habe ich gelernt: Leute sind bereit, einem Mann oder einer Frau zuzuhören, der oder die ehrlich über seine Erlebnisse mit Jesus spricht. Leute werden dir folgen, wenn du bereit bist, ihnen dein Leben zu öffnen. Selbst deine Schwächen können auf lange Sicht deine größten Stärken werden, wenn du sie bekennst und an ihnen wächst.

Andere wollen erfahren, womit wir unsere Schwierigkeiten hatten. Sie profitieren davon zu wissen, was wir daraus gelernt haben und wo wir uns komplett auf Gott verlassen mussten. Darum glaube ich nicht, dass ein Pastor darauf verzichten kann, Leute heranzuziehen, nur weil er keinen durchschlagenden Erfolg hat. Möglicherweise ist er sogar gerade darum offener. Wenn er innere Tiefe hat, werden das die richtigen Leute merken und sich in seine Richtung begeben.«

Darrell und ich sprachen noch über einige andere Themen, aber ich hatte den Eindruck, Darrell interessierte vor allem die Frage, ob er und Sandy gemeinsam ein TGH-Projekt beginnen könnten. Daher lenkte ich unser Gespräch noch einmal zurück zur Ausgangsfrage: »Darrell, darf ich dir eine ganz persönliche Frage stellen?«

»Ja, schieß los.«

»Als wir vorhin über Pastoren sprachen, die vor dem Gedanken zurückschrecken, Tiefgänger heranzuziehen – ging es dabei um dich?«

»War das so offensichtlich?«

»Ich würde gern versuchen, dir ein paar Hilfestellungen zu geben – aber du musst mir sagen, wenn ich komplett daneben liege oder aufhören soll. Ich frage mich, ob Sandy und du in dieser Sache aneinander geraten seid. Hat einer von euch den Eindruck, dass der andere dieser Herausforderung nicht gewachsen ist?«

»Okay, okay, Gordon. Du hast recht. Sandy sagte mir kürzlich, dass sie von meinem geistlichen Leben zu Hause enttäuscht ist und dass sie bezweifelt, dass ich einer Gruppe jüngerer Leute überhaupt etwas zu geben hätte. Sie stellt dich und Gail auf ein Podest. Sie glaubt, ihr hättet alles richtig gemacht – und vielleicht stimmt das ja auch. Aber sie vergleicht mich mit dir und, na ja, du weißt ja, wohin das führt.«

»Zuerst mal«, sagte ich, »machen Gail und ich nicht alles richtig. Es gab eine Zeit, in der wir auch damit gekämpft haben, ein gesundes geistliches Leben miteinander zu führen. Ich war nicht immer ein Mann, den sie völlig respektieren konnte.

Aber wir haben daran gearbeitet und mehr als einmal habe ich sie für mein geistliches Chaos um Vergebung gebeten. Doch wir sind weitergekommen und haben nichts dagegen, von unseren schwierigen Zeiten zu erzählen, wenn es gerade angemessen ist. Wir haben beschlossen, unsere Fehler positiv zu nutzen – sie zu akzeptieren und sie für andere hilfreich einzusetzen. Wenn wir also auf Sandy oder dich vorbildlich wirken, dann nur, weil es viele Tränen gab und wir ehrlich mit ihnen umgegangen sind.«

»Danke, das musste ich hören.«

»Mir kam noch ein Gedanke«, sagte ich. »Wenn du glaubst, dass ihr beide etwas aufarbeiten müsst, dann sage Sandy das. Sei offen zu ihr: Sag ihr, was du sie sagen hörst und wo du wahrnimmst, dass sie enttäuscht von dir und vielleicht sogar von eurer Ehe ist. Vielleicht wollt ihr eine Woche zusammen wegfahren und über euer Leben nachdenken? Wie könnte ein Neuanfang aussehen? Sei bereit, Fehler zuzugeben, wenn du welche siehst. Und genauso kann es sein, dass Sandy sich öffnet und über ihre eigenen Ängste und Fehler spricht. Das könnte ein Durchbruch für euch werden.«

Darrell dankte mir für meine Offenheit. Eine Stunde später umarmten wir uns auf dem Parkplatz auf Männerart und Darrell sagte leise: »Du bist der einzige Freund, mit dem ich so reden kann.«

»Versprich mir«, bat ich, »dass du mich auf dem Laufenden hältst.«

Darell versprach es.

3. JUNI

Der erste Frühling

An: GMAC
Von: Darrell Lassiter
Betreff: Rat?

Danke für unser Treffen. Ich habe noch einen Tag gewartet und Sandy dann vorgeschlagen, dass wir ein paar Tage wegfahren und darüber nachdenken, wohin wir mit unserem Leben wollen. Sie ist bereit dazu. Aber wir sind beide ein bisschen unsicher, was wohl herauskommen wird. Sagen wir einander möglicherweise Dinge, die unserer Beziehung schaden? Oder erleben wir einen Durchbruch, der die zweite Hälfte unseres Lebens deutlich verbessern wird? Irgendwelche Ratschläge? Würdest du für uns beten?

An: Darrell Lassiter
Von: GMAC
Betreff: Re: Rat?

Heirate Sandy jeden Tag still in deinem Herzen neu. Wenn ihr wegfahrt, frage sie, wo und auf welche Art sie deine Liebe braucht. Merke dir gut, was sie sagt. Tut Buße und vergebt euch. Setze um, was sie sich wünscht.
Fang mal so an, und dann reden wir weiter.

An einem Freitagabend im Juni, kurz nachdem die Saison der winzigen Stechfliegen zu Ende war und die Mücken kamen, fuhren wir mit den Fishers in die White Mountains in eine Pension, die Monica O'Donnell uns empfohlen hatte. Wir hofften, in diesen vierundzwanzig Stunden das Konzept für die TGH-Gruppe fertig auszuarbeiten.

Gail und ich hätten das auch alleine tun können, aber wir wollten, dass die Fishers dabei waren, damit sie innerlich stärker an der TGH-Vision beteiligt waren.

Nachdem wir uns in unseren Zimmern eingerichtet hatten, trafen wir vier uns zum Abendessen und augenblicklich begann unser Gespräch.

»Nachdem wir nun schon monatelang nachdenken«, sagte ich, »haben wir, glaube ich, inzwischen einige fundierte Prinzipien, auf die wir aufbauen können. Ich war so frei, einiges davon einmal aufzuschreiben.« Ich verteilte Mappen mit einigen Blättern voller Gedanken – von denen keiner neu für die anderen war. Aber ich dachte, es könnte hilfreich sein, die Ergebnisse unserer vergangenen Gespräche einmal zusammengefasst auf einem Blatt Papier zu sehen.

»Auf der ersten Seite steht die jüngste Fassung der TGH-Zielsetzung: ›TGH will die Kerngemeinde stärken und ausrüsten. Dafür sollen wachstumsfähige Männer und Frauen herangezogen werden, die verwurzelt, auf Christus gebaut und fest im Glauben sind. Sie sollen sich ihrer Berufung, anderen in seinem Namen zu dienen, bewusst sein und immer stärker in ihr leben.‹

Mir gefällt der zweigeteilte Gedanke: einerseits verwurzelt in Christus und andererseits gefestigt in der eigenen Berufung«, sagte ich.

Rich ergänzte: »Meine Chefin an der High School spricht immer von *Eignung* und *Durchschlagkraft.* Das weckt stets die Aufmerksamkeit. Mit *Eignung* meint sie, wer man ist und ob man sich als Pädagoge auch selbst weiterentwickelt. *Durchschlagkraft* betrifft das, was man tut und wie es andere beeinflusst. Ich glaube, ihr würde dein Leitsatz gefallen.«

Wir vier waren uns einig, dass wir einen brauchbaren Leitsatz gefunden hatten. Wir blätterten zur zweiten Seite, wo die Ziele von TGH aufgelistet waren. Seit jener ersten Diskussion im Pastorenteam waren sie gefühlte hundert Male überarbeitet worden. Aber es waren nur sprachliche Veränderungen:

- Wachstumsfähige Menschen finden;
- sie zu einer Lerngemeinschaft zusammenfügen, die auf geistliche Reife abzielt;
- jeder Person helfen, ihre Begabung und ihre Berufung herauszufinden;
- sie auf Leitungsmöglichkeiten in der Gemeinde oder in der Gesellschaft aufmerksam machen.

»Welche Aufgabe davon haltet ihr für die schwierigste?«, fragte Gail.

Einen Moment lang lasen wir uns die Ziele noch einmal schweigend durch. Falls es eine offensichtliche Antwort gab, lag sie niemandem auf der Zunge.

Schließlich meinte Gail: »Ich sage euch, was ich denke: Ich glaube, es ist die zweite. Eine Lerngemeinschaft zu bilden wird sehr herausfordernd werden, aber wenn es uns gelingt, wird es sich enorm lohnen. In der Vergangenheit haben wir Kleingruppen nur als einen Teil des Gemeindelebens betrachtet. Aber im TGH-Konzept sagen wir, dass eine Lerngemeinschaft aus dreizehn bis fünfzehn Leuten der beste Ort ist, damit die Teilnehmer große Sprünge nach vorne machen, auf ihrem Weg als hingegebene Christen. In einer solchen Umgebung ist die Chance größer, dass Gott in das Leben eines Menschen hineinspricht, als überall sonst.«

»Warum bist du dir da so sicher, Gail?«, fragte Carly.

»Nimm zum Beispiel John Wesley. Die ganze methodistische Bewegung gründet auf Lerngemeinschaften, die er Klassen nannte. Er war zutiefst davon überzeugt, dass man nicht wirklich zu Jesus umgekehrt war, wenn man nicht zu einer Kleingruppe gehörte, in der man seine Sünden bekannte, Opfer zusammenlegte und sich umeinander kümmerte.«

»Ich stimme Gail voll zu«, sagte ich. »Ich glaube nicht, dass unser TGH-Vorhaben funktioniert, wenn die Teilnehmer sich nicht darauf einlassen, eine Lerngemeinschaft zu werden.«

Carly verwies auf das dritte Ziel, in dem es darum geht, wie Menschen ihre Einzigartigkeit entdecken und ihre Art, andere zu prägen. Sie fragte mich: »Denkt ihr hier an den Myers-Briggs-Typindikator?«

»Das liegt ganz in Gails Hand«, sagte ich. »Und wird ein echtes Highlight werden.«

»In den ersten vier Wochen würde ich gern an einem Teil des Abends über die eigene Persönlichkeit sprechen«, sagte Gail. »Wir bitten jeden, vor dem ersten Treffen den MBTI-Test auszufüllen. Während der ersten vier Abende soll es dann um die verschiedenen Persönlichkeitsstrukturen gehen. Danach gehe ich mit allen durch, wie sie sich ursprünglich eingeschätzt haben und frage sie, ob sie den Ergebnissen zustimmen. Wenn alle durch sind, bekommen sie Namensschilder, auf denen zudem ihre Persönlichkeitsmerkmale stehen. Sie werden viel Spaß dabei haben, ihre Ähnlichkeiten und Unterschiede zu vergleichen.«

»Rich benutzt den MBTI-Test jedes Jahr für die neuen Lehrer«, sagte Carly. »Wir sind ihn schon gemeinsam durchgegangen und jetzt haben unsere Kinder eine Kinderversion davon durchgearbeitet.«

»Er hat unsere Ehe und auch unsere Familie stark beeinflusst«, sagte Rich. »Manchmal stellt man fest, dass man seine Kinder zwar liebt, aber sie gerade nicht besonders mag. Und ganz oft liegt das daran, dass die Persönlichkeiten so verschieden sind. Es ist gut, wenn einem das bewusst ist.«

»Wir beschäftigen uns also mit der eigenen Persönlichkeit. Gail wird diesen Teil leiten, aber wir freuen uns sehr über deine Ergänzungen, Rich. Und nach etwa vier Monaten werden wir mit den persönlichen Lebensgeschichten beginnen. Die eigene Persönlichkeit zu kennen hilft im Heute, und die eigene Geschichte hilft zu verstehen, wie wir im *Heute* gelandet sind.«

»Wie werden wir das angehen?«, fragte Rich.

»Wir werden den Teilnehmern beibringen, wie sie ihre eigene Lebensgeschichte aufschreiben können«, sagte ich. »Nach einem Monat lesen wir sie den anderen laut vor – jede Woche kommt ein anderer dran.«

»Oh, wow«, sagte Carly. »Muss ich das auch machen? Das habe ich noch nie ausprobiert.«

»Keine Sorge, Carly«, meinte Gail. »Erstens wird Gordon allen beibringen, wie das geht, und zum anderen werden wir unsere eigenen Geschichten zuerst vorlesen. Dann weiß jeder, wie so etwas aussehen soll. Wir glauben, wenn wir mit solch einer Transparenz vorangehen, folgen uns die Teilnehmer auch.«

Nachdem wir uns noch Desserts geteilt hatten, verließen wir den Speisesaal und setzten uns in dickgepolsterte Sessel, die vor einem riesigen Kamin standen. Das Ehepaar, dem die Pension gehörte, gesellte sich noch zu uns und wir unterhielten uns eine Weile mit ihnen, bevor sie uns alleine ließen.

»In den Wochen, in denen wir uns mit dem Persönlichkeitstest beschäftigen, werde ich die erste Stunde jeweils darauf verwenden, den Teilnehmern richtiges Lesen beizubringen«, sagte ich.

»Lesen?«, fragte Rich.

»Ja, du bist doch der Pädagoge, Rich. Das wird dir gefallen. Ich glaube, die wenigsten Leute können wirklich analytisch lesen. Wenn sie überhaupt lesen, dann aus Neugier, vielleicht sogar aus Sensationslust. Aber nur wenige können einem Autor wirklich ›zuhören‹, verstehen, was er oder sie sagen will. Offen gestanden glaube ich, dass viele unreife Christen damit zu kämpfen haben. Sie bilden sich vorschnell Meinungen und Urteile. Sie nehmen sich nicht die Zeit herauszufinden, was ein Autor wirklich sagen will.

Wenn Leute in die Tiefe wachsen sollen, müssen sie lernen, mehr aus den Texten herauszuziehen. Und anschließend möchte ich ihnen beibringen, einen Dialog über das Gelesene zu führen.

Ein Dialog ist etwas anderes als eine Diskussion. Bei einer Diskussion geht es mehr oder weniger um den Zusammenprall von Gedanken. Aber in einem Dialog können Gedanken entstehen, die niemand vorher gedacht hat. Darum wollen wir der Gruppe beibringen, wie man zuhört und wie man dann zusammenarbeitet, um tiefere Einsichten zu erlangen. Das braucht einige Zeit, aber wir werden dahin kommen.«

»Das wirst du anleiten, Gordon?«, fragte Carly.

»Gail und ich werden in den ersten paar Wochen den Dialog anleiten und dann werden wir vermutlich auch euch beide darum bitten. Irgendwann übertragen wir diese Aufgabe dann auch anderen in der Gruppe. Ich denke, wir werden überrascht sein, wie schnell sie das können. Ob sie gelernt haben, einen Dialog zu führen, kann man gut daran erkennen, dass sie nicht mehr Gail oder mich angucken, wenn sie etwas sagen. Wenn sie anfangen, miteinander zu reden, wissen wir, dass wir zu einer Dialoggemeinschaft werden.«

Es war schon spät geworden und unsere Lider wurden schwer. Darum nahmen wir vier uns an den Händen und beteten. Ich erinnere mich vor allem an Carlys Gebet:

»Herr«, betete sie, »als wir heute Abend über unsere Träume für TGH gesprochen haben, wurde ich mehrere Male an die Menschen erinnert, die sich sehr in mich investiert haben, die mich herangezogen haben, als ich noch ein Mädchen war. Meine Mutter. Meine Sonntagsschullehrerin Miss Cummins. Mr. Canfield, der Leiter unserer High School-Band. Und Jenny, die Hauptamtliche unserer christlichen Studentenarbeit. Herr, alle haben ihre Spuren in mir hinterlassen. Ich sehe sie darin, wie ich denke, wie ich rede, wie ich heute an dich glaube. Und jetzt, Vater, hast du Rich und mir die Möglichkeit gegeben, uns im Team mit Gordon und Gail in andere zu investieren und sie zu fördern. Ich bin so dankbar dafür. Mich begeistert die Vorstellung, dass wir in einem Jahr ein Dutzend oder mehr echte Tiefgänger vor uns sitzen haben werden.«

Wenige Minuten später gingen wir in unsere Zimmer, hundemüde, aber tief von Dankbarkeit erfüllt, die Entwicklung von TGH miterleben zu dürfen – einer wahrhaft großen Idee.

4. JUNI

Morgens. Der erste Frühling

Am nächsten Morgen lag eine von Gail selbstgestaltete Karte auf unseren Tellern. Ins Innere hatte Gail das Zitat eines bekehrten Indianers aus dem Neunzehnten Jahrhundert geschrieben, das die Beziehung zu seinem Bischof beschreibt:

> »Der Bischof las mir jeden Tag aus der Bibel vor … Je länger ich beim Bischof lebte, desto näher kam ich ihm und stellte fest, dass sein Leben mir Christus offenbarte. … Seine Worte und Taten machten es mir leichter, die Gedanken und die Lehre von Christus, die ich in der Bibel las, zu verstehen. Christus wurde mir ganz neu vor Augen gemalt, als ich sein Leben voller Liebe, Opfer und Selbstverleugnung im alltäglichen Leben des Bischofs wiederentdeckte.«
> So sieht die Förderung von Tiefgängern aus.
>
> Gail

BED & BREAKFAST-PENSIONEN IN NEUENGLAND SIND FÜR IHR hervorragendes Frühstück bekannt und unsere machte da keine Ausnahme. Rich, Carly, Gail und ich genossen French Toast, großzügig garniert mit karamellisierten Walnüssen, Ahornsirup und Gewürzen, die nur Gail herausschmecken konnte. Wenn es mir schmeckt, sind mir die genauen Zutaten egal.

Nach dem Frühstück und einem Spaziergang durch den Garten, der gerade neu erblühte, nahmen wir unser Gespräch vom vergangenen Abend wieder auf.

Gail begann und erzählte Rich und Carly von ihrer Zeit mit Sandy Lassiter im März, als sie die Bibel durchgegangen waren und eine Liste mit inspirierenden Leiterbiografien zusammengestellt hatten. »Unsere Schwierigkeit war nicht, genug Geschichten zu finden, sondern diejenigen auszuwählen, die die verschiedenen Herausforderungen illustrieren, denen Leiter begegnen. Gordon hatte uns gebeten, uns auf zwanzig zu beschränken, und das war gar nicht so leicht.

Sandy und ich wollten gern sowohl Männer als auch Frauen finden und wir hofften auf Beispiele von jüngeren wie auch älteren Leitern. Wir dachten außerdem, es wäre weise, ein oder zwei Geschichten dabeizuhaben, in denen Leiter versagen, um aus Fehlern von Leuten zu lernen, die gut angefangen und schlecht geendet haben.«

Mit dieser Erklärung gingen wir die Namen durch, die Sandy und Gail aufgeschrieben hatten. Sie standen in der groben chronologischen Reihenfolge, in der sie in der Bibel auftauchen.

Abraham war der erste Name. »Abraham hat zwar keine Organisation geführt«, sagte Gail, »aber Paulus nannte ihn den ›Vater all derer, die glauben‹, darum haben wir entschieden, dass ihn seine Reise aus einem heidnischen Kult hin zu dem Moment, als er auf einem Berg sein völliges Vertrauen in Gott beweist, zum Leiter der historischen Glaubensbewegung qualifiziert.

Josef wurde in Ägypten zur Schlüsselfigur und gehört unbedingt auch auf diese Liste. Solch ein Leben, das mit einem Überlebenskampf beginnt und als durchschlagender Erfolg endet, gibt es in der Bibel kein zweites Mal. Wenn TGH-Teilnehmer sein Leben gemeinsam lesen, werden sie viel zu verdauen haben.

Sandy und ich waren uns einig, dass nicht Josefs öffentliche Führungsrolle ausschlaggebend ist, sondern seine Entscheidung, seinen Brüdern zu vergeben und friedlich zu klären, was auch zu einer generationenlangen Blutfehde aus Rache und Gewalt hätte werden können.«

Als Dritter stand Mose auf der Liste. »Natürlich«, sagte Gail, »gehört Mose auf die Liste, allein wegen seiner Vorbereitung zum Leiter in Ägypten und in der Wüste.

Dann haben wir zwei Männer zusammengenommen: Josua und Kaleb. Die beiden sind in der Geschichte Israels miteinander verbunden. Von ihnen können wir eine Menge lernen.«

Gideon hatte es ebenfalls auf die Top-20-Liste geschafft. Er stand für einen wachsenden Glauben in einer scheinbar ausweglosen Situation. Samuel war dabei, der erste der großen Propheten. Von ihm – und auch Mose – konnte man viel über das Thema von Berufung und Mentoring lernen. Nicht zu vergessen der Tag, als Samuel zu Jesse kam und David zu Sauls Nachfolger bestimmte. Diese Episode, sagte Gail, böte viele Diskussionsmöglichkeiten. Es sei spannend herauszufinden, was es bedeutete, als Gott zu Samuel sagte: »Der Mensch sieht, was vor Augen ist, Gott aber sieht das Herz an.«[25]

David war natürlich dabei. Und nach ihm schlugen die Frauen Salomo und Hiskia vor, spätere Könige von Israel, die ihrer Faszination von Reichtum und Macht erlagen.

»Die erschreckende Wahrheit über Israels Könige ist«, bemerkte Gail, »dass fast alle ein schlimmes Ende fanden, mit Ausnahme vielleicht von David. Wir könnten das ganze TGH-Jahr damit verbringen, uns die geistlichen und charakterlichen Fehler der Könige anzusehen – und das wäre sehr erhellend. Aber wir haben beschlossen, dass diese drei Könige genügen müssen.«

Die Liste, die die beiden Frauen zusammengestellt hatten beinhaltete zudem Jesaja, den Gail einen prophetischen Leiter nannte. Ihm folgten Esra, Nehemia, Daniel und Ester. Die ersten beiden waren nicht nur inspirierende Vorbilder, sondern auch aus verwaltungstechnischer Sicht interessant. Daniel und Ester verkörperten Mut, Weisheit und Integrität in gefährlichen Situationen.

Zu den Führungspersönlichkeiten aus dem Neuen Testament zählte Johannes der Täufer. »Er ist bemerkenswert«, sagte Gail. »Der Einfluss, den seine Eltern auf ihn hatten, seine Fähigkeit, Menschen die Kraft der Buße nahe zu bringen und dann vor allem sein Blick auf sein eigenes Wirken, als es langsam zu Ende ging und er erklärte, dass sein Ruf abnehmen, Jesus aber zunehmen müsse. Man kann unglaublich viel von ihm lernen.

Wir haben Simon Petrus aufgenommen, der natürlich die Jünger repräsentiert«, sagte Gail. »Er allein könnte ein Jahr mit Leiterschaftslektionen füllen. Aus der frühen Kirche haben wir uns für Stephanus, Barnabas, Timotheus und schließlich Paulus als strategischen Denker, Ausbilder und Theologen entschieden.«

Rich, Carly und ich nannten jeweils mindestens eine weitere Person, von der wir fanden, dass sie auf die Liste gehörte. Rich machte sich für Elia stark, ich fand, dass Aaron perfekt den unvollkommenen Leiter verkörperte, und Carly wünschte sich allgemein mehr weibliche Leiterinnen. Aber jedes Mal überzeugte uns Gail, dass sie und Sandy die Namen sorgfältig abgewogen hatten und es Gründe dafür gab, warum sie nicht auf der Liste standen. Nicht, dass sie schlechter seien, sagte Gail, aber sie ähnelten einfach einer anderen Person, deren Lebensgeschichte noch mehr über Leiterschaft aussagte.

Wir fragten uns, ob nicht noch Raum für eine Gruppe weniger bekannter Leiter war, die man zusammenfassen könnte. Priscilla und Aquila als Förderer von Apollo in der frühen Kirche. Und was war mit Diotrephes, als Negativbeispiel?

»Wer in aller Welt ist Dio ... wie heißt der?«, fragte Carly.

»Diotrephes. Er taucht im dritten Johannesbrief auf«, sagte ich. »Ich rede liebend gern über ihn. Johannes sagt über ihn, dass er ›gern Erster sein will‹.«

»Hat nicht gerade den Pokal für dienende Leiterschaft verdient, wie?«, meinte Rich.

Wir hatten nun unsere Expertenrunde zusammen, Tiefgänger aus der Bibel. Im Laufe des TGH-Jahres würden alle sie ziemlich gut kennenlernen. Wo kamen sie her? Welchen Weg hatten sie in Richtung geistlicher Tiefe eingeschlagen? Welche Führungsqualitäten brachten sie mit? Mussten sie leiden? Versagten sie? Was lernten sie daraus? Und dann die wichtigeren Fragen: Wie hatte Gott sie gebraucht und wohin hatte das geführt? Wenn wir sie uns schließlich heutzutage vorstellten, wie sähen sie dann aus?

4. JUNI

Nachmittags. Der erste Frühling

Aus meinem Tagebuch:

> Zwei großartige Tage mit Rich und Carly liegen hinter uns. Carlys Eltern haben über das Wochenende ihre Jungs gehütet, sodass sie mit uns wegfahren konnten. Carly sagte, dass sei das erste Mal seit Monaten gewesen, dass sie 24 Stunden lang Erwachsenengespräche hat führen können. Und genau das war es auch: Erwachsenengespräche über unseren Glauben an Jesus, unseren Wunsch, jüngere Menschen zu begleiten, und unsere Hoffnungen für die zukünftigen Leiter unserer Gemeinde.

Während der zwei Tage in der Pension in den White Mountains – die Zeit schien zu rasen – vervollständigten wir vier unsere Planungen für das TGH-Jahr.

»Wir haben vierzig Treffen à drei Stunden«, erinnerte ich die anderen irgendwann am Nachmittag. »Wir brauchen einen Plan, an dem wir uns orientieren können, aber gleichzeitig werden Gail und ich versuchen hinzuhören, wo die Gruppe steht. Wir wollen, dass der Heilige Geist uns führt, und müssen darauf achten, wo es vielleicht dran ist, ein Thema noch etwas länger zu behandeln, und wo es weise wäre, eins zu überspringen. Manchmal werden wir den Plan für den Abend auch ganz über den Haufen werfen.

An drei von vier Abenden werden wir uns etwa eine Stunde lang mit diesen biblischen Leitern beschäftigen. Zudem wäre es gut, wenn wir uns auch einige Personen aus der Geschichte des Christentums vornehmen, die uns etwas über positive Einflussnahme zeigen können.«

»Wen zum Beispiel?«, fragte Rich. »Wenn du noch Vorschläge suchst: Ich wäre sehr für Franz von Assisi.«

»Sehr guter Vorschlag«, entgegnete ich. »Sonst noch Ideen?«

Es war nicht schwer, weitere Namen zu finden. Carly machte sich stark für die schottische Afrikamissionarin Mary Slessor und für die Gründer der Heilsarmee, William und Catherine Booth. Gail hatte gerade die Biografien von John und Charles Wesley, den Gründern der methodistischen Bewegung, gelesen und schlug sie vor. Ich warf St. Patrick in die Runde und Rich Martin Luther. Diesen sechs Personen und Paaren fügten wir am Ende noch vier weitere hinzu: Jonathan und Sara Edwards, die Führer der amerikanischen Erweckungsbewegung im Achtzehnten Jahrhundert; William Wilberforce, der als britischer Parlamentarier gegen den Sklavenhandel gekämpft hatte; William Carey, den Gründer der baptistischen Missionsgesellschaft, und Georg Müller, den deutschen Waisenhausgründer in Bristol.

Später am Nachmittag legten wir noch ein paar andere Themen fest, die die TGH-Teilnehmer weiterbringen sollten.

»Wir müssen dafür sorgen, dass das Gebet absolut im Zentrum dieser Gruppe steht«, sagte Gail mit tiefer Überzeugung in der Stimme. »Egal, wie viel man einem angehenden Leiter beibringt – wenn er oder sie nicht für Menschen beten kann und es auch tut, wann immer das nötig ist, dann bringen die restlichen Lektionen nicht viel. Jedes TGH-Treffen muss von Gebet gekennzeichnet sein. Die Teilnehmer müssen an den Punkt kommen, wo ihnen das Gebet in der Öffentlichkeit nicht mehr schwer fällt. Auch wenn das bei einigen eine Weile dauern wird.«

Am Ende unserer gemeinsamen Zeit beteten wir. Wir schlossen die Tür des Raumes, in dem wir jetzt viele Stunden gesessen hatten, bildeten einen engen Kreis und hielten inne, um mit Gott zu sprechen.

»Bevor wir beten«, durchbrach Rich die Stille, »möchten Carly und ich euch noch danken, dass ihr uns zu diesem große Abenteuer eingeladen habt. Ihr könnt sicher sein, dass wir uns ein Bein ausreißen werden, um euch bei der TGH-Initiative zu unterstützen. Wir möchten irgendwann selbst umsetzen können, was ihr in diesem kommenden Jahr beginnt. Daher werden wir euch gut beobachten. Und werden uns einbringen, wann immer möglich.«

»Rich«, antwortete ich, »als die große Idee zu TGH wurde, hätten Gail und ich uns kein besseres Team ausmalen können. Wir können nur sagen, wie dankbar wir sind und wie sehr wir euch beide schätzen.«

Kurz danach beteten wir.

»Vater«, betete Gail, »vor ein oder zwei Jahren hätten wir nie geglaubt, dass unsere Gemeindeleitung versteht, wie wichtig es ist, eine neue Generation von Tiefgängern heranzuziehen. Wir hätten uns nie vorstellen können, das alles gemeinsam mit Rich und Carly zu planen. Du hast uns sehr überrascht und für diese Überraschung sind wir dir dankbar.«

»Und Herr«, fügte Rich hinzu, »wir sind fasziniert davon, wie sehr diese große Idee an das Wirken von Jesus in seiner Zwölfergruppe erinnert. Immer wieder lesen wir diese Geschichten über die Jünger – und werden sie nie leid –, wie ihr Leben umgekrempelt wurde, wie stark sie die Welt veränderten und was sie für kraftvolle Menschen wurden. Wir lesen davon und wagen es, davon zu träumen, dass so etwas auch heute noch möglich ist.«

»Ich bin voll Dankbarkeit, heiliger Vater«, betete ich, »wenn ich an die Menschen denke, die du mir in den vergangenen Jahrzehnten an die Seite gestellt hast und die mein Leben in die Tiefe geführt haben. Ihre Ermutigung, Ermahnung und Gedanken, die Lernerfahrungen und Chancen, die sie mir vermittelt haben – all das kommt mir in diesem Moment in den Sinn, und ich bin sehr berührt davon, dass du Gail und mir die Möglichkeit gibst, diesen Prozess in einer neuen Generation anzustoßen. Herr, wir versprechen dir, in diese Idee alles zu investieren, was wir haben. Vater, wir bitten dich um Kraft, um Weisheit und Verständnis.«

Dann sprach Carly: »Jesus, ich bitte dich, dass du uns einen großen Glauben gibst, eine Vision für jeden Teilnehmer und jede Teilnehmerin der TGH-Gruppe und was durch unseren Einsatz aus ihnen werden kann. Rich und ich freuen uns so sehr, dabei zu sein. Wir wissen, dass wir selbst dadurch wachsen werden. Und wir wissen, dass die Gemeinde davon enorm profitieren wird. Mein Herz zerspringt fast vor Freude, wenn ich mir vorstelle, dass in ein paar Jahren fünfzig, sechzig, vielleicht sogar hundert oder mehr Tiefgänger eine große geistliche Ausstrahlung haben werden. Jesus, bitte gib uns die Kraft, sie dafür auszurüsten.«

Wir beteten noch eine Weile und dachten an die Gruppe, die in ein paar Tagen zusammenkommen würde. Wir beteten füreinander und dafür, dass wir gute Vorbilder sein würden. Und wir beteten, dass die Leitung weiter hinter uns stehen würde, wenn sich die Gemeinde veränderte.

Dann wurde es Zeit, Amen zu sagen. Wir bezahlten unsere Rechnung, verabschiedeten uns von den Besitzern der Pension und versprachen, bald wiederzukommen. Dann fuhren wir nach Hause zurück – zu der großen Herausforderung, TGH zum Leben zu erwecken.

JUNI – AUGUST

Der zweite Sommer

Eine handgeschriebene Karte, verschickt per Post:

> Olá Gordon,
>
> Adriana und ich haben deine Nachricht wegen Mr. und Mrs. Soriano erhalten. Es wäre uns eine Ehre, uns mit ihnen zu treffen. Sag uns Bescheid, wann sie Zeit haben, dann werden wir sie zum brasilianischen Essen und gutem Bossa Nova einladen. Bitte sage uns auch Bescheid, wie wir die Sache mit den Babysitterkosten regeln sollen.
>
> Herzlich,
> Roberto Silva

Es war ein wunderschöner Sommer in Neuengland. Gail und ich nahmen unser alljährliches Projekt für die wärmere Jahreszeit in Angriff: unseren Besitzstand zu reduzieren, damit wir uns damit nicht herumschlagen mussten, wenn wir einmal wirklich alt wurden.

Wir fuhren mehrere Male auf dem Pemigewasset River und einigen Seen im Norden von Maine Kanu. Häufig machten wir es uns abends auf dem Sofa gemütlich und verfolgten unsere geliebten Red Sox auf dem Weg zur Baseballweltmeisterschaft.

Anfang Juni luden uns Hank und Cynthia Soriano erneut ins Fenway Park-Stadion ein. Es war erst ein Jahr her, dass wir das letzte Mal hier gewesen waren und Hank nach der Fahrstuhlstory gefragt hatte. Wie sehr unsere Freundschaft seither gewachsen war!

Als das Spiel etwa zu zwei Dritteln vorüber war, kurz bevor die Red Sox wieder am Schlag waren, sagte ich zu Hank: »Erinnerst du dich noch, wie du mich vor ein paar Wochen gefragt hast, ob ihr euch mal mit einem Ehepaar treffen könntet?«

»Ja. Und ich dachte schon, du hättest das längst vergessen.«

»Wo denkst du hin! Ich wollte nur sicher gehen, dass es Leute sind, die ihr mögen würdet.«

»Ich wette, du hast auch dafür gebetet, hm?«, fragte Hank.

Ich lachte. »Warum sagst du das?«

»Ach, komm schon, ich habe euch doch beobachtet. Wann immer ihr vor einer Entscheidung steht, macht ihr diese Gebetssache. Gail hat mal erwähnt, dass ihr die Auswahl der TGH-Gruppe im Gebet begleitet habt. Da kann ich mir doch ausrechnen ...«

»Na, dann kennst du jetzt ja eines unserer Geheimnisse. Wir beten für eine Menge Dinge. Und, ja, wir haben auch über deinem Anliegen gebetet.«

»Und, wen hat Gott euch für uns vorgeschlagen?«

»Wenn du es so ausdrücken willst: Gott hat mir gesagt, dass ihr euch mit Gilberto und Adriana Silva treffen sollt. Sie stammen aus Brasilien. Er leitet die nordamerikanische Niederlassung einer brasilianischen Firma und ich glaube, ihr vier hättet viel Spaß miteinander. Ich würde sie euch gerne vorstellen, wenn ihr noch Interesse habt. Ich habe ihnen erzählt, dass ihr neugierig seid, was hinter der TGH-Initiative steht, und wissen wollt, was es bedeutet, ein Tiefgänger zu sein. Sie freuen sich darauf, sich mit euch zu treffen, wenn ihr Zeit habt, und dann weiterzusehen, wie die Dinge laufen.«

»Lass mich noch einmal mit Cynthia sprechen, um die Lage zu peilen.«

»Der Ball liegt in eurem Feld«, sagte ich.

Eine Stunde später waren wir auf dem Rückweg. Die Red Sox hatten das Spiel gewonnen.

Ende Juli und Anfang August luden wir alle TGH-Teilnehmer noch einmal einzeln zum Abendessen ein. Wir wollten sie gern besser kennenlernen und hören, was sie vom kommenden Jahr erwarteten.

Matt Cundiff stand als Erster auf unserer Liste. Wir erfuhren, dass er ursprünglich katholisch war und in seiner Schulzeit über Jason Calder in unsere Gemeinde gekommen war.

Wir stellten fest, dass Hugo Padilla aus Texas stammte. Er hat einen großartigen südamerikanischen Humor und ist schlau. Hugo arbeitet beim Bodenpersonal der Southwest Airline am Flughafen von Manchester hier in New Hampshire.

Peter und Olivia Crosby sind in der Medizintechnik tätig. Sie führen zu Hause eine Internetfirma, die mit Krankenhäusern zusammenarbeitet, die hoch technisierte medizinische Instrumente kaufen und verkaufen. Sie haben eine dreijährige Tochter.

Als Nächste kamen die Jacobsens mit ihrem Sohn Zachary und ihnen folgten Lara Anderson und Sara Stephens. Ein paar Tage später hatten wir Thomas Sanders und Damon Marsh zu Gast. Weitere folgten und nach jeder Begegnung wussten wir mehr.

Uns wurde zum Beispiel bewusst, dass:

- viele die Bibel nur sehr oberflächlich kannten;
- Stress und das Setzen von Prioritäten ständige Herausforderungen waren;
- nur wenige aus stabilen Familienverhältnissen stammten;
- einige nicht wussten, wie sie mit Gebet oder Stiller Zeit umgehen sollten;
- die meisten nur wenig Zeit mit Leuten aus anderen Generationen verbrachten;
- für viele Jesus ganz wichtig war, sie sich aber nur ungern als Christen bezeichnen ließen.

10. AUGUST

Der zweite Sommer

Liebe Ginny, lieber Vince,

ihr seid eins von zwölf Paaren, die Gail und ich anfragen, ob sie eine einjährige Beziehung zu einem Teilnehmer der TGH-Gruppe, die sich in diesem Jahr formiert, übernehmen würden. Wir stellen uns vor, dass ihr euch einmal im Monat mit eurem »Mentee« trefft und mit ihm darüber sprecht, was er bei TGH lernt und wie es ihm hilft zu wachsen. Wir hoffen, dass ihr bereit wäret, ihm auch aus eurem langen Glaubensleben zu erzählen. Das könnte auch für euch eine sehr gute Erfahrung werden. Wenn ihr euch das grundsätzlich vorstellen könnt, laden Gail und ich euch zu einem Treffen am 21. August nach dem Gottesdienst ein.

Herzliche Grüße!
Gail & Gordon MacDonald

Es war kaum zu glauben, aber alle zwölf älteren Ehepaare, die unseren Brief erhielten, nahmen die Einladung an. Ein Paar sagte sogar ihren Wochenendausflug ab, um bei unserem Treffen dabei zu sein.

Als wir uns an jenem Sonntagnachmittag mit diesen zukünftigen Mentoren trafen, stellten wir mit den Fishers zusammen unseren Plan für das TGH-Jahr vor und beschrieben einige der Gruppenteilnehmer.

Außerdem erklärten wir die Rolle, die die Mentoren spielen würden.

»Die Mentoren«, erklärte ich, »sollen Freunde aus einer älteren Generation sein und verstärken, was die TGH-Teilnehmer montagabends lernen. Ihre Aufgabe ist es, zuzuhören, Fragen zu stellen und Bestätigung und Ermutigung zu geben.«

Jedem Mentorenpaar teilen wir entweder eine alleinstehende Person oder ein Ehepaar zu, und die TGH-Teilnehmer werden sich jeden Monat bei ihren Mentoren melden, um ein Treffen zu vereinbaren. Wir würden uns wünschen, dass die Mentoren ihre Mentees so oft wie möglich zu sich nach Hause einladen und einen Teil ihres Lebens mit ihnen teilen.

Wir hatten Fragen zusammengestellt, die die Mentoren möglichst bei jedem Treffen stellen sollten:

- Was ist in den TGH-Treffen in diesem Monat passiert?
- Was hast du gelernt?
- Was bringt dir Gott durch den TGH-Prozess bei?
- Wo spürst du, dass dein geistliches Leben vertieft wird?
- Was lernst du über dich selbst?

Nichts war bisher so einfach gewesen, wie diese Gruppe von Mentoren zusammenzustellen. Außer den O'Donnells waren alle in den Sechzigern und sie schienen sehr interessiert an dem Austausch mit Jüngeren. Manche gestanden ihre Nervosität, aber auch sie wollten sich gern als TGH-Mentoren ausprobieren.

Carl Klaussen sagte: »Ich wünschte, ich wäre zuversichtlicher, dass ich diesen jungen Leuten wirklich etwas zu sagen habe. Sie wirken auf vielen Gebieten so viel weiter als ich. Aber wenn ihr sagt, dass sie sich für meine Geschichte interessieren, dann erzähle ich sie ihnen gerne.«

Nach dem Treffen kamen Monica und Tom O'Donnell auf Gail und mich zu.

»Es könnte sein, dass die Mentorensache noch etwas mehr Koordination und Nacharbeit benötigt, als euch bewusst ist. Was haltet ihr davon, wenn wir euch diese Arbeit abnehmen und dafür sorgen, dass alles reibungslos verläuft? Das könnte unser Beitrag für das TGH-Projekt werden. Wir könnten uns mit Rich und Carly absprechen und euch etwas entlasten.«

Ich hätte die O'Donnells küssen können. Gail tat es.

23. AUGUST

Der zweite Sommer

An: TGH-Teilnehmer
Von: GMAC
Betreff: Facebook-Seite

Wir haben eine Facebook-Seite mit dem Namen *TGH-Gruppe* erstellt. Sucht mal danach und klickt auf die Gruppenseite. Bitte schaut regelmäßig rein, ob es aktuelle Nachrichten gibt.

Nachricht auf der TGH-Facebook-Seite:

TGH-Gruppe

Wir treffen uns zum ersten Mal am 12. September um 18 Uhr bei uns zu Hause. Gail plant Sandwichs mit gegrilltem Schweinefleisch, dazu gibt es Salat. Die Männer bringen Getränke mit, die Frauen Nachtisch (gern fertig gekauft). Wir haben eine Stunde Zeit fürs Abendessen. Dann beginnen wir mit unserem Treffen. Wir haben zwei Programmpunkte:
1. Wir werden ein paar seltsame Fragen stellen.
2. Gail wird über verschiedene Persönlichkeitsstrukturen sprechen.
Bitte ladet euch den Anhang (»Die Verbindung zwischen Paulus und Timotheus«) runter und druckt ihn aus. Vor unserem zweiten Treffen solltet ihr ihn gelesen haben.

Die Verbindung zwischen Paulus und Timotheus

Gefällt mir · Kommentieren · Teilen

Es wurde schon fast zur Routine, Hank Soriano in diesem Sommer an unseren nebeneinanderstehenden Briefkästen zu treffen. Anfangs glaubte ich noch an Zufall. Dann wurde mir klar, dass Hank darauf warten musste, wann unsere Haustür sich öffnete. Das war sein Signal, herauszukommen und sich mit mir zu unterhalten.

In den kurzen Momenten, die wir morgens hatten, redeten wir über das Spiel der Red Sox vom Vorabend oder über etwas, das wir an dem Tag vorhatten. Gelegentlich erkundigte er sich nach dem TGH-Projekt.

Das folgende Gespräch ist ein Beispiel dafür.

»Wann steigt denn das erste Treffen eurer geheimen Truppe?«

»Große Güte, Hank, das ist keine geheime Truppe. Wie kommst du denn auf die …«

»Hey, war doch nur ein Scherz, Mac. Ich meine die THW—nein, die TGH-Truppe. Wann geht's denn los?«

»Am Montagabend, den 12. September.«

»Und was macht ihr so beim ersten Mal?«

»Wir grillen erst gemeinsam und dann beginnt Gail unser Treffen. Sie wird etwas über verschiedene Persönlichkeitsstrukturen sagen.«

»Wer ist denn fürs Grillen verantwortlich?«, fragte Hank.

»Ich vermutlich«, sagte ich.

»Okay, ich weiß, dass wir nicht bei den Gruppentreffen dabei sein können – die sind geheim und nur für handverlesene Teilnehmer. Das habe ich kapiert. Aber wie wäre es, wenn wir rüberkommen und euch am Anfang beim Grillen und Servieren helfen? Cyn und ich räumen anschließend auf und ihr könnt euch auf das Treffen konzentrieren. Wir erledigen oben alles und gehen dann wieder rüber. Würde euch das nicht helfen?«

»Ehrlich gesagt ist das ein großartiges Angebot, Hank. Aber du bist ein vielbeschäftigter Mann und Cynthia muss auch viel um die Ohren haben.«

»Glaub mir, wir können es einrichten. Cyn und ich haben viel Spaß mit euren Leuten. Wir sind immer gern mit ihnen zusammen. Verstehst du, was ich sage?«

Ich bestätigte, dass ich ihn gut verstand, und sagte, dass ich mich bei ihm melden würde.

Wie erwartet, hielt auch Gail Hanks Vorschlag für eine großartige Idee.

Ein oder zwei Tage später traf ich mich mit Bruce, Claire und Jason zu unserer wöchentlichen Sitzung. Bruce und Jason waren im Urlaub gewesen und ich hatte versprochen, ihnen und Claire einen Überblick über das TGH-Projekt zu geben.

Wieder einmal gingen wir die Teilnehmerliste durch und ich dankte ihnen für ihre Empfehlungen, die sie mir im Frühjahr gegeben hatten. Wir sahen uns gemeinsam die Ziele an, die dieses Team vor einigen Monaten definiert hatte.

Ich zeigte ihnen außerdem die Liste der Leiter, über die wir sprechen wollten. Und dann fasste ich unsere Pläne zusammen, über verschiedene Persönlichkeitstypen, geistliche Disziplinen, christliche Charakterzüge, Berufung und geistliche Gaben zu sprechen. Ich erklärte, was ich mir unter einem Dialog zu den gelesenen Texten vorstellte. Dann erwähnte ich, wie wichtig das Gebet war, dass wir alle unsere Lebensgeschichte erzählen würden und die Teilnehmer erfahrene Leiter einige Stunden begleiten würden. Zuletzt beschrieb ich kurz die Rolle der Mentoren.

Es war gut, die Begeisterung dieses Teams zu spüren.

Dann begann Jason Calder: »Pastor Mac … Gordon. Ich weiß nicht, ob dies der richtige Zeitpunkt ist, aber ich habe eine Frage an dich.«

»Schieß los, Jason.«

»Ich würde mich darum reißen, an einer Erfahrung teilzunehmen, wie du sie gerade beschrieben hast. Wir haben nicht die Hälfte davon am Seminar durchgenommen – zumindest nicht in einer Art, die ich heute anwenden könnte. Darum ist meine Frage – und ich spreche hier nur für mich –, was passieren müsste, damit du etwas Ähnliches mit uns im Pastorenteam durchführst?«

»Ich habe vermutlich gedacht, ihr seid alle zu sehr im Stress«, sagte ich. »Und ich habe den Eindruck, dass wir uns als Pastorenteam so gut kennen, dass wir denken, den anderen nicht mehr viel zu geben zu haben – so geht es zumindest mir. Darum habe ich angenommen, dass ihr an so etwas gar nicht interessiert seid.«

»Ich glaube, da liegst du falsch«, sagte Claire. »Wir drei fänden es genial, wenn es die Möglichkeit gäbe, dass du mit uns eine ähnliche Gruppe startest.«

»Jason und Claire haben recht«, meinte Bruce. »Wir hatten gehofft, dass du uns in dieses Training mit hineinnimmst. Wir könnten alle etwas Tiefgang gebrauchen. Und du solltest auch wissen, dass eine Menge ehrenamtlicher Leiter eifersüchtig auf die TGH-Teilnehmer sind und sagen: ›Warum nur sie? Warum wir nicht auch?‹ Erinnerst du ich an Ken Squirnes Bemerkung letzten Herbst, als wir die TGH-Idee vorgestellt haben? Und er ist nicht der einzige, der sich nach geistlichem Training sehnt. Du und Gail, ihr habt vielen den Mund wässrig gemacht.«

»Was willst du mir damit sagen? Lass uns hier offen sein.«

»Die Wahrheit ist«, sagte Claire, »dass du so viel über die Förderung von Tiefgängern gesprochen hast und wie wichtig das für die Gemeinde ist, dass du uns alle überzeugt hast. Du hast die Gemeinde dazu bewegt, dich als Trainingspastor freizustellen und wir haben dir das ermöglicht, so gut es geht. Du willst Menschen ausbilden? Wunderbar! Hier sind wir.«

Ich war perplex. Mein Pastorenteam wies mich darauf hin, dass mein Blickwinkel zu eng gewesen war. Es gab bereits eine Menge Leute in meinem Umfeld, die sich danach sehnten zu wachsen. Wie sollte ich jetzt damit umgehen?

Das Gespräch dauerte noch mindestens eine halbe Stunde. Die Botschaft war eindeutig. Ich war umgeben von Menschen, bei denen die Vision von einem tieferen Glaubensleben und Dienst angekommen war und die auf mich als ihren Leiter sahen, um sie mit ihnen umzusetzen. Am Ende konnte ich dem Team nur sagen: »Ich bin völlig überrumpelt von euren Gedanken. Ich denke darüber nach. Ich werde aber ein paar Tage dafür brauchen – vielleicht auch ein paar Wochen.«

12. SEPTEMBER

Vormittags. Der zweite Sommer

Aus meinem Tagebuch:

Spannende Sitzung letzte Woche mit unserem Pastorenteam. Ich war überrascht zu hören, dass sie unbedingt eine eigene TGH-Gruppe haben wollen. Und Bruce erwähnte, dass es Älteste und Vorstandsmitglieder gibt, die sich fragen, wie sie Anteil an dem Ganzen haben können. Wenn es Gails und meine neue Berufung ist, in die Ausbildung von anderen zu investieren, müssen wir ernst nehmen, was das Team sagt. Vielleicht müssen wir über drei Kreise nachdenken: TGH (Leiter von morgen), TGH/Pastorenteam und TGH/Leiter (die ehrenamtliche Gemeindeleitung). Wir könnten im Pastorenteam und in der Gemeindeleitung beschließen, dass wir zwanzig Prozent jedes Treffens ab jetzt auf Leiterentwicklung verwenden. Würden sie das akzeptieren? Wie wäre es, wenn wir in zwei oder drei Jahren die TGH-Teilnahme zur Vorbedingung für jeden Leiter machen?

Schliesslich kam der 12. September. Seitdem die sogenannte große Idee entstanden war, waren vierzehn Monate vergangen. Inzwischen sprach natürlich keiner mehr von der »großen Idee«. Wir hatten uns alle an George Huntoons Bezeichnung TGH gewöhnt, um unser Vorhaben, Tiefgänger heranzuziehen, zu beschreiben.

Kurz nachdem ich an diesem Morgen aufgestanden war, verbrachte ich einige Zeit in der Stille. Ich fuhr den Rechner hoch und öffnete meinen Ordner »Reflexionen«. Ich hatte Mühe, mich zu konzentrieren, und es schien mir am besten, beim Tippen zu beten (e-mailt Gott eigentlich?).

Vater, es scheint schon ewig her zu sein, seit wir beim Baseballspiel mit den Sorianos dieses verrückte Gespräch über Fahrstuhlstorys hatten. Und wie lange ist es her, dass du Rich Fisher dazu bewegt hast, mir Zitate wie das von Richard Foster zu geben? Ich blicke zurück und denke an die vielen, vielen Gespräche mit Gail, mit Geoff, Monica, Mercedes, dem Pastorenteam und so vielen anderen. Sogar mit meinem jüdischen Freund, Michael Cohen. Du hast uns so viel beigebracht.

Ich spüre eine starke Berufung zu dieser TGH-Idee. Du warst einem alten Mann wie mir gnädig. Du hast mir zu einem Zeitpunkt einen Traum ins Herz gegeben, als ich schon glaubte, es gebe keine Träume mehr. Du hast mich dazu berufen, mich in jüngere Leute zu investieren, wo immer sie sind und wann immer sie dafür offen sind. Ich habe nur meine Geschichte, meine Erfahrung und was du mir durch die Bibel und bemerkenswerte Leute, über die ich gelesen oder die ich getroffen habe, beigebracht hast. In den letzten Monaten hast du uns neue Begriffe geschenkt: *tief* und *tiefer gehend, heranziehen, wachstumsfähig* und *Prägung* und sie sind für uns ganz neu lebendig geworden.

Danke, Herr, dass du Gail ebenfalls diese Berufung gegeben hast und wir sie teilen dürfen. Unsere Zusammenarbeit hat uns einander so nahe gebracht. Ich bin dankbar für unsere Beziehung zu Rich und Carly; die persönliche Nähe zu unseren Nachbarn; die Unterstützung im Pastorenteam; die Mentoren. Ich könnte kaum dankbarer sein, Herr.

Und dann ist da noch das wachsende Interesse der Gemeindeleitung, ähnlich gefördert zu werden. Vater, wie soll ich damit umgehen?

Jetzt freuen wir uns auf das erste TGH-Treffen heute Abend. Wir haben sorgfältig geplant und viel gebetet. Jetzt liegt es in deiner Hand, uns zu führen und uns zu stärken, wo immer wir es nötig haben. Ich bete schon jetzt für die Männer und Frauen, die die TGH-Teilnehmer einmal sein werden. Vergib mir, wenn ich unverschämt klinge, aber ich würde am liebsten so für sie beten, wie Jesus in Johannes 17 für seine Jünger betete. Du hast sie Gail und mir für eine kurze Zeit anvertraut. Mögen wir dir treu darin sein und mögest du an den Ergebnissen deine Freude haben.

12. SEPTEMBER

Früher Abend. Der zweite Sommer

Lieber Pastor MacDonald,

ich weiß, heute ist TGH-Treffen erstes Mal. Den ganzen Morgen ich haben gebetet für dich und Mrs. MacDonald und Mr. und Mrs. Fisher. Gott hat mir gegeben Sicherheit, dass eine wundervolle Zeit wird.

Ihre,
Hana Tchung

GEGEN VIERTEL VOR SECHS TRAFEN DIE ERSTEN TGH-TEILNEHMER EIN. Alle hatten die Bitte um Pünktlichkeit verstanden, niemand kam zu spät. Hank und Cynthia waren schon vor einer Dreiviertelstunde gekommen und hatten uns geholfen, im Garten alles aufzubauen. Ich grinste in mich hinein, als ich die beiden beobachtete, wie sie jeden TGH-Teilnehmer herzlich begrüßten. Die meisten hatten sie in diesem Sommer kennengelernt, und es wurde sich umarmt und auf den Rücken geklopft. Ich konnte kaum glauben, wie sehr Hank und Cynthia sich verhielten, als gehörten sie fest zu diesem Kreis von Menschen.

Und dann erinnerte ich mich plötzlich an die alten Missionare wie den heiligen Patrick oder Franz von Assisi, die glaubten, Evangelisation fängt damit an, dass Menschen sich in der Gemeinschaft von Christusnachfolgern willkommen fühlen – auch wenn sie noch gar nicht glauben. Diese Missionare waren überzeugt, dass die Liebe der Jesusleute allen Widerstand eines feindseligen Herzens überwinden konnte. Passierte das hier gerade? Wurden Hank und Cynthia näher zu Jesus gezogen, ohne dass sie überhaupt bemerkten, was hier mit ihnen passierte? Wenn das der Fall war, schlug Gott ihnen hier ein wundervolles geistliches Schnippchen.

Das Essen war ein Volltreffer. Wie erbeten, hatte jeder etwas mitgebracht. Der Zeiger rückte auf sieben Uhr vor und es wurde Zeit, nach unten zu gehen und unser erstes TGH-Treffen zu beginnen. Hank und Cynthia bestanden darauf, dass wir alles auf den Gartentischen stehen ließen und ihnen das Aufräumen überließen.

Gail eröffnete den Abend.

»Wir beginnen unser Treffen heute Abend mit einer Runde, in der jeder einen Satz sagt. Er soll mit den Worten beginnen: ›Heute bin ich dankbar, dass …‹ Ich würde euch bitten, dass ihr dann eine Sache beschreibt, für die ihr heute dankbar seid. Das kann etwas ganz Einfaches oder etwas Größeres sein. Wir nehmen uns eine Minute Zeit, um über den Tag nachzudenken, und wenn ich glaube, wir sind bereit, fange ich an.«

Im Raum wurde es still, die einzigen Geräusche kamen von oben, wo Hank und Cynthia Soriano unsere Küche aufräumten.

Nach ein paar Minuten sagte Gail: »Wenn ich die Geräusche von oben höre, bin ich dankbar, dass es Hank und Cynthia ein Anliegen war, uns heute Abend zu unterstützen.«

Damon Marsh kam danach: »Ich bin dankbar, dass wir heute erfahren haben, dass meine Mutter frei ist von Krebs.«

Catherine Jacobs sagte: »Ich bin dankbar, dass Tante Connie heute Abend auf unseren Sohn Zachary aufpasst.«

Thomas Sanders folgte: »Ich bin dankbar für den neuen Auftrag, den meine Firma heute bekommen hat, weil er unsere Existenz sichert.«

Carly Fisher sagte: »Ich bin dankbar, in diesem wunderschönen Zuhause zu sein, das vor Liebe und Gastfreundschaft nur so strahlt.«

So gingen die Gebete weiter, bis ich meinen Dank zum Ausdruck brachte: »Ich bin dankbar für all diese tollen Männer und Frauen, die sich danach sehnen, Jesus näher zu kommen. Amen.«

Dann sagte Gail: »Falls ihr es nicht gemerkt hat, wir haben gerade gebetet. Keiner von uns hat religiöse oder fromme Vokabeln benutzt. Wir sind einfach still geworden und haben für Dinge gedankt, die uns wichtig waren oder die heute passiert sind. Das waren einfache Gebete, die aus einem Satz bestehen. Für komplexere Gebete hängen wir einfach noch weitere Anliegen dran.

Eine der ersten Bitten, die die Jünger an Jesus hatten, war, ihnen beizubringen, wie man betet. Sie wollten wissen, wie er betete, warum er betete und was er sagte, wenn er betete. Das Vaterunser ist eine Zusammenfassung seiner großen Themen. Genau das werden wir im Lauf der Zeit lernen: wie wichtig es ist, beten zu lernen. Denn oft hören wir erst im Gebet, was der andere glaubt und was ihm wichtig ist. Ich habe zum Beispiel gerade erfahren, dass Damons Mutter mit Krebs zu kämpfen hatte. Und ich weiß jetzt, warum Thomas heute Abend so gute Laune hat. So etwas erfährt man, wenn man gemeinsam betet. Nun ist erst mal wichtig, dass jeder gebetet hat. Wir hatten gerade unser erstes Gebetstreffen!«

»Danke für die Information«, grinste Matt Cundiff. »Jetzt ist mir aber mulmig zumute. Ich hatte keine Ahnung, dass ich bete. Ich glaube, ich habe noch nie laut gebetet.« Von ein oder zwei anderen kam zustimmendes Gemurmel: Für sie war es auch das erste Mal gewesen.

Gail und ich hatten viel darüber nachgedacht, womit wir die TGH-Gruppe beginnen sollten. Der erste Eindruck war beim Kennenlernen entscheidend. Wir hatten uns schließlich entschieden, auf einige Fragen zurückzugreifen, die schon in der Vergangenheit gut funktioniert hatten, wenn Leute sich zum ersten Mal trafen.

Nach den Gebetssätzen sagte ich daher: »Nun wollen wir uns mit drei Fragen beschäftigen. Das bedeutet, wir gehen den Kreis insgesamt dreimal durch und jeder beantwortet die Fragen.

Die erste Frage lautet: Was fällt dir ein, wenn du an die siebte Klasse denkst?«

Ich sagte das nicht dazu, aber bei dieser Frage denken viele an einen Lebensabschnitt mit turbulenten Gefühlen. Viele betrachten ihr siebtes Schuljahr als eine Zeit großer Desorientierung, einem merkwürdigen Zustand zwischen Kind und Jugendlichem. Auf diese Weise stellt man fest, dass man viel gemeinsam hat, obwohl man sich gar nicht kennt.

Amy Bishop begann: »Im siebten Schuljahr zog meine Familie von Oregon nach New Hampshire. Ich musste alle meine Freunde zurücklassen. An meiner neuen Schule hatte niemand Interesse an mir. Die Cliquen hatten sich schon gebildet. Ich war todunglücklich.«

Thomas Sanders kam als Nächster: »Ich erinnere mich nur, dass ich an der John Glenn Junior High School war und der Kleinste in der Klasse. Als Junge ist das richtig doof. Vor allem, wenn man nach dem Sport mit den großen Jungs unter der Dusche steht. Ich spüre immer noch die Schläge mit ihren Handtüchern.«

Pete Crosby sagte: »Das ging mir genauso. Ich war auch ziemlich klein.«

Sara Stephens erinnerte sich, in der siebten Klasse sehr verliebt gewesen zu sein: »Ganz lange konnte ich an nichts anderes denken, als ihn dazu zu bringen, sich für mich zu interessieren. Und dann sagte er eines Tages etwas ziemlich Obszönes zu mir – total unter der Gürtellinie. Ich glaube, da habe ich zum ersten Mal verstanden, wie verletzbar ich war und wie sehr mir etwas wehtun konnte. Seither hatte ich ähnliche Erlebnisse. Aber das war das erste Mal.«

Lara Anderson sagte: »Das ging mir auch so.«

Pete Crosby sagte über sein siebtes Schuljahr: »Das war das Jahr, in dem meine Eltern mir sagten, dass sie sich trennen würden. Danach habe ich meinen Vater nur noch ein paar Mal im Jahr gesehen, weil wir mit meiner Mutter zurück zu ihren Eltern gezogen sind.«

Nachdem alle etwas erzählt hatten, nannte ich die zweite Frage, die vielleicht noch ungewöhnlicher klingt: »Wenn ihr zurück an eure Kindheit denkt, welche Person oder welchen Ort assoziiert ihr mit dem Wort *Wärme?*«

Carly Fisher: Wir hatten einen Holzofen. Wenn ich im Winter im Schlafanzug runter zum Frühstück kam, hatte mein Vater das Feuer schon tüchtig angefacht. Ich habe es geliebt, mit dem Rücken zum Ofen zu stehen und die Hitze zu spüren.

Gail: Wärme bedeutete für mich der Duft frisch gebackener Kekse, wenn wir nachmittags nach der Schule nach Hause kamen und meine Mutter für meine Brüder und mich gebacken hatte. Das war ihre Art zu sagen: »Ich liebe dich.«

Damon Marsh: Ich verbinde mit Wärme meine Mutter. Mein Vater war Alkoholiker und sehr jähzornig. Wenn er nüchtern war, erinnerte er sich an nichts, was er gesagt oder uns angetan hatte. Dank der Anonymen Alkoholiker ist er inzwischen trocken. Aber damals war meine Mutter mein Ein und Alles. Sie war der sicherste und wärmste Platz in meiner Welt.

Lara Anderson: Wärme war für mich mein Hund, der immer neben meinem Bett geschlafen hat, als ich klein war. Morgens war er wie ein Wecker. Er weckte mich fast immer zur selben Zeit, indem er auf mein Bett sprang und mein Gesicht leckte.

Sherry Nordberg: Jeden Abend durfte ich nach dem Abendessen auf dem Schoß meines Vaters sitzen. Ich schloss meine Arme um seinen Hals und hatte das Gefühl, es ist alles in Ordnung, so lange ich bei ihm bin.

Ben Jacobs: Sherry, ich würde alles dafür geben, wenn ich nur eine solche Erinnerung hätte, wie du sie gerade beschrieben hast. Es gab keinen warmen Ort oder warme Menschen bei mir zu Hause. Ich kann mit dem Wort überhaupt erst etwas anfangen, seit ich Catherine kennen. Sie hat mir echte Wärme gezeigt. Aber damals? Nirgendwo. Überhaupt nicht.

Ich stellte die dritte Frage: »Wann hast du dich in deinem Leben Gott am nächsten gefühlt?«

Matt Cundiff: Ich wurde in der neunten Klasse beschuldigt, Geld gestohlen zu haben. Die Nonnen, meine Eltern, der Priester – alle dachten, ich hätte es genommen. Aber ich hatte nichts getan. Ich wurde nach Hause geschickt und meine Mutter sagte, ich solle in mein Zimmer gehen und darüber nachdenken, ob ich irgendetwas zu beichten hätte. Da saß ich also in meinem Zimmer, allein, und hatte dieses unglaubliche Gefühl von Gottes Gegenwart. Ich hatte den Eindruck, dass er sagte: ›Das kommt schon in Ordnung.‹ Ich legte mich auf mein Bett und schlief ein. Ungefähr eine Stunde später klingelte das Telefon. Der Priester rief aus der Schule an. Ein anderer Junge hatte zugegeben, das Geld geklaut zu haben. Meine Mutter sollte mich wieder in die Schule bringen. Ich werde nie vergessen, dass Gott bei mir war, als niemand sonst mir glaubte.

Hugo Padilla: Meine Familie war auch katholisch, Matt. Wir gingen jeden Sonntagmorgen zur Messe. Ich erinnere mich daran, wie ich eines Tages Jesus oben am Kreuz hängen sah. Und – ich muss so neun oder zehn gewesen sein – ich hatte das Gefühl, dass Jesus an diesem Kreuz wirklich lebendig war und mir genau in die Augen sah. Ich hatte dieses unbeschreibliche Gefühl, dass er meinen Namen kannte und dass er mein ganzes Leben lang für mich da sein würde. Den Tag habe ich nie vergessen.

Rich Fisher: Ich habe mich ihm bei einer großen Missionskonferenz am nächsten gefühlt. In der Arena saßen achtzehntausend Studenten und wir sangen ein altes walisisches Kirchenlied. Der Anbetungsleiter bat die Instrumentalisten, zu spielen aufzuhören, und Tausende von Studenten sangen a cappella. Durch die Schönheit dieses Kirchenliedes und die vielen Stimmen im Chor habe ich mich wie im Himmel gefühlt.

Thomas Sanders: Ich bin als Teenie jeden Sommer in ein Camp gefahren. Mit sechzehn habe ich mich entschieden, Christ zu werden. Ich kann mich immer noch daran erinnern, wie sicher ich mir war, dass Jesus genau neben mir steht und hört, wie ich ihm mein Leben gebe. Mir war dieser Moment immer ganz wichtig – als Startpunkt für mein geistliches Leben.

Olivia Crosby: Gott am nächsten gefühlt habe ich mich, als ich unsere Tochter direkt nach ihrer Geburt im Arm hielt. Ich konnte nicht fassen, wie vollkommen sie war und habe Gottes Herrlichkeit in ihr gesehen.

Catherine Jacobs: Ich habe mich Gott an dem Abend am nächsten gefühlt, als ich Ben getroffen habe. Ich hatte den ganz starken Eindruck, dass Gott zu mir sagte: »Das ist der Mann, der dich dein ganzes Leben lang lieben wird. Und du wirst sehen, wie er zu einem Mann wird, den du sehr respektieren wirst.« Und Gott hat dieses Versprechen gehalten.

Ich kann es nicht erklären, aber als die dritte Runde beendet war, schien es, als gebe es keine Fremden mehr im Raum. Wir wussten alle etwas voneinander, das wir vermutlich sonst nie erfahren hätten.

12. SEPTEMBER

Mitten am Abend. Der zweite Sommer

An: Tom und Monica O'Donnell
Von: Rich und Carly Fisher
Betreff: Erster TGH-Abend

Würdet ihr bitte allen Mentoren sagen, dass der erste Abend großartig gelaufen ist? Wir haben ganz tolle Leute in dieser TGH-Gruppe und wir sind uns sicher, dass Gott mit allen etwas vorhat.

Nach einer kurzen Getränkepause kehrten alle an ihre Plätze zurück. In den ersten vier Wochen wollte Gail jeweils die zweite Hälfte des Abends darauf verwenden, den Myers-Briggs-Typindikator vorzustellen, eine von vielen Möglichkeiten, seine Persönlichkeit besser kennenzulernen.

Zwei Wochen zuvor hatte Gail jeden gebeten, einen Fragebogen auszufüllen, mit dem man Persönlichkeitsmerkmale feststellen kann. Als die Fragebögen zurückkamen, dauerte es fast einen ganzen Tag, bis Gail sie bearbeitet hatte. In den kommenden vier Wochen wollte sie die vier Eigenschaftspaare durchgehen und anschließend allen die Ergebnisse aus ihren Fragebögen zeigen. Dann konnte jeder sagen, ob sie mit dem übereinstimmten, wie sie sich selbst eingeschätzt hätten.

»Ich will euch erzählen, wie ich zum MBTI-Test gekommen bin«, begann Gail ihren Einstieg in das Thema. »Wenn ich die Evangelien las, war ich immer beeindruckt, dass Jesus stets angemessen reagierte. Er erwartete nicht, dass Leute sich ihm anpassten – er passte sich ihnen an. Wenn es in einer Situation angemessen war, still zu sein und nachzudenken, dann tat er das. Wenn die Situation Einsatz und die Beschäftigung mit anderen erforderte, dann stürzte er sich ins Geschehen. Wenn die Situation einen Visionär erforderte, war er einer.

Ich musste an Paulus' Bemerkung denken: ›Wir haben Christi Sinn.‹[26] Und mich traf die Erkenntnis: Wenn wir Christi Sinn haben, dann sollte ich genauso angemessen denken und handeln wie er.

Ich will nie zu jemandem sagen: ›Nimm mich so, wie ich bin, ich will mich nicht verändern.‹ Und so habe ich mich entschlossen, hart daran zu arbeiten, mich so anpassen zu können wie Jesus. Ich habe mich gezwungen, persönlich weiterzukommen.

Vor dreißig Jahren habe ich mich für ein MBTI-Seminar angemeldet und seither beobachte ich Gordons Persönlichkeitsmerkmale und meine eigenen. Und wo es sich anbot, habe ich versucht, anderen zu zeigen, wie sie genauso lernen können, sich Situationen anzupassen, wie Jesus es tat.

Ich möchte, dass wir jetzt Folgendes ausprobieren: Tut einmal so, als könntet ihr eure rechte Hand gerade nicht benutzen. Ihr könnt nur noch mit eurer linken Hand schreiben. Und jetzt schreibt euren Namen in euer Arbeitsheft. Wenn ihr Linkshänder seid, gilt natürlich das Gegenteil.«

Jeder, mich eingeschlossen, probierte es und jammerte sofort über die eigene Unbeholfenheit.

»Soeben habt ihr eure erste Lektion über Persönlichkeit gelernt«, sagte Gail. »Ihr benutzt eine Hand *bevorzugt* zum Schreiben. Und wenn ihr sie nicht benutzen könnt, seid ihr gezwungen, mit eurer *weniger bevorzugten* Hand zu schreiben. Das fühlt sich komisch an, denn eure weniger bevorzugte Hand ist nicht zum Schreiben ausgebildet. Genauso verhält es sich mit unserer Persönlichkeit.

In den nächsten Wochen beschäftigen wir uns mit den bevorzugten und weniger bevorzugten Seiten unserer Persönlichkeit. Und möglicherweise haben wir anschließend ein anderes Bild von uns selbst und von den Menschen, die wir am meisten lieben.

Gute Leiter setzen ihre bevorzugten Seiten ein, aber sie entwickeln auch ihre weniger bevorzugten weiter. Wenn ihr einen Job habt, für den ihr tagtäglich eure weniger bevorzugten Seiten braucht, ist das sehr ermüdend. Kluge Leiter erkennen das und richten sich darauf ein.

Eins ist mir noch ganz wichtig: Persönlichkeitstests sind nicht dafür gedacht, uns auf etwas zu begrenzen. Wir sollen einfach erkennen, was uns natürlicherweise liegt. Betrachtet es als Ausgangsbasis, von der aus ihr eure Persönlichkeit vertiefen und erweitern könnt. Gordon und ich fanden das sehr hilfreich, um uns selbst und uns gegenseitig besser zu verstehen.«

In der nächsten Stunde sprach Gail über das erste Eigenschaftspaar: extrovertiert und introvertiert.

Extrovertierte Menschen, erklärte sie, ziehen ihre Energie aus Aktivität und dem Zusammensein mit Menschen. Sie reden und handeln zuerst und denken dann. Introvertierte dagegen, die manchmal recht still erscheinen, bekommen ihre Energie von innen. Sie denken erst und handeln dann. Sie sind nicht schüchtern. Sie behalten nur ihre Gedanken für sich, bis sie sicher sind, wie sie sie ausdrücken sollen.

Mit einem Blick in die Bibel sagte Gail: »Simon Petrus war vermutlich extrovertiert. Und Johannes, der Lieblingsjünger, wahrscheinlich introvertiert.«

Die Teilnehmer löcherten Gail mit Fragen, als sie sich in der Beschreibung wiederfanden. Ich war erfreut und amüsiert zu beobachten, wie die Gruppe ihre Befangenheit verlor und sich auf diesen Lernprozess mit Gail einließ.

Catherine Jacobs stellte die Frage, die Gail fast jedes Mal hört, wenn sie über MBTI spricht.

»Gail, kann ich mich in meiner Persönlichkeit auch verändern?«

»Ich bin froh, dass du die Frage stellst, die wahrscheinlich alle anderen auch beschäftigt«, sagte Gail. »Wenn wir einmal unsere Stärken kennen oder wie Gott uns gestrickt hat, dann wissen wir auch, wo wir noch wachsen können. Gordon ist beispielsweise introvertiert. Aber ich habe miterlebt, wie er jetzt seit vielen Jahren seine extrovertierte Seite weiterentwickelt. Die meisten hätten vermutlich nie gedacht, dass er introvertiert ist. Das liegt daran, dass er an sich gearbeitet hat. In allen praktischen Belangen kann er jetzt gut und gern beide Seiten einsetzen.«

Schon bald war es Viertel vor zehn, Zeit, den Sack zuzubinden. In fast jedem Gesicht spiegelte sich Protest. Keiner wollte dieses Gespräch beenden. Aber wir mussten die Vereinbarung einhalten, die wir uns gegenseitig gegeben hatten: Um zehn Uhr war Schluss. Vorher wollten wir den Abend noch mit Gebet beschließen.

So, wie ich den Abend begonnen hatte, nämlich mit der Bitte, einen Satz zu sagen, beendete ich auch den Abend. Diesmal sollten alle sagen, wofür sie an diesem Abend dankbar waren.

Pete Crosby: Ich danke dir, dass ich in diesem Haus freundlich aufgenommen wurde.

Sherry Nordberg: Ich danke dir, dass du mir geholfen hast zu entdecken, dass ich introvertiert bin und mich nicht dafür schämen muss.

Matt: Ich danke dir für viele neue Bekannte.

Hugo: Ich danke dir, dass Jesus heute Abend mit in diesem Raum war.

Sara: Ich danke dir, dass es so viel Spaß macht, Neues zu lernen.

Der Dank ging immer weiter. Der letzte Satz kam von Lara Anderson: »Ich bin dankbar, dass ich jemandem so wichtig war, dass er mich eingeladen hat, in die Tiefe zu wachsen.«

Nach dem Gebet wandte ich mich ein letztes Mal an die Gruppe: »Ich würde gern jemanden bitten, die Verantwortung dafür zu übernehmen, dass der Raum nach jedem Treffen wieder aufgeräumt wird. Das bedeutet einfach, ein paar andere anzuleiten, die Tische und Stühle wieder so hinzustellen, wie sie vorher standen. Und eine zweite Person würde ich gern bitten, jedes Mal etwas früher hier zu sein und den Raum für unser Treffen vorzubereiten. Wer möchte Abbauchef und wer möchte Aufbauchef werden?«

Thomas Sanders meldete sich für den Aufbau und Sara Stephens für den Abbau.

Wenige Minuten später war der Raum unter Saras Anleitung wieder aufgeräumt und alle brachen auf. Gail und ich brachten die Fishers noch zu ihrem Auto, um ihre Gedanken zum Abend zu hören.

»Unglaublich«, sagte Rich, »innerhalb von zehn Minuten waren alle mittendrin. Es ist wirklich eine Verbundenheit entstanden. Sie brennen darauf zu lernen.«

»Ich fand Laras Schlussgebet großartig«, sagte Carly. »Sie hat offensichtlich wirklich verstanden, worum es hier geht – ›eingeladen, in die Tiefe zu wachsen‹.«

Wir verabschiedeten uns und als Carly den Motor startete, ließ Rich das Fenster der Beifahrertür herunter und sagte: »Gute Nacht, Rabbis!«

Als wir zum Haus zurückgingen, hörte ich, wie die Haustür der Sorianos aufging.

»Wie ist der Abend gelaufen?«, fragte Hank von seiner Treppe aus. Cynthia stand neben ihm. »Wir brennen darauf, es zu erfahren.«

Gail und ich liefen die Einfahrt zu den Sorianos hoch. Ich erzählte kurz, was wir gemacht hatten, und sagte, dass wir zufrieden waren. Gail umarmte Cynthia und dankte den beiden für ihren Einsatz.

Und dann sagte Hank etwas, das ich nie von ihm erwartet hätte: »Weißt du, Mac, wir wussten ja, dass der Abend gut werden würde. Aber nur für den Fall, dass ihr Hilfe brauchtet, haben wir beide ein kleines Gebet nach oben geschickt, als wir nach Hause gegangen sind.«

19. SEPTEMBER

Der zweite Sommer

Aus meinem Tagebuch:

> Die ganze Woche haben mich die Ältesten, das Pastorenteam und andere »›genervt‹«, weil sie wissen wollten, wie das erste TGH-Treffen gelaufen ist. Die Leute sind wirklich interessiert: Was haben wir gemacht? Wie gut ist es gewesen? Ich stelle fest, dass ich mich schon auf den zweiten Abend freue. Etwas in mir sagt: ›Genau dafür bin ich gemacht.‹

Am zweiten Montag klopften um halb sieben Thomas Sanders (Aufbauchef), Hugo Padilla und Matt Cundiff an unsere Haustür. Wie Thomas versprochen hatte, wollten die drei den Keller für unser Treffen in einer halben Stunde vorbereiten.

Gail und ich planten, nach der Gebetsrunde mit unserem ersten Fallbeispiel aus der Bibel zu beginnen, das den Titel trug: »Die Verbindung zwischen Paulus und Timotheus«. Die Lektüre war auf der neuen Facebook-Seite verlinkt gewesen und ich sah, dass alle sie ausgedruckt und mit einem Stift durchgearbeitet hatten.

Gail eröffnete den Abend und schlug zwei Gebetsrunden vor: »In der ersten Runde drücken wir unseren Dank für etwas aus«, erklärte sie. »In der zweiten Runde nennen wir etwas, das wir an Gott oder seinem Handeln schätzen.«

Als wir damit durch waren, führte ich in die Lektüre ein.

»Heute werden wir zum ersten Mal etwas gemeinsam lesen«, sagte ich. »Im Laufe dieses Jahres werden wir uns eine Menge Texte gegenseitig vorlesen. Darum lasst mich kurz erklären, wie ich mir das vorstelle.

Zuerst werden wir den Text laut lesen, auch wenn wir uns verpflichtet haben, ihn schon vorher zu Hause gelesen zu haben. Wir gehen im Kreis herum und jeder liest ein oder zwei Abschnitte, bis der Leiter – diesmal bin ich das – einhakt. Wer immer gerade leitet, darf den, der liest, bitten, eine Pause zu machen, weil wir über das Gelesene nachdenken müssen. Vielleicht fällt es dem ein oder anderen schwer, laut zu lesen und er möchte es gern langsam angehen lassen. Dann sagt einfach ›weiter‹, wenn ihr an der Reihe seid.

Eins ist ganz wichtig: Egal, ob ihr lest oder zuhört, sucht nach Schlüsselwörtern oder -sätzen, die der Autor verwendet. Fragt euch immer: *Was will der Autor sagen?* Keiner sollte sich eine Meinung über den Text bilden, bis wir nicht sicher wissen, was die Absicht des Autors war.

Die Art unseres Gesprächs heißt *Dialog.* Sie unterscheidet sich ein bisschen von einer Diskussion, denn da konkurriert man schnell untereinander: Wer ist schlauer? Wer weiß mehr? Dialog heißt dagegen, dass wir eine große Denkmaschine werden. Unsere Gedanken und Herzen arbeiten alle zusammen und können somit Erkenntnisse hervorbringen, auf die keiner von uns allein gekommen wäre. Stellt es euch als *gemeinschaftliches Gespräch* vor. Wir hören auf den Autor, wir hören aufeinander und dann formulieren wir *zusammen* ein Fazit.

»Ben, darf ich dich bitten, heute Abend anzufangen? Nur den Abschnitt in Apostelgeschichte 16,1-3, wo Paulus zum ersten Mal auf Timotheus trifft.«

Ben Jacobs begann zu lesen: »Paulus ging zuerst nach Derbe und von da aus weiter nach Lystra. Dort traf er Timotheus, einen Jünger, dessen Mutter eine jüdische Gläubige, dessen Vater aber ein Grieche war. Timotheus war bei den Gläubigen in Lystra und Ikonion hoch angesehen, deshalb wollte Paulus, dass er ihn auf seiner Reise begleitete. Mit Rücksicht auf die Juden in dieser Region ließ Paulus Timotheus vor ihrer Abreise beschneiden, denn alle wussten, dass sein Vater ein Grieche war.«[27]

Ich will den Dialog hier wie in einem Schauspiel wiedergeben:

GMAC: Danke, Ben. Zuerst wollen wir den Text auf alles hin untersuchen, was er uns über Timotheus und seinen Hintergrund sagt. Welche Informationen versucht uns der Autor hier zu geben?

Hugo Padilla: Dass Timotheus aus einer gemischten Familie stammt? Seine Mutter ist Jüdin, sein Vater Grieche oder Heide.

Olivia Crosby: Er scheint eher jünger zu sein, weil er mit seiner Familienkonstellation identifiziert wird.

Amy Boyd: Timotheus hat einen guten Ruf. Die Leute mögen ihn offensichtlich.

Thomas Sanders: Und Paulus muss einige Qualitäten in ihm erkennen, weil er ihn mit auf die Reise nehmen will.

GMAC: Erinnert euch Paulus' Wunsch, Timotheus mitzunehmen, an ein ähnliches Ereignis in der Bibel?

Eine Weile war es still.

Carly Fisher: Na ja, hat Jesus nicht das Gleiche gemacht: Leute gefunden und sie mit auf die Reise genommen?

GMAC: Genau. Paulus tut hier, was Jesus tat. Beide waren Rabbis. Man könnte das einen rabbinischen Vertrag nennen. Der Lehrer sucht einen Schüler mit Potenzial und lädt ihn ein, ihm zu folgen. Timotheus wird ein Schüler von Paulus, genauso wie Simon Petrus und die anderen Jünger Schüler von Jesus wurden. Erinnert euch das noch an etwas anderes?

Hugo: Ihr macht das genauso mit uns.

GMAC: Behaltet das im Hinterkopf: So, wie Paulus etwas in Timotheus gesehen hat, sehen wir etwas in jedem von euch. Erinnert ihr euch daran, wie wir in diesem Sommer mit euch über TGH gesprochen haben? Erinnert ihr euch daran, was wir euch erzählt haben, warum wir euch ausgewählt haben?

Wir gingen noch andere Bibelstellen durch, die die Verbindung zwischen Paulus und Timotheus erhellten: Philipper 2,19 und 1. Thessalonicher 3,1-5. »Was lest ihr aus diesen Abschnitten heraus?«, fragte ich. »Was bedeutet es, wenn Paulus übere Timotheus sagt: ›Ich kenne keinen, der so aufrichtig wie er um euch besorgt ist.‹[28]?«

Amy: Klingt, als sei Timotheus sehr fürsorglich. Paulus glaubt sogar, dass Timotheus mitfühlender ist als alle anderen.

GMAC: Wie könnte man so einen Menschen bezeichnen?

Verschiedene Teilnehmer: Seelsorger? Heiler?

GMAC: Wie wäre es mit Pastor, was ja nichts anderes als Hirte bedeutet? Könnte Timotheus ein Hirte gewesen sein?
(Es wurde zustimmend »hm« und »ja« gemurmelt.)

Gail: Brennt euch das Wort *Hirte* ins Gedächtnis. Es beschreibt einen bestimmten Typ Mensch. Mal von Gordon und mir abgesehen, würdet ihr noch jemanden in dieser Runde als *Hirten* bezeichnen?

Ben Jacobs: Dafür brauche ich nicht nachzudenken: Rich Fisher – und Carly auch. Sie sind durch und durch Hirten, wie Timotheus.

GMAC: Wie kommst du darauf, Ben?

Ben: Wenn ich mit ihnen zusammen bin, höre ich sie nie über sich selbst reden. Ihr Interesse gilt immer zuerst dem anderen und wie es ihm geht. Ihnen liegt wirklich etwas an einem. Das ist doch typisch für Hirten, oder?

(Rich saß direkt neben Ben und flüsterte »Danke«. Carly schien vor Rührung feuchte Augen zu haben.)

GMAC: Lara, könntest du 1. Timotheus 4,12-16 lesen?

Lara Anderson: »Niemand soll dich gering schätzen, nur weil du jung bist. Sei allen Gläubigen ein Vorbild in dem, was du lehrst, wie du lebst, in der Liebe, im Glauben und in der Reinheit. (...) Vernachlässige die geistliche Gabe nicht, die du durch prophetische Reden empfangen hast. (...) Achte sorgfältig auf dich selbst und auf die Lehre.«[29]

GMAC: Was will Paulus Timotheus hier sagen?

Thomas: Dass er ein Vorbild sein soll – obwohl er noch so jung war?

GMAC: Ein Vorbild worin?

Thomas: Hier werden fünf Stichworte genannt.

GMAC: Dann lasst sie uns aufzählen.

Einer: Sprache.

GMAC: Das bedeutet?

Matt Cundiff: Es geht wahrscheinlich darum, wie jemand redet, was er von sich gibt. Er soll ein Vorbild dafür sein, wie Christen reden.

GMAC: Was noch?

Sara Stephens: Liebe – vermutlich die Art, wie Timotheus seine persönlichen Beziehungen lebte.

Rich Fisher: Lebensstil: wie er sein Privatleben führte, auf dem Marktplatz, wofür er sein Geld ausgab – wenn er welches hatte – und wie er seinen Alltag gestaltete.

Der Dialog ging eine halbe Stunde so weiter. Wir lasen verschiedene Abschnitte, die Paulus und Timotheus und ihre Mentorenbeziehung beschrieben. Je mehr wir lasen, desto mehr wuchs das Interesse der Gruppe. Sie sprachen nicht mehr zögerlich, sondern wurden selbstsicherer, weil sie das Gefühl hatten, dass sie den anderen etwas zu sagen hatten, das wertgeschätzt wurde. Sie hatten Spaß daran, auf neue Erkenntnisse zu stoßen. Einige hatten so etwas offensichtlich vorher noch nicht erlebt.

Ich stellte einige Fragen. Hier ein paar Beispiele:

- Unterscheiden sich Paulus und Timotheus in ihrer Persönlichkeit?

- Glaubt ihr, dass Paulus sich jemals Sorgen machte, dass Timotheus der Sache nicht gewachsen war?
- Warum redet Paulus gern über Soldaten, Sportler und Bauern?

»Ich will noch einen Gedanken äußern, bevor wir die Zettel für heute Abend zur Seite legen«, sagte ich. »Wenn Paulus gegenüber Timotheus davon spricht, ein Vorbild zu sein und wenn er über sich selbst als Vorbild redet, wie etwa in dem Vers ›Du aber bist meiner Lehre gefolgt, meinem Lebenswandel, meinem Vorsatz‹[30], dann redet er wie ein Rabbi, der glaubt, dass Wahrheit sich am besten darin offenbart, wie der Mentor handelt. Damals gab es noch nicht unser heutiges Neues Testament. Die Leute konnten darum nur lernen, wenn sie jemand Älteren beobachteten – ihren Rabbi. Paulus redet hier als Rabbi: ›Werde wie ich‹, sagt er. ›Dann kannst du eines Tages Rabbi oder Hirte werden – wie immer du genannt werden willst.‹

Das kann für heute unser Fazit sein und das ist kein unwichtiges Fazit: *Leiter sollten sich so verhalten, dass andere in ihnen Jesus erkennen können. Werde wie sie und du wirst wie Jesus.* Das, liebe Leute, ist eins der wichtigsten Merkmale von Tiefgängern.«

Nach einer Getränkepause leitete Gail wieder zum Thema Persönlichkeitsstruktur über. An diesem zweiten Abend sprach sie über die Merkmale *sensorisch* und *intuitiv.*

»Sensorische Persönlichkeiten sind detailorientiert«, sagte Gail. »Sie nehmen mit ihren Sinnen alles auf und achten auf jeden Baum im Wald. Intuitive Persönlichkeiten betrachten lieber das ganze Bild. Sie sehen nur den Wald.«

Gail bat uns, die Geschichte zu lesen, in der Jesus die Schwestern Maria und Marta besucht. Sie verwies auf Martas Irritation darüber, dass ihre Schwester Maria sich einfach hinsetzen und Jesus zuhören wollte, während es doch Arbeit in der Küche gab.

Marta war sensorisch veranlagt«, sagte Gail. »Sie wollte dem Herrn ihre Liebe zeigen, in dem sie etwas für ihn tat, und sie wollte, dass ihre Schwester ihr half, das Abendessen vorzubereiten. Aber Maria war eher intuitiv. Ihr waren das Tun und die Details weniger wichtig. Sie wollte zuhören, nachdenken und lernen. Das war ihre Art, dem Herrn ihre Liebe zu zeigen. Beide sind tolle Frauen. Sie zeigen ihre Liebe nur aus einer unterschiedlichen Persönlichkeitsstruktur heraus.

Genau, wie Gordon und ich uns als extrovertiert und introvertiert unterscheiden, sind wir hier ebenfalls gegensätzlich: Ich achte auf alle Details, mit denen ein Raum dekoriert ist. Unsere Finanzen in Ordnung zu halten, ist meine Aufgabe. Ich sorge dafür, dass alle Geburtstagskarten rechtzeitig losgeschickt werden.

Gordon denkt dagegen über eine Buchidee nach oder wohin wir im nächsten Sommer fahren oder wie das TGH-Projekt in drei Jahren aussieht. Die Details streift er nur am Rande.«

Wieder folgten gefühlt eine Million Fragen, als die Teilnehmer sich selbst und die anderen einschätzten.

»Gail«, sagte Olivia Crosby. »Kann ich dir dazu eine persönliche Frage stellen?«

»Ich werde versuchen sie zu beantworten.«

»Kannst du ein konkretes Beispiel nennen, wo ihr wegen eurer Unterschiedlichkeit aneinander geratet? Denn ich glaube, dass Pete und ich ...«

»Das kann ich gern. Wir geraten genau in diesem Augenblick aneinander. Gordon sitzt da drüben und hört euch begeistert zu, während ihr das Material durcharbeitet. Zeit existiert für ihn nicht. Wenn es nach ihm geht, machen wir noch eine Stunde so weiter.

Ich dagegen weiß genau, dass es 21.54 Uhr ist, sechs Minuten vor zehn, und wir noch nicht gebetet haben, bevor wir uns gleich alle auf den Heimweg machen.«

»Jetzt habe ich dich endlich durchschaut«, sagte Olivia Crosby grinsend zu ihrem Mann.

Bald strömten die Leute durch unsere Tür. Nur Sara Stephens blieb mit zwei anderen zurück, um den Keller wieder herzurichten. Und Minuten später waren auch sie gegangen.

SEPTEMBER, OKTOBER UND NOVEMBER

Der zweite Herbst

An: GMAC
Von: Roberto Silva
Betreff: Update zu den Sorianos

Olá, Pastor Mac,
wir haben uns jetzt schon dreimal mit den Sorianos getroffen. Hank und ich sind in ähnlichen Branchen tätig und das war ein guter Startpunkt für eine Freundschaft. Es gibt noch eine Menge, was Hank in Sachen Jesusnachfolge nicht versteht, aber durch das, was er bei den Leuten beobachtet hat, die er bei euch zu Hause getroffen hat, ist er sehr interessiert. Wir haben ihm unsere Geschichte von unserem Leben mit Jesus erzählt und sie haben viele Fragen gestellt. Sie wollen sich gern weiterhin mit uns treffen.

Herzliche Grüße,
Roberto Silva

Nachricht auf der TGH-Facebook-Seite:

TGH-Gruppe

Bitte lest für den 26. September das Fallbeispiel über Abraham (siehe Link). Die Männer bringen Getränke mit, die Frauen Gebäck.
4. Oktober: Lest das Fallbeispiel von Joseph.
11. Oktober: Lest die ersten drei Kapitel aus Oswald Sanders Buch *Geistliche Leiterschaft.*

Fallbeispiel Abraham

Gefällt mir · Kommentieren · Teilen

Die nächsten vier TGH-Treffen liefen sehr gut. Gail schloss ihre Einheiten über Persönlichkeitsstrukturen ab. Sie beschrieb die Kategorien *denken/fühlen* und *urteilen/wahrnehmen.* (Dieses Material stammt aus dem Buch *»Versteh Mich Bitte«* von David Kiersey und Marilyn M. Bates.)

Gail und ich waren hochzufrieden, als wir feststellten, dass die Teilnehmer anfingen, die Inhalte auf ihre Beziehungen untereinander und auf andere Bereiche ihres Lebens anzuwenden.

Thomas Sanders: Jetzt durchschaue ich zum ersten Mal meinen Chef und wie er Sachen angeht. Wir geraten hin und wieder aneinander und jetzt ist mir klar, dass es meistens an unserer unterschiedlichen Persönlichkeitsstruktur liegt. Er hat das Gesamtbild vor Augen (intuitiv) und ich bin detailorientiert (sensorisch). Er ist immer irritiert, wenn ich konkrete Detailfragen zu den Projekten stelle, die er starten will, und ich bin genervt, wenn er über große Vorhaben spricht, aber sie nicht durchrechnet.

Hugo: Ich glaube, alle Lateinamerikaner sind extrovertiert. Aber meine Freundin ist introvertiert und fragt sich, warum ich so viel rede.

Lara: Jetzt weiß ich, warum es so schwierig für mich war, in meiner Familie aufzuwachsen. Sie reden liebend gern über Entscheidungen, aber sie reden nur, lassen sich alle Möglichkeiten offen und ändern tausendmal ihre Meinung. Ich dagegen plane gerne, treffe Entscheidungen und wende mich dann anderen Dingen zu. Jetzt, da ich weiß, dass wir einfach unterschiedlich sind, kann ich hoffentlich geduldiger mit ihnen sein.

Olivia: Ehrlich gesagt habe ich die Geschichte von Maria und Marta nie ganz verstanden. Aber jetzt habe ich sie, glaube ich, kapiert: Sie dachten beide, dass sie Jesus dienen. Ich kenne Menschen aus beiden Kategorien, und sie kommen sich ins Gehege, weil ihnen nie jemand gezeigt hat, wie sie gestrickt sind.

Jede Woche gingen wir einen Text durch. Am dritten Montagabend lasen wir beispielsweise die Höhepunkte der Abrahamgeschichte. Gail leitete den Dialog.

»Wir wollen uns das Leben von Abraham angucken und sehen, was wir über seine Hinwendung zum Gott der Bibel lernen können«, sagte Gail. »Und mir ist wichtig, dass wir verstehen, warum Paulus sagte, dass Abraham der Vater all derer ist, die glauben.«[31]

Wir kamen an den Punkt in der Geschichte, als Abraham zum ersten Mal Gottes Stimme hörte und dazu aufgefordert wurde, seine heidnische Heimat zu verlassen. Wir lasen die Episode, als er die Ägypter belog, was die Beziehung zu seiner Frau Sara anging. Wir studierten den Abschnitt über seinen Neffen Lot, der bei uns eine Diskussion über die Unterschiede zwischen den beiden Männern auslöste. Wir verfolgten Abrahams Zweifel und seine manipulativen Versuche, einen Sohn zu zeugen. Und schließlich erreichten wir den Höhepunkt der Abrahamgeschichte, als Gott ihm den Auftrag gab, auf den Berg zu gehen und seinen einzigen Sohn, Isaak, zu opfern.

Gail: Was denkt ihr über das alles im Gesamten?

Amy: Ich habe die Geschichte noch nie in einem Rutsch gelesen. Mir fällt auf, dass der Mann am Anfang und der am Ende zwei völlig unterschiedliche Menschen sind. Am Ende der Geschichte ist Abraham ein wahrhaft bekehrter Mann.

Gail: Wie kommst du darauf?

Amy: Der Mann am Anfang der Geschichte hat so viel Vertrauen, dass er seine Heimat verlässt. Der Mann am Ende ist sogar bereit, seinen Sohn an Gott zurückzugeben. Ein großer Unterschied, würde ich sagen.

Damon Marsh: Entschuldige, wenn ich unterbreche, Amy, aber ich war schon erstaunt, dass er seine Familie, sein Hab und Gut und seine ganze Lebensweise einfach so zurückgelassen hat, ohne einen Schimmer, wohin es ging. Mir würde das schwer fallen. Vielleicht klammere ich mich zu sehr an Dinge.

Thomas: Wie meinst du das, Damon?

Damon: Na ja, ich habe mein ganzes Leben lang Eishockey gespielt. Darüber habe ich mich quasi definiert. Und jetzt muss ich aufhören. Das ist die schwierigste Entscheidung meines Lebens.

Rich: Ich weiß, was du meinst. Ich habe mich auch schon so gefühlt. Das ist der gleiche Kampf, den Abraham durchmachen musste. Wenn er ein Mann des Glaubens sein wollte, musste er lernen, sich an nichts zu klammern – nicht an seine Heimat, nicht einmal an seinen Sohn.

Sherry Nordberg: Darf ich eine Frage stellen?

Gail: Natürlich Sherry.

Sherry: Abraham verhält sich in Ägypten nicht besonders überzeugend, aber in der Geschichte mit Lot handelt er dann sehr verantwortungsbewusst, als er ihm erlaubt, das beste Stück Land zu nehmen und selbst dahin geht, wo Gott ihn hinführt – weg von Sodom und so. Was hat es damit auf sich?

Carly: Vielleicht bedeutet es, dass er reift, dass sein Glaube tiefer ist als in Ägypten. Hoffentlich ergeht es uns im Lauf des Jahres ähnlich.

Wir redeten eine weitere halbe Stunde darüber und kamen schließlich zur Szene auf dem Berggipfel, als Abrahams Sohn auf dem Altar lag.

Gail: Lasst uns die Verse über Abrahams Gipfelerfahrung mit seinem Sohn noch einmal lesen. Möchte jemand?

Matt Cundiff: »Einige Zeit später stellte Gott Abraham auf die Probe …«[32]

Gail: Matt, könntest du hier kurz anhalten? Welches Schlüsselwort steht hier?

Verschiedene Stimmen: *Auf die Probe.*

Gail: Wir müssen hier nicht in die Tiefe gehen, aber jeder reife Christ wird euch sagen, dass es zum Leben dazugehört, auf die Probe gestellt zu werden. So, wie Jesus, der Rabbi, seine Jünger regelmäßig auf die Probe stellte, tut Gott das hier mit Abraham. Es ist eine furchtbare Geschichte, aber wir müssen uns damit beschäftigen. Okay, Matt, liest du weiter?

Matt Cundiff: »Am nächsten Morgen stand Abraham früh auf. Er sattelte seinen Esel …«

Gail: Sorry, Matt, wir lesen den Text noch durch, aber erkennt hier jemand etwas Besonderes?

Lara: Er ist früh aufgestanden für seine Wanderung auf den Berg. Ich glaube, ich hätte lieber etwas getrödelt in der Hoffnung, dass Gott seine Meinung noch ändert.

Gail: Genau. Matt, machst du weiter?

Matt las, wie Abraham und sein Sohn Isaak den Berg erklommen und wie Abraham oben begann, seine Opferhandlung vorzubereiten.

Matt: »Abraham nahm das Messer, um seinen Sohn als Opfer für den Herrn zu töten. In diesem Augenblick rief der Engel des Herrn vom Himmel: ›Abraham! Abraham!‹ ›Ja‹, antwortete er. ›Ich höre.‹ ›Lass es sein‹, sagte der Engel. ›Tu dem Kind nichts. Denn jetzt weiß ich, dass du Ehrfurcht vor Gott hast.‹«

Gail: Was passiert hier?

Pete: Der Engel oder wer immer diese Stimme ist, sagt, dass Abraham schließlich Ehrfurcht vor Gott hat. Es hat die ganzen Jahre gedauert, bis Abraham diese Worte hörte. Er hat Ehrfurcht vor Gott.

Gail: Klingt das nach einem Tiefgänger für euch?

Hugo: Tiefgehender, als ich es wäre.

Gail: Ich habe eine Frage: Wenn wir Abraham einmal als Inbegriff eines Tiefgängers nehmen und Gott bitten, unser Leben so zu prägen, wie er Abrahams Leben geprägt hat, worum würdet ihr bitten?

Die Antworten auf Gails Frage klangen so:

- »Gib mir den Mut, dir zu folgen, auch wenn ich dafür Orte verlassen muss, die ich für sicher halte.«
- »Hilf mir, meinen Glauben nicht zu verleugnen, um anderen zu gefallen.«
- »Gib mir Augen wie Abraham, um zu erkennen, dass es besser ist, in die Berge zu gehen und die Versuchungen von Sodom zu umgehen.«
- »Könntest du mir helfen, es ein bisschen besser zu machen als Abraham, wenn es darauf ankommt, dir zu vertrauen, zum Beispiel als er sich einen Sohn wünschte?«
- »Mögest du mir die Kraft geben, gehorsam zu sein wie Abraham, als es an der Zeit war, auf den Berg zu klettern.«

Gail: Ich glaube, Gott würde diese Gebete liebend gern hören. Für mich klingen sie wie die Gebete von Tiefgängern.

Im Laufe der Wochen studierten wir das Leben weiterer biblischer Helden. Josef wurde beispielsweise wegen seiner Integrität und Führungsqualität zum Helden aller. Aber wirklich verblüffend fand die TGH-Gruppe seine Fähigkeit, seinen Brüdern zu vergeben, nachdem er von seiner Familie verlassen und ausgestoßen worden war.

Allen gefiel Mose, weil man an ihm sehr konkret beobachten kann, wie er als Leiter mehr und mehr in die Tiefe ging. Die Organisationstalente freuten sich über Moses verwalterische Fähigkeiten und wie sein Schwiegervater Menschen zu organisieren wusste. Wir beschäftigten uns mit Moses Kampf gegen die Ungeduld und mit seiner Gewohnheit, Gott anzubeten.

Wir studierten den Propheten Samuel und lasen von dem Tag, an dem er einen neuen König für Israel suchte. Wir führten einen Dialog über Gideon, der den Glauben anderer stärkte. Und dann war da noch König David, der heilige Sünder. Davids Leben zwang die TGH-Gruppe dazu, gut über die Bedeutung von Buße und Vergebung nachzudenken. Wir sprachen über die Gründe für seine Sünde und seine Tendenz, Dinge zu verleugnen.

Eines Abends begannen wir mit der Lektüre von Oswald Sanders Klassiker *Geistliche Leiterschaft*. Ziemlich weit vorn schreibt er: »Führungsaufgaben erfüllt nicht, wer Menschen zu seinen Bediensteten herabwürdigt, sondern wer sich selbstlos in ihren Dienst begibt. Und das geschieht niemals ohne Kosten.«[33]

Die TGH-Gruppe unterhielt sich lange über die Auswirkungen, die sie aus diesen Worten herauslasen.

Es dauerte nicht lange, bis Rich und Carly die Dialoge so führten, wie sie es sich von Gail und mir abgeguckt hatten. Carly überraschte mich mit ihrer Fähigkeit, Gedanken aus den Teilnehmern herauszukitzeln. Rich war ein Leiter durch und durch und man konnte förmlich sehen, welchen reichen Erfahrungsschatz er sich im Klassenzimmer und auf der Verwaltungsebene der High School angeeignet hatte.

Mit jeder Woche waren Gail und ich uns sicherer, dass die Fishers die perfekte Wahl als Partner im TGH-Programm gewesen waren. Im nächsten Jahr würden sie ihre eigene TGH-Gruppe besser leiten als wir.

Nachdem wir die Lektionen über Persönlichkeitsstrukturen abgeschlossen hatten, nahmen wir uns die geistlichen Disziplinen vor. Gail und ich skizzierten verschiedene Arten, wie die Bibel uns Menschen zur Hingabe ruft.

Wir sprachen beispielsweise über das Sabbatprinzip: »Für Israel war der Sabbat der wichtigste Tag der Woche«, sagte ich, »und um ihn zu begehen, brauchte man Abstand von der täglichen Routine, um sich in der Gegenwart des Herrn erfrischen zu lassen. Für kaum jemanden von uns wäre es möglich, das einen ganzen Tag in der Woche zu tun. Aber wie wäre es, mit einer halben Stunde täglich anzufangen? Und später vielleicht eine Stunde?«

Mehr als jedes andere Thema zuvor löste das Sabbatprinzip bei den TGH-Teilnehmern Frust aus, weil es die zu vollen Terminkalender betraf, die jeder hatte. Wir kamen darauf, dass die Sabbatpause, die in die Ruhe und Anbetung führen und so das Hören auf Gottes Stimme ermöglichen sollte, nur einzurichten war, wenn wir Dinge sein ließen, die wir gerne taten. Wir waren uns einig, dass der Sabbat keine zusätzliche Aktion sein konnte. Anderes musste ihm weichen. Das fanden nicht alle gut.

Wir sprachen darüber, wie man die verschiedenen Teile der Bibel liest und das Gelesene verinnerlicht. Wir schauten uns sogar die Struktur der Bibel an, ihre Einteilung in das Alte und das Neue Testament. An einem Abend gingen wir die Abschnitte des Neuen Testaments durch und redeten über den Zweck jedes kleinen Briefes, den Paulus und die anderen Apostel geschrieben hatten.

Wir sprachen über das Thema Meditation oder Reflexion, das den introvertierten Teilnehmern leichter fiel als den extrovertierten.

Wir nannten einige Fragen, die helfen können, als Tiefgänger das eigene Herz zu prüfen:

- Welche Ereignisse des vergangenen Tags erscheinen mir bedeutend?
- Gab es heute Momente, in denen ich das Gefühl hatte, dass Gott zu mir spricht?
- Habe ich heute etwas getan, das mich noch beschäftigt?
- Lagen mir heute Dank und Anbetung auf der Zunge?
- Habe ich heute Gottes Liebe gespürt?

Natürlich führte das zum Thema Tagebuchschreiben. Die Gruppe war schockiert – ehrlich schockiert! –, als Gail und ich ihnen einen Teil der Tagebücher zeigten, die wir in den vergangenen vierzig Jahren geführt hatten. Sie konnten sich nicht vorstellen, dass wir uns fast jeden Morgen hinsetzen und aufschreiben, wie wir Gottes Stimme in unserem Leben wahrnehmen.

Nach dem Gespräch konnten wir alle überreden, zwei Wochen lang jeden Tag Tagebuch zu führen. Dann würden wir uns Zeit nehmen, um uns über unsere Erfahrungen auszutauschen.

Natürlich sprachen wir auch über das Gebet und den Stellenwert, den es im Leben haben sollte. Wir waren uns einig, dass es zu den wichtigsten Disziplinen eines Tiefgängers gehört. Aber wir mussten auch alle zugeben, dass es mit am schwierigsten umzusetzen ist.

Anfang November stellten wir der Gruppe die Texte einiger der größten geistlichen Meister der christlichen Gebetsbewegung vor: Augustinus,

Thomas von Kempen, François Fénelon und Brigid Herman. Wir lasen kurze Texte jedes Autors.

Für mich war es interessant festzustellen, dass die Gebete der TGH-Teilnehmer jedes Mal an Substanz gewannen. Da sie einander zuhörten und mit ungewöhnlichen Tiefgängern aus der Vergangenheit in Berührung kamen, wurden in den Gebeten neue Themen besprochen und geistliche Interessen geäußert. Jetzt beteten wir nicht mehr nur Einzelsätze. Je sicherer alle wurden, dass Gott uns tatsächlich hört, desto mehr sagten sie ihm, was ihnen tatsächlich auf dem Herzen lag.

Mercedes Perez war unser erster Gast bei einem TGH-Treffen am Montagabend. Sie erzählte ihre Glaubensgeschichte und ihren beruflichen Werdegang. Mercedes sprach offen von den wichtigen Lebensabschnitten, in denen sie »auf die Probe« gestellt wurde. Die Frauen in der TGH-Gruppe waren sichtbar voller Bewunderung, dass Mercedes in der Geschäftswelt erfolgreich war und sich gleichzeitig ihre Hingabe an Christus bewahrt hatte.

Später am Abend hörte ich eine der TGH-Frauen zu einer anderen sagen: »Ich habe Mercedes schon so oft im Gottesdienst sitzen sehen, aber ich wäre nie darauf gekommen, dass ich sie kennenlernen sollte. Sie ist ja ein wahrer Brunnen an Weisheit.«

Einer der wichtigsten Gedanken, die Mercedes an die Gruppe weitergab, war: »Das Sabbatprinzip, von dem euch Pastor Mac und Gail erzählt haben, ist unerlässlich. Man kann kein – das könnt ihr mir wirklich glauben –, man kann kein langes und gesundes Leben führen, wenn man nicht zu gewissen Dingen Nein sagt – und dafür zu den besten Ja. Diese Entscheidungen trifft man in den stillen Sabbatmomenten, nicht unterwegs zwischen Tür und Angel.«

Wilford und Martine Jean-Baptiste waren an einem anderen Abend zu Gast. Ich bat sie, darüber zu sprechen, wie Leid in einem Land wie Haiti aussah. Könnten sie erzählen, wie sie das Erdbeben auf Haiti erlebt hätten – und den Tod vieler Freunde und Familienangehöriger?

Wilford und Martine sprachen beide flüssig, ja mitreißend über die Themen Gnade und Durchhaltevermögen in ihrem Leben. Die Gruppe hing an ihren Lippen, als sie von ihrer Trauer und der Notwendigkeit, sie zu verarbeiten, erzählten, aber auch davon, wie Gott Türen geöffnet hatte, damit sie in die USA kommen und an der Franklin Pierce-Universität studieren konnten.

Anschließend lud ich die Gruppe ein, Wilford und Martine Fragen zu stellen und dann für sie zu beten.

»Wollen wir uns nicht um Wilford und Martine herumstellen und ihnen unsere Hände auflegen, während wir beten?«, schlug Matt Cundiff vor.

Alle waren einverstanden.

»Sara, Pete und Damon, würdet ihr mit ganz kurzen Gebeten beginnen, die diesen beiden wundervollen Menschen etwas bedeuten könnten? Wenn dann noch jemand anderes beten möchte, kann er das tun. Carly, würdest du abschließen?«

Pete: Herr, diese beiden Menschen sind Heilige. Das sind sie wirklich. Danke, dass du sie durch so schwierige Zeiten geführt hast und sie in unserer Gemeinde sind und wir Gemeinschaft haben dürfen.

Sara: Himmlischer Vater, ich glaube, ich habe noch nie so tiefe Freude gesehen wie heute Abend. Pete sagt, sie sind Heilige, und das glaube ich auch. Ich bitte dich, dass sie ihre Freude niemals verlieren.

Damon: Gott, darf ich sie außer Heilige noch *Helden* nennen? Sie sind Helden, Herr, sie haben nicht aufgegeben. So wäre ich auch gerne. Ich wusste gar nicht, dass so unglaubliche Menschen unter uns sind. Mache sie ganz, ganz stark.

Andere beteten: »Ich habe heute Abend in diesen beiden Menschen einen Schimmer von Jesus leuchten sehen, Herr. Danke dafür.« »Erfülle Sie mit deiner Kraft, Vater.« »Bitte baue du ihr gebeuteltes Land wieder auf. Es hat so viel Leid gesehen. Vielleicht berufst du eines Tages sogar einige von uns, dorthin zu gehen.«

7. NOVEMBER

Der zweite Herbst

Karte an Hana Tchung, verschickt per Post:

Liebe Hana,

deine Gebete wurden erhört. Das TGH-Projekt läuft sehr, sehr gut. Wenn du in der Gemeinde bist, rufe gern lauter zu Gott.

Gott mit dir,
Pastor MacDonald

Karte an Olivia Crosby, verschickt per Post:

Liebe Olivia,

wir alle mögen dich sehr; jetzt beten wir alle intensiv für dich. Du und Pete, ihr seid nicht alleine auf diesem Weg. Es gibt vierzehn Menschen, die vermutlich für dich sterben würden, wenn nötig. Du wirst es durchstehen, Olivia,

alles Liebe,
Gail

Nachricht auf der TGH-Facebook-Seite:

TGH-Gruppe

Bitte lest Sanders bis zum 7. November zu Ende.
Frage: Was meint Sanders, wenn er schreibt: »Will die Gemeinde ihre Verpflichtung (…) erfüllen, dann ist die schreiendste Not die nach kraftvoller, geistlicher und opferbereiter Leitung.«[34]? Beachtet, wie er diese Begriffe definiert, und fragt euch, wie man solche Eigenschaften entwickeln kann.

Gefällt mir · Kommentieren · Teilen

Fast jeder Montagabend brachte irgendeine Überraschung mit sich. Meistens waren diese Überraschungen positiv und spannend. Aber manchmal auch nicht.

An einem Montagabend im November rief mich Damon Marsh zur Abendbrotzeit an und sagte: »Pastor Mac, ich kann heute nicht kommen.«

»Was ist los?«, fragte ich.

»Mein Chef will, dass ich heute um 19 Uhr bei einem außerordentlichen Treffen dabei bin.«

»Damon, wir haben eine Vereinbarung getroffen, die besagt, dass wir die Montagabende zur höchsten Priorität machen. Hast du nicht mit deinem Chef…«

»Doch, das haben wir schon vor langer Zeit geklärt. Aber heute Abend ist das was anderes… Ich muss da hin.«

»Alles klar, Damon. Ich verstehe. Tu deine Pflicht. Wir werden dich vermissen. Das Treffen wird ohne dich nicht dasselbe sein.«

Am selben Abend, gegen Ende des Treffens, vertrauten die Crosbys der Gruppe an, dass Olivia möglicherweise Brustkrebs hatte. Eine Woche zuvor hatte Olivia einen Knoten in ihrer Brust entdeckt. Ihre Ärztin hatte eine Biopsie gemacht. Die Ergebnisse waren nicht eindeutig, darum mussten weitere Tests durchgeführt werden. Gegen Ende der Woche würden sie einen Spezialisten aufsuchen.

Als wir an diesem Abend für Olivia und Pete beteten, hatte fast jeder Tränen in den Augen. Das bedeutet echte Gemeinschaft: Wenn einer Angst oder Schmerz erleidet, leiden alle mit.

Ich saß am Dienstagmorgen in meinem Büro, als mich Rich Fisher anrief. Wir telefonierten häufig kurz am Morgen nach den TGH-Treffen, um unsere Eindrücke über den vergangenen Abend auszutauschen. Ich schätzte Richs Sichtweise und er schien gern zu hören, wie und warum Gail und ich die Sachen so und nicht anders gemacht hatten.

Im Verlauf des Gesprächs sagte ich: »Ich habe Damon gestern Abend vermisst. Ich hatte gedacht, dass er mit seinem Chef eine Vereinbarung getroffen hatte, dass er nicht…«

»Gordon«, unterbrach mich Rich, »Damon war gestern Abend nicht bei der Arbeit.« Nach einer kurzen Pause sagte Rich: »Es könnte sein, dass wir ein Problem haben.«

»Was meinst du?«

»Vor mir auf dem Schreibtisch liegt die Tageszeitung«, begann Rich. »Bevor ich dich angerufen habe, habe ich den Sportteil gelesen und auf der Seite über Eishockey habe ich gesehen, dass die Beavers (die Mannschaft unserer Stadt) gestern Abend gegen Nashua gespielt haben. In der Spielzusammenfassung steht, dass Damon Marsh zwei Tore erzielt hat.«

»Das muss dann ein sehr spätes Spiel gewesen sein, denn Damon war …«

»Gordon, ich habe nachgesehen: Das Spiel hat um halb acht angefangen und Damon hat in allen drei Dritteln gespielt. Seine beiden Tore hat er sogar in den ersten zehn Minuten erzielt.«

»Aber Damon hat nichts von einem Spiel gesagt. Er hat mir erzählt, dass er zur Arbeit muss.«

»Ich habe Damons Leben in den letzten Jahren seit seinem Abschluss hier an der Schule mitverfolgt«, sagte Rich. »Er hat erst für unsere Schule und dann für die Plymouth State-University gespielt. Er war immer versessen auf Eishockey. Ich dachte, nach seinem Uniabschluss würde er die Schlittschuhe an den Nagel hängen, aber offenbar war das zumindest gestern Abend nicht der Fall.«

8. NOVEMBER

Der zweite Herbst

Beavers schlagen Nashua 3:0
Damon Marsh, früherer Stürmer der Plymouth State-University, erzielte gestern Abend zwei Tore im ersten Drittel. Damit sind die Beavers seit fünf Wochen ungeschlagen…

An: Rich Fisher
Von: GMAC
Betreff: Damon

Bete. Ich muss Damon unbedingt noch heute sprechen.

Damon Marsh hatte mich belogen. Ich muss eine halbe Stunde an meinem Schreibtisch gesessen haben, um zu sortieren, was ich gerade erfahren hatte. Es war eine Sache, ein Montagstreffen wegen einer Jobangelegenheit zu verpassen. Aber wegen des wahren Grundes zu lügen, war etwas völlig anderes. Wie sollte ich damit umgehen? In den ersten zwei Monaten unserer TGH-Gruppe war noch nichts dergleichen vorgekommen.

Schließlich rief ich Gail an und erzählte ihr, was ich gerade über Damon erfahren hatte. Sie war erst so ungläubig wie ich. Dann sagte sie: »Du darfst keine Zeit verlieren. Damon muss so schnell wie möglich erfahren, dass wir von seiner Lüge wissen. Und wir müssen uns klar darüber werden, ob wir jemandem erlauben, in der TGH-Gruppe zu bleiben, wenn er eine so schlechte Entscheidung getroffen hat.«

Kurz darauf war Mittagszeit und ich hatte eine Verabredung mit Geoff Handley und Monica O'Donnell im Restaurant Olive Garden.

Ich glaube, ich erinnere mich nicht einmal an die Themen, über die wir sprachen – so war ich gedanklich mit der Damon Marsh-Geschichte beschäftigt. Ich war zugleich verärgert und traurig. Zwar behielt ich die ganze Sache für mich, aber Geoff und Monica müssen gemerkt haben, dass ihr Pastor in Gedanken ganz woanders war.

Das Sportgeschäft, in dem Damon arbeitet, ist nur ein oder zwei Straßen vom Olive Garden entfernt, und ich fuhr nach dem Mittagessen dorthin. Im Laden erfuhr ich, dass Damon erst um halb vier arbeiten musste. Ich lief zurück zum Wagen und rief ihn auf dem Handy an.

»Marsh«, meldete er sich.

»Damon, hallo, hier ist Pastor Mac.«

»Hallo Pastor Mac, was gibt's?«

»Ich war gerade im Sportladen, um dich zu sprechen. Sie sagten, dass du erst um halb vier anfängst. Hast du vorher ein paar Minuten Zeit?«

»Klar. Wann passt es dir denn?«

»Um Viertel vor drei?«

»Alles klar. In der Gemeinde oder im Laden oder woanders?«

»Das Sportgeschäft ist gut, Damon. Ich warte im Auto davor. Bis dann!«

Ich rief in Rich Fishers Büro an. Er meldete sich.

»Ich treffe Damon um Viertel vor drei im Sportladen. Besteht die Chance, dass du …«

»Ich treffe dich um halb drei dort«, sagte Rich.

Als ich Gail anrief und ihr davon erzählte, sagte sie, sie würde Carly anrufen und die beiden Frauen würden für uns beten.

Um halb drei fuhr ich erneut auf den Parkplatz des Sportgeschäfts und traf dort Rich.

»Du brauchst gleich nichts zu sagen, Rich. Höre einfach zu und sag mir anschließend, was du gehört hast.«

Ein paar Minuten später hielt Damon Marsh neben meinem Pickup. Ich gab ihm zu verstehen, dass er in mein Auto steigen sollte. Rich hatte mittlerweile auf dem Rücksitz Platz genommen.

»Schade, dass du gestern Abend nicht da warst, Damon. Wir wollten …«

»Ich fand es auch schade. Mein Chef beruft diese Sitzung manchmal in letzter Minute ein und …«

»Damon. Lass uns einander in die Augen schauen und ehrlich sein. Im Sportteil steht heute, dass du gestern Abend im Beaverspiel zwei Tore gemacht hast. Ich sehe auch einen Kratzer an deinem Kinn, der am Sonntag noch nicht da war. Vermutlich von einem Schläger. Haben wir uns irgendwie missverstanden, Damon?«

Es entstand eine lange Stille. Damon starrte durch meine Windschutzscheibe.

Dann sagte er: »Ich bin viel mit dem Beaver-Team zusammen, um fit zu bleiben und so. Gestern Morgen hat mich der Trainer angerufen und gefragt, ob ich am Abend für sein Team spielen könnte. Ein Spieler war …«

»Damon, das brauchen Rich und ich gar nicht alles zu wissen. Was wir wissen müssen, ist, warum du gelogen hast. Es gab kein Arbeitstreffen, oder?«

»Nein. Ich wusste nur, dass ich nicht damit durchkommen würde, wenn ich euch erzähle, dass ich das TGH-Treffen für ein Eishockeyspiel sausen lasse. Da habe ich die einfachste Ausrede gewählt. Manchmal frage ich mich, ob ich vom Eishockey abhängig bin. Als der Trainer mich gestern Morgen angerufen hat, konnte ich einfach nicht Nein sagen. Und dann habe ich dich angerufen … und … – es tut mir leid. Es tut mir wirklich leid. Ich würde euch niemals verletzen wollen. Ich habe wirklich einen Riesenfehler gemacht. Das passiert nie wieder.«

Wir sprachen noch eine Weile zu dritt, bis ich das Gefühl hatte, dass es nichts mehr zu sagen gab, außer die Sache hinter uns zu bringen.

»Damon, jeder von uns hat irgendwann mal gelogen. Und dann stellt man fest, dass eine Lüge ein schlimmer Vertrauensbruch ist. Ich nehme deine Entschuldigung gerne an. Lassen wir die Sache hinter uns und lernen daraus. Du hast dich für die Montagabende verpflichtet. Stehst du weiterhin dazu?«

»Absolut. Ich schätze jeden einzelnen Teilnehmer sehr. Nach dem Spiel gestern Abend drang nichts von dem zu mir durch, was über mein Spiel gesagt wurde. Ich habe mich schrecklich gefühlt, weil ich wusste, wo ich eigentlich hätte sein müssen und dass ich dich belogen hatte. Ich konnte nur hoffen, dass es niemand herausfinden würde. Ich habe mir selbst geschworen, das nie wieder zu tun.«

Rich und ich beteten für Damon und für einen Neuanfang. Dann stiegen wir mit ihm aus und umarmten ihn, bevor er zur Arbeit musste.

Als Damon gegangen war, sagte ich zu Rich: »So muss man wohl damit umgehen, wenn man Tiefgänger heranziehen will: den anderen voller Respekt und Liebe konfrontieren, ermahnen und ihm vergeben. Er wird wohl ein besserer Mensch werden, wenn er daraus lernt. Aber, Mann, mich hat das wirklich ausgelaugt. Ich bin total fertig.«

10. NOVEMBER

Der zweite Herbst

Auf meinem Anrufbeantworter:

»Hi GMAC, hier ist Soriano. Habt ihr heute Abend kurz Zeit? Cynthia und ich würden gern für ein paar Minuten rüberkommen.«

Im Herbst waren Hank und Cynthia Soriano ein paar Mal im Gottesdienst gewesen. Sie hatten meist ziemlich weit hinten gesessen.

In den letzten Monaten war der Kontakt zu unseren Nachbarn recht spärlich gewesen. Briefkastengespräche waren in der Kälte selten. Hank war dienstlich einige Male unterwegs gewesen und Cynthia hatte mit ihrer Mutter mehrere Tage auf Rhode Island verbracht.

Ich hatte viel Zeit in das TGH-Projekt investiert und etliche Gespräche mit Geoff Handley und Bruce Bartlett über meine neue Aufgabenbeschreibung als leitender Pastor geführt. Zudem war immer viel los in der Gemeinde und viele Menschen brauchten seelsorgerliche Begleitung.

Als ich Hanks Nachricht hörte, schickte ich ihm sofort eine SMS, dass wir heute Abend zu Hause wären und sie gern gegen acht kommen könnten, es gäbe Kaffee und Apfelkuchen, den Gail gebacken hatte.

»Glaubst du, dass irgendwas nicht stimmt?«, fragte Gail, als ich abends nach Hause kam. »Vielleicht wollen sie uns sagen, dass sie Kirche jetzt mal ausprobiert haben und es nicht ihr Ding ist.«

»Lass uns abwarten und keine voreiligen Schlüsse ziehen.« Und so warteten wir. Aber insgeheim teilte ich Gails Befürchtung.

Pünktlich um acht standen die Sorianos vor unserer Haustür. Erst als wir sie sahen, stellten wir fest, wie sehr wir unsere häufigeren Begegnungen im Sommer und Frühherbst vermissten. Hank Soriano hat etwas an sich, das ich wirklich sehr mag.

Schon bald aßen wir Apfelkuchen und tranken Kaffee. »Was gibt's? Habt ihr ihm Lotto gewonnen oder so?«, fragte ich.

»Kein Lotto. Aber vielleicht ähnlich gut«, sagte Hank.

»Ähnlich gut? Hilf uns auf die Sprünge.«

»Na ja, ihr wisst ja, dass wir uns mit den Silvas getroffen haben. Jetzt schon fünf- oder sechsmal. Das sind wirklich feine Leute. Gehören zu euren ›Tiefgängern‹. Ich habe selten in meinem Leben jemanden wie Roberto getroffen. Und Cyn ...«

»Mir geht es mit Adriana ähnlich«, sagte Cynthia. »Alle beide ... strahlen nur so vor Freude am Herrn.«

»Vor Freude am was ...?!«, fragte ich.

Gail rutschte auf ihrer Stuhlkante nach vorn. Diese Art zu sprechen kannten wir von den Sorianos nicht.

»Der Freude am Herrn ... also ... na los, jetzt sag es ihnen schon, Hank«, sagte Cynthia.

»Also gut ....« Hank holte tief Luft, als müsse er sich darauf vorbereiten, uns jetzt etwas Wichtiges zu sagen. »Gestern Abend waren wir bei Roberto und Adriana und Adriana hat uns gefragt, ob wir schon Mal überlegt haben, Nachfolger von Jesus zu werden. In den letzten Wochen haben sie uns Geschichten von Jesus in der Bibel lesen lassen. Dann haben sie uns eingeladen und wir haben uns darüber unterhalten. Und sie waren echt toll, sehr geduldig und haben uns geholfen zu verstehen, was Jesusnachfolge bedeutet. Versteht ihr?

Wir beide waren sehr interessiert, weil wir hier bei euch so viele beeindruckende Menschen kennengelernt haben. Wir fanden es schön, mit ihnen zusammen zu sein. Und Roberto und Adriana haben uns schließlich erklärt, was wir gesehen haben. Alle Leute, die wir so sehr mögen und gern besser kennenlernen würden, haben eins gemeinsam: Sie haben, meinte Roberto, ihr Leben auf irgendeine Art um Jesus herum organisiert.

Das klang für Cyn und mich einleuchtend. Wir haben unser Leben lang alles Mögliche im Beruf organisiert. Aber weder vor noch nach unserer Hochzeit haben wir darüber nachgedacht, wie wir uns selbst organisieren wollen. Die Silvas haben uns dann gefragt, ob wir Teil dieser Gruppe werden wollen, die wir so mögen, indem wir dieselbe Entscheidung treffen wie sie.

Als sie uns das gefragt haben, habe ich Cyn angeguckt, sie hat mich angeguckt, und wir haben uns sofort entschieden. Jep, das wollten wir! Wir haben dann mit Roberto und Adriana zu Jesus gebetet und ich schätze, jetzt sind wir Jesusfans. Versteht ihr, was ich sage?«

Jesusnachfolger? Jesusfans? Wann hatte ich schon mal gehört, dass jemand sein Bekehrungserlebnis mit diesen Worten beschrieb? Aber natürlich verstand ich, was Hank sagte!

Gail lief um den Tisch herum und umarmte Cynthia fest. Hank und ich, na ja, wir gaben uns einen Handschlag.

Alles, was ich zu meinem Nachbarn sagen konnte, war: »Willkommen in der Gemeinschaft! Willkommen, willkommen, willkommen. Jetzt bist du mein Nachbar, mein Freund und mein Bruder!«

Ich heulte wie ein Schlosshund. Ich konnte die Tränen nicht zurückhalten. Mein Nachbar Hank Soriano, der mich für den Geschäftsführer der Gemeinde hielt, hatte mir gerade erzählt, dass er und seine Frau sich entschieden hatten, Christen zu werden – oder Jesusfans, um genau zu sein. Er hatte es verstanden!

Einen Moment später sagte Hank: »Glaubt ihr, dass ihr uns für das zweite TGH-Team vormerken könnt, wenn ihr Leute für nächstes Jahr auswählt? Dieses Jahr helfen wir euch einfach, wo wir nur können.«

Als Gail und ich an diesem Abend ins Bett gingen, zersprangen unsere Herzen fast. Wir waren voller Freude, weil Hank und Cynthia als neue Nachfolger von Jesus unterwegs waren. Aber wir waren auch voller Sorge, weil Peter und Olivia Crosby möglicherweise eine schwierige Zeit bevorstand – wir hatten noch nichts Neues erfahren.

Diese vier Menschen, die Sorianos und die Crosbys, waren unsere Leute, unsere Söhne und Töchter im Glauben. Wenn man an Menschen wie sie sein Herz verschenkt, wird ihre Freude zur eigenen Freude und ihre Sorge zur eigenen Sorge.

11. NOVEMBER

Der zweite Herbst

An: Geoff Hanley; Monica O'Donnell; Pastorenteam; Rich Fisher
Von: GMAC
Cc: Carly Fisher
Betreff: Neuigkeiten

Gestern Abend haben uns die Sorianos besucht. Sie haben uns erzählt, dass sie sich entschieden haben, Jesus nachzufolgen. Die Silvas haben sich über Wochen hinweg mit ihnen getroffen und vorgestern haben Hank und Cynthia die Sache festgemacht. Den Ausschlag gaben wohl die Leute, die in den letzten Monaten bei uns ein- und ausgegangen sind (TGH-Gruppe, Mentoren etc.). Ich glaube, ein großer Teil der Evangelisation wird zukünftig so aussehen. Eine liebevolle Gemeinschaft strahlt die Liebe von Christus aus. Und andere werden davon angezogen.

An: Rich Fisher; Carly Fisher
Von: GMAC

Gail und ich brauchen im Dezember mal ein paar Tage Auszeit. Daher legen wir das TGH-Treffen am 5. Dezember in eure Hand. Wir bitten die Sorianos, das Haus aufzuschließen und einen Imbiss vorzubereiten. Ich werde Thomas und Lara an den Auf- und Abbau erinnern.

Ich hatte Gail vorgeschlagen, für ein paar Tage in wärmere Gefilde zu fahren. Die Zeit um den 5. Dezember schien dafür am besten geeignet. Es waren noch drei Wochen bis dahin, und bis Weihnachten dauerte es dann noch zwei Wochen. Wir hatten im Sommer keinen Urlaub gehabt, argumentierte ich, und es würde uns gut tun, mal etwas rauszukommen.

»Das heißt, wir verpassen ein TGH-Treffen?«, fragte Gail.

»Ja, das ist wohl so.«

»Aber das ist ein wichtiger Montagabend.«

»Stimmt. Aber es ist auch wichtig, dass wir mal weg sind. Nicht nur für uns, sondern auch für Rich und Carly. Das ist ihre erste Gelegenheit, einen ganzen TGH-Abend alleine zu leiten. Und es ist gut für sie und die Gruppe, wenn wir nicht dabei sind.

Ich musste daran denken, was Michael Cohen über den rabbinischen Vertrag erzählt hat. Er hat erklärt, dass der Rabbi sich manchmal absichtlich von seinen Schülern trennte, damit sie feststellen konnten, was sie schon gelernt hatten und tun konnten, wenn er nicht dabei war. Rich und Carly werden das Selbstvertrauen gewinnen, im nächsten Jahr ihre eigene TGH-Gruppe leiten zu können. Mit den Worten von Jesus gesprochen: ›Es ist gut, wenn wir fortgehen.‹«

»Das ist also deine Ausrede für einen kleinen Urlaub«, neckte mich Gail.

»Nenne es die Stimme von Gordon, dem Rabbi«, erwiderte ich wichtigtuerisch.

Am nächsten Montag, dem 11. November, traf sich die TGH-Gruppe schon um 18 Uhr. Am Wochenende hatte Cynthia Soriano zu Gail gesagt, dass sie gern eine große Portion neuenglischen Muscheleintopf kochen würde. Dazu gäbe es selbst gebackenes Ciabatta und Salat, falls jemand früher kommen wollte. Als wir die Nachricht auf die Facebook-Seite setzten, meldeten sich außer den Crosbys alle innerhalb weniger Stunden zurück und sagten zu.

Pete Crosby rief an und meinte, dass sie erst um sieben kämen, weil sie vorher noch bei Olivias Ärztin seien, um die Ergebnisse der letzten Tests durchzugehen.

Als wir uns zum Dankgebet für das Essen zusammenstellten, war klar, dass alle daran dachten, dass Pete und Olivia gerade jetzt mit der Ärztin zusammensaßen. Lara Anderson fragte, ob wir für sie beten könnten. Als ich die Gebete hörte, war ich berührt von ihrer geistlichen Tiefe. Nach nur wenigen Wochen waren junge Männer und Frauen, denen es vorher schwer gefallen war, überhaupt laut zu beten, mittlerweile überzeugt, dass Gott sie hörte und reagieren würde.

Dann war es ein paar Sekunden still und ich hörte, wie Cynthia Soriano sich räusperte und anfing zu beten. Offenbar waren sie und Hank aus der Küche nach draußen gekommen.

»Lieber Gott«, betete Cynthia, »ich habe das Gleiche wie Olivia durchgemacht. Ich weiß, welche Angst sie gerade haben muss, schreckliche Angst. Bitte, Gott, gib Olivia Mut. Und hilf ihrem Mann Pete, für sie stark zu sein.«

Dann folgte Hanks Stimme, weder schnoddrig noch herablassend, sondern ganz sanft: »Und Jesus, ich habe erlebt, was Pete jetzt durchmacht. Ich weiß, wie schwer es ist«, seine Stimme wurde brüchig, »für seine Frau, die man liebt, stark zu sein, wenn man so eine Scheißangst … ich meine schreckliche Angst hat. Hilf ihnen, Jesus. Du kannst das.«

Man konnte spüren, dass alle von der Einfachheit und Ehrlichkeit dessen berührt waren, was Hank und Cynthia gebetet hatten.

Als wir fertig waren, ging ich in die Ecke des Raumes, in der Hank und Cynthia standen, und fragte leise: »Könnt ihr euch vorstellen, nach dem Essen zu erzählen, was letzte Woche passiert ist?«

Hank starrte mich einen Moment lang an. Dann wandte er sich zu Cynthia und fragte: »Ist das etwas, das …?« Cynthia nickte eifrig. Hank drehte sich wieder zu mir und sagte: »Ja, kann ich machen.«

Eine halbe Stunde später bat ich um Ruhe. »Wir wollen uns bei Hank und Cynthia für dieses tolle Abendessen bedanken.« Alle applaudierten. »Und die Sorianos haben euch auch noch etwas zu sagen«, fügte ich hinzu.

Hank stand auf. »Mac … ich meine, Pastor Mac, dachte, euch würde vielleicht interessieren, was Cynthia und ich vor ein paar Tagen erlebt haben. Wir haben in unserer Ehe schon viel Schönes erlebt. Aber mit am Schönsten war, Gail und Gordon kennenzulernen und durch sie auch euch.

Wir haben vorher nie Leute wie euch getroffen. Ihr sprüht voller Begeisterung, ihr mögt euch, ihr wollt Tiefgänger sein. Im Laufe der Zeit haben wir festgestellt, dass wir gern zu einer Gruppe wie eurer gehören würden. Vor ein paar Monaten hat Mac uns Roberto und Adriana Silva vorgestellt und wir haben uns mehrmals mit ihnen getroffen – quasi als eigene kleine TGH-Gruppe. Und vor ein paar Tagen waren wir wieder bei ihnen und haben gebetet und Jesus gesagt, dass wir ihm gern nachfolgen wollen, wenn er das will und …«

Hank hat seinen Satz nie zu Ende gebracht, denn alle um ihn herum brachen in Jubel und Applaus aus. Hank und Cynthia wurden umarmt und ihnen wurde auf den Rücken geklopft. Die TGH-Gruppe drückte ihre Begeisterung dafür aus, dass die Sorianos nun Teil unserer geistlichen Familie waren.

In dieser Minute vibrierte das Handy in meiner Tasche. Pete Crosbys Name stand auf dem Display. Ich verließ den Raum und den Lärm und meldete mich: »Hallo Pete. Was gibt es für Neuigkeiten?«

»Es ist gutartig, Pastor Mac«, sagte Pete. »Es ist gutartig! Olivia wird in ein paar Wochen ambulant operiert und dann sind wir mit der Sache durch! Wir können es nicht erwarten, zu euch zu kommen und allen die gute Nachricht mitzuteilen!«

»Pete, ich bin so erleichtert! Ihr müsst so schnell wie möglich herkommen. Der Muscheleintopf ist noch warm und eure Freunde erwarten euch.«

Ich ging zurück und erzählte, was ich gerade erfahren hatte. Sofern das überhaupt möglich war, wurde der Jubel noch lauter. Und mittendrin standen Hank und Cynthia Soriano und jubelten mit.

15. NOVEMBER

Der zweite Herbst

An: Rich Fisher; Carly Fisher
Von: GMAC

Habt ihr in der nächsten Woche Zeit für einen Rückblick, wie die ersten drei Monate gelaufen sind?

An: Gail MacDonald
Von: Carly Fisher

Rich und ich würden euch liebend gern am Dienstag, 22. November, zum Abendessen einladen. Habt ihr Zeit?

An: Carly Fisher
Von: Gail MacDonald

Haben wir! Was kann ich mitbringen?

»Ich fahre heute ins Krankenhaus, um Lara Anderson zum Mittagessen zu treffen«, erzählte mir Gail am Tag nach dem TGH-Treffen beim Frühstück.

»Was gibt's denn?«, fragte ich.

»Sie will mit mir über ihre Arbeit und ein paar Schwierigkeiten im Krankenhaus sprechen. Darum treffen wir uns. Was ist bei dir heute los?«

»Heute Vormittag haben wir unsere Sitzung als Pastorenkreis. Nachmittags habe ich ein paar Treffen, die ich gern absagen würde, aber leider nicht kann. Mit dem Ältestenkreis treffen wir uns zum Abendessen und um sechs habe ich noch ein Treffen. Ich werde gegen halb zehn zu Hause sein.«

Ich war um kurz nach neun zu Hause. Gail wartete schon auf mich und wir sahen gemeinsam die Abendnachrichten (die wir meist auf dem Festplattenrekorder aufnehmen, falls wir um acht nicht zu Hause sind). Nachdem wir die Hauptschlagzeilen gehört hatten, schalteten wir den Fernseher aus, um über unseren Tag zu reden. Gail bestand darauf, dass ich anfing.

Ich erzählte ihr von unserer wöchentlichen Teamsitzung mit Bruce, Claire und Jason. Wir hatten die erste Stunde auf den Teil verwendet, den wir nun TGH/Pastorenteam nannten.

Ich sollte noch hinzufügen, dass ich sehr ernst genommen hatte, was Jason und die anderen mir im September gesagt hatten: dass sie gern etwas Ähnliches wie wir an den Montagabenden machen würden. Anfang Oktober hatten wir begonnen, jeweils die erste Stunde für die Themen geistliches Wachstum und Führungskompetenz zu reservieren.

Heute Vormittag hatten wir zum fünften Mal unser TGH/Pastorenteam gehabt. Wir hatten dieselben Texte zu Abrahams Bekehrung gelesen, die wir mit der TGH-Gruppe durchgenommen hatten. Wir kamen auf Hank und Cynthia Soriano zu sprechen und dass ihre Hinwendung zu Christus vor ein paar Tagen daher rührte, dass sie in die Gemeinschaft von Christen hineingezogen worden waren: Erst kam die Freundschaft zu ihren Nachbarn, dann lernten sie die TGH-Gruppe und andere kennen und schließlich hatte ihr zielgerichteter Kontakt mit den Silvas begonnen. Für uns war klar, dass Evangelisation in Zukunft so aussieht: Wir nehmen Menschen in die Gemeinschaft von uns Christen hinein, damit sie die Liebe von Christus selbst beobachten können. Der Heilige Geist bestimmt dann den Zeitpunkt ihrer Bekehrung.

Gail wollte auch vom Ältestentreffen hören und ich erzählte ihr, dass es vor allem um übliche Gemeindeangelegenheiten gegangen war: den aktuellen Stand der Finanzen und eine Präsentation der Kindermitarbeiter. Die allgemeine Stimmung war gut. Geoff Handley hatte mich gebeten, ein paar Worte zur TGH-Gruppe zu sagen, und ich konnte ihnen begeistert von den Gebeten erzählen und wie die Gruppe ein enges Gemeinschaftsgefühl entwickelt hat.

»Und wie war Gails Tag gewesen?«, wollte ich wissen.

»Ich hatte mit Lara eine sehr schöne Zeit im Krankenhaus«, sagte sie. »Beim Mittagessen hat sie erzählt, wie viel die Gruppe ihr bedeutet. Der Fokus auf das Gebet hat sie tief berührt. Und die Texte haben ihr Herz und ihre Gedanken neu inspiriert. Sie beobachtet gut, wie wir Fragen stellen. Und sie ist begeistert zu sehen, wie alle als Gruppe zusammenarbeiten. Ich sag dir was: Lara geht mit großen Schritten in die Tiefe.

Wir haben lange über ihren Beruf gesprochen und die täglichen Herausforderungen, die er mit sich bringt. Sie hat nette Kollegen und offensichtlich wird sie sehr respektiert.

Nach dem Mittagessen traf ich Laras Chefin und ihre Assistentin«, fuhr Gail fort. »Dann hat sie mich durch das Krankenhaus geführt und ich konnte noch einmal sehen, wie sehr sie von allen geschätzt wird. Mir wurde klar, dass ich Lara in einem ganz anderen Licht zu sehen begann, weil ich sie dort traf, wo sie die Expertin ist. Bei uns zu Hause oder in der Gemeinde sind wir die Experten, wenn du verstehst, was ich meine. Aber im Krankenhaus war das etwas ganz anderes.«

»Komisch, dass wir da noch nicht eher drauf gekommen sind«, sagte ich. »Du weißt ja, wie wichtig es mir ist, Leute aus der Gemeindeleitung dort zu treffen, wo sie arbeiten. Vielleicht sollten wir das Gleiche mit der TGH-Gruppe machen. Wir könnten in den nächsten Wochen probieren, jeden Teilnehmer bei seiner Arbeit zu besuchen. Ich könnte die Männer übernehmen, und du die Frauen.«

Wir beschlossen, es zu versuchen.

In den nächsten Wochen verabredeten Gail und ich uns (meist in der Mittagspause) mit TGH-Teilnehmern. Als Ersten traf ich Hugo Padilla. Er hatte seinen Chef bei der Southwest Airline um Erlaubnis bitten müssen, dass ich zu Besuch kommen durfte. Sogar die amerikanische Verkehrssicherheitsbehörde hatte eingeschaltet werden müssen, weil ich durch den Sicherheitscheck gehen musste, um einige Arbeitsbereiche von Hugo zu erreichen.

Dass Hugo fließend Englisch und Spanisch sprach, verschaffte ihm bei Southwest eine besondere Stellung. Er koordinierte sämtliche Flugsteige und hatte viele Mitarbeiter unter sich. Hugo wurde als Erster hinzugeholt, wenn es irgendein Problem oder eine Situation außerhalb der üblichen Abläufe gab. Und da er spanischer Muttersprachler war, verwies man spanisch sprechende Passagiere gern an ihn, wenn sie Hilfe brauchten. Aber selbst das waren noch nicht alle von Hugos Aufgaben.

Während ich da war, musste Hugo in zwei Situationen, in denen Passagiere aufgebracht waren, vermitteln. Es dauerte jeweils nur kurz, bis er die Beschwerden zur Zufriedenheit aller geklärt hatte. Später erzählte ich Hugo, wie sehr ich seine Fähigkeit bewunderte, das Vertrauen von Menschen zu gewinnen und sie zu beruhigen.

Gail besuchte Amy Boyd (Einkäuferin der Warenhauskette Macy's), Sherry Nordberg (Stadtbibliothek) und Sara Stephens (in der Entwicklung bei unserem öffentlichen Radiosender). Am Tag, nachdem ich bei

Hugo Padilla gewesen war, traf ich mich mit Damon Marsh (im Sportgeschäft), mit Pete und Olivia Crosby (in ihrem Medizintechnik-Büro zu Hause) und Thomas Sanders (Softwareentwickler bei TMC Solutions).

Gail und ich kamen mit ähnlichen Eindrücken zurück:

- Unsere TGH-Teilnehmer standen jeden Tag unter enormem Leistungsdruck – weit mehr, als wir uns jemals vorgestellt hätten. Beinahe täglich waren sie aufgefordert, mehr, länger und besser zu arbeiten – für weniger Geld.
- Unsere TGH-Teilnehmer waren von ihren Kollegen hoch geschätzt.
- Unsere Beziehung zur TGH-Gruppe veränderte sich sofort, als die Teilnehmer wussten, dass wir ihren täglichen Arbeitsplatz kannten. Umgekehrt konnten wir nun noch besser einschätzen, wie Tiefgang und Wachstum in ihrem Leben aussahen – nicht nur in ihrer Gemeindearbeit, sondern in ihrer übrigen Welt.

Am Dienstag vor Thanksgiving fuhren Gail und ich zum Abendessen zu Rich und Carly. Wir wollten uns über die Fortschritte der TGH-Gruppe unterhalten und die nächsten Monate planen.

Ihre beiden Jungs, Jacob und Caleb, aßen mit uns gemeinsam und gingen dann für die Hausaufgaben in ihre Zimmer. Wir Erwachsenen setzten uns ins Wohnzimmer.

»Lasst uns mit eurem Eindruck von den ersten elf Wochen beginnen«, sagte ich zu Rich und Carly.

Typisch für Richs systematische Art, nahm er sofort sein Notizbuch zur Hand, in dem er sich einige Gedanken notiert hatte, weil er meine Frage schon erwartet hatte. »Carly und ich haben uns gestern nach dem Treffen darüber unterhalten – und das sind unsere Ergebnisse.«

Ich kann Rich und Carlys Gedanken am besten wiedergeben, wenn ich ihre Anmerkungen in der Reihenfolge niederschreibe, in der sie mir einfallen:

Rich: Die Auswahl der Teilnehmer war, wie ihr gesagt habt: *entscheidend wichtig*. Wir haben nicht erlebt, was sonst für viele Gruppen typisch ist: dass einer mit den anderen nicht klarkommt oder dass sich jemand nicht an die Regeln hält. Durch die Sache mit der Auswahl haben wir wirklich etwas Entscheidendes gelernt.

Die Lektionen über Persönlichkeitsstruktur waren unentbehrlich. Es war erstaunlich zu sehen, wie viel einfacher es ist, mit anderen ins Gespräch zu kommen, wenn man ein bisschen darüber weiß, wie sie gestrickt sind.

Carly: Wir fanden beide, dass die Konzentration auf den Dialog enorm wichtig ist, damit die Leute gemeinsam denken lernen und Ergebnisse erarbeiten. Ich wünschte, wir könnten das an alle in der Gemeinde weitergeben. Viele lernen es nie, anderen zuzuhören und gemeinsam Ideen und Erkenntnisse zu entwickeln, die größer und besser sind als die, auf die wir allein gekommen wären.

Rich: Die Texte aus der Bibel und anderen Quellen helfen sehr zu verstehen, wie Gott uns in Tiefgänger verwandeln möchte.

Und dann der Gemeinschaftsaspekt. Ich erlebe seit vielen Jahren Gruppenarbeit an der Schule. Aber hier beobachte ich, wie Leute auf einer ganz neuen Ebene zusammenkommen. Es passiert eine Menge, das uns dazu bringt, einander zu lieben und wertzuschätzen. Zum Beispiel Olivias Krankheit oder die Geschichte der Sorianos oder selbst so kleine Aufgaben wie gemeinsam Stühle hin- oder wegzustellen. Alles, was wir tun, stärkt in gewisser Weise das Gemeinschaftsgefühl.

Carly: Gebet. Wir lernen alle, auf einer tieferen Ebene zu beten. Alle beginnen, für die anderen zu beten und in jeden neuen Tag mit Gebet zu starten. Ich erinnere mich, wie Gail im Sommer sagte, dass Gebet das Hauptthema sein muss.

Wir bekommen jetzt auch erste Rückmeldungen, wie gut die Teilnehmer die Beziehungen zu ihren Mentoren finden. Alle haben sich mittlerweile mindestens zweimal getroffen und alles, was wir hören, ist sehr positiv. Die Generationen lernen einmal mehr, miteinander zu reden.

Rich: Es dürfte euch interessieren, dass wir uns zweimal mit unseren Mentoren Russ und Gretchen Milner getroffen haben. Unsere Jungs lieben sie. Russ hat sie vor Kurzem in eine seiner Burger King-Filialen eingeladen, wo sie sich eigene Hamburger machen durften. Und wir stellen fest, dass sie eine Menge über geistliche Leiterschaft zu sagen haben. Sie haben viel Leid erlebt. Gretchen hatte Depressionen, Russ eine schwierige Prostata-OP. Sie haben uns sehr offen davon erzählt, wie diese Erfahrungen sie in die Tiefe geführt haben.

»Eine Sache noch«, meinte Carly. »Ihr müsst wissen, dass wir total begeistert sind, dabei sein zu dürfen. Wir lernen, was es bedeutet, Tiefgänger zu fördern. Ich male mir schon aus, was die Teilnehmer in den kommenden Jahren alles bewegen werden. Man kann beobachten, wie sie jede Woche lebendiger werden.«

»Eins habe ich noch vergessen«, sagte Rich. »Ich habe viel über die Sache mit Damon Marsh nachgedacht. Ich habe eine Menge gelernt, als ich gesehen habe, wie du Damon mit der Geschichte konfrontiert hast. Du hast das sehr klar, aber liebevoll gemacht und ihn dabei respektiert. Ich fand es gut, dass wir ihm die Rückkehr ermöglicht haben. Ich mache mir um ihn immer noch Sorgen, aber ich bin überzeugt, dass es richtig war, ihn nicht rauszuschmeißen.

Welche Themen kommen als Nächstes?«, fragte Rich.

»Wir sind gerade durch mit den geistlichen Disziplinen«, antwortete Gail. »In den nächsten acht bis zehn Wochen wollen wir uns mit den Merkmalen eines christlichen Charakters beschäftigen. Aber noch wichtiger werden unsere persönlichen Geschichten sein.«

Wir hatten schon im Sommer mit Rich und Carly darüber gesprochen, dass wir unsere Lebensgeschichten aufschreiben wollten. Jetzt war die Zeit dafür gekommen.

»Wie wollt ihr das angehen?«, fragte Rich.

»Nächste Woche machen wir eine Einführung in das Thema und wie man seine eigene Autobiografie schreiben kann«, sagte ich. »Ich habe euch den Leitfaden mitgebracht, den die anderen am Montag bekommen. Könntet ihr einen Zeitplan aufstellen, wann die Einzelnen ihre Geschichten vorlesen sollen?«

»Glaubt ihr, dass alle das können?«, fragte Carly.

»Um ehrlich zu sein: Wir haben das noch nie in einer Gruppe ausprobiert und vermutlich werden sich einige anfangs auch dagegen sträuben. Aber Gail und ich werden allen weiterhelfen, die Hilfe brauchen. Und, ganz wichtig, wir beide werden unsere Geschichten auch als Erste lesen. Gail liest ihre am ersten Abend und ich meine am zweiten. Es wäre schön, wenn ihr am dritten und vierten Abend weitermachen könntet. Auf diese Weise haben alle schon einen Monat lang Lebensgeschichten gehört und wissen grob, wie sie aussehen sollen. Könnt ihr euch das vorstellen?«

Rich und Carly nickten.

28. NOVEMBER

Der zweite Herbst

Aus meinem Tagebuch:

> Nicht die allerbeste Woche. Ich fürchte, wir mussten unseren ersten herben Rückschlag einstecken. Vermutlich haben wir Damon Marsh verloren. Es ist plötzlich sehr nachvollziehbar für mich, wie enttäuscht Jesus über Petrus gewesen sein muss, als er versagte, und wie sehr Paulus der Verlust von Demas geschmerzt haben muss.

ALS DIE TGH-GRUPPE AM LETZTEN MONTAG IM NOVEMBER IN UNSEREM Keller zusammenkam, fehlte Damon Marsh. Diesmal hatte er sich nicht bei uns gemeldet.

»Ich weiß, wo er ist«, flüsterte Rich mir kurz vor dem Treffen zu.

Rich holte sein iPhone heraus. Auf dem Display sah ich die Webseite der Beaver. Rich tippte einmal darauf und der Spielplan erschien. Heute Abend um halb acht – in zweiunddreißig Minuten – würden die Beaver in unserer Stadtarena auf das Team aus Keene treffen. Dann tippte Rich erneut und es war zu lesen, dass »der frühere Plymouth-Spieler Damon Marsh für den verletzten Stürmer Tom Bergeron eingesprungen« war.

Es war eine spontane Entscheidung, aber ich wollte meiner inneren Stimme folgen. Ich sagte zu Rich: »Du leitest heute Abend das Treffen. Ich fahre zur Arena und gucke, ob ich Damon Marsh finde. Zur Pause bin ich zurück.«

Als ich aus unserer Einfahrt fuhr, kam mir der Tag in den Sinn, an dem Jesus an der Küste von Galiläa nach Simon Petrus gesucht hatte, der wieder begonnen hatte zu fischen. Ich erinnerte mich, dass Jesus Petrus nicht getadelt oder an sein Versagen erinnert hatte. Stattdessen hatte er ihm und seinen Freunden Frühstück gemacht und ihm gezeigt, dass er wertgeschätzt war. Hatte ich ähnliche Gefühle für Damon wie Jesus für Simon Petrus?

Man kann nicht Tiefgänger begleiten und dann in Selbstmitleid versinken, wenn einer von ihnen sich für einen anderen Weg entscheidet. Man schätzt diese Person nicht weniger und man gibt sie nicht zu schnell auf. Aber es kann eine Zeit kommen, in der man sie ihre eigenen Entscheidungen treffen lassen muss.

Um Viertel nach sieben hatte ich eine Eintrittskarte gekauft und die Arena betreten. Die Beaver sind keine Publikumsmagnete wie die großen Vereine, daher hatte ich mich schnell zur Eisfläche durchgeschlängelt, wo beide Mannschaften sich aufwärmten und auf ihrer Hälfte ihre Runden auf dem Eis drehten.

Fast sofort sah ich Damon mit der Nummer neun auf dem Trikot. Er war zusammen mit einem Mannschaftskollegen und so ins Gespräch vertieft, dass er mich auch nicht bemerkte, als er direkt an mir vorbeilief. Ich beobachtete, wie er hinter dem Tor entlangfuhr und ein zweites Mal seine Runde drehte. Wieder war ich für ihn unsichtbar.

Erst in der dritten Runde bemerkte Damon mich. Langsam kam er über das Eis zu mir herüber und bremste, seinen Schläger in beiden Händen.

In seiner Ausrüstung – mit Schulterpolstern und Schlittschuhen – erschien er mir viel größer zu sein als der Damon, der in den letzten elf Wochen bei uns zu Hause gewesen war. Sekunden – gefühlte Stunden – vergingen, in denen wir uns nur anblickten. Verlegenheit – vielleicht Scham – stand ihm ins Gesicht geschrieben. Offensichtlich hatte er nicht damit gerechnet, dass er mir so wichtig war, dass ich ihn aufsuchen würde.

Schließlich sagte Damon: »Ich musste eine Entscheidung treffen, Pastor Mac. Ich wollte dich anrufen, aber ich habe es hinausgezögert, bis es zu spät war. Es ist so: Vielen Dank für die Chance, bei TGH dabei zu sein. Aber ich gehöre hierher. Ich liebe diesen Sport mehr als alles andere. Es tut mir leid.« Ohne mir die Chance auf eine Antwort zu geben, skatete Damon Marsh davon.

Ich war gegen acht zurück vor unserem Haus, aber ich blieb noch eine Viertelstunde im Wagen sitzen und dachte darüber nach, was gerade geschehen war. Ich unterdrückte die Versuchung, mich selbst zu bemitleiden. Viel wichtiger war Damon Marshs Entscheidung. Möglicherweise betraf sie seine ganze Zukunft. Aber er dachte nicht an die *Zukunft.* Er hielt am *Heute* fest und dachte nicht über die Folgen nach.

Drinnen hatte die TGH-Gruppe (mit einem Teilnehmer weniger) eine gute Stunde lang Texte aus Jesaja gelesen. Rich hatte mit einer kurzen

Gebetszeit begonnen und dann zu Ben Jacobs gesagt: »Ben, du hast jetzt eine Weile miterlebt, wie wir das machen. Heute leitest du den Dialog. Tu einfach so, als wäre ich nicht da.«

Offenbar hatte Ben seine Sache hervorragend gemacht. Als wir uns spätabends zum Schlafen fertig machten, erzählte Gail, wie selbstsicher er gewirkt hatte: »Er hat es genauso gemacht, wie du und ich es vorgemacht haben. Er hat dafür gesorgt, dass alle beteiligt waren. Und am Ende wussten wir alle, welche Rolle Jesaja beim Kommen des Messias gespielt hat. Er meinte, von allen Leuten, deren Leben wir bisher durchgegangen sind, bedeutet ihm Jesaja am meisten.«

Als alle nach der Getränkepause wieder zusammensaßen, erzählte ich, wo ich gewesen war und sagte – ohne ins Detail zu gehen –, dass Damon sich entschieden hatte, die TGH-Gruppe zu verlassen, um mit den Beavers Eishockey zu spielen. Ich betonte, dass Damons Entscheidung nicht dazu führen sollte, dass irgendeiner von uns ihn weniger wertschätzte. Wir sollten die Tür immer offen halten in der Hoffnung, dass er zurückkehren wollte. Aber es sah ganz danach aus, dass ihm Eishockey wichtiger war als die TGH-Gruppe und er montagabends nicht mehr dabei sein würde.

In der restlichen Zeit führten wir die Gruppe in die Grundgedanken ein, wie man seine persönliche Lebensgeschichte erzählt. »Ihr steht vor eurer bislang größten Herausforderung im TGH-Programm«, begann Gail. »In den nächsten Wochen wollen wir unsere persönlichen Geschichten aufschreiben.«

»Meine Geschichte?«, fragte Hugo Padilla. »Ich habe keine Geschichte. Ich erinnere mich an fast nichts aus meiner Kindheit.«

»Glaub mir, Hugo«, sagte ich, »das wird sich ändern.«

Gail verteilte einen Artikel, den wir geschrieben hatten. Er handelte davon, wie man anfängt, seine Geschichte aufzuschreiben.

Teile dein Leben zunächst in Fünf-Jahres-Abschnitte ein: 0–5 Jahre, 6–10 Jahre usw. Anschließend lege fest, welche grundlegenden Informationen in jedem Abschnitt vorkommen sollen. Hier ein paar Anregungen:

- Wo hast du in diesen Jahren gelebt?
- Wo bist du zur Schule gegangen oder wo hast du gearbeitet?
- Gab es wichtige Geburten, Todesfälle oder lebensverändernde Ereignisse?

Schließlich befasse dich anhand folgender vier Fragen noch einmal ausführlicher mit jedem Abschnitt:

- Wer waren die *fünf Menschen* (oder mehr), die dein Leben in diesem Abschnitt am stärksten geprägt haben (sowohl positiv als auch negativ)?
- Welche drei bis fünf wichtigen *Ereignisse* in jedem Abschnitt haben dein Leben für immer geprägt oder verändert (auch hier: positiv oder negativ)?
- Was waren die *Kerngedanken* (drei bis fünf), die in dieser Zeit in deinem Leben eine Rolle gespielt haben?
- Wie hast du in diesem Lebensabschnitt *über Gott gedacht?*

Der Artikel ging weiter:

> Eine Geschichte ist wenig hilfreich, wenn sie nicht auch unsere schwierigen Lernerfahrungen enthält: Fehler, Zweifel, Ängste, Verletzungen. Sie sollte die prägenden Aspekte beleuchten, die uns zu dem gemacht haben, der wir heute sind.
>
> Die eigene Geschichte aufzuschreiben, nimmt einige Zeit in Anspruch. Das lässt sich nicht in einer Stunde, nicht einmal an einem Abend erledigen. Aber es ist eine außergewöhnliche Erfahrung, denn die meisten Menschen nehmen sich nie die Zeit, ihr Leben in eine verständliche erzählerische Form zu bringen. Manchen Leuten begegnen dabei völlig neue Einsichten. Und manche durchleben einen vergangenen Schmerz erneut.

Als Gail und ich redeten, wurden einige in der Runde immer stiller. Die einen hatten das Gefühl, nicht gut schreiben zu können. Die anderen fürchteten sich davor, Erinnerungen wieder hervorzuholen, die sie tief in ihrem Inneren vergraben hatten.

»Gail und ich treffen uns gern mit jedem von euch, der mit dieser Aufgabe Schwierigkeiten hat. Wir begleiten euch dabei. Ich verspreche, dass das eine der wertvollsten Erfahrungen auf eurem geistlichen Weg sein wird. In einigen Wochen lesen wir alle unsere Geschichten vor, an jedem Abend eine. Gail und ich fangen an.«

Die Gebetszeit spiegelte an diesem Abend zweierlei wieder: Trauer (Damon) und Unbehagen (Lebensgeschichten aufschreiben).

Sherry: Herr, wir mögen Damon sehr. Bitte sprich zu ihm und hilf ihm, seine Prioritäten richtig zu ordnen.

Hugo: Und Vater, bitte hilf ihm zu erkennen, dass es auf unsere Entscheidungen ankommt und dass wir manchmal jahrelang mit den Folgen leben müssen.

Catherine: Vater, du weißt, dass es mir Angst macht, meine Geschichte aufzuschreiben. Bitte schenke du mir Mut und hilf mir, es gut zu machen.

Matt: Und Gott, ich habe noch nie irgendwas geschrieben in meinem Leben – jedenfalls nichts Vergleichbares. Ich bitte dich um viel Hilfe … und dass Pastor Mac da ist, wenn ich ihn brauche – hast du das gehört, Pastor Mac?«

Selten hört man in einer Gebetszeit jemanden lachen. Aber Matts Frage löste großes Gelächter aus.

Olivia: Lieber Vater, mir geht es wie Catherine: Ich habe Angst vor diesem Projekt. Es gab in meinem Leben einige dunkle Augenblicke, die ich lieber nicht hervorholen würde. Daher brauche ich genauso Hilfe, Herr. Hast du das gehört, Gail?

Noch mehr Gelächter.

Ben: Herr Jesus, du kennst alle unsere Geschichten. Ich weiß selbst, wie viel es ausmachen kann, die Lebensgeschichten anderer zu hören. Einige Männer Gottes haben mir ihre Geschichten in einer Zeit erzählt, als ich sehr aufgewühlt war. Und sie haben mir einen vertrauten Rahmen gegeben, um meine Geschichte zu erzählen. Das hat mein Leben total verändert, Herr, total verändert … Darum gib meinen lieben Brüdern und Schwestern hier jede Menge Mut und Ausdauer. Ich kann mir gut vorstellen, wie viel wir in den nächsten Monaten über dich und über uns selbst lernen werden.

Nach dem Amen sahen Gail und ich uns an. Wir wussten beide, was der andere dachte: Ben Jacobs wusste, wie man auf die Ängste anderer reagiert. Er nahm sichtlich an geistlicher Reife zu.

1. DEZEMBER

Der zweite Herbst

Nachricht auf der Facebook-Seite:

TGH-Gruppe

Gail und ich sind am 5. Dezember nicht da. Rich und Carly werden das Treffen leiten. Bitte bringt eure Esra-Texte mit (Geistlicher Leiter/Organisatorischer Leiter) und eure Tagebucheinträge aus den zwei Wochen. Außerdem werdet ihr zwei großartige Menschen kennen lernen: Samuel und Ramya Anand werden euch ihre Geschichte erzählen.

Gefällt mir · Kommentieren · Teilen

An: Geoff Handley
Von: GMAC
Betreff: –

Danke, dass du Gail und mich gedrängt hast, hierher zu kommen. Uns geht es sehr gut. Wir erholen uns und vermissen euch. Du bist ein wunderbarer Freund und Leiter, Geoff!

Gail und ich verbrachten die erste Dezemberwoche in Florida. Das Wetter war herrlich, wir konnten in der Sonne sitzen, uns unterhalten, lesen und viel spazieren gehen. Man könnte den Eindruck gewinnen, dass wir in Gedanken ständig bei der Gemeindearbeit sind. Aber wir können auch ganz gut abschalten und uns amüsieren.

Auf einem Spaziergang unterhielten wir uns über Damon Marsh. »Ich bin so besorgt um Damon«, meinte Gail. »Was haben wir übersehen, als wir ihn ausgewählt haben?«

»Vielleicht sollten wir sehen, dass es kein Fehler gewesen sein muss, jemanden ausgewählt zu haben, selbst wenn er aussteigt«, sagte ich. »Es sei denn, man glaubt, Jesus habe mit Judas einen Fehler gemacht.«

Ein anderes Mal sprachen wir darüber, wie sehr wir die Gruppe schätzen gelernt hatten.

»Es gibt Momente«, sagte ich, »da sitze ich montagabends in der TGH-Gruppe und habe das Gefühl, das ist das Beste, was ich je in der Gemeindearbeit erlebt habe. Es fühlt sich so an, als wäre das genau das, was Jesus sich für seine Nachfolger wünscht. Ich lerne jede Person in der Runde kennen. Ich kenne ihre Namen, weiß, woher sie kommen, was sie die Woche über machen, kenne ihre Träume, ihre Ängste – und es fühlt sich so an, als läge ihnen auch daran, mich kennenzulernen. Das geht über eine normale Gemeinschaft hinaus. Das ist eine Art geistliche Familie.«

»Wirst du dich von diesen Kindern verabschieden können?«, fragte mich Gail. Mir fiel auf, dass Gail *Kinder* gesagt hatte. Es klang fast zärtlich und machte deutlich, wie sie diesen Männern und Frauen gegenüber empfand. Es waren unsere geistlichen Kinder.

»Das wird wirklich schwer werden. Ich weiß noch, wie lange ich getrauert habe, als unsere beiden Kinder flügge geworden sind. In gewisser Weise werde ich ähnlich trauern, wenn die Gruppe vorbei ist. Und vermutlich werde ich nach Ausreden suchen, warum sich alle weiter mit uns treffen müssen.«

»Aber das darf nicht passieren«, sagte Gail.

»Warum nicht?«

»Weil Michael Cohen dir erzählt hat, dass Rabbis *weggehen.*«

»Dann wusste Rabbi Cohen wohl nicht, wie schwer das ist.«

5. DEZEMBER

Der zweite Herbst

Postkarte aus Florida an Connie Peterson:

Liebe Connie,

Gordon und ich genießen gerade die Sonne in Florida. Aber das bedeutet nicht, dass wir mit unseren Gedanken nicht in Neuengland wären. Als wir heute für die TGH-Gruppe beteten, mussten wir bei Ben und Catherine verweilen. Wir haben sie so sehr schätzen gelernt! Ben hat ganz offensichtlich das Herz eines Hirten. Die beiden sind für die ganze Gruppe sehr inspirierend. Unglaublich, dass alles mit deiner Entscheidung begann, deinen Neffen bei dir wohnen zu lassen, als es ihm schlecht ging. Du darfst sehr stolz sein. Und wir sind dankbar.

Alles Liebe!
Gail

Karte an Hana Tchung, per Post:

Liebe Hana,

bete weiter! Es funktioniert. Die TGH-Teilnehmer, für die du im Gebet eintrittst, wachsen in die Tiefe.

Herzlich,
GMAC

Es war Montagabend, der 5. Dezember, wir waren noch in unserem Urlaub in Florida und Gail und ich gingen ins Kino. Als wir auf unseren Plätzen saßen, sah Gail dauernd verstohlen auf ihre Armbanduhr. Offensichtlich war sie in Gedanken beim TGH-Treffen, das bald anfangen würde.

»Hey«, flüsterte ich, »konzentrier dich auf den Film.«

»Ich kann nicht. Ich habe so ein schlechtes Gewissen, dass wir nicht da sind«, flüsterte Gail. »Ich vermisse alle.«

»Versuche, daran zu denken, dass wir Rich und Carly die Chance geben zu leiten, ohne dass wir dabei sind. Das wird vermutlich der beste Abend des ganzen Jahres.«

Und das stimmte wahrscheinlich.

Später erzählten uns die Fishers, dass alle in das Leben von Esra abgetaucht und sehr von seiner Fähigkeit, Gottes Führung zu erkennen, beeindruckt waren. Zugleich hatte er solide Verwaltungsprinzipien entwickelt, um eine große Menschenmenge zurück nach Jerusalem zu führen, wo sie angefangen hatte, das geistliche Leben dieser Stadt wieder neu aufzubauen.

Wie geplant erzählten Samuel und Ramya Anand im zweiten Teil des Abends von ihrem Christsein und wie sie sich lieben gelernt hatten, obwohl ihre Ehe auf traditionell indische Art von ihren Familien arrangiert worden war.

Im dritten Teil des Abends sprach die Gruppe wie angekündigt darüber, wie es ihnen damit ergangen war, geistliche Reflexionen versuchsweise in einem Tagebuch festzuhalten. Manche fanden die Erfahrung wertvoll, andere mussten zugeben, dass es ihnen sehr schwer gefallen war. Aber alle redeten wie selbstverständlich darüber, wie es gelingen konnte, das Tagebuchführen zur regelmäßigen Gewohnheit werden zu lassen.

Gegen 21 Uhr, als das TGH-Treffen noch in vollem Gange war, klingelte mein Telefon.

»Soriano hier«, schallte mir der vertraute Bostoner Akzent meines Nachbarn und immer engeren Freundes Hank entgegen.

»Wir können euch nicht entfliehen, oder?«, sagte ich lachend. »Wie geht es euch?«

»Sehr gut. Cyn hört auch mit. Kannst du dein Telefon laut stellen, damit Gail uns auch hört?«

»Sicher.« Wir saßen im Auto und rutschten so eng zusammen, dass wir beide verstehen konnten, was sie sagten.

»Super Abend bei euch zu Hause«, sagte er. »Wir haben eine große Portion Cannelloni gekocht und in der Halbzeitpause rübergebracht. Sie waren gerade fertig mit Lesen und wir haben serviert. Dann kamen Sam und Ram Anand – wie spricht man den Namen noch mal aus …?«

»Meine Güte, Hank«, sagte Cynthia. »Sie heißen *nicht* Sam und Ram, sie heißen Samuel und Ramya. Kannst du dir das nicht endlich merken?«

Gail und ich konnten nur mit Mühe unser Lachen unterdrücken: Zwei liebe Menschen, neue Mitglieder in Gottes Familie, gewöhnten sich an eine neue Sicht vom Leben.

»Na ja, ihr wisst ja, wen ich meine«, fuhr Hank unbeirrt fort. »Ganz tolle Leute jedenfalls. Sie erinnern mich an Roberto und Adriana. Auch so ein fester Glauben. Sie sind jedenfalls gerade noch drüben. Wir sind nicht da geblieben, sondern haben nur aufgeräumt und sind dann gegangen.«

Wir unterhielten uns noch eine Weile und verabschiedeten uns schließlich.

»Ich bin ja wirklich gerne hier«, sagte ich. »Aber um ehrlich zu sein, habe ich Heimweh, wenn ich Hank und Cynthia so höre. Es ist so erfrischend, wenn sie von Dingen begeistert sind, die ich selbstverständlich hinnehme. Man kann es sich gar nicht leisten, Leute wie die Sorianos *nicht* im Freundeskreis zu haben.«

Gegen Viertel vor elf klingelte das Telefon erneut. Diesmal meldeten sich Rich und Carly Fisher. Ich hatte sie gebeten anzurufen, egal wie spät es war.

»Der Abend heute war besser als alle Träumerrunden, die ich je miterlebt habe«, meinte Rich. »Ihr wärt so stolz auf Carly gewesen. Sie hat den größten Teil des Dialoges in der ersten Stunde geleitet und alle ... es war, als hätte man Löwen rohes Fleisch hingeworfen. Alle waren mit Feuereifer bei der Sache.«

»Wie war es mit den Anands?«, fragte Gail.

»Die Gruppe hing an ihren Lippen. Ihre Liebe zu Jesus ist so ansteckend. Das war beeindruckend. Danke, dass wir den Abend leiten durften. Das war besser als alles, was wir je gemacht haben.«

»Nächstes Jahr schafft ihr das also alleine?«, erkundigte sich Gail.

»In einem Wort: *Ja.* Wir können es kaum erwarten«, antwortete Carly.

Bevor wir abends schlafen gingen, umarmten Gail und ich uns fest und sagten Gott sehr oft danke: für die Fishers, für die Sorianos, für die Anands, für die Ältesten und ihre Unterstützung des TGH-Projekts, für unsere Partnerschaft und wie Gott uns in dieses Abenteuer hineingeführt hatte.

Und zum Schluss beteten wir für Damon Marsh.

12. DEZEMBER

Der zweite Herbst

An: GMAC
Von: Michael Cohen
Betreff: Talmidim

Was machen deine Talmidim?

An: Michael Cohen
Von: GMAC
Betreff: Re: Talmidim

Hallo Rabbi Michael,
es läuft hervorragend. Ich glaube, es ist an der Zeit, dass wir Esther und dich in die Gruppe einladen. Könnt ihr euch das vorstellen?
Herzlich,
Rabbi GMAC

An: GMAC
Von: Michael Cohen
Betreff: Re: Re: Talmidim

Sagt uns, wann.

Unser letztes TGH-Treffen in diesem Kalenderjahr fand am Montag, dem 12. Dezember statt. Wir lasen die Bibeltexte, die von Johannes dem Täufer handeln und richteten unseren Blick vor allem auf Johannes 3,23-26, wo er seine eigene Berufung beschreibt. Wir sprachen in der Gruppe über vier besondere Aspekte seines Wirkens: Johannes betrachtete sich nur als *Verwalter:* Sein Erfolg war ein Geschenk von Gott. Zweitens war er sich seiner *Identität* bewusst: Er war nicht der Christus. Drittens kannte er seine *Bestimmung*: nämlich Christus der Welt vorzustellen. Und viertens sein *großer Wunsch:* Jesus musste an Bedeutung zunehmen und er selbst abnehmen.

»Seine Geschichte geht total gegen unsere Intuition«, hatte Ben Jacobs gesagt. »In unserer Kultur müssen wir um jeden Preis dem goldenen Ring nachjagen, uns ins Rampenlicht drängen und an die Spitze klettern. Aber dieser Typ hier, Johannes, geht genau den anderen Weg. Und ihn nennt Jesus den größten von allen Propheten. Mannomann! Wenn das kein Tiefgänger ist …«

Nach der »Halbzeitpause« (wie Hank sie genannt hatte) redeten wir über unsere Geschichten. Alle hatten zu schreiben angefangen. Manche waren begeistert, andere frustriert. Es gab viele Anmerkungen und Fragen, darunter viele wichtige:

- »Wenn ich meine Geschichte wirklich so erzählen soll, wie es nötig wäre, dann müssen manche Dinge unbedingt hier im Raum bleiben.«
- »Für mich ist es schmerzhaft, meine Geschichte aufzuschreiben. Manche Erinnerungen habe ich in den hintersten Winkeln vergraben. Jetzt muss ich mich ihnen stellen.«
- »Ich merke, dass sich meine Geschichte verändert, je älter ich werde. Die Fakten sind noch die gleichen, aber wie ich sie bewerte, ist anders.«
- »Ich habe mir nie die Zeit genommen, lange genug zurückzublicken, um zu merken, wie viele Menschen mich geliebt und mir engagiert geholfen haben zu wachsen.«

Gegen kurz nach halb zehn wollten wir gerade unsere abschließende Gebetsrunde beginnen, als mein Handy vibrierte. Normalerweise ignorierten wir Anrufe während der TGH-Treffen, aber diesmal hatte ich den Eindruck, ich sollte nachsehen, wer mich um diese Uhrzeit anrief. Es war Jason Calder.

Ich verließ den Raum und meldete mich.

»Hi Jason, was gibt's?«

»Gordon, tut mir leid, dass ich störe. Ich wollte dir nur kurz erzählen, dass Damon Marsh bei einem Eishockeyspiel heute Abend schwer verletzt wurde.«

»Was ist passiert?«

»Es war wohl ein ziemlich brutales Spiel und ein Gegner hat ihn gegen die Brüstung gerammt. Sie befürchten, seine Wirbelsäule könnte verletzt worden sein. Sie schließen nicht aus, dass er gelähmt ist. Sein Vater ist bei ihm im Krankenhaus. Er sagt, dass sie überlegen, ihn in die Uniklinik nach Boston zu fliegen. Er hat mir Bescheid gesagt, weil sie um Gebet bitten. Er klang am Telefon recht verzweifelt.«

Nach dem Anruf war ich ziemlich schockiert und blieb noch einen Moment nachdenklich stehen. Ich hatte Damon zuletzt am Rande der Eisfläche in der Arena gesprochen. Damals hatte er groß und imponierend gewirkt, bereit, die Welt zu erobern. Jetzt stellte ich ihn mir in der Notaufnahme vor: bewegungsunfähig, verängstigt, voller Sorge, was passieren würde.

Ich ging zurück zur Gruppe, bat um Stille und erzählte, was ich gerade erfahren hatte. Einige hatten Tränen in den Augen, andere saßen da wie versteinert.

Dann durchbrach Lara Anderson die Stille: »Ich würde sagen: Gordon und Gail haben uns zusammengebracht, damit wir lernen, in die Tiefe zu gehen. Darum sollten wir uns fragen, was Tiefgänger in einer solchen Situation tun. Damon hat uns vielleicht verlassen, weil ihm gerade etwas anderes wichtiger war. Aber das heißt nicht, dass wir ihn verlassen haben. Und darum sollten wir überlegen, was jetzt zu tun ist. Was denkt ihr?«

Die Gruppe begann sofort einen Dialog.

Catherine Jacobs: Na ja, wir sollten logischerweise beten.

Thomas Sanders: Und wir sollten alles unternehmen, was uns einfällt, um ihm zu zeigen, dass zwölf oder mehr Leute für ihn da sind.

Amy Boyd: Ich werde Martin und Kate Lane informieren. Sie waren Damons Mentoren und sie haben sich auch noch mit ihm getroffen, nachdem er aus TGH ausgestiegen ist. Sie werden von seinem Unfall wissen wollen.

Pete Crosby: Mir fällt ein, wenn sie Damon nach Boston fliegen, müssen seine Eltern eine Weile dort bleiben. Vielleicht können wir und einige andere zusammenlegen und die ersten drei oder vier Nächte in einem Hotel bezahlen, damit sie zum Schlafen nicht hierher zurückfahren müssen.

Ben Jacobs: Ich richte heute Abend eine Facebook-Seite ein. Dann können wir jeden Tag posten, wie es ihm geht. Und Leute können ihm ihre Gebete und Ermutigungen schreiben.

Normalerweise hätten Gail und ich die Initiative ergriffen und diese Ideen umgesetzt. Heute hatte keiner von uns beiden auch nur ein Wort gesagt oder einen Finger gekrümmt. Die TGH-Gruppe war zu einem Team zusammengewachsen. Sie wussten, wie sie durch einen Dialog Ergebnisse erzielen, Dinge organisieren und anschieben konnten. Das bedeutete Leiterschaft.

Als wir fertig waren, klingelte mein Handy erneut. Wieder meldete sich Jason. Er hatte von Damons Vater erfahren, dass ein Rettungshubschrauber bereit stand, um ihn ins Uniklinikum nach Boston zu verlegen, wo er sofort operiert werden sollte.

Als alle gegangen waren, rief ich Hank Soriano an.

»Hank, tut mir leid, dass ich so spät noch störe. Aber ich dachte, ihr wollt vermutlich wissen, was wir vorhin erfahren haben.« Ich erzählte ihm von Damon und dass er nach Boston gebracht wurde. Sein Vater und vermutlich auch seine Mutter würden in einem Auto hinterher fahren.

»Diese Nacht muss für sie die Hölle sein«, sagte Hank. »Ist jemand bei ihnen?«

»Nicht, dass ich wüsste«, antwortete ich.

»Willst du hinfahren?«

»Ja«, sagte ich. »Das würde ich gern. Er ist mein geistlicher Sohn, Hank. Er ist von zu Hause weggelaufen, aber er bleibt mein geistlicher Sohn.«

»Ich fahre dich hin.«

»Musst du morgen nicht arbeiten?«

»Genau dafür habe ich einen Laptop und ein Handy. Ich gehe nicht zur Arbeit. Die Arbeit kommt zu mir.«

Gerade als ich aufgelegt hatte, klingelte mein Telefon erneut. Es war Martin Lane, Damons Mentor.

»Amy Boyd hat mich gerade angerufen und mir von Damons Unfall erzählt. Ich fahre nach Boston und bleibe eine Weile da. Er hat bestimmt …«

»Martin, Hank Soriano und ich sind gerade auch auf dem Sprung dorthin. Willst du mit uns fahren?«

»Ich kann in zehn Minuten auf dem Parkplatz am Einkaufszentrum sein. Ich lasse mein Auto da stehen.«

Um ein Uhr nachts fuhren Hank Soriano, Martin Lane und ich in die Parkgarage der Bostoner Uniklinik. Wir kamen nur wenige Minuten nach Damons Eltern an. Die Marshes waren seit einigen Jahren geschieden, aber Damons Unfall hatte sie wieder zusammengebracht – zumindest für diese Nacht.

Wir fünf verbrachten die Nacht in einem Wartebereich des Krankenhauses. Hin und wieder teilte uns jemand den aktuellen Stand von Damons Operation mit. Jedes Mal betete ich ein kurzes Dankgebet, wenn es gute Neuigkeiten gab, und ein Bittgebet, wenn nicht. Die Marshes schienen dankbar zu sein für die drei Männer neben ihnen, die sie noch nie gesehen hatten.

26. DEZEMBER

Der zweite Winter

An: Geoff Handley
Von: GMAC
Betreff: TGH/Älteste

Nach Neujahr würde ich mich gern mit dir treffen und mit dir über das Ältesten-TGH im kommenden Jahr reden. Wenn wir uns jeweils eine Stunde in den monatlichen Sitzungen Zeit nehmen, haben wir zehn bis zwölf Treffen. Darüber hinaus sollten wir eine Wochenendklausur einplanen. Ich würde gerne hören, welche Themen du für wichtig hältst.

An: GMAC
Von: Geoff Handley
Betreff: Re: TGH/Älteste

Ich freue mich auf unser Treffen. Themen, die mir spontan einfallen, sind biblische Leiter (ähnlich wie die Betrachtungen, die ihr montagabends macht). Dann die Frage, wie Älteste es schaffen können, weniger Zeit für Verwaltung und mehr Zeit für die Seelsorge mit Menschen zu verwenden. Und interessant fände ich auch das, was ihr Dialog nennt. Ich glaube, darin sind viele von uns nicht besonders gut.

Am Silvesternachmittag meldete sich Damon Marshs Vater bei Jason Calder und erzählte ihm, dass Damon zum ersten Mal seine Glieder wieder ein wenig spüren und bewegen konnte. Es schien, dass die Lähmung schwächer wurde.

Die Orthopäden waren erstaunt, einer benutzte sogar das Wort *Wunder* in seinen Ausführungen. Ein paar Stunden später sprachen sie darüber, dass Damon möglicherweise wieder laufen und vielleicht ein verhältnismäßig normales Leben führen können würde. Aber sie fügten schnell hinzu, dass er sich keine Hoffnungen machen sollte, was das Eishockey anginge.

Als die Neuigkeit sich über die Facebook-Seite verbreitete, schien es, als jubelte die ganze Gemeinde – oder sogar die ganze Stadt.

Obwohl Silvester war, verabredeten sich die TGH-Teilnehmer innerhalb einer Stunde für den Abend. Man kommunizierte über Facebook, SMS und auf die altmodische Art: per Telefon.

Ben und Catherine Jacobs wollten unbedingt alle zu sich in ihre Wohnung einladen. Alle TGH-Teilnehmer, die nicht verreist waren, wollten bis 17 Uhr da sein. Zuerst drängte ich, wir könnten uns auch bei uns treffen, aber Gail hatte den Eindruck, dass es den Jacobs wichtig war, alle zu sich einzuladen, auch wenn es ziemlich eng werden würde.

Als Gail und ich abends vor dem Haus der Jacobs' hielten, stiegen Hank und Cynthia auch gerade aus ihrem Auto aus. Catherine hatte sie angerufen und gerade noch erwischt, bevor sie nach Boston in ihr Lieblingsrestaurant losgefahren waren, um dort Silvester zu feiern. Nach Catherines Einladung hatten sie ihre Reservierung abgesagt und, wie es ihre Art ist, etwas zu essen für das TGH-Beisammensein eingepackt.

Als alle da waren, knieten wir uns wieder einmal vor Gott nieder – aber diesmal mit Dankgebeten. Alle beteiligten sich. Alle! Alle TGH-Teilnehmer, Gail und ich, Cynthia und Hank, alle! Dann genossen wir ein leckeres Essen und verbrachten einfach Zeit miteinander.

2. JANUAR

Der zweite Winter

Nachricht auf der TGH-Facebook-Seite:

TGH-Gruppe

Das Treffen heute Abend muss leider ausfallen. Gail und ich fahren nach Boston zu Damon Marsh. Wir stellen hier alle Neuigkeiten online, sobald wir zurückkommen.

Gefällt mir · Kommentieren · Teilen

Zwei Tage später fuhren Gail und ich nach Boston zu Damon. Es war unser vierter Krankenhausbesuch bei ihm. Als wir ins Zimmer kamen, war er allein. Die meisten medizinischen Apparate, an die er bei unseren vergangenen Besuchen angeschlossen gewesen war, waren nun verschwunden oder ausgestellt. Damon sollte wieder zu Kräften kommen und langsam lernen, seine Gliedmaßen wieder zu bewegen.

Sein Gesicht erhellte sich, als er uns sah. Er nahm Gails Hand und führte sie zum Mund, um ihr so gut es ging einen Handkuss zu geben. Als ich an sein Bett trat, ergriff er mit erstaunlich festem Griff meine Hand und versuchte, mich näher zu sich heranzuziehen. Es schien eine Geste großer Zuneigung zu sein.

Gail und ich setzten uns auf beide Seiten des Bettes und hörten zu, wie Damon beschrieb, was in den letzten drei Wochen geschehen war. Er hatte keine Erinnerung an das Eishockeyspiel oder an den Moment, als der Gegenspieler ihn ausgeschaltet hatte. Seine ersten Erinnerungen nach dem Unfall waren die an seine Eltern, die ihm erzählten, wie Leute aus unserer Stadt für die Familie da gewesen waren. Aber das Wichtigste, sagte er, seien die vielen Nachrichten gewesen, die er von TGH-Teilnehmern bekommen hatte. Er konnte nicht glauben, dass sie ihm in seiner schlimmsten Stunde hatten beistehen wollen, nach all dem, was er getan hatte.

»Und du, Pastor Mac: Mein Vater hat erzählt, dass du in der ersten Nacht mit Hank und Mr. Lane gekommen bist. Mein Dad meinte, ihr drei wärt die ganze Nacht bei ihnen geblieben, als ich im OP-Saal war. Und heute seid ihr schon wieder hier.«

Damons Mund war trocken und er bat uns, ihm zu helfen, durch einen Strohhalm Wasser zu trinken. Als er fertig war, sprach er weiter.

»Ich kann mich noch genau an den Abend erinnern, als du kurz vor Anpfiff in die Arena gekommen bist. Ich war innerlich so zerrissen. Einerseits wollte ich bei euch und den TGH-Leuten sein, aber andererseits ... Ich konnte das Spiel nicht sausen lassen. Dann bin ich einfach weggefahren und dachte, ich sehe euch beide nie wieder. Aber jetzt sitzt ihr hier ...«

Damon kämpfte einen Moment lang mit den Tränen und fuhr dann fort: »Ich habe die TGH-Gruppe für ein Eishockeyteam sausen lassen. Aber seit ich hier liege, habe ich kaum etwas von der Mannschaft gehört. Die TGH-Gruppe dagegen hat mich mit Karten überhäuft, mich angerufen und mir auf alle möglichen Arten gezeigt, dass ich immer noch einer von ihnen bin.«

»Damon, willst du zurückkommen?«, fragte Gail.

»Ich möchte unbedingt zurückkommen. Aber kann man zurückkommen, wenn man einmal rausgegangen ist? Ich habe dich immerhin beim ersten Mal belogen und dich dann in der Sportarena stehen gelassen.«

»Damon, die Antwort auf deine Frage lautet ja. Genau darum geht es doch bei der Liebe, die Christus vorgelebt hat. Viele Menschen haben ihn verlassen. Ich kann mich selbst an Zeiten erinnern, in denen ich ihm den Rücken gekehrt habe. Ich bin nicht sicher, ob schon mal jemand auf Schlittschuhen von ihm weggefahren ist, aber fast jeder ist mal von ihm weggelaufen oder sogar weggerannt. Und glücklicherweise sind viele zurückgekommen.«

»Sicher musst du anschließend noch eine Weile in die Reha«, vermutete Gail. »Wir werden alles dafür tun, dass du bei TGH auf dem Laufenden bleibst. Aber wenn du willst, können wir auch überlegen, ob du im nächsten Herbst in der neuen Gruppe einsteigst. Denke einfach darüber nach. Und in der Zwischenzeit werden deine TGH-Brüder und Schwestern alles tun, um engen Kontakt mit dir zu halten.«

Als wir uns verabschiedet hatten und zurück zum Auto liefen, ging mir durch den Kopf, welche schwierige Lektion Damon gerade lernte. Bei manchen ging es nur auf die harte Tour. Zum Beispiel bei Damon.

Ich fragte Gail, ob sie sich noch an den Abend erinnerte, als Wilford Jean-Baptiste bei uns gewesen war und von seinen prägnantesten Lernerfahrungen erzählt hatte: »Ich lerne von Mister Erfahrung«, hatte er gesagt. »Ich muss es alleine herausfinden – und das ist nicht so *schlecht.* Heute die jungen Leute bekommen zu viel zu leicht. Manche Sachen lernt man am *besten* auf die harte Tour. Man macht Fehler. Und man macht noch mehr Fehler. Und dann, drei oder vier oder sechs Fehler später weiß man, wie es geht. Und das vergisst man *nie mehr.*«

Damon würde manches nie mehr vergessen.

9. JANUAR

Der zweite Winter

Aus meinem Tagebuch:

> Ich habe an meiner Lebensgeschichte gearbeitet. In ein paar Tagen werde ich sie dem TGH-Team vorlesen. Als Autor fällt mir das Schreiben an sich nicht sehr schwer. Hat sogar Spaß gemacht – abgesehen von den Abschnitten, in denen ich die dunklen Seiten meines Lebens offenbaren musste. Ich würde einige Situationen lieber in der Vergangenheit begraben, aber das wäre nicht ehrlich. Wenn Gail und ich zeigen wollen, dass Gottes Gnade in guten wie auch in schwierigen Momenten gilt, muss ich mein Leben der TGH-Gruppen offen darlegen und darauf vertrauen, dass ihre Reaktionen echten Tiefgängern angemessen sind.

Am zweiten Montag im Januar, vier Monate nach unserem ersten TGH-Treffen, eröffneten wir die Phase der persönlichen Lebensgeschichten.

Die Regeln waren einfach: Alle schrieben ihre eigene Geschichte auf und lasen sie an einem vorher festgelegten Abend der Gruppe vor. Sollte einmal jemand verhindert sein (denn Dinge wie Grippe oder Ähnliches sind leider unvermeidbar), hatten wir uns verständigt, dass wir den Zeitplan eine Woche nach hinten verschieben würden. Wir fanden es wichtig, dass alle die Geschichten von allen hörten.

An diesem ersten Abend des Geschichtenerzählens sollte es um 18 Uhr Abendessen geben. Rabbi Michael Cohen und seine Frau Esther waren ebenfalls da. Wie immer halfen uns Hank und Cynthia mit dem Essen. Sie gehörten zwar nicht offiziell zur TGH-Gruppe, aber inzwischen waren sie für alle Teil der erweiterten Familie.

Als die Cohens kamen, begrüßte sie das komplette TGH-Team. Gail hatte für alle Namensschilder vorbereitet, sodass unsere Gäste keine Mühe mit den Namen hatten. Ich fragte Michael, ob es ein passendes jüdisches Gebet für ein solches Essen gab. Er bejahte und bot an zu beten.

Wir wurden alle still und der Rabbi erhob seine Hände und sagte: »Gesegnet seist du, HaShem, unser Gott, König des Universums, durch dessen Wort alles geschaffen wird.«

Dann erzählte uns Michael, dass man am Ende der Mahlzeit noch ein längeres Gebet spricht: »Wenn ihr erlaubt, werde ich es nach dem Essen beten.«

Unsere Mahlzeit dauerte eine halbe Stunde. Am Ende betete Michael erneut: »Gesegnet ist der Herr, unser Gott, Herrscher des Universums, der die ganze Welt mit Güte, Freundlichkeit und Gnade trägt. Gott gibt allen Geschöpfen Nahrung, denn seine Gnade währt ewiglich. Durch Gottes überfließende Güte mangelt es uns nicht an Versorgung und um Gottes großen Namen willen wird uns nichts mangeln. Gott erhält alle, tut allen Gutes und versorgt alle Geschöpfe, die er geschaffen hat. Gesegnet sei der Herr, unser Gott, der Nahrung für alle bereitet.«

Dann begann der nächste Teil unseres Treffens. Mit den Cohens und den Sorianos waren wir neunzehn und wir passten gerade so in den Raum.

»Michael, könntest du uns ein bisschen darüber erzählen, wie die Schüler eines Rabbis früher gelernt haben?«, fragte ich.

Michael war ein guter Redner. Er nannte ein paar große Rabbis der Vergangenheit: Hillel, Shammai und einige Jahrhunderte später Maimonides. Aber er konzentrierte sich vor allem auf ihre Jünger, wie sie lernten und was von ihnen im Gegenzug erwartet wurde, dass sie so großartigen Lehrern folgten. Außerdem erzählte Michael, wie gut der rabbinische Vertrag funktionierte, der aus *Lehre, Nachahmung* und *Prüfung* bestand. Was er sagte und wie er es sagte, war wichtig, weil er die jüdische Kultur von innen kannte.

Gegen Ende seiner Ausführungen kam Michael zu dem schmerzhaften Moment, wenn der Rabbi und seine Jünger getrennte Wege gingen: »Das Ziel eines Rabbi war es, einige – wie meine Freunde Gordon und Gail sagen – ›Tiefgänger‹ hervorzubringen. Aber wenn ein Schüler eine gewisse Tiefe erreicht hatte, musste der Rabbi ihn fortschicken, denn wenn er nicht seinen eigenen Weg ging, konnte er nicht hoffen, in der Tiefe zu bleiben. Tiefe entsteht nun einmal nicht, wenn man unter dem Schirm des Rabbilehrers bleibt. Sie entsteht, wenn man das, was man gelernt hat, im eigenen Herzen Wurzeln schlagen lässt und man dann rausgeht und anderen Menschen dient und ihnen etwas beibringt. So wird es auch eines Tages bei euch sein müssen.«

Im Raum herrschte Stille, als Michael Cohen diese Worte sagte. Alle wussten, dass sie in fünf Monaten nicht mehr jeden Montagabend zu uns nach Hause kommen würden, was mittlerweile für alle zur guten

Gewohnheit geworden war. Keiner von uns konnte sich vorstellen, dass es einmal wieder anders sein würde. Michaels Worte waren für uns alle eine ernüchternde Erinnerung: Diese Lerngemeinschaft, die wir so sehr schätzten, bestand nur vorübergehend. Die TGH-Gruppe würde in gewisser Hinsicht ihre geistlichen Eltern verlieren. Und wir würden umgekehrt unsere geistlichen Kinder verlieren. Wer würde tiefer trauern?

Als Michael und Esther uns an diesem Abend verließen, verabschiedeten sich alle herzlich. Wir hatten die Zeit mit den beiden sehr genossen und hofften, dass sie wiederkämen. Als ich die Cohens noch zu ihrem Wagen begleitete, vertraute Michael mir an: »Ich habe heute Abend viel gelernt, mein Freund. Ich habe in diesen Leuten bei euch zu Hause etwas beobachtet, das mich tief berührt. Ich habe Liebe in ihren Augen gesehen, ich habe Liebe in ihren Stimmen gehört. Ihr beide macht eure Sache sehr gut. Ihr seid in der Tat wie Rabbis.«

Nachdem die Cohens gegangen und die Sorianos in der Küche verschwunden waren, um aufzuräumen, las ich an diesem Abend meine Geschichte vor. Es dauerte fast fünfunddreißig Minuten, meine zwölf Seiten vorzulesen. Wie sollte es auch anders sein? Ich blicke schließlich schon auf ein langes Leben zurück – doppelt so lang wie das vieler anderer im Raum.

Meine Lebensgeschichte begann mit meiner Kindheit und ihren schönen sowie traurigen Momenten. Ich erzählte von den Jahren im Internat und auf der Universität. Ich berichtete von dem Abend, als ich mich entschied, Jesus nachzufolgen – und den Folgen, die das hatte.

Dann hatte ich aufgeschrieben, wie ich Gail getroffen und wie sehr sie mein Leben verändert hatte. Ich nannte die Namen von ein paar Frauen und Männern, die mir als Mentoren gedient und mir wichtige Erkenntnisse geschenkt hatten. Ich verschwieg nicht die Liste meiner vielen Fehler, selbst den nicht, der vor vielen Jahren unsere Ehe furchtbar verwundet hatte.

Ich versuchte zu beschreiben, wie ich Gottes Ruf zu hören glaubte, Pastor zu werden und später jüngere Menschen zu fördern und so etwas wie ein geistlicher Vater für sie zu werden. Gegen Ende gab es ein paar Momente, in denen mir die Tränen in die Augen stiegen und ich schlucken musste, bevor ich weiterreden konnte. Schließlich erzählte ich, wie wir in diese tolle Gemeinde in New Hampshire gekommen waren und wie gern wir den Menschen hier dienten und zusahen, wie sie im Glauben wuchsen.

Als ich fertig war, äußerte sich die Gruppe positiv. Möglicherweise hatten sie keine so große Offenheit erwartet. Ich stellte mich ihren Fragen und sie löcherten mich zwanzig Minuten lang zu den unterschiedlichen Lebensabschnitten.

Schließlich sagte Gail: »Wir machen jetzt mit Gordon, was wir mit jedem machen werden, der an der Reihe ist. Er setzt sich in die Mitte und wir stellen uns um ihn herum und beten für ihn, jeder Einzelne von uns.«

Und so geschah es. Thomas Sanders stellte einen Stuhl in die Mitte und ich setzte mich darauf. Die TGH-Teilnehmer versammelten sich um mich herum und ich spürte ihre Hände auf meinem Kopf, meinen Schultern, meinem Rücken, auf meinen Knien und Füßen. Und dann lauschte ich fast eine halbe Stunde lang den Gebeten unserer geistlichen Kinder. Diese Gebete kann ich nicht niederschreiben. Sie sind einfach zu heilig, um sie zu wiederholen.

JANUAR UND FEBRUAR

Der zweite Winter

Handgeschriebene Karte auf dem Fahrersitz meines Autos:

> Liebster Gordon,
>
> ich möchte, dass du weißt, wie viel es mir bedeutet, dass wir Partner sind. Ich muss heute an die TGH-Gruppe denken. Wir können dabei zusehen, wie sich ihr Leben verändert. Der Heilige Geist bewirkt Großes in unseren geistlichen Söhnen und Töchtern. Und wer weiß, vielleicht sehen wir sogar eine Umkehr zur Tiefe in der gesamten Leitung, bei den Ältesten, im Pastorenteam, bei den Mentoren. Lass uns weiter daran glauben, dass dies genau das ist, was Gott von uns will.
> Ich liebe dich.
>
> Gail

Die Montagabende im Januar und Februar gingen schnell vorüber. Jeder Abend beinhaltete eine Stunde, in der wir unsere Lebensgeschichten erzählten, Fragen stellten und beteten. Und jeder Abend schweißte die Gruppe enger zusammen. Viel Nähe entstand durch die Geschichten selbst. Alle enthielten humorvolle, dramatische, erfolgreiche und erfolglose Momente.

Einige der Männer berichteten, wie sie versagt hatten, gedemütigt worden waren oder ihr Selbstvertrauen völlig verloren hatten. Ein paar Frauen erzählten von sexuellem Missbrauch. Es gab Geschichten über kaputte Familien, zerbrochene Träume und Krankheiten.

Wir hörten von Durchbrüchen, wenn jemand sich Jesus und seiner Rettung zugewandt hatte, von Verliebtheit und gebrochenen Herzen, von bemerkenswerten Ereignissen, die manchmal sehr nach einem Wunder klangen. Wir erfuhren von Situationen, durch die jemand an Reife gewann, Lektionen auf die harte Tour lernte, Gottes Freundlichkeit entdeckte.

Es flossen viele Tränen. Manchmal hörten wir dem Erzähler ungläubig zu: Wie hatten wir so lange nicht bemerken können, wie viel Leid diese

Person erlebt hatte? Oft fragten wir uns, wie diese Person überhaupt überlebt hatte, wovon sie erzählte.

Wir stellten fest, dass jeder von uns auf irgendeine Art gelitten hatte. Und wir mussten mit gemischten Gefühlen zugeben, dass Leid einen Menschen stärker in die Tiefe wachsen lässt als alles andere. Wovor wir uns am meisten fürchteten – das Leiden – brachte oft die größte Tiefe mit sich. In der Feuerprobe erlebten wir die Liebe von Jesus. Hier räumte er aus, was geistlichem Tiefgang entgegenstand.

In all den Wochen beobachtete ich, dass persönliche Biografien eine Gruppe enger zusammenführen können als alles andere. Man kann alle Bibelarbeiten dieser Welt halten und trotzdem entsteht keine solche Gemeinschaft wie durch das Erzählen der eigenen Lebensgeschichten. Allerdings sind nur wenige bereit dafür, wenn sie nicht bereits vorher Vertrauen untereinander aufgebaut haben und wissen, dass ihre Geschichte liebevoll und wohlwollend aufgenommen werden wird.

»Ich hätte meine Geschichte nie erzählt, wenn wir das schon in den ersten Wochen gemacht hätten«, sagte Amy Boyd.

»Ohne diese Erfahrung hätte ich vermutlich mein ganzes Leben lang geglaubt, ich bin der einzige, der aus einer total kaputten Familie stammt«, meinte Ben Jacobs, nachdem er seine Geschichte vorgelesen hatte.

Ben hatte davon erzählt, dass er mit zwölf Jahren von einem Mann aus seiner damaligen Gemeinde fast vergewaltigt worden wäre, als der ihn nach einer Gemeindeveranstaltung nach Hause fuhr. Bevor er seine Geschichte in der TGH-Gruppe vorlas, hatte er dieses furchtbare Erlebnis nur ein paar Männern in unserer Gemeinde anvertraut und seinem Therapeuten, der ihm geholfen hatte, die Erlebnisse zu verarbeiten.

Sara Stephens hatte über ihr gebrochenes Herz geschrieben, als ihre Verlobung eine Woche vor der Hochzeit gelöst worden war. Als sie ihre Geschichte vorlas, standen allen Frauen im Raum die Tränen in den Augen. Die Männer waren entsetzt und versuchten zu verstehen, wie ein Mann einer Frau wie Sara so etwas antun konnte.

Rich und Carly Fisher erzählten beide wunderschöne Geschichten, in denen sie unter anderem beschrieben, wie schwierig es anfangs gewesen war, ihre Ehe auf ein sicheres Fundament zu stellen.

Sherry Nordberg fiel die ganze Sache extrem schwer. Sie war die Introvertierteste von allen und hatte große Angst, ihre Geschichte auf Papier zu bringen. Sie traf sich mehrere Male mit Gail und bat um Hilfe, all das zu formulieren, was sie schon so lange unter Verschluss gehalten hatte. An dem Abend, als sie mit ihrer Geschichte an der Reihe war, begann sie stockend, las aber immer beherzter, als sie die Ermutigung in der Runde spürte. Zwei- oder dreimal versagte ihr die Stimme, als sie von Situationen erzählte, in denen sie missverstanden worden war, weil sie es schwierig fand, ihre inneren Gedanken in Worte zu fassen.

Es war ein besonderer Moment, als Olivia Crosby, die neben Sherry saß, ihren Arm um sie legte, während sie las, und sie ein Stück zu sich zog. Von da an las Sherry tapfer weiter. *Denke an diesen Moment,* sagte ich mir selbst, *wenn wir uns über Olivias geistliche Gaben Gedanken machen.*

In den Wochen, in denen wir uns unsere Lebensgeschichten vorlasen, beschäftigten wir uns auch mit den Gaben des Heiligen Geistes. Von den Themen Charakterstärke und Christusähnlichkeit kamen wir zu einem dienenden Lebensstil. Wir lasen Auszüge aus *Leben in Gottes Gegenwart* von Bruder Lorenz, wo er darüber schreibt, die allerniedrigsten Aufgaben in Taten der Anbetung zu verwandeln.

Er reflektierte seine Arbeit in der Klosterküche und schrieb: »Ich wende mein kleines Omelett in der Pfanne um Gottes Liebe willen. Wenn ich fertig bin und nichts zu tun habe, falle ich auf die Knie und lobe meinen Gott, der mir die Gnade gab, mir ein Omelett zu braten. Danach stehe ich auf und bin zufriedener als ein König.«[35]

»Mir wäre bisher nie eingefallen, die stumpfsinnigsten Alltagsangelegenheiten zu Taten der Anbetung zu machen«, meinte Matt Cundiff. »Ich Stoffel habe immer geglaubt, dass Gott sich nur für das interessiert, was bei Gemeindeveranstaltungen passiert.«

»Bruder Lorenz sagt«, fügte Thomas Sanders hinzu, »dass alles, was wir tun, einen heiligen Aspekt hat. Darum sollen wir uns immer bewusst machen, dass Gott unsere Arbeit irgendwie benutzen kann. Es lohnt sich, noch weiter darüber nachzudenken.« Thomas blätterte in seinem Notizbuch und sagte dann: »Bei Oswald Sanders stand das auch schon so ähnlich, wisst ihr noch? ›Handtücher, Geschirr und Sandalen, unsere schmutzigen Alltagsgegenstände, offenbaren am schnellsten, woraus wir gemacht sind. Wir brauchen Gott, den Allmächtigen, der in uns Fleisch geworden ist, um die niedrigsten Pflichten so zu erledigen, wie wir sollten.‹«[36]

Ein kollektives Staunen ging durch die Runde.

Als Thomas fertig war, meinte Carly Fisher: »Seit vielen Wochen sprechen wir über einen christlichen Charakter und dass Gott durch uns reden will, so wie wir gemacht sind. Jetzt sehen wir, dass Gott durch das reden will, was wir tun und wie wir es tun. Für eine Mutter von zwei Jungs ist das eine echte Herausforderung. Mein Leben bestand in den letzten Jahren aus sinnfreien, sich ständig wiederholenden Tätigkeiten. So ähnlich wie das Wenden eines Omeletts in der Pfanne. Aber Bruder Lorenz sagt, dass diese ständig gleichen Aufgaben Gott genauso wichtig sind wie die Predigt, die Gordon sonntagmorgens hält, richtig?«

Einige aus der Runde reagierten auf Carlys Gedanken. Wir waren uns alle einig, dass wir auf etwas Wichtiges gestoßen waren, worüber wir in den kommenden Tagen noch weiter nachdenken wollten. Die meisten hatten nie über ein Leben nachgedacht, in dem jede Aufgabe, jede Tätigkeit die Samen einer dienenden Haltung in Jesu Namen in sich trägt.

»Das Thema Gaben nimmt im Neuen Testament viel Raum ein«, erklärte Gail der TGH-Gruppe eines Abends. »Das Wort ›Gaben‹ beinhaltet mehr als die normalen Fähigkeiten oder Talente. Wir benutzen es, wenn wir den Eindruck haben, dass jemand etwas tut, das nur mit Gottes Handeln in seinem Leben erklärt werden kann. Derjenige bereichert die Menschen um sich herum und weist sie auf Jesus hin. Und wenn wir beobachten, wie jemand seine Gaben einsetzt, haben wir das Gefühl, wir sehen Gottes Gegenwart und Handeln in dieser Person.

Und noch ein Gedanke, über den ihr nachdenken könnt«, fügte Gail hinzu. »Wenn jemand Talent hat, beklatschen wir ihn. Aber wenn jemand eine Gabe hat, bestärken wir ihn. Bestärken bedeutet, dass wir nicht die Person feiern, sondern wie sehr Gott diese Person benutzt. Wir bestärken jemanden, indem wir sagen: ›Du sollst wissen, dass ich Gottes Wirken in dir sehe, wenn du das tust.‹«

Anschließend lasen wir gemeinsam, was Paulus den Christen in Rom, Korinth und Ephesus über die geistlichen Gaben schrieb. In manchen Abschnitten wirken sie wie besondere Fähigkeiten. In anderen klingen sie nach einflussreichen Positionen in der Gemeinde: Evangelisten, Pastoren, Lehrer.

In unserem Fallbeispiel beschäftigten wir uns an diesem Abend mit Barnabas. Wir lasen Abschnitte aus der Apostelgeschichte über sein Leben und seinen Umgang mit Menschen. Wir fragten uns, welche Gaben Barnabas gehabt haben könnte.

»Ich finde diesen Mann klasse«, bemerkte Ben Jacobs. »Ich würde viel dafür geben, um seine Gaben zu bekommen.«

»Du hast sie schon, Ben«, sagte Gail. »Sieht jemand Barnabas in Ben?«

Matt Cundiff setzte an: »Das Erste, was an Barnabas auffällt, ist sein Name. Er bedeutet ›Ermutigung‹. Die Leute, die ihn kannten, gaben ihm den Spitznamen *Ermutigung.* Vermutlich weil er andere aufrichtete, wo immer er war, ihnen Hoffnung vermittelte und ihnen half, Freude im Leben zu finden.

So ist Ben auch«, fuhr Matt fort. »Er denkt kaum an sich selbst. Dauernd ermutigt er andere.«

»Matt hat recht«, sagte Pete Crosby. »Ben ist ein echter Ermutiger. Als bei Olivia der Krebsverdacht bestand, hat er mich zwei Wochen lang jeden Tag angerufen und gefragt, ob es Neuigkeiten gibt. Oft hat er am Telefon für mich gebetet. Er hat mir versichert, dass er Gott auf jeden Fall vertraut, dass alles gut geht. Wenn ich mit Ben gesprochen habe, hatte ich anschließend immer neue Hoffnung.«

Drei oder vier andere erzählten ebenfalls von Gelegenheiten, wo sie Bens ruhige, aber klare Art erlebt hatten, anderen Mut zuzusprechen. Ben saß still daneben und hörte zu. Man konnte sehen, dass es ihm unangenehm war, aber auch, dass er die Bemerkungen aufmerksam verfolgte. Diesem Mann mit der leidvollen Vergangenheit wurde ein Stück mehr bewusst, dass Gott ihn in einen neuen Menschen verwandelte. Was die Gruppe erzählte, war ein Beweis dafür.

Barnabas, darüber waren sich alle einig, war eine wahrhaft begabte Person. Er ermutigte die Menschen nicht nur, sondern er gab ihnen etwas mit. Er baute Beziehungen zu ihnen auf. Er steckte für sie zurück und glaubte daran, dass Leute wiederhergestellt werden können.

»Ein unglaublicher Mensch«, meinte Amy Boyd. »Was wären die ersten Christen ohne Barnabas gewesen?«

Wir notierten andere Gaben, die Paulus erwähnte: gastfreundlich sein, dienen, leiten, spenden, sich um andere kümmern. Und wir waren uns einig, dass dies erst der Anfang war. Vielleicht erwähnte die Bibel gar nicht alle denkbaren Gaben. Möglicherweise wünschte sich Gott, dass seine Leute sich gegenseitig beobachteten und merkten, auf wie viele verschiedene Arten wir ihm und einander dienen können.

»Beobachtet euch in den nächsten Wochen. Achtet darauf, welche Gaben ihr bei den anderen wahrnehmt«, sagte Gail. »Wir werden an einem Abend über unsere Beobachtungen reden.«

Anschließend drehte sich Gail zu mir um und tippte auf ihre Armbanduhr. Ich wusste Bescheid. Es war kurz vor zehn.

Aber ich war nicht der Einzige, der Gails Signal bemerkte. Andere hatten es ebenfalls gesehen und fingen an zu lachen.

»Wir haben euch durchschaut«, meinte Thomas Sanders. »Gail ist die Pünktliche, Mrs. Struktur. Und Gordon ist Mr. Prozess, der nie zum Ende kommen will. Wir müssen uns also bei Gail bedanken, dass die Dinge hier nach Plan laufen ...«

»Und wir müssen Gordon danken, dass er immer wieder begeisternde Momente schafft«, sagte Rich Fisher. »Man braucht beides. Darum sind sie ein Team.«

Als alle gegangen waren, bemerkte Gail: »Sie achten wirklich auf alles, oder?«

»Auf alles!«, pflichtete ich ihr bei. »Da bleibt uns wohl nichts anderes übrig, als darauf zu achten, dass alles auch beachtenswert ist.«

1. MÄRZ

Der zweite Winter

An: GMAC
Von: Tom und Monica O'Donnell
Betreff: TGH-Mentoren

Wir hatten die TGH-Mentoren gestern zum Abendessen zu Gast. Sie haben den ganzen Abend von ihren Erfahrungen erzählt. Ich kann euch sagen, wir haben voll ins Schwarze getroffen! Hier ein paar Kommentare:

- »Es sind nun sechs Monate vorbei und für Millie und mich ist unser Treffen mit Amy Boyd schon jetzt zum Höhepunkt des Monats geworden. Sie ist wie eine Tochter für uns geworden.«
- »Wir haben Pete und Olivia wirklich ins Herz geschlossen. Wir gehörten zu den Ersten, denen sie vom Krebsverdacht erzählt haben. Ich (Alice) konnte Olivia gut unterstützen, weil ich vor zehn Jahren durch eine ähnliche Situation gegangen bin.«
- »Unser Matt gewinnt wirklich an Tiefe. Wir sehen das jedes Mal, wenn wir ihn treffen. Er erzählt uns alles, was er lernt, und das bringt uns genauso weiter.«
- »Ich habe nur eine Frage: Warum haben wir diese Mentorengeschichte nicht schon vor zwanzig Jahren angefangen? Wo war mein Mentor, als ich in dem Alter war?«
- »Auch als Damon Marsh aus der Gruppe ausgestiegen ist, sind wir seine Mentoren geblieben. Jetzt kommt Damon alle paar Wochen zum Abendessen und wir freuen uns über sein geistliches Wachstum. Er erholt sich gut von seiner Eishockey-Verletzung und redet sehr offen darüber, was er gelernt hat. Er ist bereit für die nächste TGH-Gruppe – und wir sind für ihn da.«

Ich traf Ken und Mary Ann Squires zufällig beim Einkaufen und wir unterhielten uns eine Weile.

»Gordon, ich kann dir gar nicht sagen, wie sehr wir die Mentorenbeziehung zu Ben und Catherine Jacobs genießen«, sagte Mary Ann. »Dieser Mann erinnert in nichts mehr an den, der anfangs bei Connie Peterson wohnte.«

Ken fügte hinzu: »Das Wort, das mir in den Sinn kommt, wenn ich an ihn denke, ist *Mann Gottes.* Und Catherine ist ganz ähnlich. Die beiden werden genau zu dem, was ihr im Sinn hattet, als ihr von *Tiefgängern* spracht. Unsere Treffen mit ihnen sind großartig. Catherine hat uns kürzlich von eurem Abend erzählt, als Ben von allen Ermutiger genannt wurde. Das können wir selbst bestätigen. Ben spricht so fürsorglich über die Gruppe. Es ist erstaunlich für mich, wie sehr er sich bemüht, über jeden Teilnehmer etwas zu erfahren. Und die beiden haben auch eine echte Leidenschaft, für andere zu beten. Ich sage dir eins: Die beiden sind geborene Seelsorger. Es wird nicht lange dauern und dieses Paar kümmert sich um Leute, die Sorgen haben oder gerade trauern oder was auch immer. Sie können in die Herzen von Menschen hineinsprechen. Er hat mir beim letzten Mal von Damon Marsh erzählt …«

»Damon Marsh?«, unterbrach ich Ken überrascht.

»Ja, Ben trifft sich jede Woche mit ihm. Jetzt, wo Damon wieder etwas mobiler ist, holt Ben ihn samstagmorgens ab und sie frühstücken zusammen bei Friendly's. Er geht mit ihm das TGH-Material vom Montag vorher durch. Ich kann dir sagen, Ben hat sich wirklich in den Kopf gesetzt, in diesen jungen Mann zu investieren.«

»Damon hat also weiterhin Martin und Kate Lane als Mentoren und Ben Jacobs als Unterstützung. Das wusste ich bisher gar nicht.«

»Du kannst ja auch nicht alles wissen, Gordon«, tröstete mich Mary Ann. »Aber dir sollte klar sein, dass die TGH-Idee ziemlich viele Menschen zusammenbringt. Du leitest mit Gail die TGH-Gruppe. Die Ältesten gewöhnen sich langsam an ihre monatliche Lektion. Dein Pastorenteam erzählt davon, wie sie von ihren Einheiten profitieren. Und dann vergiss uns Mentoren nicht. Wir wachsen auch alle durch unsere Beziehungen zu den Mentees. Und obendrauf werden Menschen zu Christusnachfolgern. Vor ein paar Tagen waren wir bei den Silvas zum Abendessen eingeladen und die Sorianos waren auch da. Hank und Cynthia haben uns erzählt, wie sie angefangen haben, mit Jesus zu leben und wie sie bei TGH mitarbeiten. Sie wissen mehr darüber, was dort passiert, als wir.«

Als ich zurück ins Gemeindebüro kam, reichte mir Kelly Martin einen hellblauen Umschlag, der verdächtig nach einer Grußkarte aussah. Als ich ihn öffnete, las ich vorne nur: *Danke.*

Innen standen ein paar handgeschriebene Zeilen von Monica O'Donnell:

Erinnerst du dich noch an das Gespräch vor etwa anderthalb Jahren auf dem Parkplatz vor Friendly's? Falls nicht: Damals habe ich dich gedrängt, das TGH-Projekt mit Gail *zusammen* anzugehen. Ich sagte damals, dass das für die Männer in der Gemeinde ein starkes Signal wäre. Jetzt habt ihr euch *zusammengetan* und zumindest ein Mann hat das Signal verstanden: mein Mann Tom. Ich kann dir gar nicht sagen, wie viel es mir bedeutet, dass er und ich das Mentorenprogramm gemeinsam verantworten. Ich merke, wie Tom dadurch innerlich wächst. Und wir lernen außerdem, uns gegenseitig in unseren Gaben zu bestärken. »Bestärken, nicht beklatschen«, hat uns unsere Mentee Sherry Nordberg beigebracht. Wir wachsen als Persönlichkeiten und in unserer Ehe.
Vielen Dank dafür!
Monica

5. MÄRZ

Der zweite Winter

Auf der TGH-Facebook-Seite:

TGH-Gruppe

Bitte stellt euch auf zwei Aufgaben ein, die wir euch am Montagabend geben werden. Erstens werde ich euch Biografien empfehlen. Jedem wird ein großer geistlicher Leiter aus der Geschichte zugeteilt (Männer bekommen die eines Leiters, Frauen die einer Leiterin). Lest sie bitte.

Und zweitens, in den nächsten zwei Monaten werden wir jeden von euch einladen, Gordon oder mich einen kompletten Sonntagvormittag lang zu begleiten. Mehr dazu am Montag.

Gefällt mir · Kommentieren · Teilen

Nachricht auf Bruce Bartletts Anrufbeantworter:

»Hallo Bruce, hier spricht Gordon. Würdest du bitte ein besonderes Augenmerk auf Ben Jacobs richten? Ich nehme deutlich wahr, dass er ein starker geistlicher Leiter werden könnte. Ken und Mary Ann Squires sind seine Mentoren und können sich die Jacobs eines Tages hervorragend im Seelsorgeteam vorstellen. Ich fände es großartig, wenn er dich an seinem freien Tag im Baumarkt mal begleiten dürfte. Danke.«

An: GMAC
Von: Bruce Bartlett

Ich melde mich mal bei Ben. Danke.

Es war ein wunderschöner Montagmorgen, einer von denen, der Neuengländer wieder an den Frühling glauben lässt. Als ich die *New York Times* aus dem Briefkasten holen wollte, war Hank Soriano gerade dabei, das Gleiche zu tun. Ja, ich glaube, er hat auf mich gewartet.

»Wir haben vor ein paar Tagen die Squires kennengelernt«, erzählte mir Hank. »Roberto und Adriana hatten sie und uns zum Abendessen eingeladen. War klasse. Haben uns sehr gut verstanden. Ken und ich machen nächste Woche mit unseren Frauen bei einem Heilsarmeeprojekt mit. Wir nehmen ein paar Kinder aus der Nachbarschaft übers Wochenende mit zu einem Camp. Die Kids sollen mal rauskommen und spielen und was von Jesus hören. Kennst du zufällig diesen Daniel aus der Bibel? Ken will, dass ich den Kids am Sonntagmorgen von ihm erzähle. Wenn man es so nimmt, bin ich dann Prediger wie du, Mac. Sag also der Gruppe heute Abend, sie sollen für Cyn und mich beten. Ich sag dir, Mann, das ist alles völliges Neuland für mich.«

An diesem Montag beschäftigten wir uns als TGH-Gruppe im ersten Teil des Abends mit dem Thema Gottes Berufung. Was bedeutete es, von Gott berufen zu sein? Wie konnte man wissen, dass man berufen ist? Und was machte man damit?

Wir hatten Rich und Carly Fisher gebeten, das Gespräch zu leiten, und nach unserer kurzen Gebetsrunde waren sie startklar.

Carly führte uns durch verschiedene Bibelstellen, in denen Männer und Frauen von Gott berufen werden: Noah, Maria – die Mutter von Jesus, Jeremia, Ester und Jona – der Mann, der seine Berufung ablehnte.

»Wenn nicht schon geschehen, werden einige von euch eines Tages eine klare Berufung bekommen«, sagte Carly der Gruppe. »Andere werden sich einfach zu einer bestimmten Aufgabe hingezogen fühlen. Immer wenn ihr sie erledigt, spürt ihr so ein ›Aha-Gefühl‹ in eurem Herzen: ›*Dafür* wurde ich also gemacht!‹«

»Ich hatte so ein Aha-Gefühl am letzten Samstagvormittag«, sagte Ben Jacobs.

»Willst du uns davon erzählen?«, fragte Carly.

»Nur, dass ich mich seit ein paar Wochen mit jemandem zum Frühstück treffe. Ich habe ihm einfach Fragen gestellt und er hat mir daraufhin aus seinem Leben erzählt. An einem Punkt sagte er: ›Niemand hat mir je solche Fragen gestellt.‹ Da habe ich gemerkt, dass ich nicht nur Fragen stelle, um Fragen zu stellen. Ich war wirklich interessiert, was in ihm vorgeht. Und er hatte genug Vertrauen zu mir, um sie zu beantworten. Eine innere Stimme sagte mir genau das, was du gerade erwähnt hast: ›Ben, für solche Momente bist du gemacht!‹«

Ich war vermutlich der Einzige im Raum, der wusste, dass Ben Jacobs von seinen Treffen mit Damon Marsh sprach und mir fiel auf, dass er klugerweise seinen Namen nicht erwähnt hatte.

Nach der Pause las Lara Anderson ihre Geschichte vor. Sie erzählte, wie sie in einer gesunden Kleinstadtfamilie aufgewachsen war. Ihr Leben, so schien es, war sorgenfrei. Bis zu ihrem sechzehnten Geburtstag.

»Wir waren vier Freundinnen und haben alles zusammen unternommen«, las sie vor. »›Alles‹ hieß an einem Abend, jede Menge Alkohol zu trinken. Und wir hatten vorher nicht vereinbart, wer zurückfahren sollte. Nach kurzer Zeit verlor die Fahrerin die Kontrolle über das Auto und wir rasten gegen einen Baum. Das Mädchen auf dem Beifahrersitz war sofort tot. Die Fahrerin verlor ein Bein. Die Feuerwehr musste das Auto aufschneiden, um das dritte Mädchen und mich herauszuholen. Ich lag einen Monat im Krankenhaus und war danach sechs Monate in der Reha.

Ich bin nie über dieses Erlebnis hinweggekommen«, sagte Lara. »Obwohl ich nur eine von Vieren war, fühlte ich mich für den Unfall verantwortlich. Ich habe mir die Schuld gegeben ...« Plötzlich brach Lara in Tränen aus und schluchzte. Dann reichte sie Sherry Nordberg ihre Zettel und sagte: »Kannst du für mich weiterlesen?«

Sherry las an der Stelle weiter, an der Lara aufgehört hatte. Als Lara sich einige Seiten später wieder gefangen hatte, nahm sie die Zettel an sich und las bis zum Schluss. Dann weinte sie erneut.

Die gesamte TGH-Gruppe schien den Schmerz in Laras Stimme zu spüren. Einige Frauen liefen zu ihrem Platz und umarmten sie.

Nach ein paar Momenten stellte Rich Fisher den Gebetsstuhl in die Mitte und bat Lara, ob wir für sie beten dürften. Während unserer Gebete war der Raum von einer unglaublichen Autorität erfüllt.

»Vater, bitte hilf unserer lieben Schwester Lara, diese furchtbaren Erinnerungen an dich abzugeben. Und bitte mach ihr klar, wie lieb wir sie haben.«

»Jesus, du kennst Laras Schmerz. Hilf Lara, so mit ihrem Kummer umzugehen, dass sie damit anderen helfen kann.«

»Herr, Gott, ich habe keine Ahnung, warum das Mädchen bei diesem Unfall sterben musste. Aber ich bin so dankbar, dass Lara überlebt hat und du mit ihr eine Geschichte geschrieben hast, an die wir uns immer erinnern werden.«

Gail schloss die Gebetszeit ab: »Vater, ich habe Lara bei ihrer Arbeit im Krankenhaus begleitet und gesehen, wie sehr sie dort geschätzt wird. Jetzt weiß ich, warum. Du hast ihr schlimmes Leid benutzt, um sie zu einer wahrhaft mitfühlenden Frau zu machen. Wir verstehen nicht, warum es zu diesem Unfall kommen musste, bei dem ein junges Mädchen starb. Aber wir sehen voller Freude, was du daraus in Laras Leben gemacht hast. Heute ist sie unsere wundervolle Lara, die die Krankenhauswelt von innen kennt und einen Schimmer Hoffnung verbreiten kann, wo immer er gebraucht wird. Dafür danken wir dir, Herr.«

Am Ende des Abends ging jeder mit einer Biografie unter dem Arm nach Hause und hatte einen Termin im Kalender stehen, an dem er Gail und mich einen Sonntagvormittag lang begleiten würde.

12. MÄRZ

Der zweite Winter

An: GMAC; Gail MacDonald
Von: Tom und Monica O'Donnell
Betreff: Mentorenklausur?

Die Mentoren waren gestern bei uns zu Hause. Es war ein schöner Abend. Wir hatten Rich und Carly eingeladen, um von ihren Eindrücken bei TGH zu erzählen, und sie haben uns mit ihrer Begeisterung angesteckt. Wir überlegen gerade, ob wir für Mai eine Mentorenklausur planen sollten, um uns darüber auszutauschen, was wir durch das Mentoring gelernt haben, und um für unsere Mentees zu beten. Was denkst du dazu?

An: Tom und Monica O'Donnell
Von: GMAC
Betreff: Re: Mentorenklausur?

Mit einem alten Begriff gesagt: Ich halte das für eine große Idee!

An: Matt Cundiff
Von: GMAC

Hi Matt,
kurze Erinnerung, dass wir uns morgen früh um 8.00 Uhr im Eingangsbereich treffen. Sperre Augen und Ohren weit auf.
GMAC

Matt Cundiff begleitete uns als Erster an einem Sonntagvormittag. Wir trafen uns pünktlich um acht im Eingangsbereich.

»Matt, deine Aufgabe ist folgende: Hefte dich an meine oder Gails Fersen und höre bei jedem Gespräch gut zu. Wir stellen dich den anderen vor, wenn das gerade passt. Und wenn wir unter vier Augen reden müssen, geben wir dir einen Wink, dass du kurz ein paar Schritte zur Seite gehen sollst. Wir möchten, dass du heute Vormittag alles gut beobachtest und morgen Abend der Gruppe erzählst, was du erlebt hast.«

»So, Matt«, sagte ich am Montagabend, nachdem wir gebetet hatten und unser Treffen begonnen hatte. »Jetzt bist du dran. Erzähle den anderen, wie es gestern für dich war.«

»Das war eine krasse Erfahrung!«, meinte Matt. »Erstens hätte ich nie gedacht, wie anders der Gottesdienst wirkt, wenn man in der ersten Reihe sitzt. Ich habe bisher immer oben auf der Galerie gesessen. Man sieht alles Mögliche, das man vorher nie gesehen hat. Und man erlebt auch die Anbetungszeit ganz anders.

Dauernd kommen alle möglichen Leute zu Gordon und Gail. Alle wollen ihnen kurz etwas sagen oder sie etwas fragen. Das reicht von ›Was soll ich meiner sterbenden Mutter sagen?‹ bis ›Warum wurde die Damentoilette rosa gestrichen?‹ In Gails und Gordons Position, oder auch, wenn man in der Gemeindeleitung ist, muss man natürlich alle respektvoll behandeln.

Aber es gibt auch Leute, die … – wie sage ich das bloß? – … die etwas schräg sind. Sie sehnen sich nach Aufmerksamkeit und man muss es schaffen, sie höflich zu behandeln, sich aber nicht zu sehr die Zeit stehlen zu lassen, denn sie nehmen jede Minute in Anspruch, die sie kriegen können.

Ich will Gail nicht in Verlegenheit bringen, aber ich war wirklich beeindruckt, wie sie Gordon zur Seite stand. Ein- oder zweimal fiel ihm der Name von jemandem nicht ein und sie hat ihm weitergeholfen, ohne dass es jemand bemerkt hätte. Ich habe beobachtet, wie sie ihn vor der Predigt ermutigt hat. Und mir ist klar geworden, wie viel den Leuten das Gebet bedeutet. Sie kommen nach vorne und brauchen wirklich jemanden, der für sie beten kann. Ich habe viele gesehen, die mit leichterem Herzen wieder weggegangen sind – nur weil sie jemand gesegnet hat. Ich habe mich gefragt, was dafür nötig ist. Dann fiel mir auf, dass Gordon und Gail uns genau darauf vorbereiten, wenn wir unseren Gebetsstuhl in die Mitte stellen und füreinander beten.«

Eins der Hauptthemen an diesem Abend waren die Biografien. Rich sollte ein kurzes Referat über Franz von Assisi halten. Man merkte sofort, dass die Lektüre ihm großes Vergnügen bereitet hatte. Innerhalb einer halben Stunde waren alle in der Gruppe drauf und dran, sich das Buch zu kaufen und nachzulesen, wie Franz mit der Kirchenhierarchie gerungen hatte, damit er sich um die Armen kümmern konnte und nicht in Bürokratie versank.

Ich hatte den Eindruck, dass sich die jüngeren Leute Franz von Assisi als Vorbild für Christen im 21. Jahrhundert vorstellen konnten. Sie bewunderten seine hohe Wertschätzung für die Schöpfung und dass er hartnäckig um Frieden rang, als andere leichtfertig in den Krieg ziehen wollten. Und dass er lieber mit Leprakranken als mit Königen zusammen war.

Rich eröffnete einen Dialog zu der Frage, ob man Franz von Assisi heutzutage Gehör schenken würde. Er wollte wissen, ob wir bereit wären, seine Ansichten über freiwillige Armut zu übernehmen, um uns mit den Armen und Benachteiligten zu identifizieren. Rich ließ nicht zu, dass ein romantisches Bild von ihm entstand. Franz von Assisi hatte auch seine blinden Flecken und wir sprachen darüber. Am Ende hatte Rich uns vermittelt, dass geistliche Leiterschaft einen hohen Preis kosten kann.

Hugo Padilla brachte die Stimmung der TGH-Teilnehmer ziemlich gut auf den Punkt: »Jesus hat gesagt, dass seine Nachfolger ihr Kreuz auf sich nehmen müssen, um ihm zu nachfolgen. Und Franz von Assisi hat ihn ernst genommen. Bis zu diesem Jahr fanden wir es nicht besonders schwer, Jesus nachzufolgen. Da wussten wir aber auch nicht, dass ein Kreuz dazugehört.«

19. MAI

Der zweite Frühling

An: GMAC
Von: Ben Jacobs

Ich habe eine Idee. Darf ich Damon Marsh zu unserem Treffen am 19. Mai mitbringen? Wenn nicht, könnte ich das verstehen. Wenn ja, kümmere ich mich um alles.

An: Ben Jacobs
Von: GMAC

Bin in einer Sitzung. Klasse Idee. Bring ihn mit. Schöne Überraschung für alle.

An: GMAC; Gail MacDonald
Von: Tom und Monica O'Donnell

Sind auf der Mentorenklausur. Nur ein Ehepaar konnte nicht kommen. Super Atmosphäre. Alle sind wie verwandelt. Mentoring ist unser Ding. Mehr, wenn wir zurück sind.

Unser TGH-Jahr bog langsam in die Schlusskurve ein. Gail und ich erinnerten die Gruppe jede Woche daran, dass das letzte Treffen näher rückte und wir uns danach mit jedem zusammensetzen und darüber reden würden, was er oder sie mit den Erfahrungen des Jahres machte.

Montag, der 19. Mai, war ein denkwürdiger Abend. Wir hatten alle zum Abendessen eingeladen (ja, die Sorianos halfen bei den Vorbereitungen und beim Abwasch). Alle waren um 18 Uhr da, außer Ben Jacobs. Als die anderen Catherine fragten, wo er sei, sagte sie nur, er käme später.

Gegen Ende des Abendessens hörten wir alle, wie sich die Tür oben öffnete. Ben kam die Treppe herunter – und direkt hinter ihm war Damon Marsh.

Ein paar Sekunden herrschte Totenstille. Alle mussten den Anblick erst verarbeiten. Dann brachen sie in Jubel aus. Damon stand ein oder zwei Stufen hinter Ben und ihn traf eine Welle der Begeisterung. Ihm kamen die Tränen.

Als sich alle beruhigt hatten, sprach Ben, während Damon neben ihm stand.

»Neben mir steht einer meiner besten Freunde«, sagte Ben und zeigte auf Damon. »Wir haben uns ein paar Monate lang getroffen und uns kennengelernt und ich sage euch: Damon ist ein Tiefgänger.«

Damit trat Ben zur Seite und nickte Damon zu.

Damon begann: »Ich kann euch gar nicht oft genug sagen, wie viel mir und meiner Familie eure Unterstützung bedeutet hat. Ich hatte super Ärzte und Physiotherapeuten, aber am besten waren eure Wertschätzung und euer Gebet. Es ist ein Wunder, dass ich hier stehe und sogar diese Treppe alleine runtergehen kann.«

Als wir uns alle gesetzt hatten, bat Damon, ob er noch eins sagen dürfte.

»Ich möchte noch eine unangenehme Sache loswerden. Vor ein paar Monaten war ich ziemlich unaufrichtig. Ich habe versprochen, Teil dieser Gruppe zu sein, und habe dieses Versprechen gebrochen. Und das auf ziemlich üble Art. Ich habe Pastor Mac angelogen und euch alle auch. Es war fast so etwas wie eine Sucht. Ich konnte nicht Nein sagen zum Eishockey und hätte um ein Haar die besten Freunde verloren, die man haben kann. Ich habe es zwar schon Einzelnen von euch gesagt, aber ich möchte es hier noch einmal wiederholen: Es tut mir schrecklich leid und ich bitte euch um Entschuldigung. Ich habe viel aus meinem sündigen Verhalten gelernt und noch mehr aus eurer Vergebung. Und Pastor Mac und Gail haben mir versprochen, dass ich einen Platz in der nächsten TGH-Runde bekomme.«

Wieder jubelten alle. In der Ecke sah ich Hank und Cynthia Soriano stehen. Plötzlich sagte Hank: »Dann bist du im gleichen Team wie Cyn und ich, Damon! Verstehst du, was ich meine?«

Darauf erwiderte Rich Fisher: »Und weißt du was, Damon? Ihr Drei seid in der Gruppe, die Carly und ich leiten werden. Alles klar?« Erneute Begeisterung.

Alle bestanden darauf, dass Damon blieb, und er nahm die Einladung erfreut an.

4. JUNI

Der zweite Sommer

Aus meinem Tagebuch:

Heute Abend ist unser vorletztes TGH-Treffen. Der allerletzte Abend wird mit vielen weiteren Leuten zusammen in der Gemeinde stattfinden. Ich habe das Gefühl, dass unser heutiges Treffen für einige Teilnehmer enorme Auswirkungen haben wird. Gail und ich werden uns nur schwer daran gewöhnen, den Sommer über keine TGH-Gruppe bei uns zu haben. Aber der rabbinische Abschied ist entscheidend wichtig. Wie Michael Cohen so schön sagt: Es entstehen keine Tiefgänger, wenn sie nicht auf ihren eigenen Weg geschickt werden.

Am Montagabend, den 4. Juni, trafen die TGH-Teilnehmer zum letzten offiziellen Termin bei uns ein. Zum neununddreißigsten Mal kam Thomas vorher mit einem Team, um den Keller vorzubereiten.

Als die Leute eintrafen, unterhielten sie sich darüber, wie es wohl sein würde, montagabends frei zu haben. Aber keiner schien dies besonders sehnsüchtig zu erwarten. Stattdessen war uns allen unbehaglich bei dem Gedanken an die Zeit nach TGH zumute.

So, wie fast jeden Montagabend, begannen wir auch diesmal mit einer Gebetsrunde. Inzwischen reihten sich Gebete voller Dank, Lobpreis und Anbetung nahtlos aneinander.

»Heute machen wir Folgendes«, sagte ich anschließend. »Jeder stellt sich nacheinander in das sprichwörtliche Rampenlicht und wir anderen sagen ihm, was wir für seine wichtigste geistliche Begabung halten. Seid nicht überrascht, Dinge zu hören, die ihr nie vermutet hättet.«

»Denkt daran, dass wir nicht unbedingt Talente meinen«, fügte Gail hinzu. »Uns geht es stärker um das, was wir in einer Person sehen, wenn Gott durch ihn handelt. Das Ziel der Übung ist zu hören, was ein Dutzend anderer Leute an uns beobachtet haben. Und denkt daran: Bestärken, nicht …?«

»… beklatschen!«, ergänzten alle.

»Thomas«, sagte ich. »Wir müssen irgendwo anfangen, dann kannst du genauso gut der Erste sein.«

Einige Minuten lang drückten alle Teilnehmer ihre Wertschätzung für Thomas Sanders aus und für seinen Beitrag in diesem Jahr. Schließlich fasste Pete Crosby zusammen, was alle gesagt hatten: »Thomas, wir haben dich als Organisator wahrgenommen. Wann immer in der Gruppe etwas erledigt werden musste, hast du als einer der Ersten angepackt. Du bringst andere dazu, als Team zusammenzuarbeiten. Ich erinnere mich noch an das allererste Treffen, als wir uns kaum kannten. Gordon suchte einen Freiwilligen, der jede Woche die Stühle hinstellt. Du hast die Aufgabe sofort übernommen und es gab in den ganzen Monaten keinen Abend, an dem du nicht Leute gebeten hast, die Tische und Stühle genauso hinzustellen, wie Gail und Gordon es sich vorstellten. Kein großes Ding. Aber die Art, wie du es gemacht hast, sagt etwas über die Gabe, die Gott dir gegeben hat. Andere arbeiten gern unter deiner Führung, Thomas.«

Olivia Crosby kam als Nächste an die Reihe. Wieder nannten die Teilnehmer ihre Eindrücke, diesmal hörte Olivia zu. Einige erinnerten sich, dass Olivia bei ihnen nachgefragt hatte, weil sie das Gefühl hatte, dass sie momentan über etwas enttäuscht oder frustriert seien. Sie erwähnten ihre aufmunternde Art und ihre Bereitschaft, für andere zu beten. Und, fügte jemand hinzu, Olivia hakte anschließend immer nach, wie es dem anderen ging.

»Ich kenne kaum jemanden, der so intuitiv und einfühlsam ist wie du«, sagte Lara Anderson zu Olivia. »Du wärst die Erste, zu der ich ginge, wenn ich Gebet brauchte.«

Dann war Hugo Padilla dran. Zwei oder drei erzählten von witzigen Begebenheiten mit ihm und wiesen auf seine Art hin, einen Raum mit Humor und Begeisterung zu erfüllen.

»Wir könnten dich knutschen, Hugo«, meinte Amy Boyd. »Du bist immer der fröhlichste Mensch von allen. Mir fallen mehrere Situationen ein, in denen ein paar von uns kurz davor waren, aneinander zu geraten. Du bist sofort dazwischen gegangen und hast zwischen uns vermittelt. Du bist nicht nur ein Problemlöser, sondern auch ein Friedensstifter.«

Als Sara Stephens an der Reihe war, frotzelten alle über ihre leidenschaftliche Persönlichkeit. Das ganze Jahr hatte Sara sich immer als Erste für neue Themen begeistert und jeden wissen lassen, was sie neu gelernt hatte.

»Es gibt nichts, was Sara nicht verkaufen könnte«, meinte Pete Crosby. »In ihrem Job überredet sie den ganzen Tag Menschen, für das öffentliche Radio zu spenden, und hier überzeugt sie uns alle, dass TGH die größte

Errungenschaft seit geschnittenem Brot ist. Sara, ich könnte wetten, dass du mal Evangelistin wirst. Wer würde sich nicht für Jesus entscheiden, wenn du von ihm geschwärmt hast? Wenn du von etwas begeistert bist, lassen sich alle anderen ganz schnell davon anstecken.«

Nach einigen weiteren Geschichten über Sara gingen wir zu Carly Fisher über.

»Carly«, sagte Olivia Crosby, »du bist eine echte Frau Gottes. Du lässt uns nie vergessen, wie wichtig Gebet ist, und du erinnerst uns immer wieder daran, dass uns die Puste ausgeht, wenn wir uns nicht von Gott abhängig machen. Ich glaube, du hast die Gabe der Weisheit. Du erkennst Dinge, die viele von uns noch nicht sehen. Und du vermittelst uns Einsichten, auf die wir alleine nicht gekommen wären. Du bist die Freundin, an die ich mich zuerst wende, wenn ich einen anderen Blick auf die Dinge brauche, die gerade passieren.«

Ich will noch ein paar weitere Teilnehmer erwähnen. Als wir zu Sherry Nordberg kamen, unserer introvertierten Bibliothekarin, kam ihre stille Art zur Sprache. Sherry war normalerweise eine der letzten, die in unseren Dialogrunden etwas sagte. Anfangs hatten manche sich gefragt, ob Sherry jemals viel reden würde. Im Laufe des Jahres hat sie sich mehr und mehr geöffnet. Aber verglichen mit Amy Boyd oder Sara Stephens war Sherry immer noch still.

»Sherry, ich muss gestehen«, sagte Hugo Padilla, »dass ich dich am Anfang nicht richtig einschätzen konnte. Im Laufe der Zeit habe ich gemerkt, dass du dir viele gute und tiefe Gedanken machst. Du warst immer wachsam und hast gemerkt, wenn wir etwas brauchten: ein Taschentuch, wenn wir niesen mussten, oder einen Stift, wenn wir keinen dabei hatten. Ich würde vermuten, dass deine geistliche Begabung das *Dienen* oder der *Dienst* ist, wie Paulus sagt. Ich denke, du hast auch die Gabe der Barmherzigkeit und vielleicht der Gastfreundschaft. Du trägst gern dazu bei, dass andere sich wohlfühlen, gibst ihnen, was sie brauchen, und unterstützt sie bei ihren Aufgaben. Ich möchte mich gerne bei dir bedanken. Du hast mir oft gedient.«

Zum Schluss will ich noch erwähnen, was die Gruppe über Rich Fisher anmerkte. Fast jeder drückte ihm gegenüber seine Wertschätzung aus. Und mich überraschte nicht, was die Teilnehmer sagten.

»Jeder weiß, dass Rich ein Lehrer ist«, sagte Pete Crosby. »Er kann Gedanken vereinfachen und sie so ausdrücken, dass wir sie verstehen.

Wenn er und Carly im nächsten Jahr eine TGH-Gruppe leiten, wird das eine super Erfahrung. Sie werden das, was wir in diesem Jahr gemacht haben, weiter verbessern und eine neue Gruppe von Tiefgängern heranziehen. Was der eine von ihnen nicht kann, kann der andere. Ihr beide seid ein klasse Team.«

Wie Gail und ich erwartet hatten, entstand zunehmend eine heilige Atmosphäre. Etliche hatten Tränen in den Augen, als ihre Freunde beschrieben, wie sie gewachsen waren und wo ihre Begabungen lagen. Ich hatte den Eindruck, dass ein oder zwei Teilnehmer noch nie erlebt hatten, dass andere so offen und auf so eine ermutigende Art über sie sprachen.

Es war fast halb elf, als der Abend zu Ende ging. Sogar Gail hatte die Uhr aus dem Blick verloren. Niemand wollte nach Hause gehen.

Da es nun wohl an mir hing, sagte ich schließlich: »Wir sehen euch alle am nächsten Montag um halb sieben. Die Ältesten und ihre Frauen planen ein großes Essen für uns und die Mentoren. Sie werden jeden Einzelnen fragen, was TGH euch bedeutet hat. Betrachtet also den nächsten Montagabend als die rabbinische Prüfung.

So, wir haben euch noch nie rausgeworfen, aber jetzt es ist spät und wir sind müde. Wir gehören ins Bett. Macht es euch etwas aus, wenn ihr euch jetzt auf den Weg macht und Gail und ich morgen früh aufräumen?«

Alle respektierten meinen Wunsch und waren ziemlich schnell draußen. Kurz nachdem wir die Haustür ein letztes Mal hinter ihnen geschlossen hatten, machten Gail und ich das Licht aus und fielen ins Bett. Innerhalb einer Viertelstunde waren wir eingeschlafen.

Eine Stunde später, gegen Mitternacht, wurde ich von Stimmen geweckt. Dann hörte ich Gelächter. Wo kam der Lärm her? Es klang, als stünden Leute vor unserem Haus, unter einer Straßenlaterne. Ich öffnete leise das Fenster und fragte mich, was los war. Dann hörte ich vertraute Stimmen.

Ich erkannte mehrere TGH-Teilnehmer und stellte fest, dass sie sich einfach nicht verabschieden und nach Hause gehen wollten. Sie genossen es zu sehr, zusammen zu sein. Und dann nahm ich eine weitere Stimme in der Gruppe wahr. Der Bostoner Akzent war unverkennbar. Ich wusste, dass es Hank Soriano war, als ich ihn sagen hörte: »Verstehst du, was ich meine?«

11. JUNI

Der zweite Frühling

An: GMAC; Gail MacDonald; TGH-Gruppe; TGH-Mentoren
Von: Geoff Handley
Betreff: Einladung 11. Juni

Die Ältesten und ihre Frauen laden euch hiermit zum Abendessen am 11. Juni um 18:30 Uhr in der Gemeinde ein. Bitte seid bereit, davon zu erzählen, wie Gott in euer Leben hineingesprochen hat.

Ein paar Wochen vor dem letzten TGH-Treffen bei uns zu Hause hatte ich mich mit Geoff Handley, Monica O'Donnell, Rich Fisher und Bruce Bartlett zum Frühstück im Friendly's getroffen. Wir saßen am gleichen Tisch wie damals vor fast zwei Jahren, als ich ihnen zum ersten Mal von meinem Traum von einer Gruppe neu ausgebildeter Leiter (Tiefgänger) für unsere Gemeinde erzählt hatte.

»Gordon«, sagte Geoff Handley, nachdem wir bei der Kellnerin bestellt hatten, »wir haben eine Idee. Wir würden gern ein großes Abendessen für die TGH-Gruppe organisieren und von ihnen hören, was TGH ihnen bedeutet hat. Wäre das für dich in Ordnung?«

Ich sagte, dass ich das für eine großartige Idee hielt.

»Wir würden auch gern die Mentoren einladen. Und alle anderen, von denen du denkst, dass sie dabei sein sollten.«

Einen Moment später antwortete ich: »Ja, mir fallen noch ein paar Leute ein, die ich gern dabei hätte.« Ich sagte Monica, dass ich ihr die Namen abends per E-Mail schicken würde.

»Dann machen wir das also am 11. Juni«, meinte Geoff Handley.

Das restliche Frühstück über erzählten wir uns TGH-Geschichten. Rich und ich gaben lustige Situationen von den Montagabenden zum Besten, als wir uns vor Lachen nicht mehr einkriegen hatten können. Bruce beschrieb, wie es dem Pastorenteam mit ihren zwanzig Prozent Trainingszeit in jeder Sitzung erging. Und Geoff und Monica erzählten von den Ältesten, die zunehmend offen für die Lehreinheiten in den Ältestentreffen wurden.

Am Ende des Frühstücks waren wir uns einig: Wir hatten in diesen zwei Jahren viel erreicht.

Als Gail und ich am Abend des 11. Juni den Gemeinschaftssaal betraten, waren wir überwältigt, wie der Raum vor Schönheit erstrahlte. Er hatte sich von einem Café in einen Ballsaal verwandelt.

Im Hintergrund spielte leise Musik, die Lichter waren gedimmt und runde Tische waren kunstvoll dekoriert. Die Ältesten und ihre Ehepartner hatten keine Mühe gescheut, um zu zeigen, dass dies ein besonderer Abend werden sollte, den niemand so schnell vergessen würde.

An den Plätzen standen Tischkarten, sodass alle wussten, wo sie saßen. An jedem Tisch saß ein TGH-Teilnehmer, daneben die Mentoren. Außerdem waren die Ältesten, die Vorstandsmitglieder, das Pastorenteam und ihre Ehepartner auf die Tische verteilt.

Als ich durch den Saal ging, sah ich zudem die Namen etlicher wichtiger Menschen aus unserem Leben. Auf einem Tisch standen die Tischkarten von Hank und Cynthia Soriano. Auf einem anderen las ich die Namen von Rabbi Michael Cohen und seiner Frau Esther. Und an weiteren sah ich die Namen von Mercedes Perez, Hana Tchung und Wilford und Martine Jean-Baptiste. Auf dem Tisch von Ben und Catherine und ihren Mentoren standen die Karten für Damon Marsh und seine Mentoren Martin und Kate Lane.

Kurz darauf saßen alle auf ihren Plätzen. Das Tischgebet sprach Jason Calder, dann ließen wir uns das üppige Mahl schmecken.

Nach dem Essen liefen Gail und ich zwischen den Tischen umher. Wir hörten, dass Leute sich über Führungspersönlichkeiten aus der Kirchengeschichte unterhielten: Wilberforce, Wesley, St. Patrick, Mary Slessor und William und Catherine Booth. Andere Gespräche drehten sich um Persönlichkeitsstrukturen und wer wem ähnelte. Ich musste lachen, als ich zum Tisch der Sorianos kam. Ich hörte, wie Hank den anderen gerade erzählte: »Wir sitzen im Fenway Park-Stadion und ich frage Gordon nach der Fahrstuhlstory seiner Gemeinde und er antwortet: ›Was ist eine Fahrstuhlstory?‹« Sogar ich fand das lustig.

Nach dem Nachtisch und dem Abräumen des Geschirrs traten Geoff Handley und Monica O'Donnell ans Mikrofon. Geoff begann: »Für uns Älteste ist das ein ganz besonderer Abend. Wir möchten eine große Idee feiern, die den Namen TGH trägt: Tiefgänger heranziehen. Es hat zwei Jahre bis zu diesem Moment gedauert und niemand hätte gedacht, dass er so aussehen würde. Wir glauben, dass wir gemeinsam eine neue Form gefunden haben, Gemeinde zu leben. Das TGH-Konzept, in dem kleine

Gruppen zu Lerngemeinschaften werden und einander helfen zu wachsen, ist sehr, sehr vielversprechend.«

Dann sprach Monica: »Wir sind euch Mentoren sehr dankbar. Ihr habt die TGH-Teilnehmer durch dieses Jahr hindurch begleitet. Und jetzt möchten wir gern die TGH-Teilnehmer selbst bitten, etwas zu erzählen. Rich und Carly werden beginnen und uns dann die restliche TGH-Gruppe vorstellen.«

»Weißt du was?«, flüsterte ich Gail ins Ohr. »Vor einem Jahr hätten sie noch Rich gebeten, das zu tun. Aber jetzt ist klar: Wir beide arbeiten partnerschaftlich zusammen – und Rich und Carly auch.«

Ich will kurz zusammenfassen, was gesagt wurde:

Carly: Das war eines der wichtigsten Jahre unseres Lebens. Wir durften eine Gruppe von Männern und Frauen dabei beobachten, wie sie zu Tiefgängern wurden. Und ich kann euch auch sagen, dass ich erleben konnte, wie mein Mann in diesen Monaten mit der Gruppe eine größere Tiefe erreicht hat.

Rich: Wenn irgendjemand gereift ist in diesem Jahr, dann waren es Carly und ich. Ich dachte immer, wir hätten eine gute Ehe, aber nach diesem Jahr lieben wir uns stärker als zuvor. Heute ist der vierzigste Abend, an dem wir als TGH-Team zusammen sind. Wir haben angefangen, indem wir lernten, wer wir selbst sind. Dann haben wir uns mit einem christlichen Charakter und dem Wesen biblischer Frömmigkeit beschäftigt. Wir haben uns unsere Lebensgeschichten erzählt. Schließlich haben wir uns angesehen, wie Gott seinen Leuten geistliche Gaben und Leiterfähigkeiten schenkt. Und wir haben während der ganzen Zeit viel über Leiter in der Bibel und in der Geschichte des Christentums gelernt.

Carly: Eins der wichtigsten Dinge, die wir gelernt haben, war, wie wir uns selbst geistlich ernähren können. Ein Tiefgänger weiß, wie er auf sein Herz hört, weiß, wie Gott auf verschiedene Arten spricht und wohin er gehen kann, wenn er Rat und Ermutigung braucht. Wir würden euch gerne die TGH-Teilnehmer vorstellen, auch wenn ihr sie vermutlich alle schon häufig gesehen habt. Wir werden eure Namen aufrufen und euch bitten, eine Sache zu sagen, die wichtig für euch war. Der erste ist Matt Cundiff. Matt?

Matt: In meinem ganzen Leben hat mir noch niemand gesagt, dass er etwas in mir sieht und in meine Zukunft investieren will. Niemand!

Als mich Pastor Mac im letzten Sommer wegen TGH ansprach, hat mich das fast umgehauen. Ich hatte keine Ahnung, wie sehr dieses Jahr mein Leben verändern würde.

Lara: Vermutlich würden Pastor Mac und Gail gern hören, dass wir erzählen, was wir in dem Jahr gelesen haben oder so. Aber für mich war am Wichtigsten, bei ihnen zu Hause zu sein und mitzukriegen, wie sie zusammenarbeiten. Wenn man sie ein bisschen kennenlernt, stellt man fest, dass sie sehr unterschiedlich sind – sie haben gegensätzliche Persönlichkeitsstrukturen, würde Gail sagen. Aber sie haben gelernt, partnerschaftlich zusammenzuarbeiten. Sie dabei zu beobachten, hat mir viel Hoffnung für meine Zukunft gemacht.

Pete und Olivia: Glaubt nie diesen kritischen Menschen, die sagen, Gemeindeleute könnten sich nicht umeinander kümmern. Wir haben im TGH-Jahr eine schwere Zeit durchlebt und durften erfahren, was es bedeutet, von einer Gemeinschaft von Brüdern und Schwestern umgeben zu sein. Wir haben echte Anteilnahme gespürt. Und wir haben gelernt, wie Fürsorge aussieht, die von Christus geprägt ist. Wir haben beschlossen, dass wir bereit stehen wollen, wenn Gott uns den Hinweis gibt, dass jemand Probleme hat.

Thomas: Ich war immer schon ein Großmaul. Ich habe zu viel geredet, obwohl ich gar nicht viel Wichtiges zu sagen hatte. In diesem Jahr habe ich gelernt, zuzuhören und etwas bescheidener zu sein, wenn ich rede. Ich muss nicht das letzte Wort haben oder laut werden. Ich will eine Stimme im Chor anderer Stimmen sein und erkennen, was Gott uns gemeinsam zeigen will.

Sherry: Ich war die Stille in der Gruppe. Still, weil ich immer dachte, ich hätte nichts beizutragen. Aber die TGH-Gruppe hat mir gezeigt, dass Gott Dinge durch mich sagen will. Die anderen haben mir klar gemacht, dass ich nicht durch einen Irrtum in der TGH-Gruppe gelandet bin. Ich werde immer introvertiert bleiben, schätze ich, aber ich habe keine Angst mehr, ehrlich zu sagen, was ich denke.

Hugo: Ich habe in diesem Jahr gelernt zu lesen. Ich meine, wirklich mit Verstand zu lesen. Ich habe gelernt, an Autoren und Personen aus der Bibel mit der Erwartung heranzugehen, dass ich von jedem etwas lernen kann.

Sara: Ich stimme meinen Vorrednern zu und möchte noch ergänzen, was es bedeutet, als Single aus einer kaputten Familie so freundlich bei Pastor Mac und Gail zu Hause aufgenommen zu werden. Schon wie Gail ihr Haus eingerichtet hat – Bilder an den Wänden, schlichte Möbel, warme Farben – drückt aus: ›Hier darfst du dich sicher und wertgeschätzt fühlen.‹ Ich habe viel über Gastfreundschaft gelernt und wie Gott unser Zuhause benutzen kann, damit Menschen in die Tiefe gehen können.

Amy: Ich habe viel von den Gästen gelernt, die in unsere Treffen gekommen sind und aus ihrem Leben erzählt haben. Wegen euch habe ich diese Gemeinde noch viel lieber als vorher, weil ich euch außerhalb des Gemeindegebäudes gesehen und eine Ahnung davon bekommen habe, wer ihr seid und woran ihr glaubt. Ich fand es klasse, Mr. und Mrs. Soriano kennenzulernen, die immer wieder rüberkamen und uns mit gutem Essen versorgt haben. Ich freue mich, Rabbi und Mrs. Cohen hier zu sehen, denn ich werde ihren Besuch nie vergessen und was sie uns über das Lernen beigebracht haben. Mercedes Perez hat mir gezeigt, wie eine Frau nicht nur in der Gemeinde leiten kann, sondern auch in der Geschäftswelt. Mr. und Mrs. Anand waren einfach umwerfend. Wir haben niemals zuvor eine solche Liebesgeschichte wie eure gehört. Und die Jean-Baptistes sind einfach hundert Prozent Freude und Liebe. Alle diese Menschen haben uns ein Stück verändert.

Als Nächster kam Damon Marsh.

Damon Marsh?, dachte ich. *Wollten Rich und Carly, dass er etwas sagte?* Ich war verblüfft und spürte mein Herz klopfen, als Damon langsam an einer Krücke zum Mikro ging.

Damon stand eine Weile schweigend da, bevor er begann: »In der Leichtathletik gibt es das Kürzel ›DNF‹. Es steht manchmal neben der Ergebnisliste und bedeutet »did not finish«: »hat den Wettkampf nicht beendet«. Ich habe dieses Jahr nicht beendet. Ich bin ausgestiegen, so ähnlich wie ein paar Fahnenflüchtige in der Bibel: Ich weiß zum Beispiel von Judas Iskariot, dem Jünger von Jesus, und von Demas, Paulus' Jünger. Sie sind nicht ins Ziel gekommen. Aber am besten gefällt mir Simon Petrus, denn er ist zwar kurz ausgestiegen, hat aber am Schluss seine Sache doch noch zu Ende geführt. Und zwar ziemlich gut.

Ich möchte euch eins sagen: Das Kürzel DNF neben meinem Namen wird bald gestrichen werden. Pastor Mac und Gail haben mir eine zweite Chance gegeben und ich werde im September in einer neuen TGH-

Gruppe anfangen. Ich musste lernen, dass genau das *Gnade* ist. Alle, die vor mir geredet haben, sind Tiefgänger, denn sie haben ihren Wettkampf beendet. Ich bin auf andere Art in die Tiefe gegangen. Ich habe das Ziel nicht erreicht und Gott gebraucht meine Erfahrung jetzt, um mir etwas beizubringen.«

Als Damon wieder zu seinem Platz ging, stand ich auf und umarmte ihn so fest ich konnte. Wir weinten beide.

Blieben noch Ben und Catherine Jacobs.

Catherine: Vielen Dank euch allen, dass ihr mir meinen Mann gegeben habt. Danke, Tante Connie, dass du einen jungen, verletzten Ben Jacobs bei dir hast wohnen lassen. Und vielen Dank, liebe Gemeindeleitung, dass ihr hinter TGH steht. Ich habe gesehen, wie sehr mein Mann in diesem Jahr gereift ist. Wir sind zusammen auf einer Reise irgendwo hinein in ein Abenteuer. So, wie Abraham sich auf den Weg in Richtung Glauben machte – ich hoffe, ich formuliere das richtig, Rabbi Cohen – befinden wir uns auch auf einer Glaubensreise. Wir haben etwas ganz Wichtiges in der TGH-Gruppe gelernt: dass Gott möchte, dass wir uns ganz seinen Zielen unterordnen. Und das ist heute Abend unser Anliegen: uns ihm ganz unterzuordnen.

Ben: Ich glaube, Catherine hat schon alles gesagt. Diese Gemeinde hat mein Leben gerettet – oder besser: Gott hat das durch euch getan. Ich kam vor sechs Jahren hierher, war völlig am Ende. Russ Milner und Ernie Yost haben mich in ihre Mitte genommen und nicht locker gelassen. Jetzt bin ich ein Ehemann, ein Vater und viele von euch sind meine Freunde. Ich weiß, wir sollen uns so verhalten, dass Jesus stolz auf uns sein kann, und das wünsche ich mir. Aber ihr sollt auch wissen, dass *ihr* stolz auf mich sein könnt. Ich bin euer Sohn im Herrn.

Einige Mentoren meldeten sich zu Wort und erzählten, wie es gewesen war, dieses Jahr über TGH-Teilnehmer zu Gast zu haben. Sie gaben zu, anfangs nervös gewesen zu sein, aber heute, sagten sie, seien sie überzeugt davon, dass es sehr wichtig sei, mit jüngeren Menschen zu tun zu haben.

Einer meinte: »Meine besten Freunde sind in meinem Alter. Das ist wenig überraschend. Aber in diesem Jahr habe ich gemerkt: Wenn man jung bleiben will, wenn man etwas bewirken will, muss man die Welt von Jüngeren betreten: muss ihnen zuhören, ihnen seine Geschichte erzählen, ihre Fragen würdigen, sie anfeuern. Dann hat man für den Rest seines Lebens eine lohnenswerte Aufgabe.«

Die abschließenden Worte des Abends durften Gail und ich an die versammelte Runde richten. Als wir nach vorne gingen, gaben uns die TGH-Teilnehmer und auch die anderen einen warmen Applaus, der uns etwas unangenehm war. Als es still wurde, begannen wir:

Gordon: Ich könnte tausend Leuten für das danken, was in diesem Jahr passiert ist. Aber ich möchte eine Frau ganz besonders hervorheben: Hana Tchung. Sie hat zweimal wöchentlich vierzig Wochen lang für die TGH-Teilnehmer und für Gail und mich gebetet. Ich glaube, für ihren Einsatz verdient Hana eine Goldmedaille.

Gail: Die Ältesten haben eine große Entscheidung getroffen, als sie Gordon von einigen Aufgaben entbunden haben, damit er und ich Menschen fördern können. TGH hätte ohne ihre Unterstützung ganz einfach nicht stattgefunden. Jetzt stehen hier zwölf Männer und Frauen, die Gott für wichtige Aufgaben im Gemeindeleben und darüber hinaus vorbereitet. Und sie sind nur die Ersten, von, wie wir glauben, vielen, vielen Weiteren.

Gordon: Zu den wichtigsten Gesprächen über die so genannte große Idee zählte ein Gespräch mit Rich. Von ihm stammt der Vorschlag, von Tiefgängern zu sprechen. Es folgten dann viele weitere Unterhaltungen mit Rich und Carly, in denen wir geplant und gebetet haben. Das Pastorenteam – Bruce, Claire und Jason – stand von Tag eins an hinter dem Ganzen. Ich kann gar nicht sagen, wie oft wir gemeinsam davon geträumt haben, wie sehr so etwas wie TGH unsere Gemeinde verändern könnte.

Rabbi Cohen hat mir ein wunderbares Geschenk gemacht, indem er mir vom rabbinischen Vertrag erzählte und wie Jesus seine Talmidim gelehrt hat. Danke, Michael. Und danke, Mercedes Perez. Wir haben so viele Ideen von meinem Besuch im Northeast Center umgesetzt. Dann will ich noch Hank und Cynthia Soriano nennen, unsere Nachbarn und Freunde. Die meisten werden nie erahnen, wie viel sie hinter den Kulissen dazu beigetragen haben, dass die Sache bei uns zu Hause möglich war. Und ihr anderen: Eure Fragen, eure Ermutigungen und eure Gebete sind die größten Geschenke.

Gail: Wenn wir schon dabei sind zu danken, möchten wir Gott vor allen anderen ein riesengroßes Danke sagen. Er hat die große Idee in unsere und auch in eure Herzen gepflanzt. Am Ende geht es bei TGH nicht um irgendeinen von uns hier. Es war von Anfang an Gottes Sache. Wir alle – die Teilnehmer, die Mentoren, Gordon und ich – wir gehören ihm und er darf uns gebrauchen. Wir haben die Führung des Heiligen Geistes in allem gespürt. Wenn etwas erreicht wurde, gebührt ihm der Dank.

Wir schätzen euch sehr, liebe TGH-Teilnehmer. Wir freuen uns über weitere Gespräche mit euch in diesem Sommer, wenn wir gemeinsam darüber nachdenken, wie es für jeden von euch weitergeht. Ihr seid uns noch nicht los! Wir haben zu viel Liebe in euch investiert. Und egal, ob ihr eure Gaben in der Gemeinde oder woanders einsetzt, wir beten, dass ihr es im Namen Jesu tut.

Kurz darauf beendete Claire Dustin den Abend mit einem wunderschönen Segen. Es folgten viele Umarmungen, viele bedankten sich und schossen Fotos.

Michael und Esther Cohen kamen zu Gail und mir und dankten uns dafür, dass sie hatten dabei sein dürfen. Es war nicht zu übersehen, dass Michael sehr berührt davon war, was er gehört und gesehen hatte. »Vielleicht ... vielleicht, Gordon, mein Freund, kannst du mir eines Tages helfen, meine eigene TGH-Gruppe anzufangen.«

Eine halbe Stunde später fuhren Gail und ich nach Hause. Auf der zehnminütigen Fahrt ließen wir den Abend Revue passieren. »Ich habe heute Morgen mein Tagebuch durchgeblättert«, sagte ich zu Gail. »Ich bin auf einen Eintrag aus dem Sommer vor zwei Jahren gestoßen, als ich das Gefühl hatte, Gott sage zu mir: *›Du musst um eine Idee bitten, die euch eurer Fahrstuhlstory treu bleiben lässt.‹*

Du weißt ja, damals hat die ganze Sache angefangen – außer, man will noch weiter zurückgehen zu dem Abend im Stadion mit den Sorianos.«

Als wir in unsere Einfahrt einbogen, saßen vor unserer Haustür – wer sonst? – Hank und Cynthia.

»Keine Sorge, nichts Schlimmes«, beschwichtigte uns Hank, als wir ausstiegen.

»Wir wollten nur die Letzten sein, die euch heute Abend danken«, fügte Cynthia hinzu.

»Ihr sollt wissen, dass dies das wichtigste Jahr meines Lebens war«, sagte Hank. »Cyn und ich haben eine Gemeinschaft gefunden, von der wir nie gedacht hätten, dass es sie gibt. Wir sind Christusnachfolger geworden. Wir sind gespannt, wohin uns die neue Reise führt. Und wer weiß, wahrscheinlich haben wir auch noch Begabungen – so wie all die anderen. Nächstes Jahr wissen wir mehr.«

Und damit liefen die Sorianos zurück zu ihrem Haus. Plötzlich drehte sich Hank noch einmal um und rief: »Ach übrigens, ich habe von der Firma vier Karten für das Red Sox-Spiel gegen die Yankees bekommen. Ihr müsst euch den Termin noch im Kalender eintragen. Versteht ihr, was ich meine?«

BIBLIOGRAFIE

Bruder Lorenz, Reinhard Deichgräber: *All meine Gedanken sind bei dir. In Gottes Gegenwart leben*«, Neufeld Verlag 2009.

Richard Foster: *Nachfolge feiern. Geistliche Übungen neu entdeckt*, SCM R.Brockhaus 2010.

David Keirsey, Marilyn Bates: *Versteh Mich Bitte*, Prometheus Books 1990.

Eric Larabee: *Commander in Chief: Franklin Delano Roosevelt, His Lieutenants, and Their War,* Naval Institute Press 2004.

Gordon MacDonald: *Ich will meine Gemeinde zurück. Wenn mein geistliches Zuhause mir fremd wird*, SCM R. Brockhaus 2011.

Oswald Sanders: *Geistliche Leiterschaft. Führungsaufgaben in Gemeinde und Mission*, Christlicher Missions-Verlag 2003.

W. E. Sangster: *Doctor Sangster,* Epworth Press 1962.

Martin Thornton: *Spiritual Direction*, Cowley Publications 1984.

DANKSAGUNG

Das Schreiben dieses Buches hat eine Flut von Erinnerungen geweckt, wie wir Tiefgänger herangezogen haben.

Während Gail und ich jetzt langsam unseren Lebensabend erleben, haben wir das befriedigende Gefühl, unsere Fingerabdrücke auf einer guten Zahl von Menschen hinterlassen zu haben, die heute in geistlich einflussreichen Positionen wirken. Manche von ihnen haben theologische Abschlüsse und arbeiten als ordinierte Pastoren oder Priester in Gemeinden. Andere sind sogenannte Laien geblieben und sorgen dafür, dass so manche Gemeinde und Organisation blüht und gedeiht. Fast alle von ihnen, wie auch immer ihre Berufung aussieht, verändern irgendwo die Welt im Sinne Jesu. Es waren nur wenige Enttäuschungen dabei und wer weiß, wann sie wie Simon Petrus dahin zurückkehren, die Lämmer zu weiden.

Oft schreiben uns diese Söhne und Töchter im Herrn oder rufen uns an und erzählen, was gerade in ihrem Leben passiert, und wir erinnern uns daran, wie Jesus sagte: »Sie werden noch größere Werke tun als diese.« Irgendwann haben sie die Tiefe gesucht; jetzt sind sie Tiefgänger.

Großer Dank geht an meine Ehefrau und Partnerin Gail, die mir nicht von der Seite wich, als ich dieses Buch schrieb. Natürlich hat sie zahlreiche Änderungsvorschläge eingebracht. Einige wenige Male spürte sie, dass meine Fantasie mit mir durchging und wandte ein: »So hätten wir das nie gesagt«, oder: »Wir hätten das nicht wirklich so gemacht«, oder: »Warte, mir fällt eine ähnliche Begebenheit ein, und die ist ganz anders ausgegangen.« Wenn sie so etwas sagte, wusste ich, dass mir eine Überarbeitung bevorstand.

Unser Sohn Mark war sehr hilfreich darin, mir die Denkweise und den Lebensstil der jüngeren Generation zu erläutern und ihre technischen Errungenschaften zu erklären.

Als *Tiefgänger* zu einem Buch heranreifte, formierte sich eine kleine Gruppe um mich herum, die es Wirklichkeit werden ließ: Matt Baugher, Vizepräsident und Verleger vom Verlag Thomas Nelson, begrüßte mich erneut als Autor in seinem Haus. Cheflektorin Jennifer McNeil koordinierte professionell den Produktionsprozess und sorgte dafür, dass aus einem Manuskript ein Buch wurde, das man in Händen halten kann. Jennifer Stair bin ich zutiefst dankbar für ihre Unterstützung als Lektorin und für ihre ermutigenden Worte. Erwähnt seien noch Robert, Andrew und Eric Wolgemuth, die vom ersten Tag an für mich da waren, als dieses Projekt sich aus einem Traum in ein Buch verwandelte, das man lesen kann. Ohne sie gäbe es *Tiefgänger* nicht, und ich bin ihnen von Herzen dankbar.

Es hat mir große Freude gemacht, dieses Buch zu schreiben, und es ist einem Mann gewidmet, der den größten Teil meines Lebens mein Mentor war. Er ist jetzt bei Jesus und ich vermisse ihn. Viele seiner Angewohnheiten und Ansichten sind auf mich übergegangen. Viele seiner wichtigsten Überzeugungen leben in meinem Herzen, und seine ermutigenden Worte habe ich jeden Tag im Ohr. Sein Name ist Dr. Vernon Charles Grounds, er war Präsident des Denver Seminarys. Er war derjenige, der mich in meinem Leben am stärksten geprägt hat.

Sollte der Hauch eines Tiefgängers in mir sichtbar sein, habe ich es in Teilen ihm zu verdanken.

Gordon MacDonald

ANMERKUNGEN

[1] Oswald Sanders: Geistliche Leiterschaft, S. 142.
[2] Apostelgeschichte 19,17-20 (NLB)
[3] Offenbarung 2,4-5 (GNB)
[4] Apostelgeschichte 20,28-29 (NLB)
[5] 2. Timotheus 2,2 (NLB)
[6] Philipper 1,5 (LUT)
[7] Galater 4,19 (NLB)
[8] Vgl. Johannes 15,15
[9] Vgl. 2. Timotheus 2,2
[10] Titus 1,5 (NLB)
[11] Titus 1,6-9 (NLB)
[12] Oswald Sanders: Geistliche Leiterschaft, S. 22-23.
[13] GNB
[14] Kolosser 1,4 (GNB)
[15] Kolosser 1,9 (GNB)
[16] Vgl. Kolosser 1,9-12
[17] Vgl. Kolosser 1,18 (ELB)
[18] Kolosser 1,28 (sinngemäße Übersetzung)
[19] Kolosser 2,6-7 (GNB)
[20] Kolosser 3,12-17 (ELB)
[21] Verse 10-11 (ELB)
[22] 2. Timotheus 2,2 (ELB)
[23] Psalm 139, 23 (ELB)
[24] Richter 17,6 (ELB)
[25] Vgl. 1. Samuel 16,7
[26] 1. Korinther 2,16 (ELB)
[27] NLB
[28] Philipper 2,20 (NLB)
[29] NLB
[30] 2. Timotheus 3,10 (ELB)
[31] Vgl. Römer 4,16
[32] 1. Mose 22 (NLB)
[33] Oswald Sanders: Geistliche Leiterschaft, S. 11.
[34] Oswald Sanders: Geistliche Leiterschaft, S. 14.
[35] Bruder Lorenz: Leben in Gottes Gegenwart, eigene Übersetzung.
[36] Oswald Sanders: Geistliche Leiterschaft, eigene Übersetzung.